머리말

時間의 정체를 파헤치려는 인간의 노력은 멈추지 않는다. 時間의 정의를 규정하려는 책들로 넘쳐난다. 하지만 시간은 여전히 그 속살을 보여주지 않고 있다. 시간은 존재한다, 존재하지 않는다, 알긴 알지만 설명하지는 못하겠다고 하면서 賢者들조차도 시간을 마주하면 당황한다.

피타고라스는 "시간은 하늘의 영혼이다"라고 했으며 쇼펜하우어는 "시간이란 하찮은 물질존재와 우리 자신에게 일정한 기간의 실재성을 부여하는 척하는 우리 뇌의 발명품이다"라고 표현했고 1600년대에 이르러 라이프니츠는 "時間은 변화의 수"라고 말했다. 우리는 극히 당연한 존재로 느끼며 그 존재를 쉽게 규정할 수 있을 것 같은 時間의 정체를 규정하지 못한다. 마치 神의 존재, 道의 존재, 우주본성을 여전히 규정하지 못하는 것처럼……

그 이유는 時間의 존재를 확인할 방법이 없거나 마땅하지 않기 때문이다. 만약 있다면 극히 자연스럽게 그 존재를 규정하겠지만 불행하게도 없는 것처럼 보인다. 분명한 점은 지구는 한시도 멈추지 않고 회전하며 끊임없이 변화를 이끌어내고 있다. 봄에서 여름으로 가을에서 겨울, 그리고 다시 봄으로 계속 변화가 이어진다. 이것이 라이프니츠가 말한 "時間은 변화의 수"라는 의미다.

움직임이 없거나 변화가 없다면 우리는 시간의 존재를 규정하지 못한다. 지구에서 움직임과 변화는 무엇이 주도하는가? 중력에 의해 物形이 만들어지고 時間의 의지로 物形은 수시로 변화한다.

이런 이유로 피타고라스는 "時間은 하늘의 영혼이다"라고 했고 쇼펜하우어는 물질계에서 일시적으로 살아가는 우리에게 실재성을 부여한다고 표현했다. 정리하면, 지구에서 살아가는 인간에게 時間의 존재를 확인해주는 것은 오직 중력뿐이며 기존에 존재했던 物形은 時間에 따라 그 정체에 변화를 주면서 발전해간다. 그렇다면 이런 변화과정을 증명하거나 설명해줄 방법이나 수단이 있을까? 마치 神이나 道의 존재처럼 賢者들도 당황할 수밖에 없는 時間의 존재를 규정할 방법은 진정 없는 것일까?

물형의 움직임, 변화의 수를 읽어낼 수 있는 유일한 방법은 오로지 地藏干뿐이라고 굳게 믿는다. 時間의 존재를 확인할 수 있는 유일한 방법. 하늘의 영혼인 時間이 지구에서 살아가는 우리에게 실재성을 확인할 수 있는 물형을 선물하고 변화하는 수를 地藏干을 통하여 설명한다. 바로 지구공간에 존재하는 하늘의 영혼이다.

地藏干은 12地支 내부에 존재하는 하늘의 영혼이자 時間이다. 地藏干에 존재하는 時間은 한시도 쉬지 않고 물형을 만들고 변화시키기를 반복한다. 따라서 우리가 물형변화의 수를 읽어낼 수만 있다면 時間의 정체를 확인하고, 神의 의지, 하늘의 영혼을 규정할 수 있다.

지장간은 그런 것이다. 時間이 우리의 실재성을 다스리는 방식을 명확하게 알려주며 지구에서 이루어지는 시간과 공간의 순환방식과 그 과정을 너무도 명쾌하게 설명해주고 있다. 우리는 하늘의 영혼을 이해하고 변화의 수를 살펴서 우리의 삶을 읽어내려면 반드시 지장간의 존재와 가치를 재정립해야만 한다.

2020년 1월 25일
자연 속에서 나를 찾기를 희망하며.

紫雲

목 차

들어가는 글 ··· 9

제 1부 地藏干 흐름 이해하기
1. 戊土의 이해 ··· 14
2. 己土의 이해 ··· 14
3. 正氣와 餘氣의 관계 ·· 17
4. 戊土와 己土의 차이점 ·· 18
5. 中氣의 이해 ··· 20
6. 子午卯酉의 이해 ·· 23
7. 三合과 方合의 이해 ·· 24
8. 地藏干 흐름 이해 ··· 29

제 2부 地藏干 의미 확장
제1장 地藏干 의미 확장
1. 자연의 핵심에너지 癸水와 丁火 ································· 39
2. 물질계 木, 金 ·· 40
3. 물질계 甲과 庚 ·· 40
4. 十干의 나머지 오행 ·· 41
5. 乙과 辛의 구별 ·· 42
6. 亥水에 戊土가 있는가? ·· 48
7. 巳亥, 子午의 陰陽 문제 ··· 48
8. 鬼門의 원리 ··· 50

제2장 天干 合의 이해
1. 자연의 순환원리와 天干 合 ·· 53
2. 天干 合의 목적과 대상 ·· 54
3. 十神과 物象의 天干 合 ·· 64
4. 時空間의 天干 合 ··· 79
5. 天干 合의 조후개념 ·· 80
6. 天干 合의 六親개념 ·· 81

제3장 十二地支 심화
1. 寅巳申亥 개념 확장 ·· 85

2.子午卯酉의 개념 확장 ……………………… 87
3.辰戌丑未의 개념 확장 ……………………… 88
4.刑沖會合
　1)三刑의 이해 ………………………………… 90
　　(가)寅巳申 三刑 ……………………………… 90
　　(나)丑戌未 三刑 ……………………………… 96
5.子卯午酉 刑破의 개념 ……………………… 105
6.卯辰, 酉戌, 午未, 子丑의 이해 …………… 112

제 4장 天干의 이해 ……………………… 120

제 5장 天干과 地支 構造이해
1.干支의 정체 ………………………………… 138
2.干支構造를 이해하는 방법 ………………… 140
3.干支構造 - 干支위치로 의미 추론 ………… 144
4.干支構造 - 天干과 地支 사이의 공간 …… 146
5.干支構造 - 三合운동과 간지의미 ………… 147
6.干支構造 - 兩者조합의 한계 ……………… 149
7.干支構造 - 神煞로 간지 살피는 방법 …… 151
8.干支構造 - 地支 土간지 …………………… 154
9.干支構造 - 兩者, 三字 干支조합 ………… 155
10.干支構造 - 地藏干의 이해 ………………… 157

제 6장 三合運動 ………………………… 159

제 7장 十二運星
1.陽干의 12運星 ……………………………… 162
2.12運星의 개념 ……………………………… 162
3.三合과 方合의 개념 ………………………… 162
4.12運星과 三合의 차이점 …………………… 163
5.陰干의 12運星 ……………………………… 169
　1)甲의 12運星 ……………………………… 170
　2)乙의 12運星 ……………………………… 172
　3)丙의 12運星 ……………………………… 173
　4)丁의 12運星 ……………………………… 175

제 8장 十二神殺
　1. 神殺의 의미 ·· 178

제 9장 天干의 十神조합
　1.十神조합의 이해 ·· 182
　　가.十神의 속성 ·· 186
　　나.十神의 시간개념 ·· 187
　　다.十神의 속도개념 ·· 187
　　라.十神의 공간개념 ·· 188
　　마.十神의 陰陽개념 ·· 188
　　바.十神의 글자개념 ·· 189
　2.十神조합의 이해 ·· 193
　　가.陽界의 十神조합 ·· 193
　　나.陰界의 十神조합 ·· 198

제 3부 地藏干 순환

제 1장 地藏干 구조이해
　1.三合運動의 이해 ·· 209
　2.乙辛癸丁己의 墓地 ·· 212
　3.地藏干 中期의 이해 ·· 215
　4.地藏干 餘氣構造 1 ·· 215
　5.地藏干 餘氣構造 2 ·· 219
　6.地藏干 餘氣構造 3 ·· 222

제2장 - 地藏干의 循環
　1. 地藏干의 순환원리 ·· 228
　　(1)子月 ·· 228
　　(2)丑月 ·· 231
　　(3)寅月 ·· 235
　　(4)卯月 ·· 241
　　(5)辰月 ·· 242
　　(6)巳月 ·· 246
　　(7)午月 ·· 249

(8)未月 …………………………………… 252
　　(9)申月 …………………………………… 255
　　(10)酉月 ………………………………… 260
　　(11)戌月 ………………………………… 261
　　(12)亥月 ………………………………… 263
　　(13)子月의 새로운 출발 ………………… 266
　2. 方合, 三合, 六合, 暗合의 이해
　　1)方合 …………………………………… 268
　　2)三合운동 ……………………………… 274
　　3)六合
　　　가.六合의 이해 ………………………… 276
　　　나.六合의 종류 ………………………… 284
　　4)暗合 - 地支의 天干合 ………………… 305

제4부 地藏干의 原理와 명리이론
1장 宇宙自然 本性圖 丁-壬-癸 ………………… 314
2장 時空圖
　1.壬水 - 우주의 본성 …………………… 319
　2.丁 - 중력에너지 ……………………… 320
　3.癸 - 척력에너지 ……………………… 321
3장 四季圖
　1.壬, 丙 ………………………………… 322
　2.水火의 순환과정 ……………………… 323
　3.木金의 순환과정 ……………………… 324
　4.水火木金 순환과정 …………………… 324
　5.陽界와 陰界 …………………………… 325
　6.天干 合의 의미 ………………………… 327
　7.時空의 만남 …………………………… 328
　8.水火운동 ……………………………… 328
　9.水火의 변화과정 ……………………… 329
　10.봄의 時空間 ………………………… 329
　11.여름의 時空間 ……………………… 330

12.가을의 時空間 ……………………………… 331
13.겨울의 時空間 ……………………………… 331
14.十干의 기본개념 ……………………………… 332
15.天干 合 ……………………………… 333
16.天干 沖 ……………………………… 333

4장 十宮圖 1 - 천지창조 과정 ……………………………… 334

5장 十宮圖 2 - 생명체의 일생 ……………………………… 343

1)甲의 時間 - 0-7세, 年干궁위 ……………………………… 343
2)乙의 時間 - 8-15세, 年支궁위 ……………………………… 344
3)丙의 時間 - 16-23세, 月干궁위 ……………………………… 345
4)丁의 時間 - 24-30세, 月支궁위 ……………………………… 345
5)戊의 時間 - 31-37세, 日干궁위 ……………………………… 346
6)己의 時間 - 38-45세, 日支궁위 ……………………………… 346
7)庚의 時間 - 46-53세, 時干궁위 ……………………………… 347
8)辛의 時間 - 54-60세, 時支궁위 ……………………………… 348
9.10) 壬, 癸의 時間 - 윤회, 空界 ……………………………… 348

6장 自然循環圖

1.生死의 문제 ……………………………… 350
2.時間과 空間 ……………………………… 350
3.時間의 方向 ……………………………… 351
4.시공간의 에너지 값은 상이하다 ……………………………… 351

7장 命統圖

1.十干-시간에너지 ……………………………… 354
2.三合운동 ……………………………… 355
3.12神煞 ……………………………… 355
4.十神 ……………………………… 355
5.12운성 ……………………………… 355

8장 時節을 만나다.

1.시절을 만나는 개념 ……………………………… 358
2.정신 ……………………………… 363
3.물질 ……………………………… 365
4.공간 ……………………………… 365

들어가는 글

地藏干 - 空間에 숨겨진 時間

時間과 空間은 우주, 지구자연의 모든 것이라 해도 과언이 아니다. 명리관점에서 時間은 열 개로 구성된 天干이고, 空間은 12개로 구성된 地支를 상징한다. 또 地支에 감추어진 천간을 地藏干이라 부른다. 달리 표현하면 空間 속에 보이지 않게 존재하는 時間이기에 地藏干을 이해하려면 空間에 존재하는 時間의 특징을 이해해야 한다.

甲子

60甲子의 출발점 甲子. 이 두 글자는 누가 어떻게 만든 것일까? 최근 과학자들의 연구결과를 보면 生氣의 출발점을 의미하는 甲子 干支가 얼마나 합리적이고 체계적인지 느낄 수 있다. 우주가 처음 열리는 순간부터 生氣는 존재하였으나 인간이 살아가는 지구에는 생명체가 없었다. 빅뱅으로 우주가 열리고 時空間이 온 우주에 펼쳐졌음에도 지구가 생겨나지 않았으니 생명체가 존재하지 못하다가 46억 년 전 즈음에 지구가 생기고 38억 년 전에 단세포로 구성된 생명체가 존재를 드러냈다. 12地支로 표현하면 寅이고 子丑寅의 시공간 흐름으로 지구에 생명체가 드러나게 되었다. 생명체를 상징하는 천간은 甲이지만 지구공간에 甲 에너지가 즉각적으로 반응할 수 없기에 六十干支 출발은 甲寅에서 시작할 수 없다. 아직 밖으로 드러나지 않았지만 寅의 생명체로 드러나는 첫걸음을 무엇으로 표현할까 고민하다 子로 표기하여 60甲子의 출발로 삼았다. 이런 이유로 天干의 출발은 甲에서 시작하고, 地支의 출발은 子에서 시작되었다. 이처럼 天干과 地支는 지구가 열린 그 순간부터 출발이 상이하였으니 인간은 언제나 하늘과 다른 방식으로 존재할 수밖에 없다. 만약 六十甲子가 60甲寅으로 출발하였다면 무슨 의미일까? 하늘과 땅의 기운이 동일하고 時空間이 즉시 반응하여 에너지와 물질이 동시에 발현하기에 時空間 차이는 존재하지 않

을 것이다. 비유하면, 시간과 공간이 일치하면 봄에 모내기하고 여름, 가을을 지나 수확하는 일련의 과정은 필요하지 않을 것이다. 그 이유는 벼를 수확하고자 모내기 하는 순간 즉각 반응으로 쌀을 얻을 수 있기 때문이며, 하늘에서 땅에 물이 떨어지는 순간에 생명체와 나무들이 한순간 완성되면서 동일한 시간과 공간에서 반응하기 때문이다. 그러나 우리는 이런 세상과는 전혀 다른, 그래서 時空間이 항상 불일치하는 현실에서 살고 있다. 이런 시공간 괴리 때문에 수많은 명리이론들이 존재하는데 예로 三合운동, 12운성, 12신살 등이 바로 그것이다. 결론적으로, 천간이 지구에 영향을 미치고 그 시공간에서 살아가는 인간과 모든 생명체들, 그리고 시공간 순환과정을 상세하게 설명해주는 地藏干에 대해 풀어 가보자.

제 1 부

地藏干 흐름 이해하기

地藏干 흐름을 살펴보기에 앞서 몇 가지 개념들을 정리하고 넘어가자. 甲子干支를 예로 天干, 地支, 地藏干의 기본개념을 정립해보자.

天干	甲	氣運, 에너지, 시간
地支	子	물질, 육체, 공간, 환경
地藏干	壬, 癸	물질에 내재된 氣運, 시간

고개를 들면 보이는 하늘을 天干이라 이해하고, 우리가 땅을 밟고 살고 있는 지구를 地支로 이해하고, 천간의 氣運을 지구에 저장한 것을 地藏干이라 이해하자. 따라서 干支는 天干과 地支, 그리고 地藏干으로 구성되는데 天干과 지장간에 숨겨진 天干글자는 동일한 것인가를 따질 필요가 있다. 결론적으로 글자는 동일하지만 그 성질은 전혀 다르다. 天干은 하늘처럼 물질이 없지만 지구 표면에는 물질이 존재한다. 따라서 천간은 물질과 접촉하지 않은 순수한 에너지이지만 지장간의 천간은 물질과 접촉한 에너지다. 즉, 地藏干의 天干은 물질과 함께 존재하는 시간이기에 순수한 氣運이 아니고 물질화된 기운이다. 만약 地藏干에 있던 天干이 드러나면 물질에 존재하다가 천간의 순수한 에너지로 변하고, 天干에 있던 글자가 地支로 내려오면 물질에 존재하는 천간으로 변화한다.

즉, 地藏干이 天干으로 드러나면 物質이 에너지로 바뀌고, 天干이 地支로 내려오면 물질의 성질로 변하는 것이다. 이런 논리는 三合운동, 12운성과 연결되는데 예로 甲丙戊庚壬은 陽氣이기에 干支가 申子辰, 寅午戌과 조합을 이루고, 乙丁己辛癸는 물질 亥卯未, 巳酉丑과 干支 조합을 이룬다. 天干이 地藏干으로 내려올 경우에는 순수한 氣運이 아니기에 甲은 亥卯未 三合運動, 乙은 寅午戌 三合運動을 해야만 한다. 그 이유는 天干과 地藏干의 특성이 상이하기 때문으로 구체적인 내용은 12운성과 三合운동에서 자세히 다루도록 하자.

1. 戊土의 이해

寅巳申亥 지장간에 戊土가 있고 辰戌에도 戊土가 있다. 寅巳申亥에 있는 戊土는 生地의 戊土요, 辰戌에 있는 戊土는 墓地의 戊土다. 戊土의 차이점을 정리해보자.

가. 寅巳申亥 戊土

寅巳申亥 戊土는 生地로 새로운 陽氣를 생성하는 터전이다. 戊土 터전이 있기에 寅巳申亥에서 丙庚壬甲의 生地로 새로운 에너지를 만들어낸다. 자세한 내용은 아래에서 구체적으로 다루기로 하자.

나. 辰戌의 戊土

辰戌의 戊土는 전환역할의 土로 辰土는 水氣를 火氣로 전환하고, 戌土는 火氣를 水氣로 전환한다. 이 과정에 辰土는 木氣를 조절하여 火氣를 내놓고, 戌土는 金氣를 조절하여 水氣를 내놓는다. 三合에는 4개의 組合이 있는데 申子辰, 寅午戌, 亥卯未, 巳酉丑이다. 申子辰과 寅午戌은 水火 三合으로 氣운동이고, 亥卯未와 巳酉丑은 木金 물질운동이다. 동일한 三合임에도 申子辰과 寅午戌이 마감하는 지장간에는 戊土가 있고, 亥卯未와 巳酉丑 三合이 마감하는 공간에는 己土가 있는 이유를 살펴보자. 水火운동은 자연 순환운동의 주축으로 물질을 만들어내는 에너지이기에 물질생성과정에 에너지를 전환해주는 역할이기에 辰戌 土에는 戊土가 있다. 亥卯未와 巳酉丑은 水火運動의 도움으로 성장하고 물질을 완성하는 삼합운동이기에 未丑 土의 지장간에는 물질의 완성, 저장을 상징하는 己土가 있다.

2. 己土의 이해

가. 丑未의 己土

己土는 물질을 저장하는 특징이 강하다. 丑土 속의 己土는 巳酉丑 三合 수렴운동을 완성하여 金 물질을 저장하고, 未土의 己土는 亥卯未 三合

성장운동을 완성하여 木 물질을 저장했다.

나. 午火의 己土

丑未를 제외하고 유일하게 己土가 있는 공간은 午火의 지장간 중기 己土뿐이다. 午의 己土는 丑未의 己土의 성질과는 상이한 개념이다. 저장과 전환개념을 모두 가진 土인데 정확한 의미는 丙火 분산에너지를 丁火 수렴에너지로 집약하는 과정에 빛을 저장하는 역할이다. 만약 午火에 己土가 없다면 丙火 빛을 丁火 열로 수렴할 방법이 없다. 넓게 분산된 빛을 극히 좁은 공간에 빠르고 급하게 집약해야만 한다. 子水 중에도 己土가 필요한 것 아니냐고 질문하지만 子水는 응축에너지 壬水가 발산에너지 癸水로 전환하기에 무언가를 저장할 필요가 없다. 이런 내용을 숙지하고 지장간 구조를 살펴보기로 하자.

자평진전에 아래와 같은 내용이 있다.

제7장 12월령(月令)의 인원(人元) 사령(司令)을 논함

서락오 평주: 위에서 설명한 인원사령의 날짜 수에 너무 집착할 필요는 없다. 하지만 天干이 地支 속에 감추어져 있는 것을 설명한 것으로, 天干으로 체(體)를 삼고 地支로 용(用)을 삼아 陰陽을 매우 정밀하게 분석한 것이다. 그리하여 감리진태(坎離震兌), 동지와 하지와 춘분과 추분의 나누어짐, 384효(爻), 해와 달의 차고 기울어지는 현상 등을 설명할 수 있게 된 것이다. 언제 누가 만든 이론인지는 고증되지 않았으나 누구든지 그 원류를 밝혀내 보여준다면 더할 나위 없이 고맙겠다.

	子	丑	寅	卯	辰	巳	午	未	申	酉	戌	亥
餘氣	壬	癸	戊	甲	乙	戊	丙	丁	戊	庚	辛	戊
中氣		辛	丙		癸	庚	己	乙	壬		丁	甲
正氣	癸	己	甲	乙	戊	丙	丁	己	庚	辛	戊	壬

地藏干 표는 위와 같으며 四季의 순환과정을 한눈에 살필 수 있으며 봄,

여름, 가을, 겨울 사계가 끊임없이 연결되어 순환하는 시공간 흐름을 설명하였다. 위 글에서 서 락오 라는 인물은 극히 겸손하다. 자평진전을 평주할 정도로 실력이 뛰어나면서도 地藏干에 대해서만큼은 누구든지 원류를 밝혀 보여준다면 고맙겠다고 표현한다. 그만큼 地藏干을 이해하는 것이 어려울 뿐만 아니라 地藏干의 근거를 밝힐 자료가 없다는 뜻이다. 地藏干을 보고 있노라면 시공간 순환과정이 완벽하고 아름답게 이루어지고 있음을 느낀다. 한 치의 오차도 없이 이루어지는 자연의 순환원리가 녹아있다. 명리서적들의 설명에는 地藏干을 필수적으로 이해해야 한다고 주장하면서도 더 이상의 설명은 없다. 地藏干에 무슨 글자들이 있고 餘氣, 中氣, 正氣가 며칠씩 있다는 정도의 설명뿐이다. 지장간이 왜 중요하며, 무엇을 의미하며 또 어떻게 활용하는지 설명하는 책은 없다. 근본이치를 알고 싶은 사람들에게 원리를 설명하는 명리서적이 없다. 명리공부를 시작한 대부분의 사람들이 원리를 깨우치기도 전에 格局이나 抑扶의 늪에 빠져서 시간과 돈과 정력을 낭비하고 긴 세월을 허비한 후 원리를 배우려고 노력하지만 그 누구도 설명하지 못하는 것은 참으로 안타까운 일이다. 매일 하늘에서 주는 에너지를 받아 반응하여 살아가는 인간들에게 천간을 이해하는 것은 매우 중요하다. 수많은 명리이론이 있지만 천간의 순환원리를 설명할 수 있는 것은 地藏干 뿐으로 천간 에너지들이 지구공간을 다스리는 방식을 명확하게 설명해주기에 地藏干을 이해하면 모든 명리이론의 근본이치를 바르게 이해한다. 地藏干의 이치를 벗어나는 명리이론은 존재하지 않는다.

생각해보라. 하늘의 기운을 담은 인간세계, 天地人의 모든 것을 담은 地藏干을 이해하지 못하면서 어떻게 명리근간을 이해한단 말인가? 地藏干 중에서 논쟁이 많은 부분과 설명이 다른 부분을 집중적으로 다루어보자. 수많은 역학자들이 혼란스러워 했고 서로 옳다고 주장하지만 누구의 주장이 맞는지 알 수 없는 부분이 있다. 과거에서 현재에 이르기까지 의견이 다양한 공간이 丑寅과 未申이다. 그 이유는 丑寅과 未申의 공간에서 己土로 완성된 후 戊土로 시작하는 이유를 설명하면서 戊土, 己土, 己戊라고 주장하는데 심지어 戊己라고 주장하는 학자도 있다. 왜 寅申의 지장간 餘氣에 戊 혹은 己가 혹은 戊, 己가 있다고 주장했는지 그 의문을 풀어보자.

3. 正氣와 餘氣의 관계

인간은 時空間 흐름 속에서 살아간다. 시간이 멈추면 인간이 숨 쉬는 것을 중단하는 것과 같다. 時間이 있기에 空間은 상응하는 물형으로 반응한다. 時空의 변화로 자연은 끝없이 변화하며 생장쇠멸 과정을 멈추지 않고 반복하며, 일정한 규율로 매년 유사한 현상을 드러낸다. 사계의 순환원리가 地藏干에 고스란히 녹아있다. 地藏干도 餘氣에서 中氣, 正氣로 다시 餘氣로 이어지기를 반복한다. 丑土의 正氣 己土와 寅의 餘氣 戊土 그리고 未의 正氣 己土와 申의 餘氣 戊土에서 의견이 분분하고 학자들은 서로 다른 주장을 펼치는 이유는 무엇일까?

寅巳申亥를 生地라 부른다. 三合의 출발점이자 方合의 출발점이다. 새로운 기운을 일으켜 앞으로 나가기 시작한다. 陰陽의 순환원리에 입각하여 살피면, 앞으로 나가는 것은 陽氣로 生地는 새로운 氣運이 동하기 시작한다. 따라서 출발점은 陽이어야 하므로 반드시 戊土로 시작한다. 戊와 己는 쓰임이 상이하다. 戊는 陽으로 저장기능은 없고 에너지의 전환을 담당한다. 이런 이유로 寅의 餘氣는 戊土, 申의 餘氣 戊다. 丑土와 未土의 正氣는 己土로 성장과 결실을 완성한 土를 표기한 것이다. 丑未 를 벗어나 새롭게 양기를 동하는 寅과 申에는 시작점이기에 陽氣 戊를 표시할 수밖에 없는 것이다. 이런 이유로 구조적 문제가 존재한다. 생각해보자. 戊土는 누가 만들고 己土는 누가 만들었는가? 자연이 만든 것인가? 인간의 사고방식을 언어로 표현한 것에 불과하다. 자연에 戊가 있고 己가 있는가? 자연은 자연일 뿐이다. 辰戌丑未 月에 상이한 기운을 가진 공간은 맞지만 서로 다른 기능을 한다고 생각하는 것은 인간의 사유물이다. 구조적 문제를 논리적으로 파헤쳐 근거를 찾기는 쉽지 않다. 따라서 각각의 사유를 통하여 亥卯未와 巳酉丑 삼합운동은 己로 끝나고 戊로 다시 시작하는가를 설명하는데, 더러는 戊土, 더러는 己土, 또 더러는 己戊라고 주장하며, 심지어는 戊己라고 주장하는 것

이다. 己戊 두 개가 있다는 주장은 戊가 生地의 에너지를 만들어내는 터전임을 인정하겠으나 正氣가 餘氣로 넘어오는 것도 변할 수는 없으니 己, 戊로 이어지는 것을 표현한 것이다. 戊가 餘氣라고 주장하는 사람은 戊일 수밖에 없다는 생각으로 己 餘氣가 戊로 변하는 과정에서 己는 생략할 수밖에 없다고 본 것이다. 己가 餘氣라고 설명하는 경우는 正氣가 餘氣로 가기에 己요, 戊가 갑자기 튀어나올 수 없는 것이라 판단하거나 生地의 戊와 己의 차이점을 이해하지 못한 것인지, 아니면 己로 시작해서 戊로 바뀌는 것이기에 戊는 생략한 것인지 알 수는 없지만 순환과정을 이해하지 못하는 것이다. 戊己라고 주장하는 사람도 있는데 가장 비논리적이다. 어떻게 戊가 먼저 오고 나중에 己가 올 수 있다는 것인가? 陽氣가 동한 후 己가 나온다는 주장은 설득력이 전혀 없다. 戊와 己의 차이점을 좀 더 깊이 파헤쳐보자.

4. 戊土와 己土의 차이점

戊土는 새로운 양기가 동하는 生地에 공통적으로 들어있으며 변화를 이끌어내는 터전이다. 지구표면이 戊土로 지구표면에서 乙이 丙癸의 도움으로 庚化되고, 庚이 辛을 만들어 다시 甲을 내놓는다. 이 모든 과정이 戊에서 이루어지기에 시공간 변화를 담는 터전과 같다. 이 과정에서 戊는 일정한 공간을 제공하여 변화를 주도한다. 丙癸를 받아 乙을 庚으로 바꾸기에 陽氣를 받아내는 터전인 것이다. 天干에서 戊土요, 地支에서 辰戌土다. 이런 이유로 寅巳申亥에 戊土가 있으며 새로운 양기를 동하도록 유도한다. 이렇게 戊의 중요한 역할은 과거의 기운을 새로운 기운으로 전환하며 이런 방식으로 四季가 순환한다. 生地에서 새로운 陽氣가 동하는 것은 극히 중요하다. 모든 에너지의 출발점이요 삼합운동의 마감점인 辰

戌丑未 土에서 결실을 얻는 원동력이다. 己土는 亥卯未 삼합운동으로 성장을 완성하고 마감, 저장하거나 巳酉丑 삼합운동으로 결실완성을 마감, 저장하는 土로 天干의 己요, 地支의 未丑이다. 未에서 성장완료하고, 丑에서 결실 완성한다. 각각 乙과 辛을 己土에 저장하여 새로운 양기로 활용하는데 未月에 저장되었던 丁을 활용하여 申月에 壬水 양기를 내놓고, 丑月에 저장되었던 癸를 활용하여 寅月에 丙火 양기를 내놓는다. 정리하면, 戌土는 변화를 주관하고, 陽氣를 발생하는 공간이며 己土는 완성, 저장역할의 공간이다. 이런 이유로 寅巳申亥 生地에는 戌가 새로운 양기의 발생을 촉진하는데 未丑에서는 완성을 주관하는 己土로 마감하고, 己土의 正氣가 餘氣로 이어지는 변화과정에 모순이 발생한다. 생지이기에 논리적으로는 戌土가 맞지만 앞 달의 正氣를 이어받는 餘氣이기에 戌土라고 할 수도 없고, 己土라고 할 수도 없는 문제가 생기는 것이다. 未土에서 陰이 陽으로 전환하고 丑土에서 陰이 陽으로 전환하는데 地藏干에 어떻게 표기할 것인가의 문제다. 다른 각도에서 살피면, 丑寅은 결실운동을 끝내고 성장운동으로 전환하고, 未申은 성장운동을 끝내고 결실운동을 준비한다.

따라서 己土에서 戌土로 변화할 수밖에 없는 과정에 무슨 일이 발생할까? 己土가 戌土로 변하면서 모순된 기운이 동하여 조정할 필요가 생긴다. 地下가 地上으로 올라오면서 자연에서는 화산폭발, 지진, 해일 등의 현상이 발생한다. 중국의 지진을 경험한 사람들의 증언에 따르면 순식간에 호수 옆으로 호수물이 이동하고 건물이 있던 곳은 폐허가 되었다고 한다. 지진으로 호수가 통째로 이동하여 건물이 있던 옆에 갑자기 호수가 생겼다는 것이다. 이렇게 己에서 戌로 바뀌는 과정에 지표면에 엄청난 변화가 발생한다. 그렇다면 寅과 申의 餘氣를 어떻게 표기하는 것이 맞는가? 己戌는 己土에서 戌土로 변화하는 과정을 모두 표기한 것이고, 戌土는 새로운 양기가 동하는 生地의 개념을 강조한 것으로 己에서 戌로 변하는 과정을 생략한 것이다. 따라서 戌土로 寅申의 餘氣를 작성하는 것이 당연한 이치다.

5. 中氣의 이해

	子	丑	寅	卯	辰	巳	午	未	申	酉	戌	亥
餘氣	壬	癸	戊	甲	乙	戊	丙	丁	戊	庚	辛	戊
中氣		辛	丙		癸	庚	己	乙	壬		丁	甲
正氣	癸	己	甲	乙	戊	丙	丁	己	庚	辛	戊	壬

地藏干 중에서 가장 이해가 어려운 中氣를 살펴보자. 中氣에 있는 글자들은 순서도 뒤죽박죽이고 연관성이 전혀 없어 보인다. 陰陽, 陰陽으로 변하지만 午火에 己土가 있고 未土에 乙이 있다. 그리고 다시 陽陰을 반복한다. 기존 명리서적들을 보면 中氣란 正氣까지 가는 중간에 있는 氣運이라고 설명하는데 논리적이지 않다. 中氣와 正氣의 연관성이 전혀 없기에 中氣에서 正氣로 가야만하는 이유가 없다. 예로, 丑에는 癸와 辛, 그리고 己가 있는데, 中氣 辛의 氣運이 己까지 연결되는 이유가 무엇인지 설명하지 못하면 그런 주장은 의미가 없다. 辛이 己로 기운을 이끌어야할 이유도 설명하지 못한다. 中氣를 이해하려면 三合運動의 이치를 살펴야 하는데 寅午戌, 申子辰, 亥卯未, 巳酉丑 4종류의 三合운동이 있다. 寅午戌을 예로 地藏干에 丙火가 있는 부분을 보자.

寅中 丙火
巳中 丙火
午中 丙火와 丁火(丙火의 氣運이 丁火로 전환)
未中 丁火
戌中 丁火

寅午戌 三合운동 구간 寅에서 午火까지는 丙火 에너지가 주도하고, 午에서 丙, 丁이 바뀌면 午에서 戌土까지는 丁火 에너지가 공간을 주도한다.

丙火가 주도하면 분산에너지를 확장하는 과정이고 丁火가 주도하면 수렴에너지를 확장하는 과정이다. 따라서 陽이 출발하는 공간은 오로지 寅巳申亥 뿐이고 陽이 陰으로 전환하는 공간은 子卯午酉며, 三合運動을 완성하는 공간은 辰戌丑未다. 이런 이유로 地藏干 中氣는 三合運動의 출발과 마감을 기록하였다. 生地에는 陽干만 들어간다거나 墓地에는 陽干과 陰干이 모두 들어갈 수 있다는 이상한 논리를 전개할 필요가 없다. 陰陽운동을 반복하기에 生地에서 陽氣가 동하고 墓地에서 陰氣가 저장된다. 寅에서 火氣가 출발하여 午에서 丙火가 丁火로 바뀌고, 戌土에서 三合運動이 마감한다. 따라서 土의 역할은 기본적으로 三合運動을 정리, 마감 보관하는 공간이다. 辰戌丑未의 中氣 글자들을 살펴보자.

丑土 中氣에 辛. 巳酉丑 三合運動을 완성하였다.
辰土 中氣에 癸. 申子辰 三合運動을 완성하였다.
未土 中氣에 乙. 亥卯未 三合運動을 완성하였다.
戌土 中氣에 丁. 寅午戌 三合運動을 완성하였다.

정리하면, 地藏干 中氣는 三合運動을 시작하고자 陽氣가 동하고 중간지점에서 陽과 陰이 전환한 후 마지막에 陰의 완성을 표기한 것이다. 中氣에 유일하게 삼합운동과 관계없는 부분이 午中 己土다. 丙火를 丁火로 수렴하는 과정에 己土가 丙火 빛을 저장하기에 三合運動과는 별개의 작용력이다. 寅巳申亥 中氣의 개념을 정리해보자.

寅에서 丙火가 寅午戌 三合運動을 시작한다.
巳에서 庚金이 巳酉丑 三合運動을 시작한다.
申에서 壬水가 申子辰 三合運動을 시작한다.
亥에서 甲木이 亥卯未 三合運動을 시작한다.
지금부터 地藏干의 구조를 수직으로 살펴보자. 寅의 地藏干 순서가 戊丙甲이다. 무엇을 의미하는가?

丙火가 甲보다 먼저 나와야 하는 이유가 무엇인가를 이해해야 한다. 戊는 에너지를 만들어내는 터전이다. 戊土가 새로운 에너지를 동하는 터전이기에 子丑을 지나면서 陽氣를 발산하는 癸水의 도움으로 寅의 中氣 丙火가 동할 수 있었다. 丙火의 氣運이 생지로 동하고, 甲은 亥子丑을 지나면서 氣運을 확장하다가 寅月에 氣運이 뚜렷해진다. 丙火는 寅午戌 三合의 출발점이기에 氣運이 동했지만 극히 미약한 상태로 寅卯辰의 공간을 지나면서 확장한다. 丙火의 분산작용을 촉진하는 역할은 亥子丑 月을 지나면서 氣運을 키워온 甲이다. 따라서 寅의 地藏干에 甲이 나오니 丙火가 나오는 것이 아니고, 丙火가 나오기에 甲이 강해지면서 木生火 작용이 이루어진다. 다른 관점에서 살피면, 丙火는 甲이 강해지기에 분산작용을 시작할 여건이 마련되었다.

자연은 치밀하다. 戊의 무대가 마련되면 丙火가 동하고 甲이 丙의 분산작용을 돕는다. 甲은 어디에서 왔는가? 亥月에 氣運이 동하여 亥子丑을 지나 寅月에 甲운동이 뚜렷해진 것이다. 甲과 丙은 相生의 관계다. 甲이 丙을 생하는 것이 아니라 甲이 존재하기에 丙은 분산작용이 가능해졌고, 丙이 있기에 甲은 자신의 가치를 드러낸다. 나머지는 동일한 이치이기에 생략하고, 애매한 부분인 巳月의 庚丙 관계를 살펴보자. 庚丙조합은 보는 관점에 따라서 극으로도 生으로도 이해 가능하다. 地藏干 순서를 보면 庚이 먼저 나오고 丙火가 나온다. 왜 庚이 나오니 丙火가 나오는가를 이해해야 한다. 寅의 丙火가 寅午戌 삼합운동을 시작해서 巳火에서 뚜렷하게 존재를 드러낼 때 庚이 장생하는 이유는 巳酉丑 三合運動을 출발하기 위함이다. 庚이 생겨나기에 丙火가 庚의 부피를 확장하기 시작한다. 庚 결실운동을 하려면 반드시 丙火가 필요하고, 庚이 드러나기에 丙火가 할 일이 생겼기에 丙火의 존재가치를 결정하는 것은 庚이다. 庚은 巳酉丑 삼합운동의 조건에 반드시 丙火가 필요하고, 丙火가 분산에너지를 활용하는 이유는 庚金의 부피를 확장하기 위함이다. 이런 상황에서 庚丙 조합을 어떻게 이해할 것인가? 극으로 살피면 火剋金이다.

庚이 나타나니 丙火가 등장하여 庚金을 극해서 무엇을 얻고자 함인가? 자연의 이치를 이해하면 庚을 키우고자 丙火가 존재함을 쉽게 이해한다. 戊 위에서 丙火가 庚을 키우려는 것이다. 火土 同法이라는 표현이 있다. 火와 土는 존재이유가 동일하다는 의미다. 火와 土가 하는 일은 木을 金으로 바꾸는 것이다. 따라서 반드시 戊와 丙이 필요하다. 둘 중 하나라도 없으면 木을 金으로 바꾸는 작업을 할 수 없다. 이런 이유로 巳火가 火土 同法에 가장 어울리는 공간이다.

6. 子午卯酉의 이해

三合운동의 氣運이 가장 왕성해지는 子午卯酉 旺地에서는 陽氣가 陰氣로 전환된다. 그 이유는 陽氣의 성장에서 陰氣의 수렴으로 전환하기 위함이다. 陽氣가 극에 이르면 확장을 중단하고 결실운동으로 전환하는 이유는 물질을 완성하기 위함이다. 양기와 음기는 三合운동 범위 내에서 陽陰이 공평하게 분할하여 관리한다. 이것은 地藏干을 설명하고자 문자화한 것이지만 지구자연은 단일 五行으로만 이루어지는 것이 아니다. 봄에도 金氣가 있고, 가을에도 木氣가 있는 것이지 봄에는 木氣만 있는 것이 아니다. 子午卯酉에서 陽氣가 陰氣로 바뀌는데 寅午戌의 경우 午에서 丙火의 분산작용이 극에 달하여 丁火의 수렴작용으로 전환한다. 子午卯酉의 地藏干 中氣에는 아무런 글자표기도 없다(午中 己土는 제외).

中氣는 三合의 시작과 완성을 의미하는데 子午卯酉는 三合의 중간과정이기에 출발도 마감도 아닌 陽陰의 전환이다. 이런 이유로 中氣에 다른 글자가 들어가지 않는다. 정리하면 寅巳申亥 生地에서 氣運이 동하여 子午卯酉를 지나 陽氣가 陰氣로 전환하고 辰戌丑未 中氣에 陰氣가 완성된다. 즉, 寅巳申亥 中氣에서 三合이 출발하고 三合이 끝나는 辰戌丑未 土에서 陰氣로 결실을 완성하고 흙으로 돌아간다.

7. 三合과 方合의 이해

三合과 方合 차이를 寅卯辰과 寅午戌 三合으로 비교, 분석해보자.

方合
寅 - 建祿 甲
卯 - 甲과 乙의 전환점, 陽氣에서 陰氣로 전환
辰 - 乙 陰氣 마감

三合
寅 - 生地 丙
午 - 丙에서 丁으로 陽氣에서 陰氣로 전환
戌 - 丁火 陰氣 마감

方合과 三合의 차이점은 建祿과 生地 그리고 時空間의 차이다. 方合에서 甲은 建祿으로 강하기에 寅卯辰 方合이 가능하며, 寅午戌 三合은 時空間이 길어서 장기간에 걸쳐 三合運動이 이루어진다. 따라서 方合과 三合의 차이점은 바로 建祿과 生地다. 建祿과 生地를 동시에 가진 곳이 寅巳申亥이고, 建祿과 生地관계가 이루어지는 이유는 方合과 三合운동이 동시에 출발하기 때문이다. 寅巳申亥 지장간에서 建祿과 長生이 관계를 형성하는데 아래와 같다. 寅月에 甲과 丙이 조합을 이루어 甲의 氣運으로 丙 生地를 생하고, 巳月에 丙火와 庚金이 조합을 이루어 丙火의 氣運으로 庚金의 生地를 생하고, 申月에 庚金과 壬水가 조합을 이루어 庚金의 氣運으로 壬水의 生地를 생하고, 亥月에 壬水는 甲木과 조합을 이루어 壬水의 氣運으로 甲의 生地를 생한다. 이 의미는 方合의 출발점에서 반드시 三合運動을 이끌어야 한다. 寅卯辰은 東方이고, 寅午戌은 東南西方을 합친 것이니 三合은 方合보다 시공간이 훨씬 길다. 亥子丑을 지나면서 木氣가 강해져 甲이 祿을 세웠기에 木生火를 시작하며, 寅木 中氣에 丙火의 기운을 드러내고 寅午戌 三合을 출발한다.

巳中 庚金은 丙火가 힘을 키워서 드러나고, 申中 壬水는 庚金이 힘을 키웠기에 드러난 것이다. 또 亥中 甲은 壬水가 힘을 키웠기에 氣運을 드러낸 것이다. 時空 변화에 따라 子午卯酉에서 陽氣가 陰氣로 전환하여 辰戌丑未에 三合이 마감되는데 그 이유를 살펴보자.

寅午戌 火局은 戌土에 저장된 丁火가 있다.
申子辰 水局은 辰土에 저장된 癸水가 있다.
巳酉丑 金局은 丑土에 저장된 辛金이 있다.
亥卯未 木局은 未土에 저장된 乙木이 있다.

왜 저런 에너지를 辰戌丑未에 저장하고 있는지를 살펴보자.

地藏干의 에너지 움직임은 절대로 멈추지 않는다. 모종의 氣運은 다음 時空間에서 새로운 에너지로 변한다. 이런 이유로 사계가 면면히 이어진다. 과거, 현재, 미래가 끝없이 펼쳐지는 이치다. 辰戌丑未에서 陰氣를 얻는 이유는 무엇인가? 寅午戌의 경우, 亥水는 戌中 丁火를 꺼내 木氣를 만들어야만 한다. 申子辰의 경우, 巳火는 辰中 癸水를 꺼내 열기를 올려 꽃피고 열매 맺어야 한다. 巳酉丑 의 경우, 寅은 丑中 辛金을 꺼내어 씨종자를 봄에 새로운 싹으로 내놓아야 한다. 亥卯未의 경우, 申金은 未中 乙을 꺼내 열매 맺어야 한다.

의미 없어 보이는 일련의 행위는, 寅午戌에서 戌中 丁火가 없다면 亥月에 丁壬 합하지 못하고 辛은 木으로 물형을 바꾸지 못한다. 결과적으로 四季는 존재할 수 없고 지구의 모든 생명체는 사라져야만 한다. 亥卯未는 未中 乙이 申月에 乙庚 합하지 않으면 씨 없는 과일과 같다. 과일 내부에 씨앗이 있기에 봄에 싹이 드러나는데 未中 乙이 申의 지장간 庚과 乙庚 합으로 乙이 보관되고 辛으로 완성하고 巳酉丑 三合을 정리하여 寅月에 새로운 생명체로 존재를 드러낸다. 지금부터 계절별로 어떤 氣運이 주도적인 역할을 하는지 살펴보자.

寅卯辰月
寅卯辰 3개월 동안 지장간에 戊丙甲乙癸가 있다. 甲의 에너지가 강해지면서 卯月에 甲이 乙로 바뀐다. 乙 생명체가 땅밖으로 드러나며 卯月에서 辰月까지 좌우로 확산운동이 펼쳐진다. 寅에서 祿으로 에너지가 뚜렷해지고 丙火가 생지로 동하여 氣運이 확장된다. 癸水는 木의 성장을 촉진하고자 강하게 온기를 올린다. 戊土 터전에서 甲乙丙癸 에너지가 주도적으로 온기를 올려 木氣의 성장을 촉진한다.

巳午未月
地藏干에 戊庚丙乙丁己가 있다. 巳午未月에는 丙火가 丁火로 전환하고, 庚은 氣運을 확장하며, 乙은 巳午未에서 亥卯未 三合운동을 마감하여 성장을 완료한다. 戊土 위에서 丙火의 분산에너지가 계속 확장하다가 午月에 빛이 丁火 열로 축적되기 시작한다. 己土는 丁火와 乙木의 기운을 보존한다. 여름은 열매 맺고 키우는 과정으로, 巳月에 丙火가 庚金의 부피를 확장하여 午未申 月을 지나면서 乙은 성장을 마감하고 庚은 열매를 완성한다. 巳午未月은 戊土 터전에서 丙丁이 庚 부피를 확장하여 열매를 완성하는 시공간이다.

申酉戌月
地藏干에 戊壬庚辛丁이 있다. 申酉戌月에는 庚이 辛으로 바뀌고 金氣가 강하기에 壬水가 점차적으로 강해지면서 寅午戌 三合운동은 戌土에서 마감한다. 丁火가 午火에서 동하기 시작하고 未申酉戌을 지나면서 강해지면 수렴작용으로 열매를 단단하게 만든다. 壬水는 申에서 氣運이 동하고 金의 내부에 들어가 水氣를 채우기 시작한다. 申酉戌에서는 戊土의 터전에서 庚辛壬丁 에너지들이 가을을 이끌어간다. 가을은 결실 맺는 시기로 壬水와 丁火가 필요하다. 봄, 여름은 丙火가, 가을, 겨울은 壬水가 이끌기 때문이다. 壬水가 丙火를 억제하여 응축작용을 시작하면 庚도 단단해지면서 辛으로 변하는데 그 행위를 丁火의 수렴작용이 주도한다.

亥子丑月
地藏干에 戊甲壬癸辛己가 있다. 亥子丑月에는 壬水가 癸水로 변하고 甲은 氣運이 확장한다. 새로운 종자를 발아시키는 시공간으로 甲이 뿌리내리려면 반드시 壬水가 필요하다. 또 丁火가 辛金 씨종자를 발아시킬 때 필요한 熱氣를 제공한다. 따라서 亥子丑에서는 己土의 터전에서 壬癸甲丁이 주도한다. 정리하면 봄, 여름에는 丙癸, 가을 겨울에는 壬丁이 주도적인 역할을 한다.

丙癸는 성장위주의 에너지를, 壬丁은 수렴과 순환하는 에너지를 활용한다. 壬癸와 丙丁의 역할과 활동시기를 정리해보자.
癸水는 亥子丑 – 寅卯辰 – 巳午未 공간에서 성장에너지를 활용하며, 申酉戌에서는 壬水가 주도하기에 癸水의 쓰임이 상실된다.
壬水는 申酉戌 – 亥子丑 – 寅卯辰 공간에서 응축에너지를 활용하며, 巳午未에서는 癸水가 주도하기에 壬水의 쓰임이 상실된다.
丁火는 巳午未 – 申酉戌 – 亥子丑 시공간에서 수렴에너지를 활용하며, 寅卯辰에서는 丙火가 주도하기에 丁火의 쓰임이 상실된다.
丙火는 寅卯辰 – 巳午未 – 申酉戌 시공간에서 분산에너지를 활용하며, 亥子丑에서는 丁火가 주도하기에 丙火는 쓰임을 잃는다. 의미하는 바는, 丙丁壬癸 三合구조가 다르다.
壬水는 申子辰 三合운동, 癸水는 亥卯未 三合운동, 丙火는 寅午戌 三合운동, 丁火는 巳酉丑 三合운동을 하는 것이다.
戊土는 寅卯辰 – 巳午未 – 申酉戌 공간에서 양기를 받는 터전 역할에 집중히며, 亥子丑에서는 己土가 주도하기에 쓰임을 잃는다.
己土는 巳午未 – 申酉戌 – 亥子丑 공간에서 열매를 저장하고, 새로운 뿌리를 받는 역할에 집중하며, 寅卯辰에서는 戊土가 주도하기에 쓰임을 잃는다.
庚金은 巳午未 - 申酉戌 - 亥子丑 공간에서 경화작용을 주도하고, 寅卯辰에서는 辛이 주도하기에, 쓰임을 잃는다.
辛金은 申酉戌 - 亥子丑 - 寅卯辰 공간에서 경화작용을 완성하고, 巳午未에서는 庚이 주도하기에 쓰임을 잃는다.
甲木은 亥子丑 - 寅卯辰 - 巳午未 공간에서 수직상하운동을 활용하며, 申酉戌에서는 乙이 주도하기에 쓰임을 잃는다.
乙木은 寅卯辰 - 巳午未 - 申酉戌 공간에서 좌우확산운동을 활용하며 亥子丑에서는 甲이 주도하기에 쓰임을 잃는다.

이런 이유가 바로 天干이 地支에서 상이한 三合운동을 하는 이유다. 三合운동의 움직임이 동일한 것들을 정리해보자. 甲癸는 亥卯未 삼합운동, 辛壬은 申子辰 삼합운동, 丁己庚은 巳酉丑 삼합운동, 乙丙戊는 寅午戌 삼합운동을 한다. 이것을 이해하면 계절별로 각 오행이 좋아하고 싫어하는 時空間과 필요로 하는 조합이 무엇인지 이해한다.

각 오행의 시공간이 적절하지 않은 상황을 정리해보자. 甲은 申酉戌에서 乙은 亥子丑에서, 丙은 亥子丑에서 丁은 寅卯辰에서, 戊는 亥子丑에서 己는 寅卯辰에서, 庚은 寅卯辰에서 辛은 巳午未에서, 壬은 巳午未에서 癸는 申酉戌에서 쓰임을 잃는다. 의미는, 己土가 寅卯辰 月에 태어나면 戊土에게 가치를 빼앗기니 경쟁력을 상실한다. 己土가 辰月에 태어나면 시공간이 적절하지 않으니 삶의 터전을 타향이나 해외로 옮겨야만 하는 이유다.

8. 地藏干 흐름의 이해

마지막으로 地藏干의 시공간 흐름을 살펴보자. 이것을 이해하면 시간과 공간이 한 치의 오차도 없이 이어지고 순환함을 깨닫는다. 地藏干을 멈추어진 시간으로 간주하면 地藏干의 글자들을 이유도 모른 채 외우느라 시간을 낭비한다. 우리는 왜 地藏干에 그런 글자들이 그 위치에 있어야만 하는지 의문을 가져야한다. 地藏干 글자들은 전혀 연관 없어 보이지만 다양한 방식으로 연결되며 절대로 끊어지지 않는다. 따라서 이런 흐름을 이해하면 地藏干 글자들을 외워야할 필요가 없다. 지금까지도 地藏干을 이해하지 못했던 이유를 정리하면 아래와 같다.

1)地藏干이 월별로 단독적으로 존재한다고 착각했다.
2)地藏干 中氣는 三合의 生成과정을 표기한 것인데, 午에 己土가 끼어있어서 陽氣와 陰氣의 변화과정을 살피지 못하게 했다.
3)地藏干은 水火木金이 水에서 火로, 火에서 水로, 木에서 金으로, 金에서 木으로 변하는 과정을 표기한 것이다.

이런 시공간 변화를 인식하지 못하고 오행이 고정불변이라는 인식에 사로잡혀 에너지변화를 살피지 못했다. 水가 변하여 火가 되고, 木이 변하면 金이 되는데, 사주팔자는 변하지 않기에 水는 오로지 水요, 木은 오로지 木이라는 고정관념을 탈피하지 못했다. 五行은 行의 의미대로 수시로 변하는 것임에도 변화과정이 시공간에 의해 이루어지는 것임을 깨닫지 못했고 오로지 生剋으로 사주팔자를 분석하였다.

水는 무조건 火를 극하고, 金은 무조건 木을 극한다는 논리로만 사주를 분석하는 生剋의 틀에 갇혔다. 만약 오행처럼 水는 무조건 火를 극해서 火가 사라진다면 혹은 金이 木을 극하여 뿌리가 뽑힌다면 세상이 존재할까? 극하여 상대방을 상하게 만드는 것이 삶의 방식이라면 세상에 생존자가 있을까? 사주팔자를 生剋으로만 살필 것이 아니라 오행의 유기적 관계를 형성하고 쌍방 혹은 다자간에 어떤 쓰임인가를 살펴야만 한다. 地藏干 흐름을 子月부터 순차적으로 살펴보자.

(1) 子月
子月에 壬水의 응축에너지가 극에 이르면 癸水의 발산에너지로 폭발한다. 응축이 발산으로 바뀌니 一陽의 출발점이다. 丙火가 子水의 癸水를 만나 분산에너지의 근거를 마련하고, 壬水가 午火의 丁火를 만나 응축에너지의 근거를 마련한다.

(2) 丑月
丑月에 癸水가 餘氣로 발산에너지를 이어가고 中氣에는 巳酉丑 三合 결실운동을 마감한 辛을 기록했다. 즉, 金氣를 마감해서 寅月에 木氣가 나오도록 유도하며, 正氣의 己土는 癸水와 辛金 두 氣運을 저장한 후 寅月로 그 에너지를 전달한다. 다만 저장한 것은 巳酉丑 三合을 끝낸 辛이고, 餘氣의 癸水는 氣運을 이어가지만 己土에서 기운을 조절한다. 발산작용을 촉진하고자 金氣를 마감시켜 水氣를 조절하는 것으로 壬 응축에너지가 줄어야 癸 발산작용이 활발해지기 때문이다. 즉, 온기를 올리려면 壬水 응축작용을 줄여야만 한다.

(3) 寅月
寅月에 이르면 己土에 저장된 癸水와 辛金이 에너지 특징을 바꾸는데, 己土가 戊土 陽氣로 바뀌어 새로운 氣運을 받아줄 무대를 준비하면 寅에서 丙火 분산에너지가 생겨난다. 丙火는 어디에서 갑자기 드러난 것일까? 甲은 또 어디에서 온 것인가? 地藏干을 이해함에 가장 어려운 부분이다. 地藏干은 끊임없이 변화하는 시간과 공간의 흐름이기에 氣運이 수시로 변한다. 水氣가 응축작용을 풀면 온도가 오르고 극에 이르면 丙火로 바뀌고, 분산작용이 극에 이르면 수렴을 시작하여 水氣를 모으면 온도가 내려가고 극에 이르면 가장 추운 겨울에 이른다.

따라서 水가 火로 바뀌고 火가 水로 바뀌는 것이 자연의 의지다. 또 木이 金으로 바뀌고 金이 극에 이르면 木으로 물형이 변함을 인정해야 한다. 에너지는 절대로 고정불변한 것이 아님을 깨달아야 地藏干이 시공간 변화 과정임을 깨우친다. 寅中 丙火는 生地라 부르는데 丙火의 氣運이 동한 것이다. 丙火가 드러날 수 있었던 것은 子月에 癸水 발산에너지가 지속적으로 확장하였기 때문이다. 달리 표현하면, 癸水가 점차적으로 丙火로 변하는 과정에 처음으로 丙火의 기운이 동한 것이 寅속의 丙火며 寅午戌 삼합운동이 출발한다. 寅의 甲은 어디서 온 것일까? 丑月에 巳酉丑 三合運動을 끝낸 辛은 木으로 물형을 바꿀 준비를 끝낸다. 씨종자가 수기에 풀어져 뿌리로 변하는 일련의 과정이다. 辛이 壬水와 戌中 丁火로 열기를 가한 후 木으로 물형을 바꾸기에 寅月에 뿌리로 드러난다. 이런 변화 때문에 癸水가 丙火로 바꾸고, 辛이 甲으로 물형을 바꾼다. 이런 이유로 丑中 辛金이 寅月부터는 地藏干에 모습을 드러내지 못하고, 巳月에 丙火가 드러나면 癸水는 子月에 이르기까지 地藏干에 모습을 드러내지 못한다. 이런 변화과정을 비유하면, 콩을 물에 담그고 적당한 열기를 가하면 딱딱한 콩이 콩나물로 바뀌기 시작한다. 辛 콩이 서서히 부드러워지는 시기가 亥子丑이고 싹이 나오는 시공간이 寅月이다. 辛이 甲으로 바뀌고 콩나물을 씻을 때 부드러운 콩 껍질이 바로 辰土다. 辛이 申子辰 三合운동 하는 이유 중 하나가 辰에서 金의 딱딱한 모습이 완벽하게 木으로 바뀌기 때문이다.

(4) 卯月

卯月에 수직상하 운동하던 甲의 氣運이 乙로 변화한다. 땅 속 뿌리와 같은 甲이 땅 밖의 乙 생명체로 드러난 것이다. 지구에 존재하는 生氣와 생명체가 甲과 乙이다. 세상에 유일하게 산소를 공급하는 木氣가 탄생한 것이다. 卯月의 특징도 甲이 乙로 바뀌는 과정이다. 甲 생기가 乙 생명체로 현실화 되는 시공간이다. 乙이 드러나고 성장하여 가을에 이르면 인간의 먹거리를 수확할 수 있다.

따라서 卯月에 乙이 없다면 생명을 유지할 먹거리를 얻을 수 없다. 이런 이유로 乙은 생명을 유지하는데 반드시 필요한 물질의 근원이다. 다만, 乙은 生氣를 가진 생명체이자 物質이요, 辛은 生氣를 저장한 죽은 물질이라는 차이만 있을 뿐이다. 卯月에는 좌우확산 에너지가 펼쳐지면서 생명체들이 빠르게 성장한다. 卯木을 사방팔방에 퍼트리는 것이다. 卯木의 근본적인 성향은 좌우확산하고, 밖으로 나가 동분서주하면서 활동한다. 卯月에 태어난 사람들의 성향은 매우 활동적이며 많은 사람들과 인연을 맺으려 노력한다. 더러는 좋지 않은 행위로 보일 수 있지만 卯月에 태어난 사람들은 필연적으로 그런 행위를 할 수밖에 없다.

(5) 辰月

辰月에 乙은 좌우확산 운동으로 자신의 세를 확장한다. 辰土의 地藏干 餘氣에 乙이 있는 이유다. 이때부터 寅月에 생겨난 丙火의 氣運이 세력을 확장하지만 아직은 무력하기에 子中 癸水가 온기를 올려주면서 乙의 성장을 촉진한다. 지장간 中氣에 癸水가 있는데 申子辰 三合운동을 마감한 것을 표기하였다. 水氣 三合운동을 마감하고 巳火에서 丙火가 드러난다. 정기의 戊土는 乙과 癸를 戊土에서 마감하여 巳月로 넘겨서 새로운 에너지 변화를 유도한다. 辰月의 土 作用을 간단하게 정리해보자.

-水氣를 마감한다.
水氣 마감으로 나타나는 현상은 木氣가 성장을 조절 당한다. 그 이유는 목기가 성장을 지속하면 꽃피고 열매 맺을 수가 없기에 水氣의 마감작용으로 木氣의 성장을 조절하는 것이다.
-木氣의 성장을 조절한다.
水 三合이 마감되면서 木氣는 성장을 조절 당하고 꽃 피고 열매 맺을 준비한다.
-火氣로 전환을 유도한다.
水氣를 마감했기에 상대적으로 온도가 오른다. 응축 작용하는 壬水가 무기력해지기에 분산작용 丙火가 巳月에 분산에너지를 강하게 드러낸다. 이런 이유로 辰土는 수기가 부족한 공간이 명확하다. 예로, 辰土를 가진 천간은 욱하는 성격이다. 그 이유가 수기가 부족하고 열기가 쉽게 오르기 때문이고, 이런 이유로 당뇨와 고혈압 같은 질병이 생긴다. 나머지 土들도 모두 동일한 이치로 살피면 된다.

(6) 巳月

巳月 餘氣의 戊土는 辰月의 戊土에 저장했던 乙과 癸의 氣運을 이어받아 巳月에 새로운 양기 庚을 내놓고 寅卯辰에서 氣運을 확장하던 丙火의 기세를 밖으로 드러낸다. 庚은 어디에서 온 것이고 丙火는 어디서 온 것인가? 辰月 地藏干에 乙, 癸가 있고 辰中 戊土가 받아서 巳月의 餘氣 戊로 넘겨준다. 時空間이 변하고 온도가 더욱 상승하면 乙이 庚으로 변화를 시도한다. 새싹이 꽃으로 물형을 바꾸는 것이다. 성장하던 乙이 水氣가 마감되기에 성장의 기세를 분산작용의 꽃으로 물형을 바꾼다. 乙의 변형된 모습인 꽃이 巳月의 중기 庚이다. 여름의 말기 申月의 庚 열매로 바뀌는 과정에 일차적으로 물형에 변화가 생긴 것이다. 즉, 巳月의 庚은 乙 새싹이 庚 꽃으로 바뀌었고, 申月의 庚은 꽃이 열매로 바뀌는 것이다. 12 運星으로 살피면 巳中 庚은 長生하고, 申의 庚은 建祿을 세웠다고 표현한다. 巳中 丙火가 드러난 이유는 辰月에 申子辰 三合운동을 마감했기에 寅卯辰을 지나면서 에너지를 확장하던 丙火가 巳月에 祿을 세운다. 다만, 근본적인 이유는 子月부터 온기를 올려주었던 癸水가 있었기 때문이고, 癸水의 발산에너지가 분산에너지로 바뀌면서 丙火의 특징으로 드러난다. 따라서 地藏干을 보면 癸水는 巳月에 丙火로 물형을 바꾼 후 더 이상 드러나지 않는다. 이렇게 乙이 모습을 바꾸면 庚이요, 癸水가 모습을 바꾸면 丙火이며 변화할 수 있었던 이유는 時空間이 변하기 때문이다.

(7) 午月

午月에 丙火의 분산작용이 극에 이르면 丁火의 수렴에너지로 변화한다.

이런 극점을 12運星으로 旺地라 부르는데 氣가 質로 바뀌는 시공간이며 극점까지 올라갔던 양기는 하강하고 양기의 기운을 이어받은 음기는 세를 확장한다. 丁火가 분산작용을 이어받아 수렴작용을 시작하기에 庚 꽃이 열매로 물형을 바꾼다. 따라서 자연에서 열매를 맺을 수 있는 이유는 丁火 때문이다. 午月의 상황을 좀 더 살펴보면, 午月에 丙火의 작용은 극에 이르고 丁火가 수기를 수렴하면서 丙火와 丁火가 기세를 교차한다. 오해하지 말아야할 것은, 午月에 丙火의 작용이 갑자기 사라지고 丁火만 존재하는 것처럼 생각하는 것이다. 丙火는 午月을 정점으로 氣運이 줄기 시작하고, 丁火는 午月을 정점으로 점점 강해지지만 丙과 丁이 동시에 열매의 부피를 확장하고 단단하게 만드는 것이다.

(8) 未月

未月에 午中 丁火가 세력을 유지하면서 열매를 단단하게 만든다. 未속의 乙은 亥卯未 三合운동을 마감했음을 표기한 것이다. 亥卯未 성장운동을 마감하기에 申月에 열매를 완성할 준비를 한다. 未月의 세 가지 土 作用을 정리해보자. 가장 중요한 점은 木氣를 마감하는데 그 이유는 金氣로 전환하기 위한 것이지만 木生火 기세를 마감하여 火氣도 조절한다. 木氣가 火의 분산작용을 도우면 火氣는 기세를 키우면서 金 열매를 완성할 수 없기에 木氣를 마감하여 火氣를 조절함으로써 金氣를 증가시키는 것이다. 또 未 속의 己土는 丁火와 乙木의 기운을 저장하여 申月에 열매가 완성될 때까지 乙의 에너지를 계속 활용한다.

(9) 申月

申月에 己土가 戊土 陽氣로 바뀌면서 새로운 氣運이 동하고 己土에 저장되었던 丁火와 乙을 넘겨받아서 申中 壬水가 동하고, 申中 庚이 祿을 세운다. 申中 壬水는 어디에서 드러났을까? 午月에 丙火가 丁火로 바뀐다. 수렴에너지가 열매를 단단하게 만들고 水氣가 모이기 시작한다. 달리 표현하면, 열매 내부에 水氣가 모이는 것이다.

丁火의 수렴작용은 결과적으로 申月에 壬水의 응축에너지가 집약하기 시작한다. 흐름을 정리하면, 未中 丁火가 己土에 저장되어 戊土로 이어져 壬水로 드러난다. 申 속의 庚金은 巳午未를 지나면서 丁火의 수렴작용으로 딱딱해진 열매이고 12운성으로 祿이라 부른다.

(10) 酉月
酉月에 庚이 더욱 딱딱해지고 극에 이르면 辛 열매로 완성된다. 酉月에 열매가 땅으로 떨어지는 것이다. 庚의 경화작용이 극에 이른 상태가 辛이고 가치가 가장 높은 보석으로 표현한다. 이런 이유로 庚은 조직, 단체, 辛은 개인이며 홀로 떨어진 곳에 고정되어 움직일 수 없다. 만약 움직여 물형이 변질되면 보석가치가 변질된다. 酉丑 合, 酉辰 合, 酉丑辰 組合은 모두 辛金의 물형이 변질되면서 정체성을 상실한다.

(11) 戌月
戌月에 酉金의 딱딱하게 굳어가는 氣運이 지속되고 戊土의 지장간 丁火가 寅午戌 三合을 마감하여 亥月에 水氣가 나오도록 준비한다. 寅午戌 三合運動을 마감한 것은 木이 金으로 바뀌어 완성된 것이다. 戌月에 火氣를 마감해야만 하는 이유는 金氣를 조절하기 위함이다. 火氣를 마감하지 않으면 金氣는 열매로 완성되지 못하고 경화작용을 지속하기에 水氣가 나오지 못한다. 따라서 火氣를 마감하고, 金氣를 조정하여, 水氣가 나오도록 유도하는 것이다. 戊土에 저장한 辛과 丁火를 戊土가 품어서 亥月에 넘겨준다. 寅午戌 三合이 완성되었으니 丙火의 작용은 끝나고 丁火의 수렴에너지는 亥中 壬水와 합하여 열기를 전달하고 쓰임을 완성한다.

(12) 亥月
亥月에는 戌月에 이어받은 두 氣運 즉, 戌 中 辛과 丁火가 戊土에서 새로운 양기를 발산하는데 辛은 甲으로 물형을 바꾸고 亥卯未 三合운동을 출발한다.

辛이 亥水를 만났기에 甲으로 물형이 변하고 戌 中 丁火의 열기로 金을 자극하여 木으로 바꾼 것이다. 中氣 丁火는 寅午戌 三合운동을 완성했고 亥月에 壬水로 에너지 특징을 바꾼다. 子月에 이르러 壬水 응축작용이 극에 이르고 반발작용으로 빅뱅이 발생하여 癸水의 발산에너지가 폭발하여 一陽五陰을 다시 시작한다. 이런 순환방식을 통하여 사계의 시공간이 면면히 변화하면서 이어지는 것이다.

제 2 부

地藏干 의미 확장

제 1장 地藏干 의미 확장

1. 자연의 핵심에너지 癸水와 丁火

자연은 水火에너지를 주축으로 木金에 에너지를 방사하여 木氣로 성장하고, 金氣로 수확한다. 이런 순환과정에서 가장 핵심적인 역할이 癸와 丁이다. 子水에서 六陰을 풀어내는 것이 癸水요, 巳火에서 六陽으로 분산하던 에너지를 수렴으로 바꾸는 것이 午中 丁火다. 癸와 丁은 자연을 운용하는 핵심으로 壬水를 기반으로 癸水가 생겨나고, 丙火를 기반으로 丁火가 생겨난다. 달리 표현하면 壬水와 丙火의 대변자가 癸水와 丁火로, 이런 작용이 있기에 수기를 올리고 내리기를 반복 작용을 통하여 木을 올리고 내리고 金을 폈다가 오므리기를 반복한다. 따라서 사주구조를 분석할 때 癸水와 丁火의 동태를 살피는 것은 중요하다. 丁火가 없다면 사물을 단단하게 만들지 못하고 결실운동을 할 수 없다. 庚은 반드시 丙丁으로 꽃피고 열매 맺어야 하고 亥卯未 三合은 반드시 癸水의 도움이 있어야 성장이 가능하며 乙은 癸水의 습윤 작용과 온기로 성장한다.

時	日	月	年	男
癸	己	癸	丁	
酉	卯	丑	未	

71	61	51	41	31	21	11	1
乙	丙	丁	戊	己	庚	辛	壬
巳	午	未	申	酉	戌	亥	子

天干에 丁火와 癸水가 冲하기에 인성이 상하여 흉하다고 판단하는 것이 생극 관점이다. 癸水와 丁火는 자연을 운용하는 핵심에너지와 같아서 균형을 유지하고 조절작용에 뛰어나기에 법조계, 검경, 공무원 등의 직업에 어울린다.

時	日	月	年	男
癸	己	癸	丁	
酉	卯	卯	未	

73	63	53	43	33	23	13	3
乙	丙	丁	戊	己	庚	辛	壬
未	申	酉	戌	亥	子	丑	寅

법관생활 후 변호사를 개업했다. 丁火를 극하는 癸水의 작용이 흉하다고 판단하는 것은 단순하게 생극 작용으로만 살핀 것으로 판단에 실수하기 쉽다. 丁癸 冲으로 법조계 물상을 직업으로 활용한 경우다.

2. 물질계 木, 金
癸水와 丁火의 작용으로 얻을 수 있는 물질 木, 金을 살펴보자.

	子	丑	寅	卯	辰	巳	午	未	申	酉	戌	亥
餘氣	壬	癸	戊	甲	乙	戊	丙	丁	戊	庚	辛	戊
中氣		辛	丙		癸	庚	己	乙	壬		丁	甲
正氣	癸	己	甲	乙	戊	丙	丁	己	庚	辛	戊	壬

亥水에서 木이 기운을 드러내기에 子月에 癸水가 발산작용을 시작하며 子丑을 지나면서 뿌리내리고, 巳火에서 金이 나오기에 午火에서 수렴을 시작하여 金을 키우기 시작한다. 亥에 甲이 있기에 子月부터 목기를 키우고 巳에 庚이 있기에 午月부터 庚을 익힌다. 癸水는 亥의 甲이 나온 후 木을 키우고 亥卯未 三合운동을 완성하고, 丁火는 巳의 庚이 있기에 결실 맺고 巳酉丑 三合운동을 완성한다. 이 과정에서 水, 木이 함께 움직이고, 火金이 함께 움직이니 火金은 生의 관계다. 다만 火의 剋작용으로 庚이 성장하기에 剋처럼 보일 뿐이다.

3. 물질계 甲과 庚
乙과 辛은 지구에 존재하는 생명체와 물질인데 甲과 庚은 乙과 辛의 모친과 같다. 그 이치를 살펴보자.

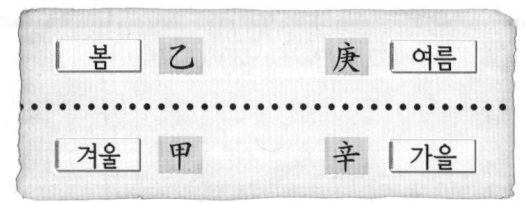

甲은 상승운동으로 乙을 땅 밖으로 내놓고, 庚은 하강작용으로 辛을 땅으로 떨어뜨리니 결과적으로 甲, 庚은 乙, 辛의 모친과 같은 것이다. 陽氣가 극에 이르면 陰氣로 변하기에 甲의 陽氣가 극에 달하면 乙木이 드러나고, 庚의 陽氣가 극에 달하면 辛을 얻는다. 甲은 乙을 위해서, 庚은 辛을 위해서 자신을 희생했던 것이다. 十神으로 살피면, 甲에게 乙은 劫財요, 庚에게 辛도 劫財이기에 좋은 관계라고 판단하지 않는다. 甲, 庚에게 乙, 辛을 겁재라 부르는 이유는 자신들의 터전 財星을 乙, 辛이 빼앗기 때문이다. 즉, 甲己 合의 터전을 乙이 부수고 乙庚 合을 辛이 부순다. 따라서 甲과 庚은 乙과 辛의 길안내자로 동일한 오행임에도 음양의 쓰임이나 역할이 전혀 다르다. 甲乙이 만나면, 甲은 생기의 원천과 같아서 보수적이며 함부로 움직이지 못하지만 乙은 자유로운 영혼을 가졌다. 庚은 결실을 얻고자 일정의 틀을 만들지만 辛은 만들어진 틀에서 벗어나기에 단체와 인연이 없고 개인, 독립적이다. 이렇게 동일한 오행임에도 그 성향은 전혀 다르다.

4. 十干의 나머지 오행

丙火는 분산을 주도하지만 丁火는 수렴과 열기를 주관하여 시공간 범위를 극도로 축소시킨다. 壬水는 응축에너지로 만물을 움츠리게 만들지만 癸水는 온기를 올려 발산을 주도한다. 戊土는 땅위에서 양기를 받는 터전이지만, 己土는 땅속에서 저장, 보관역할을 한다. 이렇게 동일오행이라도 陰陽의 속성이 상이하기에 사계의 순환과정에 균형을 유지한다. 甲과 庚의 가장 중요한 역할은 물질생산 과정의 지도자 역할로 乙과 辛에게 자신의 에너지를 공급한다. 乙의 활기를 얻기 위해서 뿌리내렸으나 그 결과물은 乙이 차지하고, 열매를 완성하고자 틀을 만들었으나 辛이 완성된 열매로 떨어져 나간다. 이렇게 丙火와 壬水, 그리고 丁火와 癸水를 살펴보고 戊土와 己土를 비교하면 十干작용을 쉽게 이해한다. 자연은 한순간에 이루어지지 않는다. 태양과 달, 지구의 時空間 괴리 때문에 생기는 문제를 근묘화실 이론으로 정립하였다.

60干支가 甲寅에서 출발했다면 근묘화실은 존재하지 않는다. 하지만 지구는 우주로부터 오는 기운을 받아서 즉각 반응하지 못하고 시간의 격차를 두고서 반응하기에 天干에 甲에너지가 반응함에도 지구에는 子水의 시공간에서 甲의 실질적인 물질 寅을 준비하는 단계일 뿐이다. 天干은 生氣가 존재하지만 지구는 그 생기가 없으며 시간이 흘러야 비로소 寅 생명체가 드러나니 그만큼의 時空間격차를 根苗花實 이론으로 활용한다.

따라서 지구에서 무언가를 이루려면 반드시 일정의 시차가 필요하다. 인생도 동일하다. 하루아침에 이루어지는 것도 없지만 일방적으로 불행한 것만도 아니다. 반드시 오르막과 내리막을 반복하면서 걸어간다. 이런 이치를 三合운동으로 살피면 生旺墓의 旺地로 氣運이 극에 달하여 반대로 하강하는 것이다. 寅午戌 三合의 경우, 寅에서 戌土까지 가면서 반드시 辰土와 未土와 戌土를 지난다. 반드시 쉬면서 조절하는 문제가 생기며 또 운동을 마감하고 새롭게 시작해야만 한다. 자연은 절대로 한순간에 이루어지지 않으니 기다림의 미덕이 필요한 것이다.

5. 乙과 辛의 구별
자연의 순환은 水火에너지로 木金 물질을 만들고 변화하는 과정인데 물질을 상징하는 글자는 乙과 辛이다. 乙은 甲으로부터, 辛은 庚으로부터 나온 결과물이다. 三合운동으로 亥卯未와 巳酉丑 이며 亥卯未는 木을 키우고자, 巳酉丑은 金을 수확하고자 행하는 운동으로 亥卯未는 생기와 성장을 주도하고, 巳酉丑은 물질과 수확을 주도한다.

만약 亥卯未 生氣가 없으면 물질을 얻을 수 없다. 인간도 亥卯未 생물들로부터 물질을 얻기에 생명체들을 죽여서 얻은 결과물이 巳酉丑이다. 따라서 살아있는 것을 죽여서 물질로 바꾸는 작업이 巳酉丑이다. 우리가 매일 생명을 유지하고자 먹는 곡물, 동물은 모두 亥卯未에 속하는데 그것을 먹고자 죽이는 행위가 巳酉丑인 것이다. 따라서 모두 物質이면서도 亥卯

未는 키우는데 주력하고, 巳酉丑은 죽여서 거두는데 주력한다. 寅午戌과 申子辰 삼합운동은 木과 金을 만들어내는 에너지와 같기에 물질작용은 乙과 辛보다 훨씬 약하다. 인간이 느끼는 가장 큰 문제는 돈이나 물질, 건강, 등이기에 사주팔자를 분석할 때 乙과 辛의 상황을 잘 관찰해야 한다.

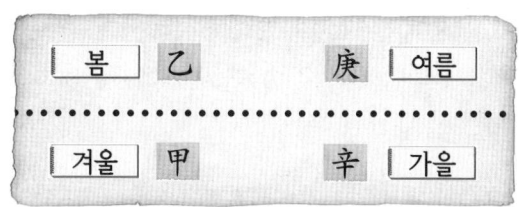

두 글자의 개념을 살펴보자. 乙은 甲의 수직상하 작용하는 뿌리에서 생겨났는데 갑은 땅 속에서 己土에 안착하고 뿌리가 위로 올라와 땅밖으로 나온 모습이다. 甲과 乙은 살아가는 방식이 근본적으로 다른데 乙은 안에서 밖으로 튀어나와 甲의 수직상하운동을 좌우확산운동 에너지로 전환한다. 또 땅 내부에서 외부로 떠나지만 甲은 항상 근본터전이자 삶의 뿌리역할을 하므로 터전을 벗어나기 어렵다. 甲은 모든 것의 출발점이자 생명체의 뿌리이기에 甲에 문제가 생기면 존재자체가 흔들린다. 육체로 살피면 甲이 잘못되면 죽어서 존재가치가 사라진다. 이런 이유로 甲은 항상 뿌리 역할, 길 안내자 역할, 근본터전 역할을 책임져야 하므로 보수적이고 함부로 움직이지 못한다. 甲에서 벗어나 자유롭게 성장하는 것이 乙이요, 새로운 땅으로 떠나서 성장하고 정착한다.

즉, 땅속에서 땅밖으로 떠나야만 하는 것이 乙로 근본터전을 벗어나는 성향이다. 따라서 乙은 고향을 떠나다, 터선을 떠나다 의 함의들 가샀나. 乙의 또 다른 의미는 사람의 사망을 암시하는데 땅속에서 땅밖으로 떠나기 때문이다. 정리하면 乙은 甲과는 정반대 성향으로 자유로운 활동과 성장을 주관하며, 결실의 근본인자다. 乙의 반대편에 辛이 있는데 庚 열매가 완벽하게 딱딱해진 결정체다. 辛은 乙과 정반대 성향으로 기본적으로는 움직이는 것을 싫어한다. 乙은 좌우확산 하지만 辛은 한곳에 정착하기를 바란다. 辛은 甲을 만들어내는 씨종자와 같아서 움직이면 가치를 상실하기 때문이다. 보석은 한곳에 안전하게 보관해야 가치를 보전하는 이치와 같다. 만약 辛에 이상이 생기면 씨종자에 문제가 생긴다. 酉子 破의 문제로 酉金이 적절하게 발아할 여건이 되려면 반드시 壬水와 丁火 己土가 필요하다. 적절한 水氣와 熱氣, 그리고 그것을 품을 땅이 필요하다. 이 조건이 충족되지 않으면 酉金에게 이상이 생기고 酉子 破로 문제가 생기면 정신병, 물질손상, 육체손상, 접신 등의 물상으로 발현된다.

辛丑일주는 丑土에 辛을 품었기 때문에 자신의 부인이나 식구들 친척들에 대한 집착이 매우 강하다. 辛金을 품어서 문제가 없도록 하는 책임감을 가졌기 때문이다. 따라서 辛은 乙과는 정반대로 안정을 필요로 한다. 이렇게 물질을 의미하는 두 인자에 문제가 생기면 흉하다. 乙은 성장활동의 문제를 살펴야 하고, 辛은 변동, 발아조건, 생존조건을 살펴야 한다. 사주에서 발현되는 현상들은 매우 많다. 卯木의 刑冲破害를 정리해보자.

卯辰 조합 : 卯木의 활동성이 辰土에서 답답해진다.
卯未 조합 : 卯木의 활동성이 未土에서 묶인다.
卯戌 조합 : 卯木의 활동성이 戌土에서 완전히 상실된다.
卯午 조합 : 卯木의 성장이 午火에서 급속도로 빨라진다.
卯酉 조합 : 卯木의 활동성이 酉金에 의해 극도로 위축된다.
卯申 조합 : 卯木의 활동성이 申金에 묶여 답답해진다.
子卯 조합 : 생명체 子水와 활동성 卯木이 만나서 상한다.
또 여러 개가 조합하는 子卯辰, 酉子卯 조합 등이 있다. 이 두 조합은 종자 문제로 생명, 성장, 활동에 문제가 발생한다.

酉金의 刑冲破害를 간단히 정리해보자.

酉戌 조합 : 酉金의 가치가 戌土에 담겨 상실된다.
酉子 조합 : 酉金의 종자가 子水를 만나 변질된다.
酉丑 조합 : 酉金이 丑土에 들어가 가치를 상실한다.
酉寅 조합 : 酉金이 寅 생명체와 만나 방향이 달라진다.
酉卯 조합 : 酉金의 안정감이나 가치가 변질된다.
酉辰 조합 : 酉金의 가치가 완전히 상실된다.
酉午 조합 : 午火의 열기가 酉金에 축적된다.

또 酉丑辰 三字조합도 있다. 酉金이 丑土에서 가치를 상실하고 辰土에 이르면 존재 자체가 사라진다. 주로 감방 물상이나 폐병 등의 물상이다. 酉金을 辰土에서 얻을 경우 구조가 좋으면 하늘에서 내리는 부자사주가 될 수도 있다. 이런 조합들은 안정을 필요로 하는데 문제가 생기면 육체에 질병이 발생하거나 정신에 문제가 생길 수 있다. 또 卯木과 酉金이 함께 조합을 이루는 辰戌未, 辰戌丑 조합이 있다. 즉, 乙과 辛이 충하고 묶이고 상하는 조합들로 심각한 문제가 생길 수 있다. 예로 사망, 질병, 재물을 잃는다. 이 조합들은 冲이나 刑보다 더 까다롭기에 자세히 살펴야 한다.

時	日	月	年	男
丙	戊	壬	庚	
辰	寅	午	戌	

73	63	53	43	33	23	13	3
庚	己	戊	丁	丙	乙	甲	癸
寅	丑	子	亥	戌	酉	申	未

乙酉大運 1997년 丁丑年 4월 맞아 죽었다. 辰戌 冲이 있는데 丑土가 온 경우로 辰戌未 組合도 유심히 살펴야 한다.

時	日	月	年	男
戊	庚	丁	己	
寅	戌	丑	酉	

78	68	58	48	38	28	18	8
己	庚	辛	壬	癸	甲	乙	丙
巳	午	未	申	酉	戌	亥	子

癸酉大運 2010年 庚寅年에 부부불화를 비관하여 가족들에게 미안하다는 유서를 남기고 저수지에 몸을 던져 자살하였다. 酉丑戌 組合으로 문제가 생겼다.

時	日	月	年	男
庚戌	丁酉	丙申	丙辰	

78	68	58	48	38	28	18	8
甲辰	癸卯	壬寅	辛丑	庚子	己亥	戊戌	丁酉

22세 丁丑年 군대에서 익사하였다. 辰戌 冲이 있고 辰酉 合이 있는데 丑土가 가미되니 辰戌丑 조합에 酉金까지 있어 酉丑辰 조합을 이루었다.

時	日	月	年	男
辛卯	丙辰	癸丑	丁酉	

71	61	51	41	31	21	11	1
乙巳	丙午	丁未	戊申	己酉	庚戌	辛亥	壬子

戊申大運 庚辰年 부인을 교통사고로 잃었다. 酉丑戌 조합인데 庚辰年이 오면 酉丑戌 조합에 辰土까지 만나서 酉丑辰 조합을 이루니 흉하다.

時	日	月	年	女
丙辰	戊辰	辛丑	辛未	

79	69	59	49	39	29	19	9
己酉	戊申	丁未	丙午	乙巳	甲辰	癸卯	壬寅

세 번 결혼하여 아들 3형제를 두었으나 공교롭게도 아들을 낳은 해에 남편이 모두 사망하였다. 이 구조도 辰丑未 組合으로 근본문제는 卯木과 酉金이 상하는 것이다.

時	日	月	年	男
丁	己	乙	戊	
卯	未	丑	辰	

77	67	57	47	37	27	17	7
癸	壬	辛	庚	己	戊	丁	丙
酉	申	未	午	巳	辰	卯	寅

辛未大運 庚午年 癸未 月 큰아들이 교통사고로 사망하고, 甲戌年 甲戌月 본인도 목매어 자살했다. 辰丑未 조합에 辛未가 겹치고 戌土까지 겹쳐서 辰戌丑未가 다 모이니 문제가 발생한다.

時	日	月	年	女
庚	壬	乙	丙	
辰	午	未	辰	

77	67	57	47	37	27	17	7
丁	戊	己	庚	辛	壬	癸	甲
亥	子	丑	寅	卯	辰	巳	午

남편이 67년 5월 9일 寅時로 辰大運 己丑年 음주운전으로 교도소에 들어가고 불행한 일이 계속 발생하였다. 己丑年에 辰戌未 조합인데 丑土까지 만났기에 흉하다.

時	日	月	年	男
辛	乙	癸	甲	
巳	亥	酉	辰	

75	65	55	45	35	25	15	5
辛	庚	己	戊	丁	丙	乙	甲
巳	辰	卯	寅	丑	子	亥	戌

辰酉 組合이 있는데, 丁丑大運, 癸未年 1년 동안 20억을 벌었다. 酉丑辰 조합이 이루어지는 시기에 일순간 큰 재물을 모은 것이다.

6. 亥水에는 戊土가 있는가?

이런 질문을 하는 경우가 많은데 地藏干에서 유일하게 午中 己土를 제외하고 시공간의 순환과정을 명확하게 표현하였다. 완벽한 시공간 퍼즐이다. 亥의 지장간에 戊土가 있는지 살펴보기 전에 亥月의 시공간 좌우상황을 파악해보자. 酉月에서 戌月로 넘어왔다. 庚에서 辛으로 바뀌고 辛의 氣運이 戊土의 餘氣로 이어졌다. 寅午戌 三合운동을 완성하는 丁火가 中氣에 기록된다. 따라서 戌月 戊土가 辛金과 丁火 에너지를 품어서 亥月로 넘겨주어야만 한다. 亥月의 餘氣 戊土는 戌月 戊土의 기운을 이어받았다. 戌中 辛이 있기에 亥중 甲으로 변하고, 戌中 丁火가 있기에 亥중 壬水가 祿으로 뚜렷하게 드러난다. 따라서 戊土가 없다면 두 가지 기운은 동하지 못한다. 이런 상황에서 亥에 戊土가 있는가의 문제를 생각해 보자. 戊土를 빼야한다는 주장은 戊土가 戌月에 辛과 丁火을 亥月의 戊土로 전달해주어야만 하는 이치를 모르는 것이다. 戊土가 음기를 이어받고 亥月에 새로운 양기를 쏟아내지 않으면 亥中 壬水와 甲은 드러나지 않는다. 이런 질문은 너무 당연한 것은 그렇지 않은 것처럼 인식하는 것이다.

7. 巳亥, 子午의 陰陽 문제

水火와 木金의 작용은 다르다. 水火는 氣적이고 정신적이며, 木金은 水火에 의해 만들어진 물질이다. 陽干은 氣的이고 陰干은 質的이다. 三合운동으로 申子辰과 寅午戌이 水火요, 氣에 해당한다. 亥卯未와 巳酉丑은 물질이다. 干支조합으로 陽干은 申子辰, 寅午戌과 조합을 이루고 陰干은 亥卯未, 巳酉丑과 조합을 이룬다. 甲木은 甲申 甲子 甲辰 甲寅 甲午 甲戌이요, 乙木은 乙亥 乙卯 乙未 乙巳 乙酉 乙丑이다.

三合으로 살펴보자.
寅午戌 三合이 巳酉丑 三合운동을 유도하고
巳酉丑 三合이 申子辰 三合운동을 유도하며
申子辰 三合이 亥卯未 三合운동을 유도하고

亥卯未 三合이 寅午戌 三合운동을 이끈다.

이렇게 火金水木火로 三合을 이어가는 과정에 에너지가 겹친다. 자연에는 절대로 하나의 氣運이 독립적으로 존재할 수 없다. 寅午戌 삼합운동 과정에 金이 생성되는 것이지 火운동이 마감되기에 金 물질이 생겨나는 것이 아니다. 申子辰 三合은 亥卯未 三合운동을 유도한다. 水氣로 木氣를 만들어내는 것이다. 따라서 申子辰 三合운동의 결과물이 亥卯未 三合이며 寅午戌 三合운동의 결과물이 巳酉丑 三合이다.

문제는 寅巳申亥는 모두 生地요 새로운 기운이 동하지만 기와 질로 상이하다. 寅午戌, 申子辰의 寅申은 氣운동의 출발점이고, 巳亥는 陽氣이면서도 木金을 만드는 물질운동의 출발점이다. 반대로, 子午卯酉 旺地 중에서 卯酉는 亥卯未, 巳酉丑으로 物質에 해당하기에 명확하지만 子午는 음기이면서도 기운은 陽氣다. 즉, 子水는 申子辰 水三合의 기운을, 午火는 寅午戌 火三合의 기운이니 巳亥와 子午의 음양구분이 애매해진다. 巳亥는 生地의 출발점임에도 음기고, 子午는 陰氣로 보이지만 그 작용력은 陽氣의 旺地다. 六陰과 六陽으로 살필 수도 있는데, 巳火는 陽氣가 극에 달하고 亥水는 陰氣가 극에 달했다.

극에 이른 巳亥를 동하게 해주는 것은, 巳火는 午에서 丁火가 陰氣로 전환하고, 亥水에서 六陰이 극에 달하면 子에서 癸水가 一陽으로 陽氣로 전환한다. 이 또한 양기가 동하는 개념이다. 즉, 生地로 寅巳申亥를 살피면 쓰임이 같지만 陽氣와 陰質로 다르고, 子午卯酉는 旺地로 陰質처럼 보여도 子午의 경우는 水火로 陽운동을 하는 것이다. 정리하면 巳亥, 子午의 양음관계는 보는 각도에 따라서 양과 음이 달라 보이는 것일 뿐, 반드시 양이거나 반드시 음이라고 결정하려는 시도는 극히 억지스러운 행위다. 마치 사계절 내내 십간에너지들이 공존함에도 봄에는 목기만 있다고 주장하는 억지와 같다.

8. 鬼門의 원리

亥辰/ 巳戌 / 寅未 / 申丑 등은 鬼門이라 부르는데, 그 원리가 무엇인지 살펴보자. 명리의 근본 원리들은 三合에서 출발하는데 申子辰 / 亥卯未 / 寅午戌 / 巳酉丑 三合을 지나 다시 申子辰 三合으로 순환한다. 즉, 水生木, 木生火, 火生金, 金生水, 다시 水生木을 반복하는 것이다. 귀문의 경우도 출발과 마감의 문제인데, 辰亥원진은 亥卯未 三合의 출발점 亥水 生地가 辰土에 들어가는 상황이다. 또 巳戌은 金三合의 출발점 巳火가 戌土에 들어가는 문제다. 표면적으로는 水氣가 辰土에 입묘하고, 火氣가 戌土에 입묘하는 것이 辰亥, 巳戌 귀문의 문제처럼 보인다. 문제는 亥中 壬水가 墓地에 들거나, 巳中 丙火가 戌土에 들어가는 것도 문제이지만 亥中 甲이 辰土에서 조절되는 것 또한 문제요, 巳戌이 만나면 巳中 庚이 戌土에서 조절되는 것 또한 문제다. 즉, 亥卯未 三合과 巳酉丑 三合의 출발점이 적절하게 움직이지 못하고 문제가 생긴다.

干支로 壬辰과 丙戌인데 임수와 병화가 제 역할을 적절하게 못하고 또 甲과 庚의 움직임이 둔해진다. 사주팔자를 감명할 때는 어떻게 적용해야 할까? 만약 己日이 壬辰年을 만나면 甲의 문제가 발생하는데 겉으로는 壬水가 辰土에 들어가는 문제로 보인다. 결과적으로는 갑의 문제다. 己日이 丙戌 年을 만나면 庚의 문제다. 이렇게 辰土가 亥卯未 출발점을 막고 亥중 甲을 상하게 하고, 戌土가 巳酉丑 출발점을 막고 巳중 庚의 기운을 상하게 만든다. 辰土에서 甲을 잡는 이유는 木의 성장을 억제하여 火 기운을 내놓기 위함이다. 따라서 辰土는 水氣를 墓地로 만들어 木氣를 억제하여 巳에서 火氣를 확장한다. 그러므로 辰亥가 만나면 辰土에서 타격을 받는 壬水는 三合의 墓地이기에 당연하지만 성장을 조절당하는 甲도 문제가 생기는 것이다. 동일 논리로 寅이 未土를 만나면 甲에 문제가 생기는 것처럼 보이지만 寅의 丙火도 문제다. 寅未로 寅 中 甲을 未土에서 마감시키니 丙火는 木의 도움을 받지 못한다. 이런 이유로 申月에 壬水가 生地에서 기운이 동한다. 따라서 寅未의 문제는 丙火의 기세가 약해지는 문제를 내재하고 있다. 巳戌의 경우, 戌土가 巳中 庚金 生地를 조절한다. 겉으로는 寅午戌 火氣를 마감하는데 결과적으로는 三合행위의 목적물 庚金을 확장하지 못하게 막는다. 寅午戌은 金을 키우므로 戌土에서 조절하지 않으면 庚의 작용이 끝나지 않는다. 따라서 巳戌로 巳中 庚金을 조절하면 寅午戌 三合을 마감한다. 戌土에서 火氣는 墓地를 만나고 庚金은 조절당한 후 亥子丑을 지나 丑土 墓地에 들어간다. 巳戌은 간지로 바꾸면 丙戌이므로 丙火와 庚의 문제다. 즉, 겉으로 드러나는 것은 丙火의 문제지만 庚金 물질이 축소되는 것이다. 日干이 庚이면 丙火문제는 일자리 문제요, 庚 比肩의 문제이니 조력자, 형제의 문제가 부수적으로 발생한다. 만약 庚일간 여자는 丙戌 年에 배우자 직업에 문제가 생기거나 형제문제가 발생한다. 丙火 입장에서 丙戌 年을 만나면 庚金 財星문제가 생길 수 있다.

甲日이 巳戌을 만나거나 丙戌을 만나면 巳中 庚이 문제이니 남편의 직업에 문제가 생긴다. 남자가 甲日이면 庚 자식문제거나 직장문제다. 庚金 물질성장에 문제가 생기는 것이다. 또 戊土가 丙戌을 만나면 金에 문제가 생기니 물질 활동이 활발하지 못하고, 壬水가 巳戌, 丙戌을 만나면 丙火의 문제처럼 보이지만 庚의 모친문제나 물질, 문서문제다. 결론적으로 辰亥, 巳戌, 寅未 鬼門도 三合문제로 辰亥 / 寅未 / 巳戌 / 申丑 이 모두 유사한데 흉의 강약에 따라서 귀문이라고 부르기도, 부르지 않기도 하는 것이다. 三合운동은 명리의 근본원리를 이해하는 지름길이다. 사주예문을 살펴보자.

時	日	月	年	男
壬	戊	辛	甲	
子	寅	未	辰	

73	63	53	43	33	23	13	3
己	戊	丁	丙	乙	甲	癸	壬
卯	寅	丑	子	亥	辰	酉	申

丙戌 年에 庚의 움직임에 문제가 생기고 활동이 둔해져 일 년을 쉬었다.

제 2장 天干 合의 이해

대부분의 명리서적에는 天干 合을 언급하지만 고서와 비교해보면 대동소이하고 발전이 없다. 수백 년 전에도 丁壬合木, 淫亂之合이라는 애매모호하여 의미를 알기 어려운 표현들뿐, 근본이치를 설명하는 책이 없었다. 단지 天干 合을 어떻게 활용하는가에 대한 기교적인 방법을 쟁합, 혹은 거리가 멀어 합할 수 없다는 식으로 다룰 뿐이다. 天干 合의 근본이치를 이해하려면 반드시 자연에서 이루어지는 시공간변화 과정을 이해한 후 명리에서 활용하는 방법을 익혀야 한다. 이것이 天干 合의 근본이치를 이해하는 가장 합리적인 방법이다. 자연이치와 명리이론 사이에 차이가 존재하지만, 자연이치를 이해하는 것이 天干 合을 바르게 인식하는 것이다. 모든 명리이론은 자연이치에서 파생된 것이기 때문이다. 戊癸 合의 뜻은 모르면서 戊癸 合하면 火로 변한다고 생각할 뿐, 그 이치는 궁구하지 못한다. 天干 合의 근원적 이치를 자연에서 살펴보도록 하자.

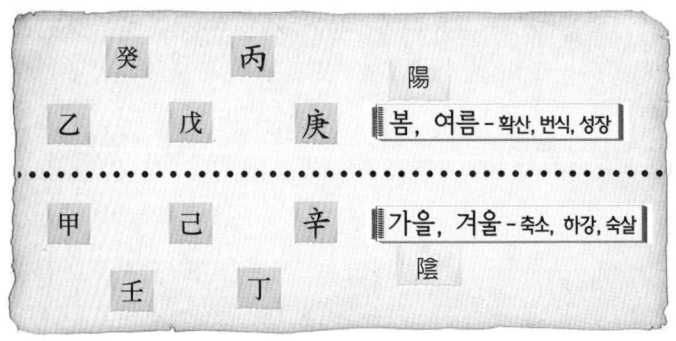

四季圖의 이치에 근거하여 天干 合을 살피고 명리에서 어떻게 활용하는지 분석해보자. 陽界와 陰界에 두개의 天干 合이 있다. 陽界는 戊癸 合과 乙庚 合이요, 陰界는 丁壬 合과 甲己 合이다. 陽界의 丙火와 陰界의 辛이 丙辛 合하니 모두 5개다. 天干 合을 몇 가지 관점으로 세분하여 살펴보자.

1. 자연의 순환원리와 天干 合

四季圖에서 보듯, 戊癸 合으로 乙 생명체를 키우고, 火氣가 강해지는 午未申에서 丙火로 결실을 이루는 과정이 乙庚 合이다. 이 두 가지 天干 合 과정은 卯月에서 申月까지의 시공간에서 이루어진다. 陰界는 乙庚 合으로 얻은 辛을 丁壬 合으로 새로운 생명체 甲으로 내놓고 甲의 터전을 만들어가는 과정이 甲己 合이다. 이렇게 丁壬 合과 甲己 合은 辛을 甲으로 바꾸고, 甲이 만들어지면 己土에서 뿌리내리도록 유도하는 과정으로 酉戌亥, 子丑寅月의 시공간에서 이루어진다. 마지막으로 丙辛 合을 통하여 陽界와 陰界를 조절하는데 봄, 여름과 가을, 겨울의 경계선에서 전체를 조절하는 것이다. 분산에너지 丙火가 강해지는 시기에는 辛을 合하여 응축작용을 막으며, 분산작용이 필요 없는 시공간에서는 丙火를 合하여 응축작용으로 돌리는 것이다. 天干 五合은 시공간 흐름에 따라서 合의 방향이 달라지기에 상반된 두 개의 합이 존재한다. 따라서 天干 合을 살필 때는 반드시 계절을 기준으로 合하는 방향을 따져야 한다. 合하여 오는 쪽과, 合 당하여 가는 쪽의 상황은 정반대의 방향성을 가졌기에 天干 合은 무조건 동일한 방향으로 간주하면 큰 오류를 범한다.

甲己 合의 경우, 酉戌亥, 子丑寅月에는 甲을 내놓는 과정이라면, 卯辰巳, 午未申月을 지날 때에는 甲이 성장하지 못하도록 해야 乙이 활동하기에 甲을 己土로 하강하여 넣어야만 한다. 己土는 계절에 따라 甲을 품어 자라게 하여 위로 올리거나, 성장을 억제하여 아래로 내리는 전혀 다른 두 가지 역할을 하는 것이다. 사계도로 살피면 가을에는 己土가 金을 품고 봄에는 壬寅으로 木을 키운다. 甲의 입장에서 酉戌亥, 子丑寅月에는 辛이 甲으로 바뀌는 과정이니 새로운 뿌리로 변하는 과정이라면 반대로 卯辰巳, 午未申月에는 乙의 성장기반이 되는 것이니 계절에 따라 甲己 合의 성향도 전혀 다르다. 戊癸 合은 卯辰巳月에는 合을 통하여 온기를 올리고 乙을 키우지만, 酉戌亥, 子丑寅月에는 戊癸 合으로 보온역할과 甲이 성장할 터전을 제공할 뿐이다. 天干 合은 合하는 계절을 반드시 살펴야 하

며, 이루어지는 天干 合이 어떤 역할을 하는지 파악해야 한다. 모든 명리 서적에서 天干 合할 때 合化 혹은 合而不化 식으로만 판단하는데, 天干 合하는 목적이 무엇인가를 이해하지 못하는 오류를 범한다. 달리 표현하면 天干 合하는 근본이치는 전혀 모르고 잔재주에만 집중하는 것이다.

2. 天干 合의 목적과 대상
1) 戊癸 合火

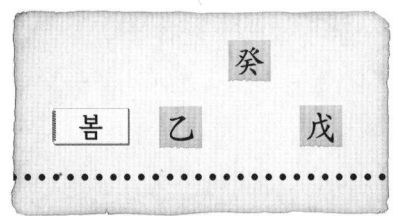

자연이치의 天干 合과 명리이론의 天干 合은 일치하기도 다르기도 하므로 먼저 자연이치로 살펴보자. 자연이치와 명리이론의 天干 合 개념이 다른 이유는, 자연에서는 合하는 이치가 時空間에 따라 명확하지만 사주팔자에서 天干 合은 팔자로 정해져 변화가 없기 때문이다. 즉, 자연은 사계가 순차적으로 순환하지만 사주팔자에 존재하는 天干 合은 사계의 모든 時空間이 동시에 존재하기에 그 차이를 세세하게 분석해야 한다. 자연에서는 절대로 불가능한 일들이 사주팔자에서는 가능하다는 것이다. 자연이치로 天干 合의 목적과 대상을 살펴보자.

戊癸 合火라고 하는데 왜 合하여 火로 바뀌고 그렇게 해야만 하는 이유가 무엇인지 알아야 비로소 합의 의미를 정확하게 이해한다. 火의 에너지 특징은 水氣를 무한분산 한다. 세상에 존재하는 모든 것들의 부피와 무게를 확상하는 에너지다. 戊癸 合으로 무엇을 키우는 것인가? 地藏十 흐름을 이해하면 그 이치가 명확하다. 癸水는 子月부터 발산작용으로 온기를 올리고, 巳月에 丙火에게 그 역할을 넘긴다. 따라서 癸水의 가치가 극대화되는 시공간은 卯辰巳月이다.

卯辰巳에서 戊癸 합을 통하여 성장하고 부피를 확장하는 주체는 乙이다. 따라서 戊癸 합하는 이유는 봄에 乙의 성장을 촉진하기 위한 것이다. 달리 표현하면, 戊癸 합하지 않으면 乙은 성장할 수 없다. 이것이 乙癸戊 三字조합이다. 辰月의 지장간에 乙癸戊 三字 모두를 가지고 있는데 의미는 戊癸 합으로 乙을 키우는 자연의 의지요, 乙이 戊土 터전에서 癸水의 온기로 성장하는 봄의 시공간이며 운동 방향으로는 陽氣가 상승하는 과정이다. 따라서 戊癸 합할 때 乙의 유무를 반드시 살펴야 한다. 사주예문을 살펴보자.

時	日	月	年
庚	癸	乙	戊
申	未	卯	子

男

年月日이 癸乙戊 조합이요, 時空間이 卯月이다. 적절한 시공간에서 乙癸戊 三字조합을 이루었다. 만약 癸甲戊 조합이라면 의미가 전혀 다르다. 癸乙 조합은 시공간이 적절하지만 癸甲 조합은 시공간이 틀어져 좋은 관계가 아니다. 조화원약에 나오는 중국인으로 수많은 나라를 돌아다녔으며 돌아와 육군소장이 되었다.

時	日	月	年
辛	庚	戊	癸
巳	午	午	亥

男

71	61	51	41	31	21	11	1
庚	辛	壬	癸	甲	乙	丙	丁
戌	亥	子	丑	寅	卯	辰	巳

年月에서 戊癸 합해도 성장을 촉진할 乙이 없다. 戊癸 합으로 亥中 甲을 키운다고 생각할지 몰라도 戊癸 합의 목적에 어울리는 時空間이 아니다. 午月에는 乙이 수렴을 시작하여 열매를 맺어야 하기에 성장을 촉진할 수 없는 時空間이다. 따라서 午月에 戊癸 합해도 쓰임이 없으며 火氣만 더욱 증가할 뿐이다.

이런 조합을 자평진전에서 合而不化, 합火로 오행의 강약만 따지면서 戊癸 합하여 귀하게 된다고 설명하였으나 잘못된 설명에 불과하다. 이 사주는 午月에 水氣와 木氣가 필요함에도 없으며 戊癸 합으로 火氣만 강해지니 15세 즈음 집안이 어려워졌다.

2) 乙庚合金

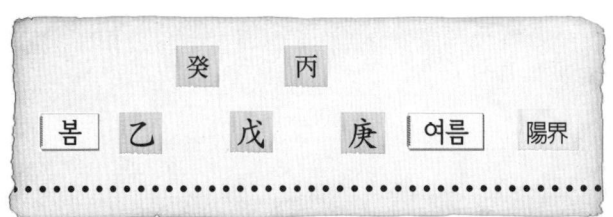

乙庚 합의 목적과 그 대상을 살펴보자. 寅午戌 三合운동으로 巳酉丑 三合운동을 유도하고 火生金 과정을 거치는 것처럼 天干 합도 동일한 방식으로 이루어진다. 戊癸 합한 후 乙庚 합하여 火生金으로 열매 맺는다. 이처럼 天干 합도 개별적으로 존재하는 것이 아니고 氣運이 상호 연결되어 시공간이 면면히 순환한다. 봄에 戊癸 합으로 乙을 키우고 여름에 乙庚 합하여 열매를 확장한다. 그렇다면 왜 乙庚 합이라 부르며 합하는 이유는 무엇이고 그 대상은 무엇인지 살펴보자. 乙과 庚은 물질을 상징하며 戊癸 합과는 다르다. 戊는 만물을 적재하는 터전이요, 癸水는 乙의 성장을 촉진하고자 발산에너지를 제공한다.

따라서 戊癸 합으로 증폭하는 火氣는 물질이 아니라 丙火와 같은 분산에너지임에 반해 乙과 庚은 物質로 두 글자가 만나는 목적은 합하여 열매 맺기 위함이다. 고려할 사항은 乙庚 합이 무조건 이루어지는 것은 아니며 합할 대상이 없다면 의미가 없다. 乙과 庚은 물질이기에 스스로 동하지 못하고 반드시 水火에 의해서만 동할 수 있기에 乙庚 합하려면 반드시 지도자 丙火가 필요하다. 丙火가 午未申月을 지나는 과정에 乙庚 합으로 金의 부피를 확장하고 내부에 水氣를 채우기에 가을에 열매를 완성한다.

따라서 사주팔자에 乙庚 合이 있다고 무조건 合하여 金이 만들어지는 것이 아니고 계절은 반드시 여름이어야 하며, 열매를 맺으려면 丙火가 있어야 한다. 만약 여름이 아니거나 丙火가 없다면, 乙庚 合해도 열매의 부피는 확장되지 않으며 乙도 庚 때문에 좌우확산 작용에 제약이 따른다. 庚도 乙을 합하여 열매 맺고 싶으나 이루지 못하는 꿈이다. 합해도 가치가 없는 것이다. 사주예문을 살펴보자.

時	日	月	年	男
己	己	乙	戊	
巳	丑	卯	戌	

77	67	57	47	37	27	17	7
癸	壬	辛	庚	己	戊	丁	丙
亥	戌	酉	申	未	午	巳	辰

乙庚 合은 없고 乙卯 月에 태어났다. 時空間 변화로 庚申 大運에 乙庚 합하고 巳火로 乙丙庚 삼자조합으로 결실이 가능한 구조다. 親兄이 己丑 年에 간암으로 사망하였으나 사주당사자는 문제없이 발전하고 있다. 大運이 午未申으로 乙卯를 키우고 金으로 수확하는 흐름이기에 乙庚 合의 가치가 높아진 것이다.

時	日	月	年	男
庚	乙	乙	庚	
辰	丑	酉	子	

71	61	51	41	31	21	11	1
癸	壬	辛	庚	己	戊	丁	丙
巳	辰	卯	寅	丑	子	亥	戌

乙日 입장에서 酉月에 乙庚 合하면 좌우확산 운동이 힘들어지기에 반기지 않는다. 乙이 시절을 잃었고, 大運의 흐름도 밝지 않다. 庚寅大運 乙庚 합하여 돈을 조금 벌어 서울에 32평 아파트를 구입하였다. 乙庚 합이 좋아서라기보다는 大運이 亥子丑을 지나 조금씩 밝아지기 때문이다. 일주 乙丑의 시기에 酉丑 합으로 酉金을 받아 새물을 축적하시만 乙庚 합하는데 丙火가 없기에 열매를 확장하기 어렵다. 이 구조에서 乙庚 합은 절제, 자존심을 상징한다.

時	日	月	年	男
戊	己	乙	壬	
辰	卯	巳	辰	

71	61	51	41	31	21	11	1
癸	壬	辛	庚	己	戊	丁	丙
丑	子	亥	戌	酉	申	未	午

庚戌大運이 오면 乙庚 합하는데 巳月에 태어나 卯戌 합으로 火氣를 만들면서 乙과 합하니 乙丙庚 조합으로 乙庚 합물상을 적절하게 활용하여 재물을 축적했다. 대기업에서 15년 근무한 후 庚戌大運에 독립하여 샤시공장을 차려 수십억을 벌었다. 乙庚 합하고 丙火가 열매의 부피를 확장하기에 재물 그릇이 다르다.

時	日	月	年	男
庚	壬	丙	乙	
戌	戌	戌	未	

76	66	56	46	36	26	16	6
戊	己	庚	辛	壬	癸	甲	乙
寅	卯	辰	巳	午	未	申	酉

빌 게이츠 사주구조로 年과 時에서 乙庚 합하며 丙戌 月을 만났다. 大運도 巳午未로 흐르니 乙丙庚 三字조합을 이루어 乙庚 합으로 맺은 열매의 크기를 丙火가 계속 확장한다.

3) 丙辛合水

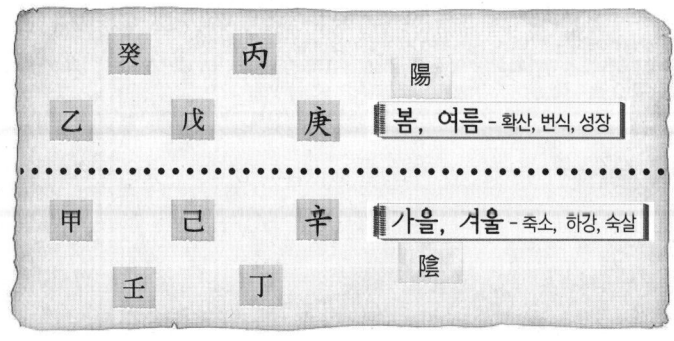

丙辛 合의 목적과 그 대상을 살펴보자. 丙辛 合하는 이유는 무엇이고 丙辛 合하여 水氣로 바뀌는 이유는 무엇인가? 四季圖에서 보듯 유일하게 陽界와 陰界에서 合을 이룬다. 丙火는 戊에서 庚을 키우는데 辛은 완성된 열매가 땅으로 떨어진 것이다. 이 두 행위에는 일련의 과정이 존재한다. 즉, 乙庚 合하면 丙火가 키우지만 열매가 땅에 떨어지면 丙火의 쓰임은 더 이상 필요가 없다. 열매를 땅에 떨어뜨리는 에너지는 丙火가 아닌 丁火의 수렴작용이다. 丙火는 庚의 부피를 확장하지만 열매에 水氣를 채우고 열매가 낙하하도록 유도하는 것은 丁火다.

열매가 완성되어 낙하하면 庚을 키울 이유가 없어진 丙火의 쓰임은 끝난다. 이런 시공간에 이르면 丙火의 작용을 처리해줄 필요가 있다. 丙火가 계속 분산작용을 통하여 庚을 확장만 하려 한다면 가을과 겨울을 맞이할 수 없다. 丙火의 분산을 막아야 응축작용을 통하여 겨울로 흐르고 辛이 木으로 물형을 바꿔서 재탄생한다. 이렇게 丙火를 억제하는 역할을 辛이 담당하는 것이다. 辛만이 丁火에 의해 최대로 딱딱해지면서 작아지기에 그런 辛의 에너지를 활용하여 丙辛 合하여 丙火의 분산작용을 억제한다. 이런 이유로 丙辛 合으로 水氣가 만들어지며, 丁壬 合으로 木氣를 만들어낸다. 따라서 丙辛 合의 의미는 분산을 응축으로 전환하는 것이기에 물질을 추구하기 어렵고 水氣는 응축 에너지로 내면을 살피는 특성이기에 정신을 추구한다. 따라서 丙辛 合은 학문, 내면 성찰을 통한 종교, 명리, 철학에 어울리며 본성을 찾아가는 길이다. 다만 주의할 것은 丙辛 合하면 무조건 水氣라고 판단하면 안 된다. 時空間에 따라 合의 개념이 정반대로 달라진다. 예를 들어보자.

時	日	月	年
癸	辛	癸	丙
巳	酉	巳	寅

女

日干 辛이 年上 丙火를 合하는데 巳月이기에 丙辛 合하여 水氣를 만드는 것이 아니다. 巳月에는 丙火의 분산작용이 강하니 오히려 辛이 丙火에 合당하여 응축에너지를 전혀 활용하지 못한다. 丙辛合水가 아니라 丙辛合火 상황이다. 이런 구조는 丙火가 辛金의 존재가치를 환하게 비춘다. 마릴린 먼로 사주다.

時	日	月	年	男
壬	戊	辛	甲	
子	寅	未	辰	

73	63	53	43	33	23	13	3
己	戊	丁	丙	乙	甲	癸	壬
卯	寅	丑	子	亥	戌	酉	申

丙子大運에 月의 辛과 丙辛 合하면 子大運이기에 水氣로 바뀐다. 이때는 명확하게 丙辛合水로 깊은 성찰의 시기요, 종교, 명리, 철학에 인연이 깊다. 동일한 합이라도 時空間에 따라 의미가 상이함을 기억해야만 한다.

4) 丁壬合木

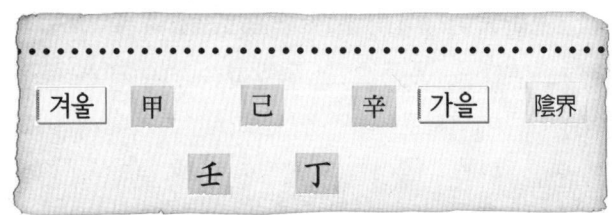

丁壬合木이라 부르는 이유와 대상이 무엇인지 살펴보자. 丙辛 合을 통하여 분산을 응축에너지로 바꾸었다. 丙辛 合은 태양이 지고 빛이 사라지는 것처럼 밝음을 어둠으로 전환하는 과정이다. 水氣를 만들고 다시 丁壬 合으로 木氣를 만들어내야 한다. 丁壬 合은 가을과 겨울 사이에 존재한다. 辛 열매가 땅에 떨어지고 水氣가 만들어지는 시점에 丁壬 合을 통하여 木으로 물형을 바꾸는 일련의 과정을 설명한다. 辛이 낙하하였으니 새로운 물형으로 바뀌려면 필연적으로 丁壬 合할 수밖에 없다.

壬水가 辛 열매를 품고 丁火 熱을 가하면 辛이 딱딱함을 풀고 부드러워지면서 천천히 甲으로 물형을 바꾼다. 따라서 丁壬 合하는 목적은 辛을 甲으로 바꾸기 위함이며 반드시 辛이 있어야만 한다. 즉, 사주팔자에서 丁壬 合해도 辛이 없다면 丁壬 合에 불과하고 애정문제 정도에 국한된다. 합하는 가치가 없기 때문이다. 辛이 있을 때 丁壬 合하면 甲으로 바뀌고 이에 상응하는 재물을 얻는다. 왜 재물인가? 지구에서 物質은 乙과 辛으로 더욱 물질적인 특징을 가진 것은 辛으로 그 특징은 경화작용을 완성하였기에 굉장히 작고 단단하다. 壬水와 丁火 熱氣를 만나면 급속하게 부피를 팽창하는데 마치 콩이 급속한 속도로 커다란 콩나물로 변하는 이치요 辛이 甲으로 바뀌니 재물이 폭발적으로 증가한다. 甲이 十神으로 財星이어야 재물이 증가하는 것이 아니다. 辛을 활용하여 丁壬 合하느냐 辛 없이 丁壬 合하느냐에 따라서 재물의 크기가 엄청나게 달라진다. 財星이 재물이라는 판단은 극히 제한적이다.

時	日	月	年	女
壬	丁	壬	丁	
寅	亥	子	卯	

76	66	56	46	36	26	16	6
庚	己	戊	丁	丙	乙	甲	癸
申	未	午	巳	辰	卯	寅	丑

丁壬 合하지만 辛이 없으니 육체를 탐하는 合에 불과하다. 출산 후 바람나서 집을 나갔다.

時	日	月	年	男
癸	壬	丁	辛	
卯	子	酉	亥	

75	65	55	45	35	25	15	5
己	庚	辛	壬	癸	甲	乙	丙
丑	寅	卯	辰	巳	午	未	申

壬水가 丁壬 合하는데 天干에 辛까지 있다. 애정문제도 암시하지만 丁壬 合을 통하여 辛을 木으로 바꾸는 것이며 재물에 해당한다. 丁火는 正財인데 수많은 水氣에 둘러싸여 재성이 상하기에 재물 복 없는 팔자가 분명

하다. 그러나 실제 삶의 실상은 전혀 다르다. 젊어서부터 돈을 빠르고 쉽게 벌었으며 부동산으로 200억 재산을 축적했다.

(5) 甲己 合土

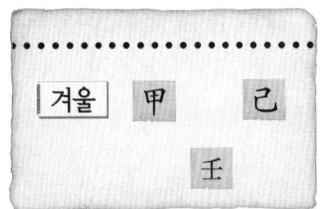

마지막으로 甲己 合土라 부르는 이유가 무엇이고 그 대상이 무엇인지 살펴보자. 丁壬 合을 통하여 甲을 만들어내기에 甲이 亥子丑月을 지나면서 성장한다. 亥子丑을 지날 때는 어머니 뱃속에서 자라기에 땅속에 존재하듯 모습을 드러내지 못한다. 丑月을 지나 寅月에 이르면 땅에 뿌리를 내린다. 이 과정이 甲己 合이다. 辛 씨종자를 木으로 바꾸는 과정이 丁壬 合이고 그 과정의 결과가 甲이며 뿌리로 안착하는 터전이 己土다. 戊土와 己土의 차이는 甲을 품는 것은 己土이고, 乙을 드러내 성장을 촉진하는 터전은 戊土다. 만약 甲이 정착할 터전 己土가 없다면 생명체들은 존재하지 못할 것이다.

甲이 丁壬 合을 통하여 드러나는 과정에 필요했던 것은 水氣요, 뿌리로 나오면 己土의 터전이 필요하다. 甲이 태어나 성장을 위해 필요한 조건은 壬水다. 壬水가 없으면 癸水로 키울 수 있다는 판단은 옳지 않다. 亥子丑을 지나는 과정에 甲이 성장하기에 壬水만이 甲의 성장을 촉진하고 癸水는 卯月에 이르러서야 비로소 戊土 위에서 乙의 성장을 촉진한다. 따라서 甲己 合하고 壬水가 甲을 키우기에 乙이 땅밖으로 오른다. 이 과정에서 甲己 合의 개념을 상상해보자. 壬水로 甲을 己土 위에서 키우고 甲이 땅 표면을 뚫고 드러난다. 이 과정에 반드시 필요한 것이 壬水로 만약 없다면 甲은 추진력이 없기에 땅밖으로 오를 힘이 없다. 己土 터전을 근거로 甲을 세상 밖으로 드러내니 새로운 세상을 꿈꾸기에 甲己 合의 물상은 건설, 기획, 교육, 공직 등이다. 甲己 합에서 주의할 것은 무조건 오르기만 하는 것이 아니다. 봄에는 땅밖으로 오르지만 여름과 가을에는 땅속으로 하강한다. 따라서 甲己 합의 운동방향은 상이한데 하나는 땅밖으로 상승하고, 또 다른 하나는 땅속으로 되돌아오고자 하강한다. 즉, 위로 오르거나 아래로 내려오는 것이 甲己 합의 운동 방향성이다. 따라서 사주팔자에서 甲己 합할 때는 반드시 위로 오르는지 아래로 내려가는지를 살펴야 한다.

時	日	月	年	女
甲	戊	戊	己	
寅	辰	辰	丑	

79	69	59	49	39	29	19	9
丙	乙	甲	癸	壬	辛	庚	己
子	亥	戌	酉	申	未	午	巳

辰月에 甲己 합하기에 상승작용에 해당하지만 문제는 辰月의 시공간에서는 乙이 성장하기에 甲己 합해도 甲의 성장이 적절하지 않은 시공간이다. 가정주부다.

時	日	月	年	男
壬	戊	辛	甲	
子	寅	未	辰	

73	63	53	43	33	23	13	3
己	戊	丁	丙	乙	甲	癸	壬
卯	寅	丑	子	亥	戌	酉	申

未月에 甲己 합하면 甲이 하강할 수밖에 없다. 甲의 쓰임이 좋은 구조인데도 불구하고 甲己 합할 때마다 좋지 않은 일들이 발생하는 이유는 己土가 甲을 끌고 하강하여 일의 중단을 유도하기 때문이다.

時	日	月	年	男
癸	甲	癸	庚	
酉	寅	未	子	

74	64	54	44	34	24	14	4
辛	庚	己	戊	丁	丙	乙	甲
卯	寅	丑	子	亥	戌	酉	申

己丑大運에 甲己 合하면 甲이 새로운 터전에서 미래를 설계한다. 己丑大運에 공장을 확장하여 발전하는 중이다.

3. 十神과 物象의 天干 合

天干 合을 이해하는 방법 중 하나는 十神으로 그 의미를 분석하는 것이다. 天干은 글자고유의 十神 성향을 가지고 있으며 合으로 그 성향을 드러낸다. 甲은 比肩으로 존재를 드러낸 생명체로 상하운동하고 乙은 劫財로 경쟁을 즐기며 좌우확산 운동하는데 이런 十神의 성향으로 天干 合의 의미를 파악하는 것이다.

1) 甲己 合 : 比肩과 正財 合

比肩은 성장을 주관하고, 己土 正財는 삶의 터전으로 필수불가결한 것이다. 따라서 甲己 合은 성장과 터전의 합이다. 안정적인 삶의 터전 己土와 터전에서 성장하는 甲을 연상하면 될 것이다. 따라서 甲己 合은 출발과 마감, 새로운 건설이나 오래된 건물을 부수고 새롭게 올리는 행위다. 적합한 物象으로는 토지, 건설, 재건축, 교육 등에 해당한다.

時	日	月	年	男
甲	己	丙	己	
戌	未	寅	巳	

링컨 대통령 사주로 年의 比肩과 日干이 두 번 甲己 합한다. 甲이 새로운 터진을 마련하는 행위를 두 번 하는 것이다. 丙寅 月로 寅을 키우는 시공간이기에 水氣가 필요하며, 大運이 水金으로 흘러 寅의 성장을 촉진했다. 甲己 合의 의미대로 새로운 삶의 터전을 마련하려고 노력하였다. 甲己 合은 구조에 따라서 운동방향이 상이한데, 만약 天干에 甲이 있는데

己土가 合하면 甲의 성장이 멈추고, 반대로 己土가 있는데 甲이 運에서 온다면 己土를 터전으로 새롭게 출발한다. 己亥干支는 亥 속의 甲이 己土를 기반으로 성장하는데 土가 두텁다면 위로 오르기 어렵다. 亥 속의 甲은 어머니 배속의 생명체와 같아서 己土가 두터워 亥水가 탁해지면 탄생 과정에 문제가 생긴다. 질병, 불구, 혹은 사망의 문제가 생길 수도 있다.

時	日	月	年	男
己	癸	丁	庚	
未	未	亥	午	

77	67	57	47	37	27	17	7
乙	甲	癸	壬	辛	庚	己	戊
未	午	巳	辰	卯	寅	丑	子

亥속의 甲이 원국의 己土, 未土로 土가 너무 두터워 탄생하기 어렵다. 밖으로 드러나도 시주의 己土와 甲己 合하니 성장에 문제가 생길 수 있다. 己丑大運 辛卯年 乙未月 己卯日 戌時에 교통사고로 사망하였다.

時	日	月	年	男
戊	癸	癸	戊	
午	未	亥	申	

79	69	59	49	39	29	19	9
辛	庚	己	戊	丁	丙	乙	甲
未	午	巳	辰	卯	寅	丑	子

이 구조도 亥 속의 甲이 밖으로 나오기 어렵다. 戊午, 未土로 土가 너무 두텁기 때문이다. 乙丑大運 丁丑年 차사고로 다리를 다쳐 의족으로 살아간다.

時	日	月	年	男
辛	癸	己	丙	
酉	未	亥	寅	

71	61	51	41	31	21	11	1
丁	丙	乙	甲	癸	壬	辛	庚
未	午	巳	辰	卯	寅	丑	子

비록 癸未일주라도 未土가 강하지는 않다. 己土를 터전으로 甲이 나올 수 있기에 공직자 집안에서 태어나 해외 유학중이다.

時	日	月	年	男
壬	戊	辛	甲	
子	寅	未	辰	

73	63	53	43	33	23	13	3
己	戊	丁	丙	乙	甲	癸	壬
卯	寅	丑	子	亥	戌	酉	申

己運이 올 때 마다 甲己 合하여 甲이 하강하니 하던 일을 중단한다. 己卯年에 하던 일에 문제가 생겨 배상해주었고, 己丑年에는 먼 곳으로 이동하여 새로운 일을 추진할 수밖에 없는 상황이 발생했다. 甲이 合당할 경우 일의 중단과 새로운 출발을 의미한다.

時	日	月	年	男
癸	乙	甲	己	
未	丑	戌	酉	

72	62	52	42	32	22	12	2
丙	丁	戊	己	庚	辛	壬	癸
寅	卯	辰	巳	午	未	申	酉

年月에서 甲己 合하고 있다. 체육학과를 졸업한 뒤 庚午大運까지 태권도장을 운영하고, 己巳大運에 태권도장을 정리하고 사이버게임장을 불법으로 운영한다. 甲己 合土가 財星에 해당하고, 劫財를 이용하여 己土 偏財를 추구한다. 己巳大運이 오면 甲을 끌어내리므로 태권도장을 정리하고 己土 偏財를 추구하여 불법게임장을 운영하였다. 이렇게 甲己 合은 하던 일을 마감하고, 새롭게 출발하며 구조에 따라서 정반대 상황도 발생한다. 甲己 合이 위로 오르면 사업을 확장하고, 좋은 직장을 얻는다. 나쁜 작용의 경우는 사업이 망하거나 축소되고, 일자리를 잃어 새로운 직장을 구하거나 기존의 집을 급하게 팔거나, 생각하지 못하던 곳으로 이동하여 새 출발하는 상황이 발생한다.

2) 乙庚 合 : 劫財와 偏官 合

乙庚 合은 乙 劫財의 경쟁, 시기하는 성향과 庚 偏官이 결합하였기에 성장과 수확의미를 가진 合이다. 乙을 키우고 庚으로 수확하기를 반복하니 물질을 추구하며 내놓고 거두기를 반복한다. 또 庚 단체와 乙 개인, 劫財

의 경쟁의미로 단체와 개인의 조합, 딱딱함과 부드러움, 느림과 빠른 확산, 생명체와 무생물체의 合이다. 乙庚 合의 物象은 은행처럼 돈을 빌려주고 이자를 거두거나, 본사 庚에서 乙 분점을 내놓는 대리점, 하드웨어와 소프트웨어, 기계와 기계에서 생산되는 부드럽고 휘어진 물체, 乙이 전달하는 소식, 쪽지, 군대에서 파견된 전투대원 등이다. 또 모든 물체의 딱딱한 것에 매달린 부드러운 물상은 모두 乙庚 合이다. 예로, 볼펜 자체는 庚이고, 볼펜의 끝은 乙이다. 乙을 庚으로 숙살하면 벌초나 이발행위다.

時	日	月	年	男
庚	壬	丙	乙	
戌	戌	戌	未	

76	66	56	46	36	26	16	6
戊	己	庚	辛	壬	癸	甲	乙
寅	卯	辰	巳	午	未	申	酉

빌 게이츠 사주로 年과 時에서 乙庚 合하니 庚 컴퓨터와 乙 소프트웨어가 결합한 물상이며 年時의 合이니 時空間이 매우 넓어서 세계에 영향력을 행사한다. 또 丙火로 재물의 크기를 확장한다.

時	日	月	年	男
庚	己	己	乙	
午	未	丑	巳	

선박 왕 오나시스로 年時에서 乙庚 合한다. 乙 조직의 의미가 기술, 언변을 뜻하는 庚과 年時에서 合이니 時空間이 넓다. 傷官, 偏官의 合으로 庚金 기술, 기계와 선박 乙의 合이다. 또 乙丙庚 三字조합을 이루어 재물복이 두텁다.

時	日	月	年	男
庚	丙	戊	乙	
寅	辰	寅	未	

76	66	56	46	36	26	16	6
庚	辛	壬	癸	甲	乙	丙	丁
午	未	申	酉	戌	亥	子	丑

스티브 잡스 사주구조로 빌게이츠처럼 기계와 소프트웨어의 乙庚 合이 年과 時에서 이루어진다. 時空間이 굉장히 넓어 전 세계에 영향력을 행사했다. 이 구조도 역시 乙丙庚 삼자조합이다.

時	日	月	年	男
乙卯	癸亥	壬午	庚戌	

78	68	58	48	38	28	18	8
庚寅	己丑	戊子	丁亥	丙戌	乙酉	甲申	癸未

중국 유명 방송인 진 노예다. 年時에서 乙庚 合하고 乙을 소식, 전파로 활용한다. 또 午月의 時空間에서 乙庚 合하니 매우 적절하게 이루어지는 合이며 乙丙庚 삼자조합이다.

時	日	月	年	男
庚申	癸卯	戊子	乙巳	

72	62	52	42	32	22	12	2
庚辰	辛巳	壬午	癸未	甲申	乙酉	丙戌	丁亥

이 구조도 年時에서 乙庚 合하고 地支에서 卯申 合한다. 乙庚 合은 금융물상으로 庚 자본을 활용하여 乙 이자를 거둔다. 또 庚 본점과 乙 지점으로 은행 지점장이다. 이 구조도 역시 乙巳와 庚申이 乙丙庚 삼자조합을 이루어 물질에 흥미가 지대한 직업이다.

時	日	月	年	男
庚子	壬辰	己卯	庚申	

75	65	55	45	35	25	15	5
丁亥	丙戌	乙酉	甲申	癸未	壬午	辛巳	庚辰

卯申 合이 있는데 申과 卯가 합한다. 단체와 개인의 합으로 단체에 들어가지만 자유로운 활동을 원한다. 프리랜서로 일하며 자유롭게 살아간다. 보험과 증권업계 직원으로 이름을 올렸지만 회사에 구속받지 않는다.

또 年月에 卯申 合이 있으니 개인을 모아서 단체를 만들어가는 직업으로 활용한다. 다만, 卯申 合하지만 火氣가 없으니 열매를 확장하지 못한다. 大運이 巳午未로 흐르니 단점을 보완하지만 원국에 없기에 卯申 合의 가치가 떨어진다.

時	日	月	年	男
戊	丙	庚	乙	
子	午	辰	巳	

75	65	55	45	35	25	15	5
壬	癸	甲	乙	丙	丁	戊	己
申	酉	戌	亥	子	丑	寅	卯

年月에 乙庚 合하고 있다. 庚午年 26세에 이발사 자격증을 취득하고, 辛卯年 47세까지 이발사로 살았다. 金으로 木을 정리하는 물상으로 활용했다. 乙庚 合하는데 辰月의 시공간이며 丙午로 키우지만 乙庚 合의 활용범위가 작다. 辰月에 乙庚 合해도 열매가 열리기 전이며 火氣가 없기에 열매를 확장하기 어렵다.

3) 丙辛 合 : 食神과 正官 合

丙辛 合은 食神 丙火의 분산에너지와 正官 완벽하게 정립된 사상, 자아와 合하는 구조다. 丙火 食神은 느긋하게 성장을 주도하지만 辛은 완성된 결실물로 더 이상의 확장은 불가능하기에 상이한 방향과 성향을 갖는다. 辛이 丙火를 合하면 丙火 食神의 성향으로 밝은 빛이 辛을 비춘다. 따라서 완벽한 물질이 더욱 화려하게 존재감을 드러낸다. 이런 조합은 스포트라이트를 받고 살아가는 연예인 물상이다.

丙火가 辛을 合하여 분산작용을 상실하고 水氣를 만드는 경우는 영혼의 세계로 돌아가는 과정이다. 따라서 암흑세계를 거쳐 윤회, 재탄생하기에 종교, 명리, 철학 물상에 어울린다. 정리하면 丙辛 合도 깊은 정신세계를 살피는 행위를 활용하면 종교, 명리, 철학에 어울리고 화려한 빛으로 辛의 가치를 높이면 연예인 물상에 어울린다.

時	日	月	年	女
癸	辛	癸	丙	
巳	酉	巳	寅	

丙寅을 당겨와 辛酉를 화려하게 드러낸다. 巳月에 丙辛 합하기에 水氣를 만드는 것이 아니고 辛이 丙火에 환하게 드러난다. 마릴린 먼로 사주다.

時	日	月	年	女
辛	丁	丙	己	
亥	未	寅	未	

78	68	58	48	38	28	18	8
甲	癸	壬	辛	庚	己	戊	丁
戌	酉	申	未	午	巳	辰	卯

丙辛 합하는데 寅月이기에 辛을 확실하게 드러내는 것도 아니고, 丙火와 합하여 水氣를 만드는 것도 아닌 애매한 시공간이다. 따라서 運에 따라 합의 의미가 달라진다. 寅月이기에 丙辛 합으로 火氣를 드러내는 성향이 더 강하다. 영화배우 장쯔이다.

時	日	月	年	男
壬	辛	丙	壬	
辰	卯	午	寅	

75	65	55	45	35	25	15	5
甲	癸	壬	辛	庚	己	戊	丁
寅	丑	子	亥	戌	酉	申	未

월간에서 丙火가 환한 빛으로 일간 辛의 존재를 알린다. 辛金은 壬水에 남들과 다른 독특한 특징을 드러내고 丙火로 환하게 비춘다. 午月 丙辛 합이기에 辛이 빛난다. 영화배우 주성치 사주다.

時	日	月	年	女
丙	乙	甲	辛	
戌	未	午	丑	

71	61	51	41	31	21	11	1
壬	辛	庚	己	戊	丁	丙	乙
寅	丑	子	亥	戌	酉	申	未

甲午 月에 丙辛 合하여 時空間이 굉장히 넓기에 세계에 영향력을 행사한다. 丙火가 年上 辛丑 남자를 강하게 드러내 비춘다. 강한 偏官을 丙火로 빛을 비추어서 세상에 이름을 알린다. 다이애나 황태자비 사주다.

時	日	月	年	女
辛	戊	壬	丙	
酉	戌	辰	辰	

73	63	53	43	33	23	13	3
甲	乙	丙	丁	戊	己	庚	辛
申	酉	戌	亥	子	丑	寅	卯

年과 時에 丙辛 合하고 있다. 辛酉 傷官 재능을 年의 丙火로 合하여 환하게 드러낸다. 다만 丙辛 合이 辰月에 이루어지기에 丙辛合水도, 丙辛合火도 아니고 辛酉 재능을 丙火로 비추는 구조다. 누드를 찍어 유명해진 영화배우 서기이다.

時	日	月	年	男
戊	辛	丙	辛	
子	丑	申	巳	

74	64	54	44	34	24	14	4
戊	己	庚	辛	壬	癸	甲	乙
子	丑	寅	卯	辰	巳	午	未

辛이 申月에 태어나 時節을 잃었지만 丙辛 合으로 水氣를 만들기에 학문으로 사용하면 좋다. 장학금을 받으며 공부한 후 은행에 입사하였다. 申月에 丙辛 合하기에 水氣를 만드는 기운은 약하지만 년, 월에서 이루어지는 丙辛 合은 총명하고 종교, 명리, 철학, 교육과 인연이 깊다.

時	日	月	年	男
甲辰	丁卯	辛卯	丙午	

79	69	59	49	39	29	19	9
己亥	戊戌	丁酉	丙申	乙未	甲午	癸巳	壬辰

卯月의 시공간이니 水氣가 부족한데 丙辛 合으로 水氣를 만들어 대학교수가 되었다. 卯月의 丙辛 合이니 작용이 좋은 구조는 아니지만 丙辛 合으로 총명하며 교육업과 인연이 깊다.

時	日	月	年	男
壬子	戊寅	辛未	甲辰	

73	63	53	43	33	23	13	3
己卯	戊寅	丁丑	丙子	乙亥	甲戌	癸酉	壬申

丙子大運 辛이 丙辛 合하여 水氣를 만들어내니 끊임없이 공부한다. 丙辛 合으로 집중이 잘되고 창의력이 뛰어나게 된다. 이 구조는 大運에서 丙子와 丙辛 合하여 水氣를 만들었다. 丙辛 合은 빛과 어둠처럼 함께 살기 힘들다. 丙火 태양은 酉 서산으로 지고, 酉金이 역할을 다하는 寅에서 丙火 태양은 떠오른다. 따라서 두 글자의 方向이 너무도 다르기에 丙辛 合은 수준이 맞지 않는 사이로 부부애정이 나쁘며 떨어져 살아간다. 辛巳일주 여자는 丙辛 合하는 것과 같아서 부부가 함께 살기 힘들다.

4) 丁壬 合 : 傷官과 偏印의 合

丁壬 合은 傷官의 성향을 가진 丁火와 偏印의 성향을 가진 壬水가 合하는 구조로 丁火는 수렴에너지요, 壬水는 응축에너지로 모두 陰界에 있기에 色界에 드러나기 어려운 합이다. 주로 陰界에서 활용하는데 壬水 偏印 깊은 생각과 丁火 傷官으로 자신만의 고유한 특징을 드러낸다. 즉, 남들과 다른 집중력, 독특한 생각과 기존 방식에서 벗어나려는 심리상태가 합해진 것이기에 조직의 틀에서 활동하기 보다는 전문지식, 기술을 활용하는 것이 특징이다.

時	日	月	年	男
丁	庚	辛	壬	
亥	辰	亥	午	

74	64	54	44	34	24	14	4
己	戊	丁	丙	乙	甲	癸	壬
未	午	巳	辰	卯	寅	丑	子

年과 時에서 丁壬 合하여 전문지식, 기술을 활용하는 저명한 수학자다. 丁壬 合이 亥月에 이루어지고 月에 辛이 있기에 丁辛壬 三字조합을 이루면서 구조가 좋아졌다.

時	日	月	年	男
丁	乙	戊	壬	
亥	未	申	辰	

77	67	57	47	37	27	17	7
丙	乙	甲	癸	壬	辛	庚	己
辰	卯	寅	丑	子	亥	戌	酉

年과 時에서 丁壬 合하여 전문기술로 활용한다. 또 申月 丁壬 合이니 이른 시기에 合하지만 申月이 아니었다면 丁壬 합의 가치가 훨씬 줄어들었을 것이다. 중국의 바둑인 섭위평이다.

時	日	月	年	男
壬	戊	壬	丁	
子	寅	寅	未	

年과 時에서 丁壬 合하여 전문기술로 활용한다. 발명왕 에디슨이다. 丁壬 合하는데 金이 없다. 다만 寅未 귀문과 壬子의 깊은 내면을 관찰하는 능력으로 발명왕 별명을 얻었다. 大運이 水金으로 흘러 金氣를 보충했다.

時	日	月	年	男
壬	丁	丙	丁	
寅	巳	午	酉	

74	64	54	44	34	24	14	4
戊	己	庚	辛	壬	癸	甲	乙
戌	亥	子	丑	寅	卯	辰	巳

時	日	月	年	男
壬	丁	丙	丁	
寅	丑	午	丑	

74	64	54	44	34	24	14	4
戊	己	庚	辛	壬	癸	甲	乙
戌	亥	子	丑	寅	卯	辰	巳

두 구조 모두 年과 時에서 丁壬 合하며 日干과도 合한다. 丁壬 合이 印星에 해당하니 교육 업에 종사한다. 다만 午月에 合하기에 시공간이 적절하지는 않다. 다행히도 酉와 丑土가 있기에 丁辛壬 三字조합을 이루어 교육 업에 종사한다.

丁壬 合은 왜 淫亂 合인가?

고대에서 현대에 이르기까지 명확한 근거도 없이 丁壬 合을 음란 합이라 부르는 이유를 살펴보자. 十宮圖에서 보듯, 천간 합의 시공간도 면면히 순환한다.

丁壬合木	丙辛合水	乙庚合金	甲己合土	戊癸合火	丁壬合木
壬	丙	庚	甲	戊	壬
丁	辛	乙	己	癸	丁

十宮圖에서 丙辛 合에서 丁壬 合으로 시간이 흘러간다. 달리 표현하면 丙辛으로 水氣가 만들어졌기에 丁壬 合으로 木을 만들어낼 조건이 성숙한 것이다. 이 과정을 사계도로 살펴보자.

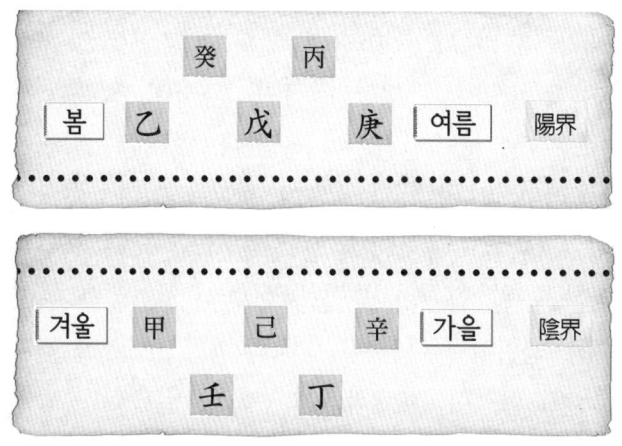

丙火 분산에너지와 가을에 辛金 응축에너지가 丙辛 合으로 응축한다. 酉時에 어둠이 찾아오는 이치다. 水氣가 만들어지면 자연에서는 丁壬 合으로 木氣를 만들기 시작한다. 丙辛 合은 여름과 가을에 이루어지고, 丁壬 合은 가을과 겨울에 이루어진다. 辛 열매가 땅에 떨어지면 丙火의 열매를 만드는 작용은 필요가 없기에 辛이 丙火를 어둠속으로 끌고 들어가 丁壬 合을 통하여 甲을 만들기 시작한다. 辛이 땅으로 떨어졌으니 水氣에 풀어져 윤회를 시작한다. 辛이 壬水를 향하는 과정이며 씨종자가 엄마 배속에 들어가 새로운 탄생을 기다린다. 壬水가 辛을 양수에 품을 때 조건은 丁火 熱氣가 반드시 있어야 윤회할 수 있다. 辛과 壬만 있으면 새 생명을 얻지 못한다.

콩을 냉동실에 넣어두면 절대로 콩나물로 바뀌지 않으며 반드시 熱氣가 있어야 콩나물로 변하는 것이다. 辛에게 적절한 열기와 수기를 제공하면 딱딱했던 辛이 부드러워지면서 콩나물로 변화한다. 辛이 甲으로 변하는 흐름이며 비로소 丁壬 合하는 이유를 이해한다. 즉, 씨종자 辛이 亥子丑月을 지나면서 甲으로 물형을 바꾸는 것이다. 이런 이유로 丁壬合木이라 부른다. 이런 이치를 인간사에 비유하면 辛은 죽음에 이른 것이고 亥子丑月은 윤회과정이다. 저승사자들과 귀신들의 영혼만이 존재하여 인간이 살 수 없는 시공간이다. 그곳에서 이승의 업보를 털고 子에서 새로운 영혼을 얻은 후, 丑에서 영혼과 육체가 결합한다. 엄마 배속에서 영혼 子水와 육체 丑土가 만나 子丑 合하여 甲寅으로 탄생한다. 丁壬 合하여 木 생명체가 세상 밖으로 나오며 새로운 생기를 만들기에 丁壬合 木이라 불렀다. 다만, 丁壬 合으로 木이 만들어지려면 반드시 필요한 것이 辛이다. 즉, 丁壬 合해도 辛이 없다면 씨종자가 없으니 생명체를 만들지 못하고 남녀의 성행위에 국한하며 이런 의미를 음란 합이라 불렀던 것이다. 생명체를 위하는 행위가 아니라 성욕을 위한 행위이기 때문이다. 따라서 丁壬 合의 가치를 결정하는 것은 辛 씨종자임이 명확하고 合과정에 반드시 필요하다.

時	日	月	年	女
壬	丁	壬	丁	
寅	亥	子	卯	

76	66	56	46	36	26	16	6
庚	己	戊	丁	丙	乙	甲	癸
申	未	午	巳	辰	卯	寅	丑

일간이 壬水와 쌍으로 合하지만 辛이 없고 운에서도 오지 않는다. 씨종자 없이 육체를 탐하는 合이다. 출산 후에 바람나서 집을 나가버렸다. 亥水가 많으니 짝짓기 욕망이 강하다.

5) 戊癸 合 : 偏財와 正印의 合

戊土는 偏財로 지구에 존재하는 만물을 적재하는 터전이요, 癸水는 正印으로 조건 없이 생명체를 길러주는 우주의 어미, 모친과 같고 따뜻함과 윤택함을 제공한다. 戊土 偏財와 癸水 正印이 合하는 이유는 희생을 통하여 만물에 생기를 부여하기 위한 것으로, 근본목적은 생명체 木의 성장을 촉진하고 세상을 화려하게 장식하기 위함이다. 어울리는 직업은 문화, 교육, 공직, 예술 등이다. 戊癸 合은 사적 이익을 추구하는 것이 아니라 사회와 공익을 위한 행위다. 또 火氣를 만들어내기에 문화를 상징하며, 화려한 세상을 추구하는 행위다. 모든 合이나 沖 그리고 天干관계가 그렇듯, 戊와 癸의 상황은 상이하다. 戊는 스스로는 아무런 역할을 할 수 없다.

비록 변환, 전환, 유통의 역할이지만 癸나 丙, 乙, 庚이 없다면 불가능하다. 癸와 丙이 있기에 乙과 庚을 키우고 결실을 맺는다. 乙庚 합하는 과정에 戊土가 역량을 극대화할 방법은 바로 癸水를 끌어와 합하는 것이다. 따라서 戊에게 癸水는 자신의 가치를 극대화하는 필수조건이기에 財星의 가치를 갖는다. 財星은 삶의 터전, 존재가치, 존재의미로 癸水가 戊에게 財星역할을 담당한다. 戊土는 癸水를 합하면 존재가치를 드러내지만, 癸水는 戊土와 합하면 희생을 강요당한다. 癸水는 戊土의 범위만큼 윤택함을 제공하는 막중한 책임을 맡고, 戊土의 요구를 만족시켜야 하기에 癸水가 여자라면 남편 때문에 희생하는 삶을 살아간다. 남자가 癸水日干의 경우 年, 月에서 戊癸 합하면 공직생활 할 가능성이 많지만, 여자는 官星이 직장뿐만 아니라 남자도 상징하기에 결혼인연이 나쁠 가능성이 많다. 干支로 癸巳가 戊癸 합과 동일한데 財官印을 모두 품었기에 좋지만 여자에게 결혼생활은 만족스럽지는 않다. 희생하기에 물질적으로 만족할 수 있어도 정신적으로는 강한 구속감을 느낀다. 예문을 보자.

時	日	月	年	男
丙	丁	戊	癸	
午	未	午	卯	

78	68	58	48	38	28	18	8
庚	辛	壬	癸	甲	乙	丙	丁
戌	亥	子	丑	寅	卯	辰	巳

年, 月에서 戊癸 합하는데 地支에서 卯午 破한다. 丁巳大運 소아마비로 한쪽 다리가 불구다. 午月이기에 戊癸 합으로 熱氣를 올리면서 水氣는 더욱 부족해져 木의 성장에 문제가 생긴다. 卯木은 인체의 성장, 발육을 담당하는데 적절한 수기를 얻지 못해 장애가 생겼다.

時	日	月	年	男
辛	庚	戊	癸	
巳	午	午	亥	

71	61	51	41	31	21	11	1
庚	辛	壬	癸	甲	乙	丙	丁
戌	亥	子	丑	寅	卯	辰	巳

年, 月에 戊癸 合하는데, 15세 즈음에 집안이 어려워졌다. 午月에는 卯의 성장을 완료하고 丁火로 열매 맺는 시공간이다. 따라서 木이 성장하는 시공간이 아니라 水氣를 공급하여 열매 맺고 길러야 한다. 년주 癸亥 시기에는 午月의 시공간에 적절한 수기를 공급했지만 16세 즈음에 이르면 戊癸 合으로 火氣가 증폭하면서 열매가 마른다. 월간 부친이 戊癸 合하는 시기에 合으로 묶여 답답해지면서 집안이 어려워졌다.

時	日	月	年	男
戊	庚	癸	戊	
寅	寅	亥	子	

조화원약 사주예문이다. 유명한 사업가로 부유하지만 貴는 없다. 亥月에 戊癸 合하여 火氣를 만들어 木을 키우기에 재물 복이 좋다. 時에 戊土는 많은 財星을 담는 창고와 같다. 비록 木을 키우지 못하지만 亥月이기에 戊癸 合으로 甲이 성장하도록 유도한다.

時	日	月	年	男	71	61	51	41	31	21	11	1
모름	庚戌	癸亥	戊申		辛未	庚午	己巳	戊辰	丁卯	丙寅	乙丑	甲子

年과 月에서 戊癸 合하여 火氣를 만들어 木의 성장을 촉진한다. 비록 財星이 없지만 큰 재물을 얻는 이유는 대운이 목기로 흘렀기 때문이다.

時	日	月	年	男	76	66	56	46	36	26	16	6
戊寅	庚申	壬戌	癸未		甲寅	乙卯	丙辰	丁巳	戊午	己未	庚申	辛酉

財星이 드러나지 않았으며 寅申 冲으로 庚申에 의해서 재성이 상한다고

생각하지만 年과 時에서 戊癸 合하여 火氣를 만들고 戊月 에서 필요로 하는 시공간 조건을 충족시키기에 사업도 하고 명예도 얻는다.

4. 時空間의 天干 合

時空間으로 살펴보자. 天干 合의 궁위는 상이한데 年, 月, 年時, 月時 合이 그것이다. 이때 合을 어떻게 판단할 것인가의 문제가 생기는데 기준점은 時空間이다. 天干 合도 반드시 時間과 空間개념으로 살펴야 한다. 명리책에 年과 時에서 합하는 경우 中間에 合을 방해하는 요소가 있다면 合이 불가능하다고 판단하지만 이론을 위한 이론에 불과하다. 合은 반드시 이루어지고 이에 따른 물형에 변화가 생긴다. 年時 合은 時間이 길고 空間도 넓다. 따라서 年時에서 合을 이룬 구조들은 세계적으로 유명한 사람들이 많다. 빌 게이츠, 스티브 잡스, 오나시스도 合의 時間과 空間범위가 넓기에 세계에 영향을 미친 것이다. 年月의 合은 조상과 부모, 사회를 뜻하기에 직업으로 사용할 가능성이 높다. 다만 時空間 개념으로는 가장 협소하다. 月時의 合은 사회와 개인의 合으로 직업적으로도, 사적으로도 활용할 수도 있지만, 年, 月의 合보다는 時空間 범위가 넓고 합작용이 좋다면 20대에서 末年까지 발전한다. 또 하나 고려할 점은 시간흐름으로 年月 合은 1-20세 전후에 이루어지고, 年時의 合은 죽을 때까지 영향을 미친다.

時	日	月	年	女
壬	丙	丁	己	
辰	午	卯	酉	

71	61	51	41	31	21	11	1
乙	甲	癸	壬	辛	庚	己	戊
亥	戌	酉	申	未	午	巳	辰

이 구조이 丁壬 合은 月時 合으로 木氣를 만드는데 十神으로 印星이다. 時空間 개념으로 살피면 두 번 합하는데 月의 丁火 시기에 時의 壬水를 당겨와 합하고, 壬水의 시기 40대 후반부터 月 丁火를 당겨와 합한다.

동일한 合도 젊어서는 壬水를 당겨와 교육업무에 종사했고, 壬水의 시기에는 丁火를 당겨와 명리를 공부한다. 동일한 丁壬 合도 時空間에 따라 쓰임이 다른 것이다.

時	日	月	年	女
壬	壬	丁	丙	
寅	申	酉	午	

71	61	51	41	31	21	11	1
己	庚	辛	壬	癸	甲	乙	丙
丑	寅	卯	辰	巳	午	未	申

壬水日干이 時에 壬水를 두어 月干 丁火가 두 번 合하는데 첫째는 日干이 丁火와 合하는 20代부터 45세까지며, 月에서 합하니 직업으로 활용하여 은행에서 근무하였다. 이 경우 日干이 丁火와 合하기에 木氣를 만든다는 식의 판단은 옳지 않다. 時干 壬水의 시기 46세 즈음에 丁火와 合하는데 이때는 日干과 합하는 것이 아니므로 丁壬合木을 논할 수 있다.

이 구조에서 木氣는 食神이며 丁壬 合을 전문지식, 자격으로 활용하여 명리학을 공부하여 甲 食神으로 드러내니 45세 즈음부터 명리상담가로 활동한다. 참고로 地支 合이나 沖도 時空間 개념은 동일하다. 壬子日이 月支에 午火를 보고 時支에도 午火를 만나 양쪽으로 沖하면 沖의 순서는 時空間에 따라 발생한다. 月支 시절 30세 즈음에는 午火가 子水를 沖하고, 40세 즈음에는 子水가 午火를 沖한다. 또, 55세 즈음에는 時支 午火가 日支 子水를 沖하면서 전혀 다른 물형으로 발현된다. 30세 이전 午火가 子를 沖할 경우는 재물, 배우자가 상하는 것은 아니지만, 40세 즈음의 子午 沖은 재물이나 배우자가 상한다.

5. 天干 合의 조후개념

合하는 글자들이 조후에 어떤 영향을 미치느냐에 따라서 吉凶을 결정한다. 合하여 좋은 구조가 있고, 나쁜 구조가 있으니 길흉을 판단하는 기준이 필요한데 조후도 나름의 작용력을 갖는다. 예로, 火氣가 필요한 구조가 合하여 水氣를 만들거나, 水氣가 필요한데 戊癸 合하여 火氣를 만들 경우 모두 흉하다. 예문을 살펴보자.

時	日	月	年	男
丙	丁	戊	癸	
午	未	午	卯	

78	68	58	48	38	28	18	8
庚	辛	壬	癸	甲	乙	丙	丁
戌	亥	子	丑	寅	卯	辰	巳

위에서 언급했던 예문으로 戊癸 合으로 火氣를 만들 경우, 너무 조열해진다. 戊癸 合은 乙을 키우기 위함인데 오히려 水氣 부족으로 乙의 성장이 어렵고 午月이기에 丁火의 수렴작용으로 활동이 위축된다. 卯의 성장에 문제가 생겨서 丁巳大運에 다리불구가 되었다.

時	日	月	年	男
戊	庚	癸	戊	
寅	寅	亥	子	

조화원약 사주예문이다. 癸亥 月에 태어나 火氣가 필요한데 年, 月에서 戊癸 合하여 木의 성장을 촉진한다. 戊癸 合의 작용이 좋다.

6. 天干 合의 六親개념

마지막으로 天干 合의 六親개념을 이해해보자. 合하는 六親의 地支상황을 살펴야 한다. 年月에서 合하는 경우, 年과 月이 地支에 세력이 강하면 해당 六親은 문제는 없지만 대부분 한쪽 六親이 약한 상태이기에 合당하는 十神은 문세나. 年月 合은 당사자의 20세 즈음에 상응하는 六親에게 문제가 생긴다. 예로 부모가 이혼하거나 부모 중 한 사람이 사망할 수 있다.

爭合의 경우도 時空間을 감안한다. 丁火日 여자가 年에 壬水를 만나고 月에 丁火가 있다면 壬水는 月의 丁火를 합한 후에서야 비로소 日과합하니 남편의 외도, 이혼, 이혼남, 유부남과 인연이다. 만약 壬水가 月에 있다면 年의 丁火와 합한 후에서야 日干 丁火와 합하기에 壬水 남편은 이혼 경험이 있지만 결혼 후에는 日干과 합으로 사이가 좋다. 四柱 예문을 살펴보자.

時	日	月	年	男
甲	丁	辛	丙	
辰	卯	卯	午	

79	69	59	49	39	29	19	9
己	戊	丁	丙	乙	甲	癸	壬
亥	戌	酉	申	未	午	巳	辰

丁火가 卯月에 水氣가 부족한데 丙辛 합으로 水氣를 만들어 대학교수가 되었다. 辛 財星이 日干과 합하지 못하고 年의 丙火와 합하니 결혼 3개월 만에 부인의 애인이 나타나 이혼하였다.

時	日	月	年	女
己	丁	辛	丙	
酉	丑	卯	午	

74	64	54	44	34	24	14	4
癸	甲	乙	丙	丁	戊	己	庚
未	申	酉	戌	亥	子	丑	寅

년, 월에서 丙辛 합하는데 辛이 月에 있고 財星이다. 辛卯로 무력한 상태에서 丙辛 합하니 부친과의 인연이 박하다. 辛이 丙火와 합하여 사라지는 시기 15세 庚申年에 부친이 사망했다.

時	日	月	年	男
壬	癸	辛	丙	
戌	未	丑	申	

77	67	57	47	37	27	17	7
己	戊	丁	丙	乙	甲	癸	壬
酉	申	未	午	巳	辰	卯	寅

丙火가 월지 시공간을 맞추는데 辛이 16세 즈음 丙火와 합하여 문제가

생긴다. 16세 壬子年에 부친이 사망하였다.

時	日	月	年	男
丙午	丁卯	辛卯	丙午	

78	68	58	48	38	28	18	8
己亥	戊戌	丁酉	丙申	乙未	甲午	癸巳	壬辰

月干 辛이 丙辰年에 丙辛 합하여 부친이 사망하였다.

時	日	月	年	女
庚午	己巳	己巳	甲辰	

74	64	54	44	34	24	14	4
辛酉	壬戌	癸亥	甲子	乙丑	丙寅	丁卯	戊辰

己己甲으로 爭合이다. 丁卯大運 丙寅年에 결혼하고 아들을 낳았으니 爭合해도 결혼에는 문제가 없다. 결혼 후 3년이 지난 己巳年에 甲己 합하니 남편이 외도했지만 이혼하지는 않았다. 甲이 수많은 土들을 상대하기에 남편이 많은 여자와 관계한다. 결과적으로 癸酉年에 이혼하였다.

時	日	月	年	女
乙丑	癸巳	癸亥	戊申	

73	63	53	43	33	23	13	3
乙卯	丙辰	丁巳	戊午	己未	庚申	辛酉	壬戌

세 개의 癸水가 戊土와 합하고 일지가 사해 충하고 巳丑 합하고 巳申 합하여 불안정하다. 年月의 戊癸 합은 亥月에 필요한 火氣를 만들어 좋은 역할이다. 庚申大運 甲戌年에 결혼하고, 己未大運 戊子年에 남편이 주식으로 돈을 탕진하여 이혼했다. 天干에 戊土가 드러나 爭合하는 戊子年에 이혼한 것이다.

時	日	月	年	女
庚	乙	戊	乙	
辰	丑	寅	未	

71	61	51	41	31	21	11	1
丙	乙	甲	癸	壬	辛	庚	己
戌	酉	申	未	午	巳	辰	卯

壬午大運 癸酉年에 친구가 남편을 유혹하여 외도했다는 사실을 알고 크게 싸웠으나 이혼하지 않았고 남편도 그 여인과 관계를 정리했다. 8년이 지난 후, 癸未 運 辛巳年에 남편이 동일한 여자와 다시 관계를 맺고, 몇 개월 동안 돌아오지 않았다. 壬午年에 남편의 일자리 변동으로 그 여자와 다시 관계를 정리했다. 乙癸戊 삼자조합이 이루어질 때마다 일지 축토 속의 癸水가 월간 戊土와 합하여 봄바람이 불어대니 남편이 그 때마다 외도한다.

제 3장 12地支 심화

1. 寅巳申亥 개념 확장

寅巳申亥를 生地라 부르며 근본적인 의미는 氣運이 새롭게 동하는 공간이다. 丙火는 寅에 長生하고, 庚은 巳火에 長生하고, 壬水는 申에 長生하고, 甲木은 亥에 長生한다. 생지의 기운 丙火, 庚金, 壬水, 甲木은 生地로 드러나기 전까지 그 공간과의 연관성이 전혀 없다. 예로, 丙火가 寅에 장생하지만 申酉戌亥子丑에서 전혀 보이지 않고 庚金이 巳에 長生하는데 亥子丑寅卯辰月까지 庚의 기운이 전혀 없다가 갑자기 드러난다. 壬水와 甲木도 동일한 상황이다. 따라서 長生 의미를 추론하면 장기간 존재하지 않았던 새로운 에너지가 갑자기 출현하는 것이다. 일반적으로 生地는 기운이 강하고 매우 좋은 의미라고 상상하지만 실제로는 막 생겨났기에 미약하다.

그렇다면 생지는 어디에서 갑자기 튀어나온 것일까? 寅巳申亥 餘氣에 모두 戊土가 있는 이유는 모든 것이 지구에서 이루어지기 때문이다. 戊土가 드러날 수밖에 없는 이유는 丑未 土에서 결실과 성장을 완성한 후 새로운 양기를 동하게 하고자 寅, 申月의 餘氣 戊土에 저장했던 에너지들을 전달하고 새로운 양기를 동하고자 드러나고, 辰戌 土의 경우는 에너지 전환의 뜻을 가졌기에 巳, 亥月의 여기에서 戊土가 기운을 이어받아 새로운 양기를 動하고자 드러난 것이다. 이렇게 앞 달의 기운을 이어받은 寅巳申亥 餘氣의 戊土는 새로운 에너지를 쏟아낸다. 먼저 寅月에 장생하는 丙火를 살펴보자. 丑土에 癸와 辛이 丑月을 지나 寅月의 戊土로 넘어온다. 따라서 癸와 辛은 어떤 에너지인지를 이해해야 한다. 癸水는 子月에 壬水의 응축기운이 극에 이르면 발산에너지로 전환되며, 亥水 六陰을 一陽五陰으로 전환시켜 양기가 動한다. 癸水가 子月과 丑月에 지속적으로 陽氣를 발산하여 봄을 향하고 寅月 中氣에 丙火가 生地로 드러난 것이다. 여기에서 주의할 점은, 丙火를 태양으로 간주하면 오류를 범한다. 태양은 사계절

내내 존재하는 것으로 寅月에 갑자기 없던 태양이 나오는 것이 아니다. 천간은 반드시 에너지의 움직임으로 이해해야만 하는데 丙火가 寅月에 드러났던 원인은 癸水의 도움으로 분산에너지가 생겨난 것이다. 丙火가 寅月부터 寅午戌 三合운동을 시작한다. 生地는 모종의 에너지가 처음으로 動하기에 강하다고 생각하는 것은 바른 이해가 아니다. 癸水 발산에너지가 寅月에 丙火 분산에너지로 전환한 것에 불과하기에 극히 미약한 상태임이 분명하다. 2차로 기운을 확장하는 공간은 巳月로 丙火가 正氣에서 건록이라는 명칭으로 강한 에너지를 드러낸다. 이렇게 병화의 정체는 원래 癸水의 작용이 時間 변화에 따라 丙火 에너지로 바뀌는 것이다. 癸水는 丙火를 만들어내는 역할이며 癸水의 발산강도에 따라 丙火의 위상이 달라진다.

丙火의 正官은 癸水라는 의미이자 癸水가 丙火의 모친과 같다. 巳中 庚金을 살펴보자. 巳月의 앞 달 辰月에 乙과 癸가 戊土에 기운을 품어서 巳月 戊土로 넘겨주고, 巳酉丑 三合운동의 출발점 庚金이 巳月의 中氣에 새로운 에너지로 드러난다. 庚은 갑자기 어디에서 튀어나온 것일까? 동일한 이치로 辰中 乙이 巳中 庚으로 에너지 특징을 바꾼 것이다. 辰月까지 좌우확산 하던 乙이 巳月에 꽃피고 열매 맺을 준비하고자 乙의 물형이 庚으로 바뀌었기 때문이다. 달리 표현하면 木은 金이요, 金은 木으로 시공간에 따라서 물형이 변하기에 다른 것이라 생각한다. 乙이 癸水에 의해 좌우확산 하다가 巳月에 이르러 六陽으로 에너지를 최대로 펼치면 巳火에서 庚金 꽃이 활짝 피고 長生하면서 巳酉丑 三合운동을 시작한다. 申月에 長生하는 壬水를 살펴보자. 未月에는 두개의 기운이 있는데, 餘氣 丁火와 亥卯未 三合을 마감한 乙이다. 두개의 기운이 己土에 담겨 申月 戊土로 전달되고, 壬水가 生地에서 새로운 기운으로 드러나는데 그 이유를 살펴보자. 壬水가 동할 수 있었던 이유는 午月에 丙火의 분산작용이 극에 이르러 丁火 수렴에너지가 一陰五陽으로 동했기 때문이다. 수렴작용을 시작한 丁火 때문에 庚金 열매가 단단해지고 공기 중에 분산되었던 수분이 모여 하강을 시작하기에 이때부터 한기가 생겨난다.

申月에 수렴작용이 강해지면 응축에너지 壬水가 申子辰 三合운동을 출발한다. 시공간 변화로 물형이 달라 보이지만 丁火의 수렴작용 때문에 壬水의 응축에너지가 생겨난 것이다. 참고로 丙丁은 火, 壬癸는 水라고 하지만 음양의 작용력은 전혀 다르다. 丙火는 분산, 癸水는 발산작용을, 丁火는 수렴, 壬水는 응축작용 하기에 丙火와 癸水는 火와 水로 전혀 다른 오행이지만 작용력이 유사하며, 壬水와 丁火도 水와 火로 전혀 다른 오행이지만 그 작용력은 유사한 것이다.

이런 구분은 매우 중요하다. 예로 봄과 여름에 丙火 분산에너지가 필요할 때 없다면 丙火와 동일한 화기 丁火를 써야만 한다는 것은 바른 판단이 아니다. 陽界에 癸水와 丙火가 있고, 陰界에 丁火, 壬水가 배합된 이유다. 丙丁, 壬癸를 조후로만 판단하는 것은 제한적이다. 水火는 자연을 운용하는 주재자이기에 조후작용으로 살피는 것은 사주팔자를 읽어내는 기술에 불과하다. 따라서 자연의 순환과정에 작용하는 에너지특징으로 살피는 것이 바람직하다. 亥月에 長生하는 甲木을 살펴보자. 戌月 餘氣 辛과 中氣 丁火가 戌月 戊土에 담겨서 亥月 戊土로 이어지고 亥月 中氣에 갑자기 甲이 드러났다. 그 이유는 申月 壬水가 生地를 만나 申酉戌月을 지나면서 응축작용을 지속하기에 기세가 증가하고 辛이 亥月의 공간에서 甲으로 물형을 바꾸고 亥卯未 三合운동을 시작한다. 生地개념은 일간을 강하게 만드는 것이 아니라 앞 달에 품은 모종의 기운이 새로운 에너지로 바뀌고 삼합운동을 출발하는 것으로 자연에서 이런 행위를 하는 이유는 시공간의 순환과정을 통하여 면면히 이어가기 위함이다.

2. 子午卯酉 개념 확장

旺地를 살펴보자. 旺地를 기세가 강하다고 판단하지만 왕쇠는 사주팔자 길흉을 판단하는 기교일 뿐이고 자연에서 子午卯酉 왕지의 개념은 결코 단순하지 않다. 子卯午酉 地藏干을 살펴보자. 子 속에는 壬水와 癸水가 있고, 卯에는 甲과 乙이 있으며, 午火에는 丙火와 丁火가 있고, 酉에는

庚과 辛이 있다. 모두 동일하게 陽干이 陰干으로 바뀌는 시공간 흐름이며 壬甲丙庚이 癸乙丁辛으로 변화한다. 중요한 子月과 午月을 살펴보면, 亥水의 응축기운만 존재하다 子月에 陽氣가 동하여 발산하기 시작한다. 이때 癸水가 생겼지만 一陽五陰이기에 壬水의 기세가 훨씬 강하다. 또 巳火에서 六陽으로 분산작용만 하다가 午月에 一陰五陽으로 陰氣가 動하니 丙火가 丁火로 전환된다. 이때도 동일한 이치로 丁火가 動했지만 여전히 丙火의 기세가 강하다. 卯月과 酉月은 水火의 변화에 따라 木, 金의 물형이 바뀌는데, 卯月에는 甲이 乙로 바뀌고, 酉月에는 庚 경화작용이 극에 이르러 辛으로 바뀐다. 나무에 매달린 庚이 땅에 떨어져 경화작용이 완성되는 것이다. 정리하면, 子午卯酉 月에는 陽이 陰으로 바뀐다. 그렇게 해야만 하는 이유는 陽氣의 확장을 줄여서 物質로 바꾸기 위한 자연의 의지다. 物質로 변한다는 개념을 三合운동으로 살펴보자. 亥卯未 三合운동은 亥에서 甲이 동하여 卯月에 陽氣가 陰氣로 전환하고, 未月에 물질로 저장되어 木의 성장을 완성한다. 이것이 木 三合運動이다. 이런 의미는 사주를 분석할 때 어떻게 활용할까? 陽氣가 陰氣로 바뀔 수밖에 없기에 氣運이 불안정하고, 변화, 전환 상황이 발생한다.

3. 辰戌丑未 土 개념 확장

마지막으로, 辰戌丑未 土를 살펴보자. 土는 가색이라 불리며 키우고 저장한다. 土에 들어있는 地藏干을 살펴보자. 丑에는 癸辛己, 辰에는 乙癸戊, 未에는 丁乙己, 戌에는 辛丁戊 지장간이 있다. 간단히 살펴도 生地, 旺地와 전혀 다른 구조다. 그렇게 구성된 이유를 살펴보자. 丑土에 癸辛己가 있는데 子月에 動한 발산에너지 癸水가 丑月에도 계속 이어진다. 中氣 辛은 巳酉丑 三合運動을 완성한 것을 포기하였으며, 金氣가 마감되어 寅月에 木氣가 나올 여건이 형성된다. 己土는 癸와 辛을 저장하는데 巳酉丑 三合운동을 끝낸 물질을 저장하여 寅月 戊로 넘겨준다. 辰에는 乙癸戊가 있는데 卯月에 甲에서 乙로 전환되고 辰月로 넘어와 乙이 좌우확산하며,

中氣의 癸水는 申子辰 三合운동 완성을 기록한 것이다. 水 運動을 마감하는 이유는 巳月에 火氣가 드러나기 위해서다. 正氣는 申子辰 三合運動을 마감했음에도 陽氣 戊로 표기하여야 한다. 丑土는 巳酉丑 三合을 마감했기에 己土가 물질을 저장하지만, 辰중의 戊土는 물질을 저장하는 것이 아니라 에너지를 전환하기 때문이다. 陽氣는 저장역할을 못하기에 申子辰과 寅午戌은 己土를 표기하지 못하고 戊土로만 표기한다. 水火 三合은 陽氣를 動하여 결과적으로 亥卯未와 巳酉丑 三合을 촉진하여 물질을 만들기 때문이다. 未土에 丁乙己가 있는데, 午月에 丁火가 수렴으로 전환하여 未月로 넘어오면서 餘氣에 丁火가, 中氣에 亥卯未 三合운동의 마감을 의미하는 乙을 표기했다. 따라서 正氣 己土에 丁, 乙이 저장되었다. 그 이유는 木氣가 완성되어야 金氣가 나올 수 있기 때문이며, 木氣가 성장을 마감하고 金氣로 열매를 준비하는 시공간에 이른 것이다. 戌土에는 辛丁戊가 있는데 酉月에 庚 陽氣가 辛 陰氣로 바뀌고 戌月 餘氣로 이어지고 丁火가 中氣에 寅午戌 三合운동이 완성되었음을 표기하였다.

辛과 丁이 正氣 戊土에 저장되어 亥月로 이어진다. 戌土 속의 戊土도 저장역할은 없으며 寅午戌 火 三合운동이 마감되어 亥月에 水氣가 드러난다. 이렇게 辰戌丑未는 물질의 완성과 마감 그리고 에너지의 전환을 담당하는데 정리하면 辰月에 水氣를 마감하여 火氣가 나오도록 전환하고, 未月에 木氣를 완성하여 金氣가 나오고, 戌月에 火氣를 마감하여 水氣가 나오며, 丑月에 金氣를 완성하고 木氣를 내놓는다. 따라서 水氣마감으로 木氣를 완성하고, 火氣마감으로 金氣를 완성한다. 方局으로 살피면, 寅卯辰月에 木氣가 최대로 확장하면 辰土에서 木氣를 조절하여 巳月부터 火氣로 꽃과 열매로 물형을 바꾸기 시작한다. 巳午未 月에는 꽃피고 열매 맺는다면, 未月에는 木氣를 완성하여 申酉戌月에 결실 맺고, 亥子丑月에 새로운 생명체를 내놓는다. 따라서 土의 속성은 三合을 마감하고 方局을 조절하는데 丑未는 金木이 완성되며, 辰戌은 氣運을 전환해주는 차이만 있다.

4. 刑沖破害

1) 三刑의 이해

三刑의 개념을 살펴보자. 寅巳申亥, 子午卯酉, 辰戌丑未로 나누어 살펴보았는데 각각 독특한 특징을 가졌다. 寅巳申亥는 生地로 양기의 출발점이요, 子午卯酉는 氣가 質로 바뀌는 전환점이며, 辰戌丑未는 生地와 旺地의 작용으로 얻어진 물질을 저장하는 공간이다. 이런 에너지들이 사주팔자에서 만나면 충돌을 일으키고 시공간이 왜곡되면서 변화가 발생하는데 三刑이라 부른다. 寅巳申亥 생지가 동시에 만나면 어디로 동할지 몰라 혼란스럽고, 子午卯酉가 동시에 만나면 陽氣와 陰氣의 전환점이 충돌하고, 辰戌丑未가 만나면 土에 저장된 물질들이 충돌하면서 공간이 비틀어진다.

(가) 寅巳申 三刑

명리에서 흉으로 판단하는 寅巳申 三刑 개념을 살펴보자. 가장 기본적인 개념은 生地의 문제로, 氣運이 동하여 三合운동이 출발하며, 결과적으로 다음 三合운동과 연결된다. 이렇게 새로운 에너지가 동시다발적으로 만나는 경우를 寅巳申 三刑이라 부른다. 이것을 沖과 비교해보자. 寅申이 沖하고 巳亥가 沖한다. 寅이 寅午戌 火 三合하는데, 申이 申子辰 水 三合하기에 상반된 두 에너지가 沖하는 것이다. 또 巳火가 巳酉丑 金 三合하는데, 亥水는 亥卯未 木 三合하니 沖하면서 木, 金이 다툰다. 따라서 沖 개념은 정반대 에너지가 정면충돌하는 것이다. 寅巳, 巳申, 申亥, 亥寅 관계를 살펴보자. 이런 조합들은 정면으로 충돌하는 것이 아니다.

寅巳는 寅午戌 三合과 巳酉丑 三合이 만나는 火金 관계요.
巳申은 巳酉丑 三合과 申子辰 三合이 만나는 金水 관계요.
申亥는 申子辰 三合과 亥卯未 三合이 만나는 水木 관계요.
亥寅은 亥卯未 三合과 寅午戌 三合이 만나는 木火 관계다.

따라서 표면적으로는 生하는 관계이기에 문제가 없어 보이지만 출발하려는 두 개의 氣運이 간접적으로 충돌하는 문제가 생긴다. 寅巳가 만나면 寅午戌 三合과 巳酉丑 三合의 출발점이 엇박자를 내는데 하나는 寅午戌 火운동을, 巳火는 巳酉丑 金 운동을 원하기 때문이다. 또 寅과 巳가 만나면 火氣가 증폭하는 문제가 생긴다. 寅의 丙火와 巳의 丙火가 만나 火氣를 증폭한다. 가장 큰 문제는 서로 다른 출발점이 만나서 왜곡되는 과정에 갈팡질팡하는 것이다. 巳申은 巳酉丑 三合 출발점과 申子辰 三合 출발점이 만난 경우로 巳의 庚과 申의 庚이 합하면서 갑작스럽게 金氣가 증폭된다.

만약 세 개의 氣運이 동시에 모인다면, 예로 寅巳申이 동시에 만나면 출발점에 큰 혼동이 온다. 寅午戌과 巳酉丑과 申子辰 火金水 氣運이 서로 출발하겠다고 싸우는 과정에 다양한 물상을 도출하며 四柱八字에서 대부분 흉으로 발현된다. 한 가지 기억할 것은, 寅巳, 巳申, 申亥, 亥寅은 하나의 기운이 다른 하나의 기운에 일방적으로 휩쓸려간다. 寅이 巳를 만나면 寅의 丙火 氣運이 巳의 丙火에 의해서 급속도로 빨려 들어가 폭발적으로 火氣를 만들며, 巳가 申을 만나면 巳의 庚이 申의 庚에게 氣運이 급속도록 빨려 들어가 金氣가 증폭된다. 申亥는 申의 壬水가 亥의 壬水에 급속도로 응축되며, 亥가 寅을 만나면 亥의 甲이 寅의 甲과 합하면서 급속하게 빨려 들어간다. 따라서 이런 작용 때문에 寅巳는 寅 속의 丙火가, 巳申의 경우는 巳 속의 庚이, 申亥는 申속 壬水가, 亥寅의 경우는 亥속의 甲이 무력해진다. 사주예문을 살펴보자.

時	日	月	年	男
戊辰	甲寅	壬申	己巳	

丙寅大運 寅巳申 三刑으로 관찰사에 올랐다. 월주가 壬申으로 申月의 시

공간에 필요한 丙火가 年支 巳火로 열매의 부피를 확장한다. 丙寅 대운에 병화가 申에 빛과 열을 가하고 申은 壬水를 향하고 壬水는 일간을 향하는 과정으로 관찰사에 오른다. 즉, 申月에 태어나 火氣를 원하기에 寅巳申 三刑임에도 불구하고 발전하였다. 三刑은 무조건 흉하다고 판단하는 것은 옳지 않다. 월주의 시공간을 살피고 필요한 조합이 무엇인지 파악하여 종합적으로 판단해야만 한다.

時	日	月	年	男
丁	戊	甲	戊	
巳	辰	寅	申	

72	62	52	42	32	22	12	2
壬	辛	庚	己	戊	丁	丙	乙
戌	酉	申	未	午	巳	辰	卯

甲寅 月에 적절한 水氣가 있어야함에도 마른 상태에서 寅巳申 三刑을 이루었다. 丁巳大運 더욱 조열해지니 甲寅 生氣에 문제가 발생하고 마른 甲寅은 년과 일 戊土에게 水氣를 달라고 찌르니 戊土에 문제가 생긴다. 癸酉年 癸甲戊 三字조합으로 흉한 일이 발생한다. 강도짓과 경제문제로 감옥에 수감되었다. 두 예문에서, 한 사람은 三刑의 작용력으로 발전했고, 다른 한 사람은 돈 문제로 감방에 갔다. 그 이유는 월지시공 조합의 문제 때문이다. 따라서 三刑문제를 살필 때는 반드시 월주의 시공간을 기준으로 吉凶을 판단한다. 자세한 내용은 時空論 책에서 자세히 설명하였다.

時	日	月	年	女
丙	己	戊	丁	
寅	巳	申	亥	

77	67	57	47	37	27	17	7
丙	乙	甲	癸	壬	辛	庚	己
辰	卯	寅	丑	子	亥	戌	酉

남편은 공장에서 기계를 다루었는데 辛亥大運 庚申年 34세에 교통사고 당했고, 辛亥大運 癸亥年 37세에 전기에 감전되어 사망하였다. 이 구조는 寅巳申 三刑 중에서 巳申 合과 寅巳 刑의 문제다. 日支 巳火가 申月의 시공간에서 열매를 확장해주기에 쓰임이 좋은데 巳亥 冲하고 巳申 합하

면서 일지가 상하기에 남편에게 문제가 생겼다. 십신으로 살피면 인목 남편이 寅巳 刑으로 상한다.

時	日	月	年	男
庚	乙	甲	癸	
辰	巳	寅	卯	

80	70	60	50	40	30	20	10
丙	丁	戊	己	庚	辛	壬	癸
午	未	申	酉	戌	亥	子	丑

드라마와 영화 제작자로 30代까지는 水運으로 흐르면서 월주 甲寅의 시공간을 맞추니 가정이나 학업, 진로에 어려움이 없었다. 40代 庚戌大運에 이르러 많은 재산을 잃고 10년간 일이 풀리지 않았는데 그 이유는 水氣가 부족해지면서 庚이 乙의 활동을 제약하였고 寅巳 刑이 동했다. 50세 7월에 전환기를 맞아 전공 관련 공무원을 하면서 드라마와 영화 제작을 추진 중이다.

時	日	月	年	男
丁	己	戊	乙	
卯	亥	寅	巳	

73	63	53	43	33	23	13	3
庚	辛	壬	癸	甲	乙	丙	丁
午	未	申	酉	戌	亥	子	丑

서울대 의대출신으로 현재 의대교수다. 寅巳 刑을 수술이나 가공으로 활용하여 의대교수인데 大運 그리고 日支 亥水가 寅月의 시공간이 원하는 것을 충족시킨다. 壬甲丙 조합으로 대부분 장기적으로 전문분야의 박사급에 오른다. 寅巳申 三刑 의미를 좀 더 확장해보자. 生地에 해당하고 새로운 기운의 출발점이니 앞으로 전진 하는 상황이다. 만약 그 과정에 방향이 충돌하면 육체가 상하고 사망할 수도 있다.

時	日	月	年	男
辛	戊	丁	戊	
酉	寅	巳	申	

79	69	59	49	39	29	19	9
乙	甲	癸	壬	辛	庚	己	戊
丑	子	亥	戌	酉	申	未	午

地支에 寅巳申 三刑을 이루고 사월에 필요한 시공간을 맞추지 못하여 흉하게 작용하는 구조다. 戊午大運 寅木 생기가 더욱 마르면서 흉하다. 甲子年 16세에 감방에 들어갔다. 이 구조도 위에서 감방에 간 사주처럼 마른 땅에서 甲寅 生氣에 문제가 생기고 터전 戊土가 상하여 감방에 들어갔다. 전형적인 특징 중 하나로, 水氣가 부족한 사주에 甲寅이 마르면 戊土의 터전을 파괴하고 감방에 간다.

時	日	月	年	男
丁	癸	庚	丙	
巳	亥	寅	戌	

75	65	55	45	35	25	15	5
戊	丁	丙	乙	甲	癸	壬	辛
戌	酉	申	未	午	巳	辰	卯

寅巳 刑하는 구조인데, 癸巳大運에 다시 寅巳 刑하고 庚申年 寅巳申 三刑으로 감방에 들어갔다. 寅巳申 三刑으로 火氣가 폭발하면서 寅이 상하기에 흉한 상황이 발생했다.

時	日	月	年	男
모름	乙	乙	壬	
	卯	巳	寅	

76	66	56	46	36	26	16	6
癸	壬	辛	庚	己	戊	丁	丙
丑	子	亥	戌	酉	申	未	午

年과 月支에 寅巳 刑하는데 年의 壬水가 부족한 수기를 보충하지만 넉넉하지는 않다. 戊申大運 寅巳申 三刑이 발생하여 生氣 寅卯가 상하면서 丙子年 암으로 사망했다.

時	日	月	年	男
丙	甲	甲	己	
寅	申	戌	丑	

74	64	54	44	34	24	14	4
丙	丁	戊	己	庚	辛	壬	癸
寅	卯	辰	巳	午	未	申	酉

己巳大運 寅巳申 三刑을 이루고 己丑年 丑戌 刑이 동하여 차가 뒤집혔

으나 죽지는 않았다. 동일한 寅巳申이 발생하였어도 사망하지 않는 이유는 戌月의 시공간이 필요로 하는 것이 火氣이기 때문이다.

時	日	月	年	女
丙	己	丙	丙	
寅	未	申	午	

76	66	56	46	36	26	16	6
戊	己	庚	辛	壬	癸	甲	乙
子	丑	寅	卯	辰	巳	午	未

寅申 冲이 있는데 癸巳大運에 寅巳申 三刑이 동하니 회사에서 잘못된 일에 연루되어 丙子年 일자리를 잃었다. 동일하게 寅巳申 三刑이 발생하였으나 寅申 冲이 隔하고 巳申 合이 크게 흉하지 않기에 일자리를 잃는 정도에 그쳤다.

時	日	月	年	女
甲	丙	己	己	
午	申	巳	未	

72	62	52	42	32	22	12	2
丁	丙	乙	甲	癸	壬	辛	庚
丑	子	亥	戌	酉	申	未	午

月支와 日支에서 巳申 刑을 이룬다. 壬申大運 乙酉年 교통사고로 전신마비가 되었다. 巳月 丙火로 전체적으로 月支에서 필요한 癸水가 없고 시간의 甲이 巳午未와 申에 의해서 생기를 잃는다.

時	日	月	年	女
丁	戊	丙	丙	
巳	寅	申	寅	

72	62	52	42	32	22	12	2
戊	己	庚	辛	壬	癸	甲	乙
子	丑	寅	卯	辰	巳	午	未

寅巳申 三刑이고 전체적으로 조열하여 寅 생기가 상하기 쉽다. 1950년 25세 癸巳大運 庚寅年에 기차와 충돌하여 사망하였다.

時	日	月	年	男
戊	丙	庚	丙	
戌	申	寅	午	

79	69	59	49	39	29	19	9
戊	丁	丙	乙	甲	癸	壬	辛
戌	酉	申	未	午	巳	辰	卯

寅月의 시공간에 수기가 필요한데 화기와 금기만 강하고 수기를 만나지 못해 寅 생기가 상하기 쉽다. 癸巳大運 寅巳申 三刑을 만나 흉하다. 戊寅年 33세 1998年에 사망했다. 삼형 예문들 중에서 문제가 심각한 구조들은 모두 水氣가 부족하여 생기가 상한다.

(나) 丑戌未 三刑
辰戌丑未의 특징을 살펴보자.

丑土는 巳酉丑 三合운동을 마감한 土다.
辰土는 申子辰 三合운동을 마감한 土다.
未土는 亥卯未 三合운동을 마감한 土다.
戌土는 寅午戌 三合운동을 마감한 土다.

辰戌 沖은 水火의 沖이고 丑未 沖은 木, 金의 沖이다. 직접적으로 沖하는 두 경우를 제외하고 丑辰, 辰未, 未戌, 戌丑이 만나는 경우는 沖과 구조적으로 다르다. 丑辰의 경우는, 巳酉丑 金氣를 완성한 丑土가 申子辰 水氣를 저장한 辰土와 만나는 것으로 丑土 중의 辛이 辰土에서 木氣로 전환되기에 辰戌 沖이나 丑未 沖처럼 상반된 氣運들이 충돌하는 경우는 아니지만, 丑 속의 辛이 辰 속의 乙과 沖하면서 문제가 발생하기에 破라 부른다. 丑土의 경우는 巳酉丑 三合을 끝냈어도 亥子丑을 지나면서 金이 木으로 물형을 바꾸어 성장하기에 乙을 가진 辰土와 만나도 크게 흉하지는 않다. 다만 만약 酉金까지 있다면 酉丑辰 조합을 이루면서 범법 행위, 감방 물상이 나오는 이유는 酉金의 문제이며 丑辰 破의 문제는 아니다.

酉丑辰 조합의 다른 물상은 물질의 대발, 임플란트, 한탕주의, 사망 등으로 사주구조에 따라서 길흉이 다르다. 辰未는 水 三合과 木 三合이 만나는 경우로 地藏干에서 丁癸 沖하는 정도며 辰土도 木을 키우고 未土 또한 亥卯未로 木氣를 저장하므로 木氣의 연속선상에 있기에 크게 문제는 없다. 다만, 辰未 조합은 乙의 좌우로 펼치는 에너지 때문에 능력보다 부풀려 사업을 확장하려는 문제다. 未戌의 경우는, 亥卯未와 寅午戌 三合이 만나며 木火 관계인데 地藏干에도 丁火가 辛을 剋하는 혹은 辛이 乙을 剋하는 정도다. 다만, 辛이 乙을 剋하기에는 火氣가 강하고 丁火가 辛을 극해도 정면으로 沖하는 관계는 아니다. 문제는 亥卯未 三合이 未에서 성장완료 했고, 寅午戌 火 三合은 申酉戌 月을 지나면서 결실로 바뀌니 乙의 생기가 상하는 문제다.

未속의 乙은 성장을 마감하기에 활동이 답답해졌는데 戌土에 이르면 乙의 무덤과 같다. 이것이 戌未 刑의 가장 큰 문제다. 刑의 종류 중에 문제가 가장 심각한데, 乙입장에서 살피면, 未土에서 활동이 답답해진 후 戌土에서 무덤에 들어가기에 두 개의 토가 刑 하면 乙이 심하게 상하고 활력에 문제가 생긴다. 戌丑 刑의 문제를 살펴보자. 戌 속에 辛丁戊, 丑 속에 癸辛己가 있는데 쌍방관계를 보면 丁癸 沖 외에 특별한 관계가 없다. 근본적인 문제는 戌土는 寅午戌 火 三合이 마감하는 공간에서 火氣를 품었고 지장간에 辛과 丁火와 戊土가 있다. 辛은 죽은 씨종자임에 반해 丑土는 亥月부터 亥子丑을 지나면서 辛이 甲으로 바뀌면서 생기를 가진 육체로 변하고 丑月이 지나면 寅月에 木氣를 드러낸다. 이런 상이한 시공간이 만나서 丑戌 刑한다. 마치 엄마 배속에 잉태된 아이가 丑土에서 떠날 준비하는 과정에 戌土와 刑하는 문제다. 丑戌未가 동시에 만나면 三刑이라 부르고 戌土를 중심에 두고 未中 乙의 활동장애, 태어날 준비하는 새로운 생명체 丑土가 문제를 일으킨다. 辰戌丑未의 凶意를 확장해서 살펴보자.

- 戌土의 문제

戌土를 개에 배속했는데 집을 지키고 방어하는 역할에 충실하다. 다른 의미로는 寅午戌 三合이 끝났으니 화려한 중심에서 멀어진 시공간으로 한가한 변방과 같다. 년주가 庚戌인 경우는 변방에서 나라를 지키는 군인, 변방에서 살아가는 보통사람들의 의미이다. 한가로운, 주목받지 못하는 인생이라는 의미로도 확장할 수도 있다. 개는 상황에 따라 사람을 물기도 하는데 그런 작용은 마치 경찰, 군인, 총이나 칼의 물상이다.

寅午戌 三合운동을 마감하여 火氣를 머금었기에 폭탄, 탄약, 총알을 뜻하는데 地藏干에 丁火가 있기 때문이다. 丁火는 열기를 상징하지만 본래의 의미는 못으로 물체를 고정하는 행위를 뜻했다. 戌土는 가을에 酉 열매를 수확하여 저장한 상태로 이 상황에서 乙은 생기를 상실한 상태다. 戌土 속에 辛丁戊가 있는데 辛이 申酉戌을 지나면서 丁火에 단련되어 날카롭다. 辛은 극도로 축소, 압축하여 火氣를 품어 작고, 단단하고, 날카로운 칼과 같고 가치 높은 보석, 총, 총탄, 무기, 화약고, 살상력을 암시하기에 흉한 작용으로 쓰이면 사고로 육체가 상하고 심하면 사망한다. 辛은 완성된 씨종자와 같아서 성장과정이 아니라 성인의 육체에 문제가 생긴다. 사주예문을 살펴보자.

時	日	月	年	男
壬	癸	甲	甲	
戌	巳	戌	辰	

78	68	58	48	38	28	18	8
壬	辛	庚	己	戊	丁	丙	乙
午	巳	辰	卯	寅	丑	子	亥

乙亥大運 丁巳年 총상으로 왼쪽 손을 다쳐 1년 동안 치료받았다. 壬癸丁 조합을 이루면 주의하여 살펴야 하는데 대부분 육체가 상하거나 교통사고 물상이다.

時	日	月	年	女
甲	己	乙	癸	
戌	亥	丑	亥	

79	69	59	49	39	29	19	9
癸	壬	辛	庚	己	戊	丁	丙
酉	申	未	午	巳	辰	卯	寅

丁卯大運 壬午年에 왼쪽 눈을 다쳐 거의 보이지 않는다. 天干에서 壬癸丁 조합을 이룰 때 흉한 일이 발생하였다.

時	日	月	年	女
戊	乙	壬	癸	
寅	酉	戌	亥	

74	64	54	44	34	24	14	4
庚	己	戊	丁	丙	乙	甲	癸
午	巳	辰	卯	寅	丑	子	亥

丁亥年 2007年 고속도로에서 교통사고가 크게 발생하여 사망할 뻔 했다. 天干에서 壬癸丁이 만날 때 흉한 일이 발생하였다.

時	日	月	年	男
丁	戊	丁	癸	
巳	辰	巳	巳	

					23	13	3
					甲	乙	丙
					寅	卯	辰

甲寅大運 壬戌年 교통사고를 당했다. 天干에서 壬癸丁이 만날 때 문제가 발생한 것이다.

時	日	月	年	男
己	丁	辛	壬	
酉	卯	亥	辰	

						16	6
						癸	壬
						丑	子

癸丑大運 丁巳年 봄에 교통사고로 사망하였다. 天干에서 壬癸丁이 만날 때 문제가 생겼고 地支에서 酉丑辰 조합을 이루어 더욱 흉했다.

- 丑土의 문제

丑土는 巳酉丑 三合운동을 완성한 곳이다. 巳酉丑은 사물을 딱딱하게 만들어 열매완성을 목적으로 한다. 과일, 곡식열매를 완성하는 것으로 근본적으로 물질을 추구하는 삼합운동이다. 과일처럼 단단하게 뭉쳐진 일정한 크기의 물질이기에 개인보다는 단체, 조직에 어울린다. 직업으로 금융, 검경, 군인, 의사 직업과 연관이 많다. 丑土의 地藏干에 癸辛己가 있는데 中氣에 있는 辛은 巳酉丑 三合운동을 완성한 것을 표시하였기에 더 이상 물질을 만들지 못한다. 丑土는 辛 열매가 꼬불꼬불하게 생긴 己土에 들어가 癸水에 破당하여 가치가 변질된다. 의미를 확장하면 가치 있던 물질이 그 가치를 상실하는 것으로 물건을 도둑맞거나, 원래의 가치에 문제가 생기거나, 몸을 상징하는 己土가 丑土의 어두운 공간에 갇혀 마치 감방에서 살아가는 형상이다. 만약 酉丑辰 組合을 이루면 酉金 씨종자가 丑土를 지나고 辰土에 이르러 木으로 물형을 바꾸기에 재물을 갑작스럽게 축적한다. 다만 丑土와 조합하여 능력 밖으로 물질을 탐하다가 재산을 빼앗기고 감방 가기 쉽다. 예문을 살펴보자.

時	日	月	年	女
乙	甲	甲	己	
丑	申	戌	酉	

			31	21	11	1
			戊	丁	丙	乙
			寅	丑	子	亥

丁丑大運 己卯年 감방에서 4年 있었고, 癸未年에 다시 들어가 1年을 복역하였다. 丁丑대운에 酉金 보석이 丑土에 들어가 가치를 상실하는 시기였다.

時	日	月	年	男
庚	乙	丁	甲	
辰	丑	卯	寅	

73	63	53	43	33	23	13	3
乙	甲	癸	壬	辛	庚	己	戊
亥	戌	酉	申	未	午	巳	辰

丑辰 組合으로 감옥의 상인데, 己巳大運 壬申年에 강도짓으로 5년형을 받았다. 寅巳申 三刑까지 발동하니 흉함이 가중되었다.

時	日	月	年	男
己	丙	丁	甲	
亥	寅	丑	辰	

77	67	57	47	37	27	17	7
乙	甲	癸	壬	辛	庚	己	戊
酉	申	未	午	巳	辰	卯	寅

丑辰 組合으로 辛巳運 살인죄로 감방에 들어갔고 사형을 언도 받아 癸酉年에 집행되었다. 癸酉年에 酉丑辰 組合을 이루어 사망한 것이다.

時	日	月	年	男
庚	辛	癸	壬	
寅	未	丑	寅	

72	62	52	42	32	22	12	2
辛	庚	己	戊	丁	丙	乙	甲
酉	申	未	午	巳	辰	卯	寅

丑土 뿐인데 丙辰大運 丑辰 組合을 이루어 癸亥年에 감방에 들어갔다. 10년 감방생활하고 癸酉年에 출옥하였다.

- 辰土의 문제

辰土는 申子辰 三合운동을 마감한 공간이다. 水운동을 멈추었기에 더 이상 생명체를 키우지 못하고 물의 흐름이 멈춘 것과 같아서 흉할 경우 추진하던 일이나 행위가 답답해지거나 구조가 나쁘면 감방에 갈 수도 있다. 좋게 반응할 경우는 申子辰 三合 물상인 방랑, 깡패, 조폭, 도둑, 강도, 추락 등의 흉한 작용들이 멈춘다. 辰土의 가장 심각한 문제는 생명의 근원인 水氣가 木의 성장을 촉진하는데 辰土에서 마감되기에 성장이 억제된

다. 이런 이유로 생명체를 만들고 성장하는 과정에 문제가 생긴다. 辰土가 卯辰이나 子卯辰 組合 혹은 辰戌 沖이나 辰戌未 組合을 이루면 불임, 성장장애, 육체불구 문제가 발생한다.

時	日	月	年	女
辛	戊	庚	丙	
酉	辰	子	午	

79	69	59	49	39	29	19	9
壬	癸	甲	乙	丙	丁	戊	己
辰	巳	午	未	申	酉	戌	亥

40세에도 아이가 없다. 특별한 이유 없이 착상이 불가하다. 시험관 아기나 인공수정도 여러 번 실패하였다. 여성의 경우 식상을 자식으로 간주하기에 庚, 辛酉로 자식이 많아야 함에도 불임으로 자식이 없다. 子水가 辰土에 배양되지만 辛酉와 辰酉 合 해버리니 乙 생명체가 상하여 밖으로 나올 수 없다. 大運도 申酉戌로 흘렀음에도 자식을 갖지 못하였으니 식상을 자식이라고 간주하는 것은 문제가 있다. 만약 時柱가 申酉戌이면 자식 얻기 어려운 이유는 활력과 생기가 없기 때문이다. 자식을 살필 때 남자는 偏官, 여자는 食傷으로 판단하는 것은 제한적인 판단이다.

時	日	月	年	女
戊	丙	癸	壬	
子	辰	卯	辰	

71	61	51	41	31	21	11	1
乙	丙	丁	戊	己	庚	辛	壬
未	申	酉	戌	亥	子	丑	寅

자식이 없어 입양한 후 딸을 하나 얻었다. 원국에 子卯辰 삼자가 組合을 이루니 子水 정자가 卯木에 변질된 후 辰土에 들어가 상하여 임신하기 어려운 것이다.

時	日	月	年	女
丙	戊	乙	己	
辰	戌	亥	酉	

76	66	56	46	36	26	16	6
癸	壬	辛	庚	己	戊	丁	丙
未	午	巳	辰	卯	寅	丑	子

日支와 時支가 辰戌 冲한다. 子宮 偏位로 임신이 어려운 구조다. 자궁 외 임신으로 자식 하나를 어렵게 얻었다. 이렇게 日支와 時支에 辰戌 冲의 경우를 자궁 편위 라고 부르며 辰 속의 乙과 癸水가 상하면서 자식에 문

제가 생기고 자식을 얻더라도 성장과정에 장애가 따를 수 있다.

時	日	月	年	女
壬	丙	癸	丁	
辰	戌	丑	未	

76	66	56	46	36	26	16	6
辛	庚	己	戊	丁	丙	乙	甲
酉	申	未	午	巳	辰	卯	寅

이 구조도 子宮偏位로 자식 얻기가 힘들다. 日, 時支가 辰戌 沖 하므로 자식 얻기 어려워 체외수정을 통하여 자식 하나를 얻었다.

時	日	月	年	男
壬	癸	庚	丙	
子	卯	子	辰	

77	66	56	46	36	26	16	6
戊	丁	丙	乙	甲	癸	壬	辛
申	未	午	巳	辰	卯	寅	丑

이 구조도 子卯辰 組合이다. 불임으로 시험관시술을 통해 자식을 낳았다. 辰土가 年支에 있고 刑, 沖도 없기에 문제가 없지만 子卯辰 組合으로 자식 얻기 힘들다.

時	日	月	年	男
丙	戊	戊	壬	
辰	戌	申	辰	

76	66	56	46	36	26	16	6
丙	乙	甲	癸	壬	辛	庚	己
辰	卯	寅	丑	子	亥	戌	酉

이혼하고 자식도 없다. 辰戌 沖으로 辰中 乙 생명체가 상하여 자식을 얻기 어렵다. 이 외에도 특이한 현상을 보이는 組合들이 많은데 辰戌未 組合의 경우는 문제가 있다. 辰戌 沖으로 乙이 상한 상태에서 未土에서 乙의 활동이 극도로 둔해지기에 辰戌未 삼자가 만나면 질병, 육체장애, 사망 등의 물상이다.

- 未土의 문제

사주팔자를 분석할 때 생물과 무생물의 구분은 중요하다. 卯辰巳, 午未申과 酉戌亥, 子丑寅 시공간은 차이가 크다. 卯辰巳, 午未申은 성장위주고 酉戌亥, 子丑寅은 결실과 새로운 생명체를 준비하는 과정이다. 未土는 생기와 무생물의 경계점으로 수많은 뜻이 있지만 가장 큰 의미는 성장을 완료한다는 것이다. 亥卯未 三合운동이 완료되고 申月에 열매를 만드는 과정에 生氣를 상실하기에 성장과 수렴의 갈림길이다. 未土는 乙의 좌우확산 운동에 문제가 생기면서 육체활동에 장애가 생긴다. 성장완료 했으니 마감해야 하지만 乙의 근본성향은 버릴 수 없기 때문이다. 유사한 구조가 卯午 破로 卯木이 午火에 의해 좌우확산이 수렴운동으로 바뀌면서 卯木의 활동에 제약이 따른다. 이런 이유로 丁火가 인체와 연관되면 흉한 물상으로 드러난다. 예문을 살펴보자.

時	日	月	年	男
戊	辛	丁	壬	
戌	未	未	辰	

74	64	54	44	34	24	14	4
乙	甲	癸	壬	辛	庚	己	戊
卯	寅	丑	子	亥	戌	酉	申

未土가 두개로 중복되고 辰戌未 組合까지 있다. 癸丑大運 壬辰年에 교통사고로 사망하였다. 壬癸丁 조합을 이루는 해였다.

時	日	月	年	男
己	癸	己	辛	
未	未	亥	巳	

77	67	57	47	37	27	17	7
辛	壬	癸	甲	乙	丙	丁	戊
卯	辰	巳	午	未	申	酉	戌

未土가 두 개가 있는데 丁辰大運 壬辰年 감기로 입원했다가 돌연 사망했다. 이 구조의 문제는 亥月에 甲이 성장하는데 未土와 己土가 너무 많아 亥속 甲의 성장이 어렵다.

時	日	月	年	女
壬	辛	己	癸	
辰	未	未	丑	

71	61	51	41	31	21	11	1
丁	丙	乙	甲	癸	壬	辛	庚
卯	寅	丑	子	亥	戌	酉	申

時는 불분명한데 남편이 파산 후에 자살하였다. 未土가 두 개나 있기에 활력에 장애가 생기는데 그 물상을 남편이 쓴 것이다. 辛일간이 천간에 壬癸로 수기가 많은데 대운도 壬戌, 癸亥, 甲子로 흘러 남편이 발전하기 어렵다.

時	日	月	年	男
丁	辛	壬	壬	
酉	未	子	戌	

77	67	57	47	37	27	17	7
庚	己	戊	丁	丙	乙	甲	癸
申	未	午	巳	辰	卯	寅	丑

乙卯大運 壬辰年 백혈병으로 사망하였다. 壬辰年에 辰戌未 組合을 이룬다. 亥子丑月에 자연에서 하는 일은 木을 밖으로 내놓는데 未土와 戌土에 의해 子水가 상하면서 생명체가 밖으로 나오는 과정에 문제가 생겼다.

時	日	月	年	男
壬	戊	辛	甲	
子	寅	未	辰	

甲戌大運 辛未年 건강에 문제가 생겨 사망할 뻔했다. 甲戌年 辰戌未 組合을 이룬다.

5. 子午卯酉 刑破의 개념

子午卯酉의 刑破개념을 정리해보자. 子午卯酉도 寅巳申, 丑戌未 三刑처럼 상당히 복잡한 문제를 가졌다. 子卯 刑, 子午 冲, 子酉破, 卯午 破, 卯酉 冲, 午酉 破 등 복잡하게 얽혀서 문제를 일으키는데 근본이치를 따져보

자. 子午卯酉는 三合의 旺地요, 중심이고 가장 강한 에너지다. 이런 氣運들이 섞이면 상호 영향을 미친다. 寅巳申亥, 丑辰未戌과 마찬가지로 子卯午酉도 4개월의 時空間을 뛰어넘는다. 子丑寅卯 卯辰巳午 午未申酉 酉戌亥子 4개월의 시공간 차이다. 寅卯辰巳 巳午未申 申酉戌亥 亥子丑寅도 마찬가지이고, 辰巳午未 未申酉戌 戌亥子丑 丑寅卯辰도 동일하다. 구조를 정리해보자. 酉子는 酉戌亥子, 子卯는 子丑寅卯, 卯午는 卯辰巳午, 午酉는 午未申酉로 각 4개월의 시공간을 뛰어넘는다.

三合으로 따져보자. 酉子는 巳酉丑과 申子辰이니 金과 水의 왕지, 子卯는 申子辰과 亥卯未이니 水와 木의 왕지, 卯午는 亥卯未와 寅午戌이니 木과 火의 왕지, 午酉는 寅午戌과 巳酉丑이니 火와 金의 왕지 관계다. 이렇게 4개월의 시공간이 순차적인 흐름을 거치지 않고 직접 만나지만 표면적으로는 生처럼 보인다. 酉子는 金生水, 子卯는 水生木, 卯午는 木生火, 午酉는 火生金 관계이기에 生의 관계임에도 무언가 문제가 있기에 破, 刑이라는 명칭을 붙인 것이다. 다른 예를 살펴보자. 申亥조합은 申酉戌亥, 亥寅조합은 亥子丑寅, 寅巳조합은 寅卯辰巳, 巳申조합은 巳午未申으로 모두 동일한 구조다. 모두 生은 生인데 계절을 뛰어넘어 시공간이 적절하지 않은 것이다. 辰未조합 辰巳午未, 未戌조합 未申酉戌, 戌丑조합 戌亥子丑, 丑辰조합 丑寅卯辰도 모두 동일구조로 계절을 달리하면서 土이기에 生으로 구성된 관계가 아니고 물질저장의 문제다. 계절을 뛰어넘어 만나면 어떤 문제가 있을까? 계절이 다르니 추구하는 목적과 방향이 달라 모순이 발생하고 조정할 필요가 생긴다. 나는 봄을 사는데 너는 여름을 살아가니 입장이 전혀 다른 것이다. 따라서 적절하지 않은 시공간이 서로 만나 일정 부위를 조정해야만 한다.

申亥조합은 亥水가 申속의 庚을 급속하게 흡수하여 무력하게 만들고, 亥寅 合은 寅中 甲이 亥中 壬水의 기운을 무력하게 만들고, 寅巳 刑은 巳中 丙火가 寅 속의 甲을 무력하게 만들고, 巳申 合은 申속의 庚이 巳속의 丙火를 무력하게 만들어버린다. 또 다른 문제는, 生地가 祿地로 기운이 빨려 들어가는 문제로 위에서 설명을 했으니 생략한다. 다시 子午卯酉로 돌아가서 살펴보자. 酉子는 酉金이 子水로 바뀌는 것을 원하지 않고, 子卯는 子水가 卯木으로 바뀌는 것을 원하지 않으며, 卯午는 卯木이 午火로 바뀌는 것을 원하지 않고, 午酉는 午火가 酉金으로 바뀌는 것을 원하지 않는다. 즉, 각 地支는 자신의 에너지 특징을 유지하려고 하는데 두 글자가 만나면서 문제가 발생한다.

다른 각도에서 살펴보면 子午卯酉의 가장 심각한 문제는 土가 없기에 중간에서 조절작용이 없어 통제가 불가하다. 土가 없기에 순서를 거치지 않고 순간적으로 빠르게 변질되면서 안정감이 떨어지고 빠른 속도로 성장을 촉발하지만 일정기간이 지나 성장이 끝나면 수명에 문제가 발생한다. 酉子는 子水가 酉金을 水氣로 빠르게 변질시키니 酉金의 정체성에 문제가 생긴다.

씨종자가 변질되기에 근본인자에 변형이 생기면서 종자문제, 자식문제, 정신문제를 유발하는 것이다. 만약 酉子 破에 다른 조건이 갖춰지면 오히려 폭발적으로 발전할 수도 있다. 子卯는 卯木이 子水를 木氣로 빠르게 변질시키니 子水가 갑작스럽게 변질되는 문제다. 子卯 刑은 주로 생식기문제, 자식 혹은 자궁수술, 색욕을 동반하는 문제다. 卯午는 午火가 卯木을 급속도로 변질시키니 卯木이 변형되는 문제다. 卯木은 성장을 주관하는데 午火 때문에 갑자기 물형에 문제가 생긴다. 卯木이 상하면서 활동장애, 육친불화, 인간관계에 문제가 발생한다. 午酉는 丁火가 酉에게 熱氣를 방사하여 金氣를 완성하는 과정에 午火가 무력해진다. 다만 午酉는 火가 金을 극하기에 큰 문제는 없는 조합이지만 午中 丙火와 酉中 辛이 丙辛 合하니 丙火가 필요한 구조의 경우는 빛을 잃어 흉하다. 한 가지 더 고려할 것은 변질을 주도하는 인자 또한 좋은 상황이라고 판단하기 어렵다. 卯午 破는 午火가 卯木을 火氣로 급속하게 바꾼다고 해도 좋을 것은 없다. 午火는 열매요 卯木은 자라는 초목인데 갑자기 열매로 바뀌는 것이다. 辰土를 거치고 巳火를 통해서 아름답게 꽃피고 순차적으로 열매 맺어야 하는데 새싹이 마치 갑자기 열매로 바뀌는 것처럼 시공간이 적절하지 않아서 물형에 변화를 주어 조정할 일이 생긴다. 또, 卯木 어린이가 午火 육체가 탄력적인 젊은 사람으로 바뀌니 어린아이가 화장하는 모습이다. 성장하기도 전에 육체적으로만 어른처럼 행동하는 것이다. 卯午 破는 화장, 미용, 탤런트, 아름다운 몸매 등의 물상이다. 子卯午酉 刑과 破는 중요하므로 다양한 연구가 필요하다. 예문을 살펴보자.

時	日	月	年	男
戊	丙	甲	癸	
戌	午	寅	卯	

79	69	59	49	39	29	19	9
丙	丁	戊	己	庚	辛	壬	癸
午	未	申	酉	戌	亥	子	丑

卯午 破가 년지와 일지에 있는데 卯木이 午火의 수렴작용으로 활동에 제약이 따른다. 癸水는 卯木의 성장을 촉진하는 발산에너지인데 수많은 木火에 에너지를 공급하느라 벅차다. 시간 戊土는 戊癸 합하면서 화기를 증폭시키고 水氣가 부족한 甲寅 생기는 戊土 에게 水氣를 달라고 뚫어버린다. 癸甲戊 三字조합으로 다리가 불편하다.

時	日	月	年	男
甲	丙	丙	癸	
午	午	辰	卯	

79	69	59	49	39	29	19	9
戊	己	庚	辛	壬	癸	甲	乙
申	酉	戌	亥	子	丑	寅	卯

두개의 午火가 午卯 破로 卯木의 활동에 문제기 생기고 卯辰조합으로 辰土에 들어간 卯木의 활동이 답답하다. 癸水의 발산에너지도 수많은 火氣에 증발되면서 卯木의 성장을 촉진하기 어렵다. 다리에 문제가 있다.

時	日	月	年	男
丙	丁	戊	癸	
午	未	午	卯	

78	68	58	48	38	28	18	8
庚戌	辛亥	壬子	癸丑	甲寅	乙卯	丙辰	丁巳

卯午 破가 年, 月에 있고 戊癸 합으로 계수가 묘목의 성장을 촉진하지 못한다. 어린나이 丁巳大運에 소아마비로 한쪽 다리가 불구다.

時	日	月	年	女
戊	己	壬	丁	
辰	卯	寅	亥	

73	63	53	43	33	23	13	3
庚戌	己酉	戊申	丁未	丙午	乙巳	甲辰	癸卯

丙午大運 38세 甲子年 남편이 교통사고로 사망하였다. 地支가 亥寅卯辰에 丁壬 합으로 남편이 많으니 첫 남편과의 인연이 박하다. 丙午大運, 地支에서 卯午 破가 발생하니 卯木의 활동에 문제가 생긴다. 원국에서 卯辰으로 卯木이 辰土에 들어가 묶이니 남편과 사별, 별거, 이혼하는 구조다. 甲子年에 남편을 상징하는 官星이 드러나 남편에 문제가 생겼다.

時	日	月	年	女
辛	丙	丙	己	
卯	子	寅	丑	

76	66	56	46	36	26	16	6
甲戌	癸酉	壬申	辛未	庚午	己巳	戊辰	丁卯

원국에 年, 月이나 日時의 天干地支가 합과 刑이 공존하는 구조는 흉하다. 특히 子水가 巳午未 大運을 지날 때 냉각제 역할을 하는데 원국에서 子卯 刑하고 午 大運에 子午 沖하여 문제다. 子卯 刑, 子午 沖, 卯午 破로 흉함이 섞이면서 庚午年에 사망하였다.

時	日	月	年	男
戊	癸	戊	乙	
午	卯	寅	未	

72	62	52	42	32	22	12	2
庚	辛	壬	癸	甲	乙	丙	丁
午	未	申	酉	戌	亥	子	丑

戊癸 合과 卯午 破가 함께 있는데 卯木이 午火에 의해 갑작스럽게 변화가 생긴다. 새싹이 午火의 수렴작용으로 열매로 바뀌니 성장하기도 전에 육체가 조숙해진다. 화장, 미용, 볼륨 있는 육체로 卯木을 午火가 화려한 몸매로 바꾸기에 도화의 성향이 강하다. 乙癸戊 三字조합으로 공직자였는데 癸酉年에 퇴직하고 26세 연령차이의 젊은 여자와 함께 산다.

時	日	月	年	男
辛	癸	甲	癸	
酉	丑	子	卯	

79	69	59	49	39	29	19	9
丙	丁	戊	己	庚	辛	壬	癸
辰	巳	午	未	申	酉	戌	亥

地支가 子卯 刑, 酉丑 合, 子丑 合, 卯酉 沖으로 매우 복잡하다. 사주구조의 방향은 傷官을 활용하기에 辛酉大運에 甲, 卯가 상하고 酉丑, 酉丑辰 組合으로 감옥 물상이다. 癸水가 키우는 卯木에 문제가 생기고 卯木이 丑土를 만나 확산에너지가 답답해진다. 丙子年에 子卯 刑이 동하니 활동에 문제가 생기고, 丙火가 丙辛 合으로 사라지니 財星의 문제다. 부친이 수백억 재산가인데 丙子年 유명인과 간통사건으로 구속되어 5억 위자료를 주고 풀려났다.

時	日	月	年	女
己	壬	己	乙	
酉	子	卯	卯	

79	69	59	49	39	29	19	9
丁	丙	乙	甲	癸	壬	辛	庚
亥	戌	酉	申	未	午	巳	辰

子卯 刑과 子酉 破로 자식을 낳지 못한다. 食傷이 강해도 子卯 刑하고

酉金이 卯木을 沖하여 생기가 상했고 子水 정자에도 문제가 있다. 酉金이 子水를 만나면 木 生氣를 내놓으려고 하지만 구조가 나쁘니 자식이 없다. 酉子 破를 干支로 바꾸면 癸酉, 辛亥와 같아서 丁火가 없으면 자식 얻기 어렵고, 男命은 여자인연이 박하다.

時	日	月	年	男
丁	辛	壬	丁	
酉	卯	子	卯	

71	61	51	41	31	21	11	1
甲	乙	丙	丁	戊	己	庚	辛
辰	巳	午	未	申	酉	戌	亥

年, 月에서 丁壬 合, 子卯 刑하는 구조다. 合刑이 공존하면 육체적, 정신적으로 문제가 있다. 合과 刑이 만나니 겉으로는 合의 형상, 속으로는 刑하기에 추구하는 방향이 왜곡, 변형되면서 성정에 영향을 미친다. 괴팍하고 모친에게 욕하고 누구한테나 덤벼들며, 손목을 자해하여 오른손을 잘 쓰지 못한다. 안하무인이요, 법을 무시하고 정신장애가 있다.

時	日	月	年	男
癸	戊	乙	庚	
亥	子	酉	申	

78	68	58	48	38	28	18	8
癸	壬	辛	庚	己	戊	丁	丙
巳	辰	卯	寅	丑	子	亥	戌

옷가게 2개와 핸드폰 가게 3개를 운영 중이며 외제차를 몰고 다닌다. 강남에 아파트 두 채도 구입했다. 공부는 잘하지 못했고 전문대를 나왔으며, 군대제대 후 2003년부터 옷 장사를 시작했다. 2012년에 보습학원에 투자했는데 잘 된다. 월이 乙酉로 酉金이 乙을 수확하여 씨종자를 子水 亥水에 풀어낸다. 이런 이유로 재물을 쉽게 모은다. 자연에서 알려주는 지혜 그대로 분석해야만 자연스럽다. 자연의 수확원리에 입각하여 살펴야 하는 것은 당연한 일이다. 인간도 자연의 일부이기 때문이다. 乙이 酉月의 시 공간을 만나니 쉽게 수확하기에 재물을 쉽고 빠르게 축적한다. 또 酉金 종자돈을 子水, 亥水에 부풀리니 재물을 크게 확장하는 재주도 좋다. 이

사주구조에서 酉子 破는 재물을 빠르고 크게 축적하는 조합이다.

時	日	月	年	男
壬	癸	壬	壬	
子	酉	子	子	

79	69	59	49	39	29	19	9
庚	己	戊	丁	丙	乙	甲	癸
申	未	午	巳	辰	卯	寅	丑

직장생활하며 2명의 자식을 두었고 공처가다. 丙辰大運 辛卯年 맞벌이하던 부인이 갑자기 사라졌다. 酉金이 수많은 子水에 子酉 破로 풀어지지만 火氣가 전혀 없기에 적절하게 풀어지지 않는다. 丁火가 없으니 酉金이 甲을 내놓기 어렵다. 대운이 甲寅, 乙卯로 흐르니 기운을 발산한다. 丙辰大運이 오면 원국에 없던 丙火가 드러나 수많은 水氣들은 벌 떼처럼 丙火를 향하여 달려간다. 辛卯年에 酉金이 天干에 드러나고 丙辛 합으로 사라졌다.

6. 卯辰, 酉戌, 午未, 子丑의 이해.

子午卯酉가 다음 월의 土와 결합한 구조에는 子丑, 卯辰, 午未, 酉戌 4개가 있고 旺地가 답답해지는 상황이다. 子丑 합의 경우는 子 속의 癸水가 一陽五陰으로 陽氣를 동하여 겨울에서 봄을 향한다. 이런 발산에너지의 子水가 丑土를 만나면 그 작용이 답답해진다. 丑土에서 巳酉丑 삼합 운동을 마감하는 과정에 水氣를 억제한다. 즉, 金生水 작용에 문제가 생기고 癸水가 발산작용을 적절하게 하지 못한다. 亥子丑 水氣를 丑土에서 조절하는 과정에 癸水가 丑土 내부에서 답답함을 느끼는데 이런 특징을 탕화라고 불렀다. 내부에서 열이 끓는데 발산하지 못하는 답답한 상황을 뜻한다. 반대편의 공간에 午未 합이 있는데 동일한 논리로 살펴보자.

丁火는 午火에서 丙火 분산에너지를 수렴한다. 열을 모으는 것으로 단단한 덩어리를 만들려는 의도이고 물상으로 열매를 맺는 것이다. 그 대상이 庚이요, 午火에서 庚을 단단하게 뭉치기 시작한다. 未土에 이르면 조절작용이 필요해진다. 未月에는 丙火의 기세가 여전히 강하기에 작용을 줄여야 수렴이 강해진다. 巳火에서 六陽, 午火에서 一陰五陽이니 丙火의 기세를 未土에서 억제, 조절하는 것이다. 그 방법은 亥卯未 三合운동을 마감하여 木氣를 억제함으로써 木生火의 기세를 꺾고 丙火의 분산작용을 억제한다.

丁火도 未土에 이르면 乙木을 억제하고 午未 合으로 묶이면서 움직임이 답답해진다. 子丑 合은 발산작용을 적절하게 활용하지 못하고, 午未 合은 수렴작용을 적절하게 활용하지 못하는 답답함이다. 干支로 바꾸면 癸丑과 丁未다. 다만 子丑과 午未는 申子辰, 寅午戌 三合운동의 왕지 문제이기에 물질보다는 기운적인 의미가 훨씬 강하므로 정신적인 문제로 발현된다. 子丑 合, 午未 合이 沖하는 子午 沖과 午丑도 정신적인 문제로 발현되기 쉽다. 卯辰과 酉戌은 물질의 문제다. 卯辰조합은 卯月에 甲 뿌리가 乙로 드러나고 좌우로 확산해야 하는데 辰土를 만나면 卯木의 활동이 통제당하는 상황이다. 辰月에 申子辰 三合이 마감되면서 木의 활동을 억제한다. 자연은 乙의 의지와는 상관없이 水 三合운동을 마감하여 木 運動을 억제함으로써 巳月에 꽃피고 열매 맺도록 유도한다. 물상으로 卯木은 새싹과 같기에 辰月에 모내기 해준다. 즉, 성장의 기세를 조절하고자 모내기 하는 땅 辰土에 卯木을 이식하는 과정에 생기와 활력에 문제가 생기고 새로운 땅에 적응하는 문제도 발생한다.

時	日	月	年	男
丙	戊	丙	癸	
辰	子	辰	卯	

73	63	53	43	33	23	13	3
戊	己	庚	辛	壬	癸	甲	乙
申	酉	戌	亥	子	丑	寅	卯

卯木을 辰土 두 곳에 심으니 丁亥年 해외에서 주문을 받아 두개의 공장에서 제품을 생산한다. 卯辰은 卯木을 辰土에서 자랄 수 있도록 땅을 공급하는 행위인데 年支 卯木을 두 개의 辰土에 심으니 두 개의 공장에서 제품을 생산한다.

卯辰의 개념을 확장해서 살펴보자. 卯木은 亥卯未 三合운동한다. 亥水에 氣가 動하고 卯에서 극에 이르러 未에서 마감한다. 자연은 절대로 한순간에 이루어지지 않고 여러 단계를 거치면서 조절하는데 그것이 바로 土의 작용력이다. 乙은 土의 조절작용을 3번 지나는 과정에 물형을 서서히 변화시킨다. 辰土를 만나면 水氣가 마감되어 乙의 성장이 조절 당한다. 未月을 만나면 열매의 크기가 완성된다. 亥卯未 三合을 완성하고 申酉戌에서 결실 맺어야하기 때문이다. 다만 未土에서 성장은 마감했으나 생기를 유지하고 있는 상태다. 乙은 申酉戌月을 지나면서 金으로 몸을 바꾸어 金안에 乙木의 영혼만 남긴 후 亥子丑 에서 윤회하여 다시 甲으로 태어난 후 卯月에 지상으로 모습을 드러낸다.

따라서 戌土를 만나면 윤회하고자 묘지에 들어간 것이다. 乙은 土들의 공간에 따라서 상황이 달라진다. 卯辰이 만나면 싹이 성장을 조절당하며, 卯未가 만나면 성장완료 상태로 未土에서 물형을 金으로 바꿀 준비한다. 卯戌이 만나면 金으로 물형이 완전히 바뀌고 그 정체성을 상실한다. 辛내부에서 봄을 기다리는 핵으로 존재하는 것이다. 따라서 卯辰은 성장발육에 문제가 생기는 조합이다. 성장장애, 불임구조가 많다. 酉戌을 살펴보자. 酉金은 庚이 극에 달해 辛으로 바뀐다. 丁火에 의해 庚에서 떨어진 辛이 딱딱하게 경화되는 과정이 酉月과 戌月에 이루어진다.

즉, 水氣하강으로 가지가 마르면서 열매가 무거워지고 땅으로 떨어진다. 戌土는 寅午戌 三合이 마감되니 金을 더 이상 키우지 않는다. 따라서 酉金은 戌土를 만나면 답답해진다. 乙과 다른 점은 乙은 생명체이고 辛은 생기가 없는 완성된 열매라는 차이만 있다. 酉戌도 3단계 土의 과정을 거치는데, 酉戌은 酉金의 경화작용이 상실되는 시기이고, 酉丑은 巳酉丑 三合을 마감해서 木氣를 내놓는 시점에서 酉金이 木氣로 바뀌면서 정체성이 변질되고, 酉辰은 申子辰 三合을 마감하여 辰土에서 유금의 경화작용이 철저하게 상실되면서 부드러워진다. 만약 木日 여성이 년에서 辛 혹은 酉金

을 만나고 月支에 辰土가 있다면 辛酉가 辰土에서 정체성을 상실하면서 문제가 생긴다. 酉金이 만나는 土의 의미를 살펴보자. 酉戌은 육체가 상하거나 사망하는 문제고, 酉丑은 酉金 결실물의 역할이 변질되며, 酉辰 합은 酉金의 가치를 상실한다. 예문을 살펴보자.

1) 卯辰조합

時	日	月	年	女
癸	壬	戊	己	
卯	申	辰	酉	

72	62	52	42	32	22	12	2
丙	乙	甲	癸	壬	辛	庚	己
子	亥	戌	酉	申	未	午	巳

酉金과 申金이 辰酉 합하고, 申辰 합한다. 卯木은 卯申 합하고 卯辰으로 답답해진다. 卯木의 좌우로 펼치는 활동이 日支남편과 월주 土에 통제 당한다. 이런 이유로 두 번 결혼했으나 남편들은 이 여인의 재산만 탕진했다. 월간 戊土를 남편으로 간주하고 구조를 살피면, 戊土는 壬水를 먼저 접촉한 후 시간에 있는 癸水와 합하고 아래에 卯木 자식과 乙癸戊 삼자 조합을 이룬다. 임수만 이용하고 결과적으로 다른 여인과 자식을 낳는다.

時	日	月	年	男
庚	癸	乙	庚	
申	卯	酉	辰	

78	68	58	48	38	28	18	8
癸	壬	辛	庚	己	戊	丁	丙
巳	辰	卯	寅	丑	子	亥	戌

은행의 재정을 관리하는 공직자다. 酉月에 태어나 辰土와 합한다. 卯木이 卯申 합하고 庚이 乙과 합하기에 단체, 대리점, 은행조직망이고 酉金은 금융과 관련이 깊어 국가은행에서 일한다.

時	日	月	年	男
庚	壬	己	庚	
子	辰	卯	申	

75	65	55	45	35	25	15	5
丁	丙	乙	甲	癸	壬	辛	庚
亥	戌	酉	申	未	午	巳	辰

卯辰이 조합하고 卯申 합하고 子水가 子辰 합하며 子卯 刑 한다. 卯木은 辰土에서 활동에 제약이 따르고 申에 답답해진다. 결혼하면 활동이 답답해 질까봐 결혼하지 않았다. 壬水는 水氣로 흐름을 중시하는데 배우자 궁위 일지에 辰土가 그 흐름을 막는 것을 싫어할 수밖에 없다. 子卯辰 三字조합으로 결혼도 하지 않았고 자식도 없다.

時	日	月	年	女
모	己	甲	壬	
름	卯	辰	子	

74	64	54	44	34	24	14	4
丙	丁	戊	己	庚	辛	壬	癸
申	酉	戌	亥	子	丑	寅	卯

卯辰 문제가 있고 子卯辰 組合이니 불임확률이 높다. 子水가 卯木을 만나 子卯 刑하고 卯辰으로 상하므로 불임, 장애아가 나올 가능성이 높다. 시험관 아기를 원했으나 실패하였다.

時	日	月	年	男
壬	己	甲	壬	
申	卯	辰	子	

75	65	55	45	35	25	15	5
壬	辛	庚	己	戊	丁	丙	乙
子	亥	戌	酉	申	未	午	巳

해외에서 직장생활 하는데 子卯辰 組合으로 甲午年 현재까지 자식이 없다.

時	日	月	年	男
壬	癸	庚	丙	
子	卯	子	辰	

76	66	56	46	36	26	16	6
戊申	丁未	丙午	乙巳	甲辰	癸卯	壬寅	辛丑

子卯辰 三字조합인데 日支 子卯 刑으로 상하고 辰土로 들어가니 부인이 자식을 낳지 못한다.

時	日	月	年	男
丁	甲	甲	甲	
卯	辰	戌	辰	

75	65	55	45	35	25	15	5
壬午	辛巳	庚辰	己卯	戊寅	丁丑	丙子	乙亥

46세에 첫딸을 낳았다. 子卯辰 組合은 아니지만 卯辰조합이요, 辰戌 冲하기에 자식을 힘들게 얻은 것이다.

2) 酉戌 조합

時	日	月	年	女
乙	甲	丁	丙	
亥	戌	酉	午	

71	61	51	41	31	21	11	1
己丑	庚寅	辛卯	壬辰	癸巳	甲午	乙未	丙申

구조문제로 酉金이 戌土에 들어가고 午戌 合으로 들어가고 또 강한 火氣 丙丁 火에 상한다. 따라서 남편 酉金이 상하기 쉬우기에 첫 남편은 감방에 가서 이혼하고, 두 번째 남편도 돈 문제로 감방에 들어갔다. 남자의 운로를 막는 구조다.

時	日	月	年	男
庚	丙	丁	己	
寅	戌	丑	酉	

71	61	51	41	31	21	11	1
己	庚	辛	壬	癸	甲	乙	丙
巳	午	未	申	酉	戌	亥	子

대학을 졸업하고도 직장이 없고, 결혼도 못했는데 酉戌 조합이 변형된 구조다. 酉戌의 문제도 있지만 丁丑 月로 酉金이 丑土에 들어가고 그 위에 丁火가 있고 시절을 잃었으니 결혼이 쉽지 않다. 또 丑土에 들어간 酉金이 日支 戌土와 刑한다. 천간에서는 丙丁이 庚을 다툰다. 결혼이 쉽지 않은 구조다.

時	日	月	年	男
辛	癸	戊	庚	
酉	酉	寅	戌	

73	63	53	43	33	23	13	3
丙	乙	甲	癸	壬	辛	庚	己
戌	酉	申	未	午	巳	辰	卯

辛巳大運 丁丑年 부친이 사망하고 미혼이다. 日支 酉金이 酉戌로 조합하고 酉金이 戌土를 향하며, 日支가 酉酉로 복음이니 결혼이 불안정하다. 寅中 丙火 부인이 일지 酉金에 들어오면 빛을 잃으니 들어오기 어렵고 寅이 戌土를 향해 나가버린다. 부친 戌土 입장에서 살피면 癸甲戌 삼자조합과 같아서 마른 寅木이 수기를 달라고 부친 戌土를 뚫어버린다. 부친이 단명한 이유다.

時	日	月	年	男
丁	丙	辛	戊	
酉	申	酉	戌	

77	67	57	47	37	27	17	7
己	戊	丁	丙	乙	甲	癸	壬
巳	辰	卯	寅	丑	子	亥	戌

酉戌의 문제가 반응하는 곳은 월지 모친 궁으로 酉가 戌土를 향해 들어간다. 十神으로 살피면 모친을 상징하는 印星이 없으니 인연이 길지 못하

다. 궁위로 살피면 酉金이 복음, 혼잡하여 모친과 인연이 박할 수밖에 없다. 癸亥大運 壬戌年에 모친이 사망하였다. 수기가 전혀 없어 반발심이 없던 酉金이 운에서 癸亥, 壬戌을 만나면 총알처럼 튀어나간다. 宮位와 十神 중에서 육친을 분석하는 우선순위는 宮位가 우선이며 十神은 그 후에 참고한다. 이 구조에서 모친은 사주팔자에 없는 목 印星이 아니라 명확하게 존재하는 월지 酉金이다.

제 4장 - 天干의 이해

天干을 개괄적으로 살피고 넘어가자. 천간의 기본개념을 이해해야 의미를 확장할 수 있다. 十干은 수시로 변화하는 에너지와 같기에 특징적인 움직임에 주의하여 살펴야 함에도 불구하고 움직임이 전혀 없는 명사로 외우려는 시도는 큰 오류다. 十干의 본질은 절대로 멈추지 않고 수시로 변화하는 時間임을 이해하면 十干을 마치 물형을 가진 물질로 간주하는 생각에서 벗어난다. 甲은 동량목이 아니고 辛은 보석이 아니다. 이런 식의 이해는 너무도 엉뚱하여 명리의 본질을 이해하지 못한다. 또 동량목, 보석이라고 외워봐야 사주를 분석할 때 별 도움이 없다.

十干의 속성을 地藏干의 원리에 근거하여 動的으로 이해해야한다. 에너지는 절대로 멈추지 않고 수시로 변화하기 때문이다. 고서에 이르기를 水는 潤下, 火는 炎上, 木은 曲直, 金은 從革, 土는 稼穡이라고 극히 명료하게 그 특징을 표현했음에도 훗날 生剋 명칭으로 변질되면서 뒤에 格이라는 글자가 붙어 본의를 크게 왜곡했다. 潤下의 潤은 윤택하게 하다는 뜻을 가진 癸水를 상징한다. 壬, 癸가 동일하게 水氣라고 해도 陰陽이 다르며 상징하는 의미 또한 정반대다. 자연을 윤택하게 할 수 있는 天干 글자는 유일하게 癸水 뿐이다. 무엇으로 윤택하게 할까? 윤택하게 하는 목적은 무엇일까? 땅을 윤택하게 하고 木의 활력과 좌우확산을 통하여 乙의 성장을 촉진하여 가을에 결실을 얻기 위함이다. 癸水가 있기에 봄을 맞이하고 만물이 성장하니 이런 특징을 단 하나의 글자 윤택할 潤으로 설명한 것이다. 潤下의 下로 표현한 것은 壬水를 상징한다. 壬水의 특징은 물이 아래로만 흘러가는 이치와 같아서 下降, 응축하여 溫氣를 없애며 만물을 어둠속에 감추어버린다. 壬水는 왜 인간이 싫어하는 성향을 보이는 것일까? 만물은 가을에 결실을 완성하고 겨울을 지나는 과정에 윤회하고자 인간의 눈에 보이지 않는 세계로 감추어지기 때문이다. 낮은 곳으로 임하여 種子를 己土의 땅에 품어 새봄을 기다린다.

내면의 깊은 곳, 아래를 향하는 에너지는 오로지 壬水밖에 없다. 炎上을 炎上 格이라 부르지만 格이라는 표현은 없었다. 炎은 熱氣를 저장한 丁火를 상징한다. 따라서 亥月에 丁壬 合으로 甲을 내놓을 수 있고, 午月에 열매가 열리고 겉이 딱딱해지며 만물이 단단해질 수 있는 것은 모두 丁火에너지 때문이다. 丙火의 분산에너지처럼 펼치기만 하면 물질이 단단해질 수가 없다. 쫙 펼쳐진 꽃을 오므려 열매 맺는 작용은 모두 炎字를 상징하는 丁火 때문이다. 上은 오를 上字로 丙火에너지의 분산작용을 표현한 것이다. 丙火는 공기 중에 水氣를 극도로 펼쳐서 분산시킨다. 壬水가 아래로 응축하는 것과는 정반대로 丙火는 위로 분산하여 세상에 존재하는 만물의 성장을 촉진한다. 丙火가 없다면 우리는 확장이라는 단어를 활용하지 못한다. 丙火가 있기에 부피, 무게를 키우고 회사를 확장하며 재물을 늘려간다. 따라서 炎上은 丁火와 丙火를 상징하는 부호다.

木을 曲直이라 부르고 曲은 휘어짐을 뜻하기에 乙을 상징한다. 乙의 좌우 확산 에너지 특징을 글자 하나로 표현한 것이며, 만물이 확장, 번창하여 생물의 개체수가 늘어나 다양해진다. 만약 乙이 없다면 생명체의 活力도 봄도 존재하지 않을 것이며 만물이 다양해질 수 없다. 曲은 이렇게 사방팔방으로 생기를 퍼트리려는 乙의 강인한 생명력을 상징한 것이다. 曲直의 直은 甲을 상징하며 上下운동을 일컫는다. 甲이 상하운동만 하는 이유는 땅 속에 존재하는 나무뿌리와 같아서 근원적인 생기요 지구에서 수십 억년 동안 생명체가 멸망하지 않고 살아갈 수 있었던 이유는 甲이 水氣를 빨아서 乙木 생명체들을 밖으로 내놓기 때문이다. 즉, 甲은 수직으로만 하강하여 뿌리내리고 수직으로 땅을 뚫고 올라가 乙을 내놓는다. 甲은 己土로 水氣를 품고 봄이 오면 수직으로 위로 오르니 그 형상을 直으로 표현한 것이다. 이런 운동성 때문에 고지식하고 경거망동이 불가능하다. 乙은 응용력을 발휘하지만 甲은 응용력이 없다. 만약 甲이 응용하면 근본에 변화가 생기면서 터전이 불안정해진다. 근본터전은 절대로 흔들리면 안 된다. 金은 從革으로 따를 從이라 설명한다.

무엇을 따르고 왜 따라야 하는가? 자신보다 훨씬 더 큰 세력, 혹은 지도자를 따른다. 자신이 주가 아니고 종이 되어 주군을 따르는 것이다. 巳月에 꽃피고 午月에 열매로 모습을 드러낸 庚은 자신을 키워주는 丙火를 따른다. 庚을 단체의 상으로 표현하는 이유다. 庚이 丙火를 따를 수밖에 없는 이유는 열매 맺기 위해서 丙火의 분산작용이 필요하기 때문이다. 즉, 庚은 火氣로 자신의 체형을 확대하고 단단하게 만든다. 이런 이유로 庚은 丙火의 통제를 받을 수밖에 없다. 이것이 庚金이 丙火에 從하는 상이다.

從革의 革은 혁신한다는 뜻이다. 혁신하다는 뜻을 가진 辛은 庚과는 속성이 다르다. 庚은 丙火로 키워가지만 辛은 열매로 완성된다. 그렇다면 왜 革이라는 것인가? 원래의 모양을 완전히 탈바꿈하기 때문이다. 辛은 성장 완료하고 완벽한 결정체로 떨어져 나간 후 반드시 亥子丑에서 전혀 다른 물형인 甲으로 바뀌기에 현재의 모양을 전혀 다른 모양으로 혁신하는 것이다. 동일한 金임에도 庚은 火氣에 확장하고, 辛은 水氣를 통하여 자신의 형태를 철저하게 변화시킨다. 토는 稼穡이라고 부르는데 稼는 심는다는 의미로 땅의 표면에 무언가를 키우는 행위다. 키우는 대상은 어리고, 작고, 아직 열매가 아니다. 따라서 성장과정을 보여주는 土를 戊土라 부른다. 봄에 乙을 담아 여름을 지나면서 庚열매를 완성해가는 과정에 반드시 필요한 터전이다. 穡은 거두어들이고 저장한다. 봄, 여름에 키운 열매를 가을 겨울에 저장하고 새로운 種子를 내놓을 수 있는 땅은 己土로 저장토를 상징하기에 穡이라는 글자로 표현하였다. 이렇듯 天干의 뜻은 陰陽이 상반된다. 보통 甲乙은 동일한 木으로 陰陽만 다르다 생각하는 것은 고유한 글자 뜻을 이해하지 못하고 十神으로만 분석하는 오류다. 十干 陰陽은 동일한 오행임에도 완전히 다른 성향을 가진 글자라 인식해야 한다. 지금부터 十干의 의미를 간단히 살펴보자.

가) 壬水
壬水는 응축에너지를 상징하는 천간부호로 지지로는 亥月의 시공간이다.

壬水는 우주 어디에도 존재하는 근원에너지로 물질이 생겨나기 이전의 상태이기에 육체를 소유한 인간이 활용하기 어려운 영혼세계와 같다. 따라서 어둡고 답답하여 활동을 둔하게 만들어 버리기에 문제를 해결하고자 정반대편 공간으로 떠나려고 한다. 겨울의 시공간을 벗어나 丙火 여름의 시공간을 향하여 가는 행위들이 바로 유학, 이민, 이사와 같다. 壬水는 아래로 흐르는 물처럼 낮은 곳으로 임하며 근본 의미는 잉태하다, 저장하다, 품다 의 개념이다. 壬水가 수기의 속성으로 활용되면 정착하지 못하고 물처럼 흘러 다니기에 방황, 떠돌이, 해외, 조폭 의미도 강하다. 申子辰 삼합 운동의 특징과 조합하면 어둠 속에서 이루어지는 살인, 조폭, 강탈, 불륜, 방탕, 운전, 관광, 익사와 같은 물상이다.

時	日	月	年	男
丙	乙	戊	壬	
子	未	申	辰	

77	67	57	47	37	27	17	7
丙	乙	甲	癸	壬	辛	庚	己
辰	卯	寅	丑	子	亥	戌	酉

申子辰 三合에 壬水까지 있으며, 大運도 亥子丑으로 흘러 방황의 상이요, 떠도는 모습이라 亥子丑 大運에 조폭생활 하다가 나중에 전 세계와 전국 사찰을 돌아다녔다. 만약 壬水가 辛을 품으면 방탕을 멈추고 辛을 甲으로 물형을 바꾸는 양수와 같은 역할을 한다.

時	日	月	年	男
癸	壬	丁	辛	
卯	子	酉	亥	

75	65	55	45	35	25	15	5
己	庚	辛	壬	癸	甲	乙	丙
丑	寅	卯	辰	巳	午	未	申

壬水가 酉月에 태어나 辛亥年 水氣도 강하고 金을 품었기에 방탕하지 않는다. 모친 임수가 배속에 辛 자식을 품은 것과 같은 이치다. 부동산으로 이백억 재산을 축적했다.

나) 癸水

壬水의 응축에너지를 풀어내는 것이 癸水이기에 그 의미는 발산에너지로 온기를 올리다, 균형을 맞추다. 분위기를 조절하는 것이다. 癸水가 따뜻한 공기와 물을 공급해야 木을 키울 수 있기에 생명체를 확장하는 에너지다. 癸水는 발산, 조절작용으로 법, 공평의 의미, 저울이라는 뜻이 있다. 비틀어진 부분을 고쳐서 문제를 해결하기에 丁癸 冲이 年, 月에 있으면 법률, 검경의 직업에 어울린다. 丁火, 癸水는 자연에서 균형을 맞추는 역할이기 때문이다.

時	日	月	年	男
丁	癸	乙	癸	
巳	巳	卯	卯	

73	63	53	43	33	23	13	3
丁	戊	己	庚	辛	壬	癸	甲
未	申	酉	戌	亥	子	丑	寅

황희정승의 四柱로 癸水日干이 乙卯, 丁巳의 水氣가 부족한 곳에서 균형을 맞추고자 癸水를 공급한다. 運이 亥子丑으로 흘러서 조절작용을 적절하게 할 수 있다. 또 卯木이 巳火를 보았으니 卯木 행위의 결과를 일지와 시지에서 얻었다. 이런 이유로 한나라의 재상이 되어 오랜 세월 국가통치에 관여했다. 만약 卯木의 결과물 巳火가 일지에 없다면 노력한 대가를 얻기 어렵다.

다) 甲木

癸水의 도움으로 생명체 甲이 밖으로 드러난다. 甲은 수직하강, 상승작용만 하므로 고지식하다, 융통성이 없다는 뜻이지만 時節을 잘못 만난 甲午의 경우는 甲의 근본성향을 버리고 乙의 성향을 취한다. 甲답지 않게 묵직하지 못하고 乙의 성향처럼 변하는 것이다. 수직상하작용 밖에 못하는 甲은 절대로 좌우확산하지 못하기에 좌우를 살필 여력이 없으니 고지식하다. 한 국가의 바른 법체계, 세상에 처음 나온 생명체로 장기적인 안목으로 계획하는 행위도 포함된다.

교육, 장기투자 등이다. 甲은 근본생기와 같아서 절대로 흐트러지면 안 되며 가장 적절한 직업은 교육이다.

時	日	月	年	女
甲	甲	甲	戊	
戌	子	子	申	

74	64	54	44	34	24	14	4
丙	丁	戊	己	庚	辛	壬	癸
辰	巳	午	未	申	酉	戌	亥

甲이 火氣를 보지 못하니 움직임이 둔화되어 고지식한 사고방식으로 융통성이 부족하다.

라) 乙木

뿌리 甲에서 땅 위로 나온 乙은 좌우로 확산운동 한다. 따라서 乙은 근본적으로 불안정한 행보를 보인다. 벌리기만 하고 수습하지 못한다. 乙의 생명력은 未土에서 끝나버리기에 활동해도 金 결실물은 얻을 수 없다. 乙은 庚 열매의 이용대상과 같지만 甲을 대신하여 활동하니 2인자, 조언자, 아이디어 제공자, 실행자다. 또 乙의 가장 큰 특징 중 하나는 응용력이다. 甲이 가질 수 없는 특징으로 세상에 이미 존재하는 것들을 활용, 응용하여 더 좋은 용도로 변화시킨다.

時	日	月	年	男
丙	乙	辛	甲	
戌	亥	未	辰	

74	64	54	44	34	24	14	4
己	戊	丁	丙	乙	甲	癸	壬
卯	寅	丑	子	亥	戌	酉	申

乙木이 년주에 甲辰을 만난 구조로, 사장인 친형 甲을 대신하여 2인자로 회사를 꾸려간다.

마) 丙火

丙火는 무한분산에너지다. 무엇이든 부풀려서 부피를 키우고 성장하게 만드는 역할로 인간이 가장 좋아하는 발전의 상이다. 즉, 경제를 발전시키고 사업규모를 확장하는 역할은 모두 丙火에너지 가 맡는다. 丙火는 꽃이 피게 만들기에 화려한 色界를 주관한다. 十干에서 가장 화려한 것이 丙火로 만물에 빛을 방사하며 스스로는 만물에 직접 참여하지 못하기에 남을 끌고 와서 규모와 세력을 확장한다. 丙火 빛으로 비추고 남의 상황에 개입하려 하며 명백한 것을 좋아한다. 丙火가 어두워지면 의심이 많아지는데 그 이유는 丙火가 빛으로 어두운 곳을 환하게 밝히려하기 때문이다.

時	日	月	年	男
모름	戊子	己亥	丙午	

74	64	54	44	34	24	14	4
丁未	丙午	乙巳	甲辰	癸卯	壬寅	辛丑	庚子

丙午年에 태어나 丙火의 빛을 확장하는 개념을 홈쇼핑 사업에 활용한다. 戊土가 亥月에 亥子로 어두우니 의심이 많고 사물을 명백하게 밝히기를 원한다.

바) 丁火

丙火의 빛을 수렴하여 熱로 축적하는 작용이 丁火의 주된 역할이 다. 확장하던 것을 수렴하기에 부피를 축소하며 돋보기처럼 좁은 공간에 빛을 모은다. 따라서 丁火는 丙火의 분산하는 성향과는 달리, 빛을 열로 바꾸니 모으고 정리하고 집약된 상태로 만든다. 이런 이유로 확장하는 것을 좋아하지 않으며 활용하는 시공간도 좁다. 丁火는 丙火가 확장한 것을 집약하는 과정에 넓은 공간을 축소하기에 흐름이 답답해진다. 병목현상처럼 빛을 정해진 틀로 압축하는 과정에 발생하는 필연적인 결과다. 분산에너지를 수렴에너지로 고치고, 지적하고, 통제하고 억제한다. 이것이 丁火의 기본성격이다. 팔자 어딘가에 丁火가 있다면 지적, 통제, 고치는 성향이 강한 궁위다. 丁火는 수렴작용으로 열매를 단단하게 만들기에 고유하고 독특한 관점을 갖는다.

즉, 남들과 구별되는 자신만의 열매를 만들기에 남들과는 다른 독특한 사고방식, 행동양식을 원하며 이런 특징 때문에 전문가 성향이 강하다.

時	日	月	年	男
모름	甲戌	丁未	정未	

71	61	51	41	31	21	11	1
己亥	庚子	辛丑	壬寅	癸卯	甲辰	乙巳	丙午

이 구조는 丁火를 고치는 물상으로 활용하고 戌未 刑의 특징을 가미하여 석공이다.

사) 戊土
戊土는 발산과 분산에너지를 받아서 乙을 庚으로 바꾸는 무대로 중개, 시장, 지구터전과 같다. 戊土는 좋은 열매를 맺어야 할 의무가 있기에 함부로 심고 열매 맺지 않는다. 이 나무를 심어야 하는지 이 열매를 맺어야 하는지 고민하고 숙고하기에 보수적이다. 함부로 받아들이지 않기에 오래되어 익숙한 것에 안정감을 찾는다. 戊土에서 골동품, 늙은 영감이라고 하는 이유다. 또 戊土는 저장기능이 없기에 물질집착이 약하고 소유하려는 성향도 약하다. 戊土는 피동적이며 주도적으로 무언가를 추구하기는 어렵다. 乙을 만나면 乙을 키우고, 庚을 만나면 庚을 품어야 한다. 자신이 아니라 타인의 선택에 동조하는 것이다.

時	日	月	年	男
壬子	戊寅	辛未	甲辰	

73	63	53	43	33	23	13	3
己卯	戊寅	丁丑	丙子	乙亥	甲戌	癸酉	壬申

戊日로 중개역할을 담당하는 未月을 만나 오래도록 무역과 유통업에 종사하였다.

아) 己土

己土는 저장하다는 뜻이 명확하다. 글자 모양처럼 己土 안으로 들어가면 나오기 어렵다. 그런 행위 때문에 구두쇠라는 소리를 들을 수 있으니 주의해야 한다. 또 己土의 행위는 땅속에서 이루어지니 잘 보이지 않고 비밀스럽다. 속이 보이지 않으니 의심이 많을 수 있다. 만약 火氣가 강한 己土라면 오히려 정반대 성향을 보인다. 戊土처럼 내면을 모두 밖으로 드러내니 비밀이 없고 급하며 방정맞다. 己土는 壬水처럼 속이 보이지 않기에 음탕, 음흉할 수 있으며 戊土보다 훨씬 더 보수적일 수도 있다. 辛金 씨종자와 뿌리 甲을 품어서 함부로 움직이지 못하기 때문이다. 己酉 干支는 酉金 씨종자를 품었기에 종교 색채가 매우 강하다.

時	日	月	年	男
甲	己	乙	壬	
戌	亥	巳	申	

74	64	54	44	34	24	14	4
癸	壬	辛	庚	己	戊	丁	丙
丑	子	亥	戌	酉	申	未	午

巳月에 태어났으나 己土의 성향대로 돈을 감추고 쓰질 않으며 속내를 드러내지 않는다.

자) 庚金

庚金은 대부분 숙살지기라 부르지만 가장 중요한 뜻은 물질을 추구하는 에너지다. 乙의 성장을 막아 庚 열매를 맺기에 乙의 활동을 庚 틀로 집어넣는다. 乙이 좌우확산하면 열매 맺을 수 없기에 틀에 담아서 움직임을 없애는 것이다. 생명체는 움직여야 생명체로서 인정받는다. 乙의 생기를 빼앗는 과정에 필연적으로 숙살의 기운을 사용하는데 그 것이 庚이다.

乙이 정해진 틀 庚에 들어가니 단체이고, 통제과정에 총칼을 사용하기에 경찰, 군인, 검경물상이다. 乙을 정리하는 과정에 활력이 상하기에 申酉戌에서 간호사, 의사, 질병환자 물상이다.

時	日	月	年	男
庚	己	庚	丁	
午	巳	戌	亥	

77	67	57	47	37	27	17	7
壬	癸	甲	乙	丙	丁	戊	己
寅	卯	辰	巳	午	未	申	酉

대만의 장개석 사주로 庚을 숙살의 기운으로 활용하여 군인으로 한 시대를 풍미했다. 丁火가 庚의 숙살 속성을 적절하게 통제하였다.

차) 辛金

辛金은 庚으로부터 분리되어 높은 곳에서 낮은 곳으로 낙하하는 움직임이다. 완성된 열매와 같아서 보석, 유일무이한 존재이기에 비교대상이 없고 친구가 없어 홀로 외롭다. 정리하면 완벽, 높은 가치, 도도하다, 잘난 척하다 등의 뜻이다. 따라서 辛일주는 왕자병, 공주병으로 보인다. 또 庚에 남은 水氣를 빼서 수렴한 결과물이기에 가장 단단하고 날카롭다. 乙의 반대편에서 움직이지 못하는 글자가 辛으로, 움직이면 씨종자가 움직이니 종묘사직이 불안해지고 심하면 가치를 상실한다. 만약 辛이 刑冲破害를 만나면 문제를 야기하는 이유다.

時	日	月	年	男
壬	戊	辛	甲	
子	寅	未	辰	

73	63	53	43	33	23	13	3
己	戊	丁	丙	乙	甲	癸	壬
卯	寅	丑	子	亥	戌	酉	申

月의 辛은 단체로부터 떨어져 나오다, 홀로 고독하기에 이 시기에 가족과 떨어져 외로운 시절을 보내면서 방황했다.

카. 滴天髓(적천수) 癸水와 丁火

天干의 기본개념을 地藏干 이치에 맞춰 이해하고 사주팔자를 분석할 때 활용한다. 十干 의미를 滴天髓(적천수)에서 설명하는 十干과 연결하여 살펴보는데 자연을 다스리는 핵심에너지 癸水와 丁火를 집중적으로 살펴보자.

글자를 이해할 때 日干이 地支에 근을 두었네, 印星의 生助를 받으니 旺하네 식의 억부, 왕쇠로 이해하는 것은 무의미하며 글자의 쓰임으로 살펴야 한다. 癸水는 亥水에서 氣運이 동하고 亥子丑, 寅卯辰, 巳午未 까지 亥卯未 三合운동 하는데, 壬水가 亥水에서 祿을 만나고, 子水에서 癸水로 전환하기에 癸水는 亥水에서 長生하고, 子水에서 癸水로 전환된 후 丑土를 지나 寅卯辰 巳月까지 쓰임이 강해지다가 수렴을 시작하는 午月부터 존재가치를 상실하고 未月에 亥卯未 三合운동을 마감한다. 亥卯未 과정에서 癸水가 가장 쓰임이 좋은 곳은 三合의 중심지 卯辰巳 月이다. 그 이유를 살펴보자.

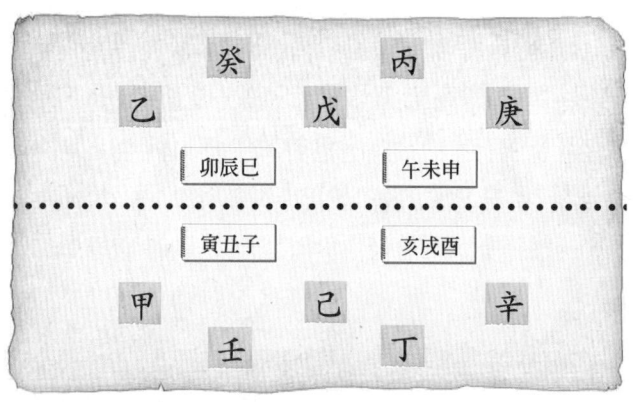

癸水가 가장 활발하게 쓰임을 얻는 시공간은 卯辰巳 月로 癸水가 子月부터 一陽五陰으로 陽氣를 올리는 이유는 木氣를 키우기 위함이다. 따라서 癸水가 자신의 에너지를 극대화하는 시기는 卯月이다. 癸水가 卯月을 만나면 長生地라 부르는 이유는 음생양사 논리 때문이지만 癸水가 발산 에너지임을 이해하면 그런 주장이 비논리적임을 깨닫는다. 癸水는 生氣를 퍼트리는 에너지로 발산하려면 반드시 그 대상이 있어야 하기에 卯木이 드러나는 시공간에서 에너지를 적극적으로 방사한다. 卯木의 성장을 촉진하고자 존재하는 癸水가 卯木에서 生地를 만난다는 주장이 맞는지 곰곰이 생각해야만 한다. 陰生陽死라고 무조건 외울 것이 아니라 자연의 이치를 깨닫고 그대로 명리에 활용해야 한다. 발산에너지를 증가시켜서 辰月에 온도가 오르고 만물이 성장할 여건을 조성하고 巳火에서 발산에너지를 극대화한 후 丙火에게 자리를 넘겨주고 午火에서 쓰임을 마감하고 무력해진다. 午未 月을 지날 때 癸水의 쓰임이 무력해지는 이유는 午月부터 丁火가 수렴작용을 시작하기 때문이다. 滴天髓에 나온 내용을 살펴보자.

癸水至弱, 達于天津, 得龍而運, 功化斯神, 不愁火土, 不論庚辛,
合戊見火, 化象斯眞.

滴天髓 癸水편에 나오는 내용이다. 직역하면 "癸水는 지극히 약하여 천진에 이르고 龍을 얻으면 운용하며 그 功化는 무궁무진하고, 火土를 두려워하지 않고 庚辛을 논하지 않으며 戊土를 만나 합하여 火를 만난다면 그 化象이 진실 되다."

내용이 복잡하거나 어려운 것은 아니지만 어느 각도에서 癸水를 살폈는가를 느껴야한다. 癸水의 사계절을 논한 글이 아니고 癸水의 특징과 존재가치에 국한하여 설명한 것이다. 癸水는 계절마다 작용력이 다르다. 滴天髓는 가장 활동하기 적합한 계절에 있는 癸水의 역할을 논한 것인데 地藏干의 원리로 분석해보자. 地藏干에서 癸水가 있는 공간은 子丑辰 3곳이다. 丁火도 午未戌, 甲木도 亥寅卯, 乙木은 卯辰未, 丙火도 寅巳午, 己土도 午未丑, 庚金도 巳申酉, 辛金도 酉戌丑. 壬水도 申亥子 세 개다. 戊土는 유일하게 寅巳申亥, 辰戌로 6개인데 그 만큼 戊土 터전이 중요한 역할을 하는 것이다. 한 가지 주의할 점은 비록 癸水가 地藏干 세 곳에만 있지만 단지 그 시기에만 존재한다는 뜻은 결코 아니며 그 시기에 가장 핵심적인 역할을 한다는 의미다. 흥미로운 점은, 戊土를 제외한 陽干 중 甲은 亥 속에 있고 寅卯에 있다. 壬水는 申 속에 있고 亥子에 있다. 陰干의 경우, 예로 乙은 卯辰에 있고 未土에 있으며, 丁火는 午未에 있고 戌土에 있으니 陽陰의 구조가 다르다.

陽干은 氣運이 동하는데 시간이 필요한 반면, 陰干은 物質로 변하였기에 바로 활용이 가능하다. 다시 癸水를 살펴보면, 子水에 壬癸가 있고, 丑土에 癸水가 있으며, 辰土 中氣에 癸水가 있는데 각각 역할은 상이하다. 子水의 癸水는 壬水의 응축작용을 발산작용으로 돌려놓고, 丑土의 癸水는 발산작용을 확장하여 온기를 올리고, 辰土의 癸水는 따뜻한 아지랑이로 만물의 성장을 촉진한다. 癸水가 辰土에서 따사로운 기운을 계속 풀어내기에 巳月에 꽃피고 午月에 열매 맺는다.

戊癸 合은 戊土 위에서 癸水 온기로 만물의 성장을 촉진하기 위한 것이기에 五合 중에서 가장 화려하며, 가장 살기 좋은 시공간에서 이루어지는 합이다. 합을 통하여 乙의 성장과 발전을 주도하여 봄날처럼 희망에 부풀어 살아가는 아름다운 시공간이다. 癸水 발산작용의 정점은 巳月이며 六陽의 巳火를 만나 丙火 분산에너지로 전환한다. 꽃이 더 이상 펼칠 수 없을 만큼 펼쳐진 시공간, 巳火를 위해 子水부터 癸水는 熱氣를 올렸던 것이다. 얼굴피부가 가장 탄력이 좋은 공간이기에 巳月에 미인이 많다. 이런 상황을 이해하고 滴天髓의 癸水를 보자.

癸水至弱, 達于天津,
癸水는 가벼워야 극도로 분산되어 멀리 갈 수 있고 申酉戌 亥子丑에 묶여서 무거우면 발산에너지를 펼치지 못한다. 가벼워 따사로운 氣運이 사방에 퍼질 때에서야 비로소 癸水는 천진에 도달할 수 있다. 이것이 癸水의 가장 아름다운 덕목으로 그 꿈은 卯辰巳 봄에 이루어진다.

得龍而運, 功化斯神,
癸水가 선진에 도달하는 넉목, 그것을 이룰 수 있는 시절이 바로 辰月과 巳月로 그 출발점이 辰月이다. 辰土 龍을 얻어야 癸水는 가장 가치 있는 행위를 할 수 있다는 의미다.

不愁火土, 不論庚辛,
발산에너지 癸水는 火土가 많아도 염려할 일 없고, 庚辛 金이 있든 없든 역할을 충분히 해낼 수 있다. 天干에 癸水가 근도 없이 透하였는데 地支가 巳卯로만 있어도 제 역할을 한다는 뜻이다. 즉, 통근개념으로 살피면 癸水의 체성을 정확하게 이해하지 못한다. 火氣가 강할수록 발산을 잘하고 지나치면 癸水가 스스로 조절하므로 庚辛의 도움이 필요하지 않다는 주장이다.

이런 주장은 자연에서 보여주는 癸水의 체성에 대한 이야기이고 만약 사주팔자에서 癸日의 경우는 火氣가 강하여 희생, 봉사하는 역할을 적절하게 하려면 반드시 癸水를 도와줄 金氣가 필요하다. 예를 들어 癸水가 巳月을 벗어나 午未 月을 만나면 반드시 庚의 도움을 받아야 癸水의 발산에너지 특징을 유지하며 구조에 따라서 壬水의 도움도 필요하다. 이렇게 癸水에게 金氣가 필요한가, 그렇지 않은가의 경계점은 바로 巳月이다.

合戊見火, 化象斯眞.
戊癸合火, 戊土 위에 癸水 발산에너지로 화려한 문명을 만들어가는 모습으로 꽃피고 열매 맺는 시공간이다. 표면적으로는 癸水가 매우 좋은 역할처럼 표현하지만 癸의 입장은 다르다. 戊土는 癸水와 합하여 문명의 발상지 역할을 하지만 癸水는 戊土의 꿈을 이루기 위해서 희생해야만 한다.

癸水의 역할을 가장 충실하게 하는 공간은 卯辰巳月이고 干支로 癸卯, 癸巳다. 문제는 干支를 억부, 강약으로 살피면 癸酉, 癸亥의 경우, 근을 얻어 신강하다고 좋다고 판단하지만 에너지 쓰임이나 특징을 모르기 때문에 생겨나는 판단의 오류다. 癸水는 발산에너지로 만물의 성장을 촉진하는 역할인데 癸酉, 癸亥와 조합하면 쓰임이 적절하지 않은 공간을 만난 것이다. 즉, 癸卯, 癸巳, 癸未, 癸酉, 癸亥, 癸丑 6개 干支를 억부로 판단하면 癸酉, 癸亥가 가장 강하기에 좋다고 생각할지 모르지만 만물의 성장을 촉진하는 癸水 에너지의 쓰임이나 용도로 살피면 癸卯, 癸巳 干支의 시공간이 가장 적절하다. 억부로 癸卯는 설기당하고 癸巳는 財星에 좌하여 약하다고 판단하지만 생극의 한계를 벗어나지 못하고 에너지의 특징을 살피지 못하는 것이다. 예문을 살펴보자.

時	日	月	年
丙	癸	癸	丁
辰	卯	卯	巳

77	67	57	47	37	27	17	7
乙	丙	丁	戊	己	庚	辛	壬
未	申	酉	戌	亥	子	丑	寅

滴天髓 사주예문이다. "癸水가 卯月에 나서 木이 월령에 旺地를 잡았는데 金이 없다. 그러니 또한 水木으로 종아를 하는 격이다. 寅運에서 동방이 되면서 甲戌年에 반수에 들어가 공부하고 丙子年에 향방에 合格하였으나 앞의 四柱에 미치지 못한 것은 月干의 癸水가 爭財를 하는데 제하거나 合하는 아름다움이 없기 때문이다. 다행히 比肩이 세력이 없어서 벼슬길은 형통하였다." 적천수 에서는 종격으로 판단했지만 大運이 金水 運으로 흘렀기에 종격이라고 따질 이유가 없다. 癸水가 좋은 쓰임을 얻은 시공간에서 발전한 것이다.

時	日	月	年
丁	癸	乙	癸
巳	巳	卯	卯

78	68	58	48	38	28	18	8
丁	戊	己	庚	辛	壬	癸	甲
未	申	酉	戌	亥	子	丑	寅

매우 약한 구조이니 종격이라고 판단하겠지만 종격을 따질 이유가 없다. 팔자의 글자들 쓰임이 매우 적절한 간지로 구성되고 大運은 水氣로 흘렀다. 木火가 강하니 水運으로 흘러 木이 적절하게 성장하도록 유도하니 좋은 쓰임을 얻은 것이다. 사주구조를 분석할 때 주의할 점은 반드시 에너지특징을 고려하고 그 용도나 쓰임에 주의하여 살펴야 하며 절대로 왕쇠, 통근, 생극 등의 억지스러운 방식으로 살피는 것은 옳지 않다. 癸水는 만

물의 성장을 촉진하는 에니지이기에 그 쓰임인 卯辰巳월에 가장 아름답다. 시공간이 적절하기에 화기가 강해도, 금기가 없어도 자신의 체성을 적절하게 유지한다.

滴天髓의 丁火를 살펴보자.

丁火柔中, 內性昭融, 抱乙而孝, 合壬而忠, 旺而不烈, 衰而不窮, 如有嫡母, 可秋可冬.

"丁火는 부드럽고 내면에 밝음을 가졌으며 乙을 품으면 효도하고 壬水를 합하면 충성스럽고, 旺 하지만 뜨겁지 않고 쇠해도 궁하지 않고 만약 모친이 있다면 가을도 좋고 겨울도 좋다."

이 내용이 무엇을 의미하는지 살펴보자. 丁火는 巳火에서 巳酉丑 三合운동을 시작하기에 酉戌亥月에 쓰임이 가장 좋다. 다만 丁火는 수렴작용하기에 熱氣가 충분한 것을 기뻐하는데 다른 十干과는 상이한 특징이다. 즉, 丁火는 熱氣가 충만함을 원하기에 중화나 조후를 맞추는 것이 능사가 아니다.

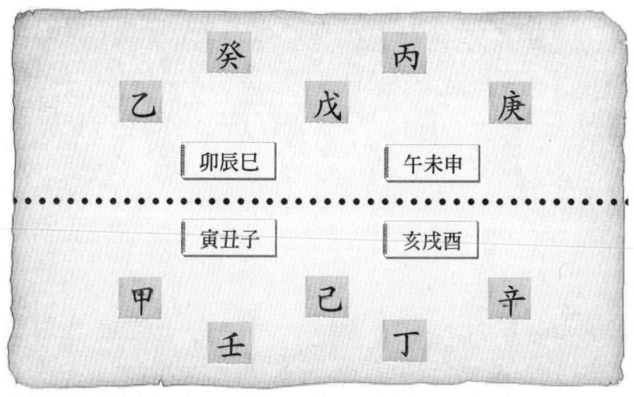

이 구조를 이해하면 丁火가 甲을 얼마나 중시하는지 이해한다. 丁火가 甲을 만나면 印星을 얻고 己土는 食神으로 자신을 드러내는 터전과 같다. 丁火가 辛을 만나면 자신의 에너지를 가장 강하게 활용하기에 丁火는 辛에서 존재가치를 얻는다. 壬水가 丁火에 전달되는 정도에 따라서 熱氣의 강도가 결정되기에 壬水는 丁火의 官星에 해당한다. 즉, 丁火 열기는 壬水에 의해 통제받는데 그것을 막아주고, 熱氣를 빼앗기지 않도록 돕는 것이 甲이다. 甲은 水氣를 빨아서 壬水가 丁火를 통제하는 행위를 축소시킨다. 이런 방식으로 각 天干의 작용력과 쓰임이 좋은 시공간을 살필 수 있으며 어떤 干支가 시공간이 적절한지를 이해한다. 이때 주의할 점은 절대로 干支가 강하다, 약하다 식으로 판단하면 안된다. 위에서 언급한 것처럼 癸水는 乙木의 성장을 촉진하는 에너지이기에 아무리 癸酉, 癸亥가 통근하고 강해도 乙木을 키우는 시공간이 아니기에 에너지 쓰임이 적절하지 않다. 달리 표현하면 적절하지 않은 행위, 태도, 심리상태를 가졌고 사회에서 인정받기 어렵다. 이런 문제를 해결하려고 이민, 유학, 타향으로 이사하고 시공간을 자주 바꾸면서 직업변동이 잦다.

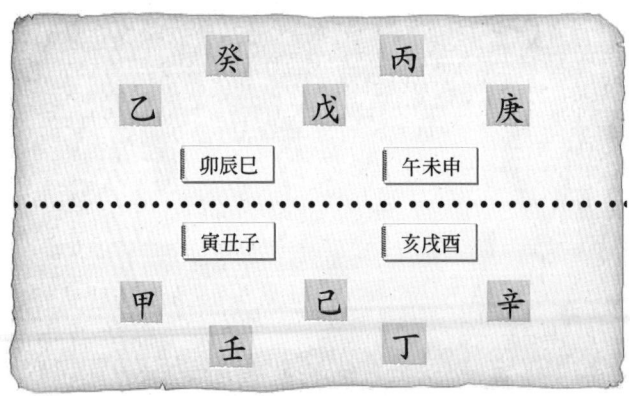

四季圖를 살펴보자. 滴天髓에서 甲이 있으면 가을, 겨울도 두렵지 않다고 하였고 乙이 있어도 좋다고 하였다. 문제는 수렴에너지 丁火에게 열기를 공급하는 것은 丙火이며 乙의 生으로 분산작용을 확장하고 午火에 이르

러 열기를 수렴하기에 丁火에너지가 증가된다. 따라서 丙火의 분산작용을 도와서 丁火의 열기를 증가하도록 돕는 乙이 丁火에게 나쁠 이유는 없다. 다만 乙은 바람처럼 좌우로 확산하기에 丁火의 열기를 집약하는 체성과는 다르다.

時	日	月	年	男
乙	丁	丁	己	
巳	卯	卯	未	

중국인으로 1800년대 당시 영국유학까지 다녀와 정부 고위직을 지냈으며 장수했다. 卯卯乙로 木氣가 상당히 많으나 부귀를 누린다. 관성이 없음에도 정부 고위직을 지냈던 이유는 정관 壬水가 공직을 상징하는 것이 아니기 때문이다. 또, 마치 乙이 丁에게 나쁘다는 식의 논리는 적절하지 않다. 모두 사주팔자 구조에 따라 달라지기 때문이다.

時	日	月	年	女
壬	丁	己	乙	
寅	卯	卯	卯	

74	64	54	44	34	24	14	4
丁	丙	乙	甲	癸	壬	辛	庚
亥	戌	酉	申	未	午	巳	辰

대학을 졸업하고 직장생활 중 증권거래소에 근무하는 남편을 만나 결혼했고, 다시 공부하여 교사로 지낸다. 많은 卯木이 있으나 두 엄마를 모시는 것도 아니고, 부부사이에 문제가 있는 것도 아니며, 두 아들 낳고 잘 살고 있다.

제 5장 天干과 地支構造이해

1. 干支의 정체

干支의 정체는 과연 무엇일까? 60甲子를 인간의 길흉화복을 판단하는 부호로 인식하여 극히 제한적으로 활용하지만 명리의 본질은 지구자연의 시공간변화를 연구하는 것이기에 60干支는 명리의 모든 것이라 해도 과언이 아니다. 따라서 60干支는 명확하게도 인간이 우주와 지구자연을 이해하는 가장 뛰어난 도구임이 분명하다. 간지구조를 자세히 연구해야만 하는 이유는 시공간이 반응하는 방식을 이해할 수 있기 때문이다.

간지구조는 극히 간단하며 天干과 地支로 구성되었지만 간단하지 않은 이유는 地支에 地藏干이 있기 때문이다. 간지구조를 이해하려면 10개의 天干, 12개의 地支, 공간에 담겨진 수많은 天干들에 대한 이해가 필요하다. 지구 공간은 3차원으로 자발적 의지가 없지만 時間과 조우하여 4차원 시공간으로 변화한다. 즉, 地支공간만 존재하면 時間이 없기에 물형변화가 발생하지 않지만 시간과 결합하면 공간물형이 수시로 변화한다. 時間은 지구에서 발생하는 사건들이 동시다발적으로 발생하지 않도록 해주는 방식이다. 時間은 모든 순서를 결정해주는 방식이기에 시간이 움직이는 원리를 이해하면 사건이나 현상을 읽어낸다.

동일한 논리로, 사주팔자에서 운의 변화를 살피려면 시간과 공간의 작용원리를 깨달아야만 한다. 시간과 공간이 반응하는 방식을 이해하는 것은 엄청난 고민거리다. 참으로 다행한 것은 선인들이 地藏干을 남겨서 시공간 순환원리를 이해하는데 많은 도움을 주었다. 불행한 점은, 地藏干을 格을 정하는 수단으로 착각하고 있다는 점이다. 地藏干은 시공간 순환원리를 설명한 것으로 시간과 공간이 조우하는 방식이자, 시간이 공간을 다스리는 방식이다. 12개의 공간은 시간의 지배를 받으면서 반응하는데 그 방식을 설명해주는 것이 지장간이다.

참고로 天地人의 人은 인간을 지칭한 것이 아니라 천간이 지지를 다스리는 방식을 의미한다. 정리하면, 60干支는 시공간부호이며 自然변화 과정을 살피는 방식이며 인간의 길흉을 파악하고자 만든 부호가 아니었다. 간지를 학습하는 방법이 매우 다양함에도 왜 간지구조를 이해하는 노력을 하지 못할까? 그 이유는 기존의 명리체계가 간지구조를 학습하지 못하는 방식이기 때문이다. 기존방식으로는 사주팔자 格을 정하고 일간의 신, 강약을 살핀 후, 조후를 감안하여 용신을 정하고 운에서 용신이 오는가를 살핀다. 이런 방식은 천간과 지지가 어떻게 조합하는지 살필 필요가 없다. 상관, 편관, 식신제살, 살인상생, 편인도식 구조를 살피지만 간지에서 주는 시공간 의미를 살피지 못할 뿐만 아니라 생극 체계로는 干支의 본질이 時空間이며 에너지라는 것을 깨닫지 못한다. 사주팔자에서 간지구조를 이해하는 것이 생각보다 훨씬 복잡한 이유는 아래와 같다.

가. 사주팔자의 天干 4개와 地支 4개, 干支 4개.
나. 월주에서 대운의 天干, 地支, 干支가 파생된다.
다. 매년 天干, 地支 干支가 변한다.
라. 매월 天干, 地支 干支가 변한다.
마. 매일 天干, 地支 干支가 변한다.

여기에 干支와 干支가 만나 조합을 이루고 시공간 변화에 따라 반응하면서 본래의 시공간이 변화한다. 정리하면 다음과 같다.

가. 干支와 干支가 반응하는 것을 干支조합이라 부른다.
나. 天干끼리 반응하면 天干조합으로 양자, 삼자간 조합이 있다.
다. 地支끼리 반응하면 地支조합으로 형충파해, 삼자간 조합도 있다.
다만, 파생의미들을 이해하기 전에 먼저 이해할 것은 간지자체의 구소나.

2. 干支構造를 이해하는 방법
干支구조를 이해하는 방법은 참으로 다양한데 정리하면 아래와 같다.

가. 天干과 天干
나. 天干과 地支
다. 地支와 地支
라. 天干과 地藏干
마. 地支와 地藏干

甲子간지로 간지구조를 살펴보자.
甲 - 天干. 에너지, 時間. 수시로 동하며 멈추지 않는다.
子 - 地支. 환경, 공간, 물질, 육체를 상징하며 천간이 없으면 동하지 못한다.
壬癸 - 地藏干. 子水 속에 담겨진 壬, 癸를 地藏干이라 부른다. 地支를 움직이게 만들고 물형에 변화를 일으키는 地支의 실질적인 지배자로 그 정체는 천간이며 시간이다. 이 구조가 명리의 전부라 해도 과언이 아니다. 자연을 이해하는 합리적인 방법이자 우주변화, 지구자연, 인간의 길흉화복을 판단하는 시공간 부호이기 때문이다.

甲子 干支를 세분하여 살펴보자. 甲은 天干이고 에너지, 氣다. 인간이 살아가는 지구에 10개의 時間이 흐르는데 60갑자를 만들었던 이유는 순환의 이치를 깨달았기 때문이다. 즉, 甲에서 癸까지 갔다가 다시 甲으로 순환하는 것을 이해했던 이유는 지구가 회전하는 과정에 아침에 해가 뜨고 밤에 해가 진다는 것을 이해한 것이다. 시공간변화는 지구에 존재하는 모든 것이 영원할 수 없음을 깨닫게 했다. 고대에 이런 자연의 이치를 易이라 표현했으며 봄에서 가을 지나 다시 봄이 오는 원리를 깨닫고 자연이 순환함을 표현했다. 子는 地支라 부르고 물질, 공간, 환경, 육체를 상징한다. 지구공간이 없다면 어떤 일이 벌어질까?

생명체들이 살아갈 삶의 터전이 없기에 생명체가 존재할 수 없다. 다행하게도 지구터전이 있기에 시간이 순환하면서 변화가 발생한다. 이와는 별도로 地支는 지장간과 상관없이 고유한 공간특징을 갖는다. 예로, 酉月의 공간은 가을이며 수렴하고 卯月의 공간은 봄으로 발산하는 공간이다. 子水속에 있는 壬, 癸는 地藏干이라 부르고 12개의 지지를 지배하는 시간특징을 표현한 것이다. 地支 공간과는 별개로 공간속에 時間이 존재한다. 지구공간은 스스로는 아무것도 할 수 없기에 반드시 천간의 지배를 받는다.

천간에서 지지와 조합을 이루기도 하지만 12地支 공간의 특징을 결정하는 天干이 존재한다. 예로 甲子의 경우, 천간 甲은 존재가치, 새로운 출발을 뜻하는 시간부호다. 子水는 발산에너지를 폭발시켜서 봄을 향하는 공간이다. 그렇다면 子水는 어떤 방식으로 폭발할까? 이런 이치를 이해하려면 地藏干에 있는 시간들을 살펴야한다. 子水에 壬水와 癸水가 있어서 壬水의 속성이 癸水의 속성으로 바뀐다. 따라서 甲에너지와 子水 공간, 그리고 壬癸에너지가 조합을 이루어서 간지의미를 만들어낸다. 壬水가 癸水로 폭발하면 움직이지 못했던 응축에너지가 氣化되면서 동하기 시작한다. 이런 시공간 상태를 이해했으면 甲子간지 의미를 간략하게 추론하는 연습을 해보자. 아래 내용은 甲子간지를 설명하는 자료들에 주해를 붙인 것이다.

1) 총명하고 인정이 있으나 고집이 세고 굽히기를 싫어한다.

왜 그럴까? 壬癸가 모두 있으니 壬水의 부정적인 면과 癸水의 발랄하고 긍정적인 면을 모두 가져서 생각이 자주 바뀌면서 결정 장애가 생긴다. 이런 이유로 의심이 많고 쉽게 결단을 내리지 못한다. 壬癸가 모두 어두운 밤처럼 黑色이니 비교대상이 없어서 자신의 생각이 무조건 옳다는 편견을 갖거나 혹은 자신의 선택이 맞는가를 확신할 수 없어서 의심이 많다. 이런 이유로 지혜로우나 고집스럽다.

2) 남보다 앞서는 기질이 強하고 탁월한 처리능력을 가졌다.

甲은 첫출발이기에 남들이 가보지 않은 길을 선구자처럼 가야만 한다. 이런 이유로 지도자 역할을 하거나 지도자 기질을 가지고 있으며 남들이 도와주지 않더라도 고독하게 그 길을 가야만 한다. 탁월한 처리능력은 구조에 따라 달라지기에 무조건 그렇다는 의미가 아니다.

3)싫증을 잘 내며 의타심이 있으며 변화가 많다.

싫증을 잘 내는 이유는 壬水에서 癸水로, 癸水에서 壬水로 생각이 바뀌기 때문이지만 행동으로 옮기는 것은 쉽지 않다. 행동으로 옮기려면 丙丁이 있어야하기 때문인데 壬癸가 모두 있어서 丙丁의 추진력이 약하기에 생각만 많고 실천이 어렵고 일을 시작하더라도 지속적으로 진행하지 못한다. 불안정한 심리 때문에 조금 하다가 멈추기를 반복한다.

4)사치에 약하고 色難의 유혹에 넘어가기 쉽다?

甲이 亥水에서 장생하고, 子水에서 浴地를 만난다고 설명한다. 이런 이유로 옷을 쉽게 벗어던지는 것처럼 생각하지만 甲子는 유혹, 사치, 색난의 특징이 없다. 甲子, 壬癸에는 그런 특징이 나올 수가 없기 때문이다. 다만, 4개의 글자특징이 모두 어둡기에 남들이 모르는 인생의 비밀을 가지고 있는 것은 맞다. 만약 甲子가 색난의 특징을 보이려면 예로 丁卯간지와 조합하여 子卯 刑작용이 동하는 때이다.

5) 고독하고 부부 궁에 이상이 많다. 남편 덕이 없기에 여러 남자 거칠까 두렵다.

子水는 발산에너지다. 이 의미만 기억해도 수많은 통변이 가능해지는데 子

水가 일지에 있으면 배우자는 집에 있지 못하고 밖으로 돌아다닌다. 홀로 출발하여 떠났다가 돌아오기를 반복한다. 고독하고 어둡고 차갑다. 子水는 답답한 어둠을 뚫고 새로운 희망을 위해서 밤길을 나서기 때문이다.

6) 配合에 따라 현숙하고 학식 있는 배우자를 만날 수 있다.

甲子는 60甲子의 출발점이니 미래를 설계해야 한다. 만약 丙火와 조합하면 壬甲丙으로 장기간에 걸쳐 학업에 전념하는 학자의 길에 어울린다. 이런 이유로 학식 있는 배우자를 만나지만 구조에 따라 다르기에 무조건 그렇다는 것은 아니다.

7) 敗地에 있으니 야망과 포부는 있으나 성사가 어렵다.

甲子에서 출발하여 60갑자의 먼 길을 떠나기에 야망과 포부를 가졌지만 가는 길이 너무도 멀다. 새로운 출발을 위해서 과거에 축적했던 모든 것을 버리기에 맨손으로 시작해야만 한다. 즉, 甲子는 두 가지 단점이 있는데 하나는 먼 길을 가야하고, 모든 것을 버리고 새롭게 시작해야 한다.

8) 子水는 청빈한 교육자이지만 賤하면 유흥업, 건달에 어울린다.

甲子간지를 가장 바르게 활용하는 방법은 교육으로, 청빈한 선비에 어울리지만 丙火를 배합하면 학력 높은 박사요 재물도 많이 모을 수 있다. 만약 子水를 申子辰 삼합물상에 활용하면 어둠, 조폭, 도둑에 어울리기에 사주구조를 보고 판단한다. 甲子간지로 천간, 지지, 지장간을 이해하는 방법을 살펴보았다.

3. 干支構造 - 干支위치로 의미추론

干支를 살피는 방법 중에서 天干, 地支를 천간과 천간으로 바꾸어 살필 수도 있다. 정법은 아니지만 이해가 어려운 간지의 뜻을 살피는데 유용하다. 다만, 간지와 천간과 천간 구조가 어떤 차이가 있는지 이해하고 활용해야 한다. 干支는 天干과 地支로 기운과 물질이 상하로 섞인 구조인데 地藏干에 있는 천간까지 감안하면 천간과 천간이 만나는 구조와는 전혀 다르다. 甲子의 경우 甲이 子月 공간에서 활동하는 에너지다. 子月은 壬水가 癸水로 바뀌는 공간인데 그 위에 甲이 활동하니 적절하지 못한 공간에 드러난 것이다. 그 이유를 살펴보자. 亥子丑은 亥에서 씨종자 辛을 응축시켜 생기를 없애고 子水에서 새로운 영혼을 불어넣고, 丑土에서 육체와 결합하여 성장을 지속한 후, 寅에서 탄생하여 존재를 알린다.

따라서 亥子丑에서는 아직 甲의 존재가 드러나지 않았기에 존재를 알릴 수가 없다. 이런 이유로 甲子는 甲이 드러날 수 없는, 혹은 드러나지 말아야할 공간에 조급하게 드러난 상황이다. 이런 이유로 甲은 子水에서 준비가 덜 되었음에도 출발하는 조급함이 숨어있다. 이런 상태를 시공간이 적절하지 않다고 표현한다. 즉, 시간과 공간이 조화를 이루지 못하여 안정적이지 않다. 이렇게 어그러진 시공간에 어떤 에너지를 보충해야 안정될까?

이런 공부를 하면 干支조합, 天干조합의 의미를 이해하고 깨우친다. 格局, 十神, 生剋으로는 알 수 없는 시간과 공간이 파노라마처럼 펼쳐지는 자연의 순환원리를 깨닫는다. 甲子를 천간과 천간 조합으로 바꾸면 두 개의 시간만 존재하는 관계를 형성한다. 甲과 子水 속의 壬, 癸를 합하면 甲+壬+癸 삼자 조합을 이루기에 甲子간지 구조와는 전혀 다르다. 가장 큰 차이점은 공간이 없고 세 개의 에너지가 조합을 이룬다. 壬甲, 癸甲, 壬癸 그리고 壬癸甲 삼자조합인데 四季圖로 의미를 살펴보자.

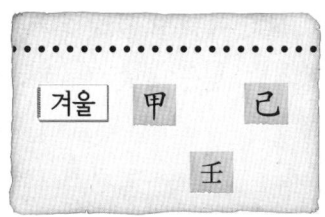

壬甲은 壬水의 응축, 하강에너지를 甲에게 전달하여 己土 땅 속에 뿌리내린다. 뿌리 깊은 나무를 만드는 조합이지만 단점은 하강만 하므로 인간의 삶에서는 어둡고 발전하기 어렵다. 끊임없이 공부만 하거나 그 것이 싫으면 해외로 떠나야 발전하는 조합이다.

癸甲을 살펴보자.

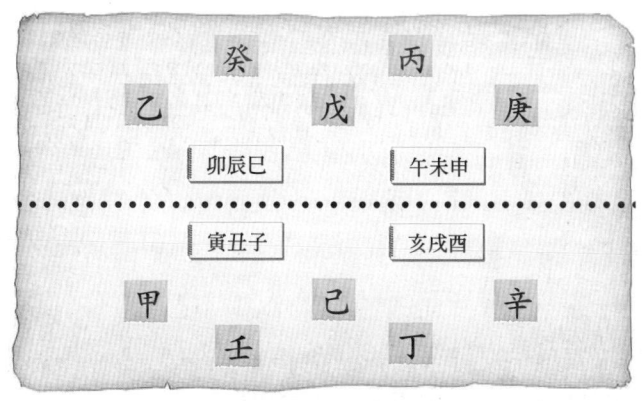

癸水는 발산에너지기에 甲이 먼저 壬水의 도움으로 己土에 뿌리내린 후에서야 비로소 활용한다. 다만 壬水와 癸水는 동일한 水氣이지만 시공간이 상이하다. 甲은 겨울에 배속되고 癸水는 봄에 배속되며 甲子의 경우는 壬癸가 모두 있으니 甲이 겨울과 봄에 활용하는 에너지들과 조합하여 뿌리내리고 발산하므로 수시로 변화를 주면서 발전을 시도한다. 癸甲은 밖을 향하여 튀어나가려는 에너지가 강하지만 壬癸甲 삼자가 만나면 하강과 발산을 반복한다.

酉戌亥를 지날 때는 壬水의 하강에 집중하다가 卯辰巳에서는 癸水의 발산에너지를 따른다. 이런 이치 때문에 壬水와 癸水의 쓰임은 공간에 따라 전혀 다르다.

4. 干支構造 - 天干과 地支 사이의 공간

天과 天은 에너지들끼리 조합을 이루고 天地는 시간과 공간이 만나는데 차이점은 천간과 지지에 텅 빈 공간이 존재한다. 즉, 천간과 천간은 에너지 반응이 직접적임에 반해 천지는 중간에 공간을 격하고 있기에 직접적이지 않다. 즉,

天干 - 하늘
------- 텅 빈 공간.
地支 - 땅

상기와 같은 구조이기에 干支관계는 직접적이지 않다. 따라서 간지가 반응하려면 반드시 시간이 필요하다. 2012년 "노아"라는 영화에서 하늘에서 비가 떨어지는 순간 땅이 즉각 반응하면서 초목이 우거지는 장면이 있다. 실제로는 하늘과 땅이 즉각적으로 반응하지 못하고 반드시 일정한 시간이 필요하다. 이런 시공간 반응 때문에 삼합운동과 간지배합이 상이하다. 즉, 하늘과 땅이 즉각 반응하면 甲寅이라 표현해야 맞지만 그렇지 못하기에 甲이 亥水에서 장생한 후 시간이 흘러서 寅에서 祿을 만난다.

이런 현상은 시간과 공간이 어그러져 조화를 이루지 못하기 때문이다. 천간에너지가 지구공간에서 자신의 에너지를 적절하게 활용하려면 반드시 시간이 필요히다. 만약 하늘과 땅이 즉각 반응하면 지장간이 필요하지 않지만 천간과 천간은 구조가 다르다. 地支처럼 텅 빈 공간으로 격한 것이 아니기에 수시로 동하여 반응한다. 천간이 천간과 조합할 때와 干支가 반응하는 방식이 상이함을 이해해야 한다.

예를 들어 丙庚 조합과 丙申간지의 반응이 다르다. 丙과 庚이 붙으면 즉 각적으로 반응하기에 丙火는 끊임없이 분산에너지를 방사하여 庚열매의 부피를 확장한다. 丙申간지는 공간이 격하여 丙火가 申에 이르려면 시간이 필요하기에 간접적이다. 또, 申의 지장간에 壬水가 천간에 드러나면 丙火가 상하기에 경계심을 가질 수밖에 없다. 八字는 태어날 때의 시공간 기록이다. 즉, 시공간의 기준점으로 대운과 세운에서 팔자에 변화가 생기는 이유는 시공간 기준점에 변화가 생기고 좌표가 달라졌기 때문이다. 이때 변화하는 이치는 사주팔자 구조대로만 반응 한다. 예로 己亥년, 己巳 월은 지구에 존재하는 모든 생명체들에게 동일한 조건으로 주어지는 에너지이지만 태어날 때 받은 시공간 기준이 다르기에 상이하게 반응한다. 여기에서 "地藏干이 천간에 드러난다." 는 의미를 명확하게 이해할 필요가 있다. 사주팔자 시간흐름은 반드시 年에서 月로 日로 時로 흘러가기에 사주팔자 월지에서 지장간이 투하여 年을 향한다는 식의 논리는 터무니없지만, 사주팔자에 존재하는 지장간 글자가 운에서 천간에 드러나는 것은 극히 타당한 이치다. 공간 속에 숨어서 직접적으로 반응하지 못했던 시간이 천간에 드러나 상응하는 시간이 도래했음을 알려준다. 따라서 내가 태어날 때 받은 사주팔자가 변화하는 방식은 지장간에 숨겨진 시간이 천간으로 드러나는 것이다.

5. 干支構造 - 三合운동과 干支의미

干支의미를 삼합운동으로 살펴보자. 자세한 내용은 기 출판한 "시공간부호 60간지" 상권과 하권을 참고하기 바란다. 예로 庚이 寅午戌 三合干支를 이룰 때 무슨 의미가 있는지 살펴보자. 살피는 방법은 아래와 같다.

庚 - 천간에서 庚은 乙庚 合으로 물질을 상징하는 합이다. 에너지 특징은 부드러운 乙이 丙火에 의해 점점 庚으로 딱딱해져가면서 열매를 확장하는 과정으로 재물의 크기를 확장하고자 노력하며 재물축적에 지대한 흥미를 보인다.

寅午戌 - 물질, 육체, 공간, 환경 등을 빛으로 환하게 비추고 확장하는 삼합운동이다. 확장의 기세가 寅에서 출발, 午에서 극에 이르러 물질로 바뀌고, 戌에서 물질을 저장하여 亥水에서 새로운 에너지로 바뀐다. 따라서 寅은 출발, 午는 전환, 戌은 마감을 상징한다. 이렇게 정해진 삼합의 시공간 부호는 절대로 변하지 않는다. 간지를 조합하면 庚寅, 庚午, 庚戌로 각각의 의미를 살펴보자.

庚寅은 물질을 확장하는 에너지가 寅에서 출발한다. 그렇게 하는 이유는 과거에 재물에 대한 만족도가 낮기 때문이고 그 문제를 해결하고자 변화를 주는 것이다. 예로 사업장, 직장, 직종을 바꾸거나 차를 바꾸기도 하는데 숨겨진 의미는 재물을 좀 더 원하기에 환경에 변화를 주는 것이다. 庚은 어떤 지지와 배합하더라도 근본적으로 추구하는 것은 재물이다. 다만 寅午戌과 배합하면 火삼합이니 물질, 명예, 교육, 공직이요, 申子辰과 배합하면 자유로움, 예술, 기술, 개인장사, 사업을 추구한다.

庚午는 물질을 확장하는 중간과정으로 양기가 음기로 전환한다. 午에서 丙, 丁이 바뀌니 陽氣의 확장, 陰氣의 수렴작용이 동시에 발생하고 변화한다. 庚 꽃의 물형을 열매로 바꾸는 시공간에 이른 것이다. 庚戌간지는 물질을 확장하는 에너지가 소멸된다. 따라서 물질, 재물, 직위, 권력 확장은 불가능하다. 직장의 경우, 현재 직장에서는 더 이상 승진은 어렵다. 이런 상황에서 庚은 어떤 선택을 할 것인가? 직장을 바꾸려고 더 넓은 공간을 찾아 나선다. 상기와 같은 방법으로 삼합간지의 의미를 습득하여 사주팔자를 분석할 때 활용한다. 이런 설명은 단지 三合干支의 물상을 살핀 것에 불과하고 12신살, 12운성, 십신, 에너지파동 등으로 종합하여 살펴야 힌다.

6. 干支構造 - 兩者조합의 한계

천간조합을 두 글자로만 살피면 극히 제한적이다. 그 이유는 나머지 구조에 따라서 의미와 물형이 상이하게 발현되기 때문이다. 사주팔자에 8개 글자가 있는데 2개 글자로 의미를 추론하기에는 역부족이다. 따라서 천간조합을 살필 때는 三字조합으로 살펴야 한다. 예로, 강휘상영 등으로 설명하는 내용은 양자조합들이다. 만약 乙이 壬水를 만나면;

乙-壬 : 出水芙蓉(출수부용)
물 위에 떠 있는 연꽃의 형상. 순식간에 상류사회에 진입.

壬-乙 : 出水紅蓮(출수홍련) 능력이상으로 재능을 인정받아 남의 도움으로 성공. 이런 식으로 설명하는데 사주예문으로 살펴보자.

時	日	月	年	女
壬	壬	乙	戊	
寅	子	卯	申	

72	62	52	42	32	22	12	2
丁	戊	己	庚	辛	壬	癸	甲
未	申	酉	戌	亥	子	丑	寅

남자와의 인연이 일정치 않아서 늙은이와 동거생활 했다.

時	日	月	年	女
甲	乙	壬	壬	
申	卯	子	辰	

79	69	59	49	39	29	19	9
甲	乙	丙	丁	戊	己	庚	辛
辰	巳	午	未	申	酉	戌	亥

19세 경술년에 정관 운이 오므로 유부남과 동거하였다.

실제 삶에서는 전혀 다른 반응을 보이는 이유는 두 글자로는 사주팔자의 수많은 변수들 때문에 그 의미를 적절하게 활용하지 못한다.

즉, 팔자에서 2개 글자를 빼고 6개가 남아서 壬乙, 乙壬 조합이 발전은 커녕 방탕 하는 물상을 만들어낸다. 그럴 수밖에 없는 이유를 사계도로 살펴보자.

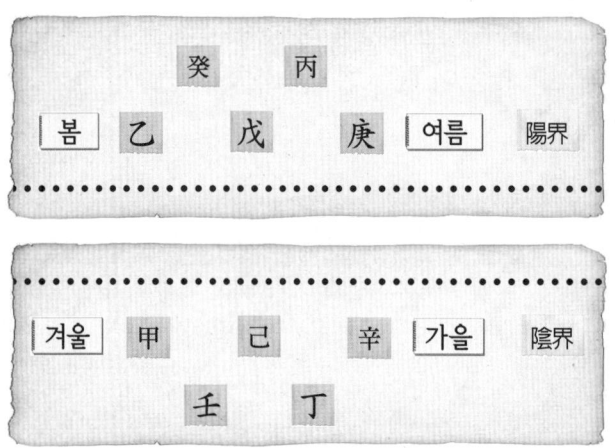

壬水는 겨울에 배속되어 만물을 응축하는 저승사자와 같고 乙은 좌우확산 에너지로 활력을 상징한다. 임수와 을이 만나는데 어떻게 出水芙蓉(출수부용), 出水紅蓮(출수홍련)이라는 의미를 추론했는지 모를 일이다. 壬水는 申子辰 삼합운동하고, 乙은 寅午戌 삼합운동하기에 시공간이 상이하여 근본적으로 어울리지 못하는 조합이다. 乙이 壬水를 만나 문제가 없으려면 어떤 조건이 필요할까? 壬乙, 乙壬의 의미를 이해하기 어려우면 간지로 바꾸어보자. 乙亥, 壬卯며 이에 상응하는 사주팔자들 몇 개만 비교해보면 논리가 맞는지 틀리는지 확인가능하다. 乙이 亥에서 絶地다. 乙이 亥水를 겁살이라 부르는 것은 12신살로 공간의 특징을 살핀 것이다. 乙이 가을에서 겨울로 지나는 공간을 만나서 좌우확산 에너지를 전혀 활용하지 못하고 응결되었다. 亥水는 육음으로 빛이 전혀 없는 어둠과 같아서 乙 생기가 살아갈 수 없다. 간단하게 살펴도 출수부용, 출수홍련과는 전혀 다른 상황이다. 이렇게 천간조합, 간지 뜻을 다양한 각도에서 이해하면 통변의 폭이 넓어진다.

주의할 점은, 천간조합은 반드시 에너지 파동으로 이해해야 한다. 예로 좌우로 끝없이 확산하는 乙이 천간에서 辛을 만나면 집착증, 강박증이 생기고 심하면 공황장애가 생기는 이유는 원래 지녔던 에너지 속성을 상실하기 때문이다. 乙辛을 아래로 내리면 卯酉로 冲이다. 천간은 천간조합이라 부르고 지지조합은 刑冲破害라 부르지만 명칭이 무엇이던 본질을 이해하는 것이 중요하다.

7. 干支構造 - 神煞로 간지 살피는 방법

신살 의미를 가미하여 간지를 살펴보자. 신살은 年支를 기준으로 살피는 것이 정석이다. 내 삶의 근원은 년지에 있으며 일지를 기준으로 살피는 방법은 변통이다. 일간을 기준으로 12신살을 살필 수도 있는데 乙亥 간지의 경우, 乙이 亥水 공간을 만나면 좌우확산 에너지를 전혀 활용하지 못하지만 亥속의 甲에 의지하며 미래를 기다린다. 부모, 배우자로부터 도움을 받지만 배우자와 함께 지내는 것은 싫어한다. 이런 복잡하고 미묘한 에너지들이 섞여 간지의미로 발현되는데 乙의 간지들을 신살로 정리해보자.

乙亥 : 겁살.
乙을 음생양사로 死地를 만났다고 주장하지만 기준이 엉터리이기 에 삼합운동과 12신살을 판단함에 혼란만 가중시킨다. 이 모든 혼란은 천간에너지 특징을 이해하지 못하기 때문이다. 乙의 특징은 좌우로 확산하여 생기를 퍼트리는 것이기에 寅午戌 三合운동으로 그 작용력을 발현한다. 寅에서 시작하여 巳午未에서 극에 이르고 申酉戌에서 내부에 들어가 보이지 않는다. 가을에는 좌우확산 에너지를 활용할 필요가 없기 때문이다. 12운성의 死地는 신살로 육해다. 육해는 시공간부호 갑을병정에서 죽음을 상징하는 것임을 설명했시만 乙이 亥水에서 死地를 만나 죽는다는 논리는 맞지 않다.

乙亥를 십신으로 살피면 正印이기에 외부로부터 무언가를 받을 수 있다. 乙亥를 12운성으로 살피면 절지인데 과연 무엇과 단절되었을까? 좌우확산 에너지와의 단절이다. 亥水공간은 육음으로 양기가 전혀 없어서 좌우로 확산하지 못하기 때문이다. 乙亥를 신살로 살피면 亥水가 겁살인데 삼합운동을 벗어났기에 낯선 공간이며 자신이 가진 원래의 에너지를 활용하지 못하기에 亥水 공간을 벗어나려고 하며 이런 이유로 해외와 인연이 많다.

乙丑 : 천살
乙은 寅午戌 삼합운동 하는데 巳酉丑 삼합운동을 마감하는 공간을 만나면 좌우확산 운동을 적극적으로 할 수 없다. 따라서 육체, 정신적으로 힘들 수밖에 없다. 천살의 개념은 모체에서 탄생을 기다리는 상황과 같아서 육체와 물질이 없으며 탄생하기 직전의 상황이기에 반드시 전생, 과거를 털어내고 윗사람의 도움을 받지 못하고 자신의 노력으로 새 출발 해야 한다.

乙卯 : 년살
乙木이 亥卯未 삼합운동의 중심인 묘목에서 년살의 공간을 만났다. 년살은 동일하거나 유사한 행위를 반복하기에 乙卯는 좌우로 펼치는 에너지를 반복적으로 활용한다. 寅木 뿌리를 근거로 좌우확산 과정에 자신의 육체를 비벼대며 성장하는 과정과 같아서 도화라고도 부른다.

乙巳 : 망신
乙木이 巳酉丑 삼합 결실운동의 첫걸음에 좌하였다. 巳火는 꽃이지만 성장활동에서 결실운동으로 전환하고자 꽃피고 열매 맺기를 기다리는 과정이다. 다만, 열매 맺으려면 반드시 싹싯기가 이루어셔야 하는네 이런 특징을 망신이라 부른다. 달리 표현하면 꽃을 활짝 피워서 자신의 모습을 마음껏 자랑한다.

乙未 : 반안
乙이 亥卯未 삼합운동의 마감 점을 만났다. 未土에서 열매의 성장이 완성되고 申月에 수렴운동으로 열매를 완성한다. 따라서 을목이 미토를 만나면 좌우로 펼치는 에너지를 적극적으로 활용하지 못하기에 성장의 기세가 조절된다. 이런 이유로 乙이 未土를 만나면 반안이라 부르며 더 이상 에너지를 적극적으로 활용하지 못하는 공간에 이르렀다.

乙酉 : 육해
乙木이 巳酉丑 삼합운동이 가장 강한 공간에서 에너지를 전혀 활용하지 못하는 상황이다. 신살로 육해라 부르는데 씨종자와 같으며 육체를 버리고 윤회를 위해서 죽음을 기다린다. 따라서 乙木은 酉金에서 자신을 희생하여 씨종자 역할을 하고자 새로운 물형으로 변화하기 시작한다. 이렇게 6개간지의 상황을 신살로 살펴보았다. 중요한 점은 신살로 간지를 살피는 상황에서도 반드시 삼합운동을 종합하여 살펴야 한다.

乙乙乙
亥卯未
3개의 간지는 亥卯未 삼합운동 하므로 성장위주의 간지이며 성장을 위해서 노력한다.

乙乙乙
巳酉丑
3개간지는 巳酉丑 삼합운동 하므로 수렴, 결실위주 간지며 물질을 중시한다. 亥卯未 삼합운동은 인간본위라면 巳酉丑 삼합운동은 물질중심으로 세상을 살핀다. 마지막으로 겁살 간지를 모아보면 4개가 있는데 아래와 같다.

乙	辛	甲	庚
亥	巳	申	寅

4개의 간지들은 겁살의 의미를 가졌다. 겁살은 삼합운동을 벗어난 시공간이다. 申子辰삼합의 경우로 살피면 巳午未다. 乙亥는 寅午戌 삼합을 벗어난 곳이기에 겁살이며 활동하기 어려운 시공간을 만났기에 능력을 펼치지 못하거나 존재가치를 잃거나, 머물기 싫은 시공간이며 불편한 환경에서 살아간다. 辛巳는 辛金이 申子辰 삼합운동 하는데 巳火의 공간을 만나면 자신의 정체성과 어울리지 않는 공간을 만났다. 甲申은 갑이 亥卯未 성장운동 하는 곳과는 전혀 다른 申 열매가 익어가는 공간을 만나서 성장하지 못하기에 겁살이라 부른다. 庚寅은 庚이 巳酉丑 결실운동 공간이 아니라 성장운동이 강한 寅에서 결실운동을 펼치지 못한다. 따라서 4개간지는 모두 자신의 에너지를 적절하게 활용하지 못하는 공간을 만나서 불편한 상황이다.

8. 干支構造 - 地支 土간지

戊己가 地支에서 辰戌, 丑未인데 십신 명칭은 동일해도 공간특징과 지장간 특징은 다르다. 土간지를 몇 가지 살펴보자.

癸丑 戊辰 丁未 丙辰 己未 壬戌

상기 6개간지를 삼합운동과 신살로 살펴보자. 癸水는 亥卯未 삼합운동 하므로 丑土가 月煞이다. 己土는 巳酉丑 삼합운동 하므로 未土가 월살이며, 壬水는 申子辰 삼합운동 하므로 戌土가 월살 이다. 6개간지는 모두 월살이 가진 에너지를 품었다. 따라서 월살의 뜻을 이해하면 간지의 뜻을 추론할 수 있다. 월살의 가장 흔한 표현은 담장으로 막혀서 답답한 상황이다.

또, 6개간지는 공통적으로 토를 만났는데 그 역할은 에너지와 물질을 조절, 전환한다. 토 작용 중에서 가장 중요한 역할이 과거와 미래를 연결하는 것이다. 삼합의 마지막을 담당하면서 삼합운동을 조절, 마감, 전환한다. 이런 토의 속성 때문에 속도가 느려지거나 막혀서 답답해진다. 12운성으로 관대이며 상하를 연결하는 중간자 역할이다. 당장 진행이 어려운 공간을 만난 월살과 중간자 역할을 하는 관대가 토의 행위를 한다. 다른 관점에서 살펴보자.

癸丑 戊辰 丁未 丙辰 己未 壬戌 - 간지조합
子丑 辰辰 午未 辰巳 未未 戌亥 - 간지를 지지로 바꾼 조합.

천간을 지지로 내려서 살피면, 癸丑의 경우는 子丑이며, 丁未는 午未로 시공간이 굉장히 협소하다. 인간심리로 살피면 집착, 집념이 강하고 심하면 의처증, 의부증이 생길 수 있지만 추구하는 결과물을 얻을 때까지 노력하는 사업가가 될 수도 있다. 戊辰은 辰辰과 같아서 乙의 활력이 답답해지며, 己未는 未未로 수기가 부족하면 사막과 같고, 丙辰은 辰巳, 壬戌은 戌亥로 천라지망이다. 여기에 시공간을 감안하여 살피면 癸丑은 亥子丑 겨울 땅속에서 뿌리내리니 공간이 협소하고 식구, 친인척들과 굉장히 가까운 혈연관계다. 戊辰은 寅卯辰으로 형제들을 벗어나기 어렵고 未未는 巳午未에서 만나니 친인척, 형제와는 인연이 박하고 여름에 물질을 교환하여 재물을 얻으려는 욕망이 강하다.

9. 干支構造 - 兩者, 三字 干支조합

간지가 상호 조화를 이루어 어떤 의미를 도출하는지를 살펴보자. 사주팔자를 분석하는 핵심은 구조를 이해하는 것으로 고유한 간지가 다른 간지와 조합을 이루면 전혀 다른 의미로 변한다. 여기에 궁위를 감안하면 생각하지도 못한 의미들이 드러난다.

時	日	月	年	男
		庚戌	丁亥	1

時	日	月	年	男
		丁亥	庚戌	2

1과 2는 4개 글자와 간지구조는 동일하지만 궁위가 상이하다. 이럴 경우 조합이 동일하기에 동일한 뜻을 가진 것일까? 전혀 그렇지 않다. 궁위가 달라지면 전혀 다른 물형으로 발현된다. 간지 두개는 동일하지만 년, 월 궁위순서가 다르면 어떤 차이가 있는지 살펴보자. 丙, 丁은 庚辛을 만들어내는 분산, 수렴에너지다. 丙火는 여름에 庚 열매를 키우고, 丁火는 庚을 딱딱하게 만들어서 辛열매로 완성하여 씨종자를 만들어 봄을 기다린다. 이런 에너지 속성을 이해했다면 구조의 차이를 분석해보자. 丁火가 년에서 월간 庚을 만드는 상황과, 월에서 년의 庚을 만드는 상황은 전혀 다르다. 년은 국가, 조부모, 월주는 사회, 직장, 부모와 같다. 1번은 丁火가 년에서 庚戌월주를 다스리니 국가에서 사회를 다스린다. 즉, 국가그릇이다.

2번은 월간 丁火가 년의 庚을 다스린다. 다른 표현으로는 국가가 지방정부로부터 통제받는다. 따라서 국가로부터 통제받지 않으려는 것은 물론이고 자신의 의지대로 년간 庚을 다스리려는 암시가 강하다. 달리 표현하면 법이나 윤리를 거스르는 행위를 할 수 있다. 庚戌의 의미를 궁위로 살펴보자. 庚戌은 변방의 한량, 퇴역군인, 도 닦는 스님, 무술인 등으로 중앙정부, 사회중심으로부터 멀어져 사람들이 많지 않은 산이나 절에서 살아간다.

다만 궁위에 따라 의미가 다른데 년에 있으면 한량, 변방, 중앙에서 시골로 이사한 조부모 등 소외계층을 암시한다. 庚戌이 월에 있으면 부모궁위이니 年처럼 멀리 떨어진 것은 아니다. 따라서 년주 庚戌은 지방이나 시골이지만 월주 庚戌은 수도권과 같다. 즉, 변방의 낮은 계급군인이 월주 소령급 이상으로 바뀐다. 이렇게 동일한 천간과 지지, 간지와 간지조합도 팔자구조에 따라 의미가 달라지기에 사주구조를 이해하려는 노력을 하지 않으면 아무리 많은 뷔페식 공부를 했어도 음식들을 조합하지 못한다. 이런 방법은 생극에 입각한 명리체계들, 예로 격국, 왕쇠, 용신 등과는 전혀 상관없이 오로지 궁위와 간지의미 만을 활용하여 삶의 역정을 읽어낸다.

10. 干支構造 - 지장간의 이해

천간과 지지를 간지라 부른다. 천간은 地支 위에서 공간을 지배하고 다스린다. 예로 辰土는 자체의 공간 특성을 가졌는데 음력 3월로 모내기 시공간이다. 지하수는 고갈되고 천수답으로 농사지어야 하며 4월에 꽃필 준비하기에 열이 오르면서 水氣는 탁해진다. 이런 상황에서 발생하는 질병은 고혈압, 당뇨 등이다.

시간이 공간을 지배한다는 의미를 살펴보자. 辰土 지장간에 乙癸戊는 시간부호들이다. 따라서 진토는 乙癸戊 시간이 원하는 행위를 해야만 한다. 인간은 육체를 가졌기에 시간지배를 받을 수밖에 없고 그 요구를 따르지 않으면 스트레스, 관재구설, 질병 등의 문제에 직면한다. 辰土에 순응하려면 乙癸戊가 어떤 시간부호인지 이해해야 한다.

四季圖에서 보여주는 것처럼 봄을 상징하는 부호들로 봄에 어울리는 행위를 해야 한다. 따라서 안에서 밖을 향하여 나가야 하고, 투자하고, 적극적으로 활동 해야만 한다. 혹은 산과 들로 여행을 떠나거나 등산을 즐긴다. 여기에 천간 글자가 있을 때의 간지의미를 살펴보자. 예로, 甲辰의 경우 甲의 탄생, 존재가치가 辰土 공간을 지배하기에 甲은 辰土에서 새롭게 출발한다. 이렇게 甲은 辰土를 다스릴 권한을 가졌지만 辰土는 자발적 의지가 없기에 甲을 다스리지 못한다. 甲은 甲으로 존재하다 辰土 공간으로 내려와 다스리기 시작한다. 甲은 壬水로 뿌리내리고 癸水로 상승하는데 진토 공간을 만나면 壬水의 작용력을 상실하고 癸水만 있기에 뿌리내리지 못한다. 이런 상황에 처한 甲은 壬水를 달라고 辰土를 괴롭힌다. 壬水가 있어야 뿌리내릴 수 있기 때문이다.

甲辰간지로 부부 상황을 살펴보자.

甲 + 乙癸戊.
甲은 辰土를 다스려야 하는데 지장간에 乙癸戊가 있으니 봄의 시간들로 구성되어서 적절한 시공간을 만나지 못했다. 겨울에 뿌리내리고 봄을 향하면서 땅 밖으로 상승하는 甲이 辰月을 만나 乙癸戊 시간들과 접촉하면 甲 에너지를 적극적으로 활용하지 못한다. 壬水에 의지하고 己丑 土에 안정을 취해야 하는데 진월은 水氣가 말라가고 己丑의 안정적인 터전이 아니기에 불안정하다.

이런 상황에 처한 甲은 자신이 원하는 壬水와 己丑을 찾아 떠난다. 겉으로는 두각을 나타내지만 실속은 辰土에 있는 乙이 차지한다. 다만, 乙이 甲을 이길 수는 없다. 부부의 경우는 甲乙이 서로 癸戊를 다투는데 癸戊는 乙을 좋아하고 甲을 좋아할 수 없기에 甲은 乙과의 경쟁에서 밀리고 그 공간을 벗어나야만 한다. 결혼한 부부라면 이혼하고 甲에게 어울리는 己土 짝을 찾으러 떠나는 것이다.

제 6장 三合運動

三合운동에 대해 살펴보자. 물질계를 살아가는 인간에게 삼합운동만큼 중요한 원리는 없다. 물질의 생장쇠멸 과정을 명확하게 설명해주는 것은 오로지 삼합운동밖에 없기 때문이다.

1)寅午戌

寅午戌 三合운동 구간은 寅卯辰 巳午未 申酉戌 9개월이다. 寅午戌은 火 三合과정으로 분산하고 수렴하면서 만물을 부풀리고 수렴하는 시공간이다. 나무를 키우고 성장하고 열매 맺는 과정이다. 따라서 寅午戌 三合 旺地 午火에서 丙火가 丁火로 바뀌고 수렴하시 시작하여 결실 맺는다. 亥子丑에서는 火 三合의 작용력을 상실하고 寅月이 오기를 기다리는데 신살로 劫煞, 災煞, 天煞 과정이며 寅午戌 三合운동을 벗어난 시공간이다.

時	日	月	年	男
癸	丙	丙	乙	
巳	寅	戌	未	

77	67	57	47	37	27	17	7
戊	己	庚	辛	壬	癸	甲	乙
寅	卯	辰	巳	午	未	申	酉

壬午大運 戊寅年(44세) 火勢가 三合을 이루어 壬癸 水氣는 증발하고 木은 생기를 잃고 타들어가니 불에 타 죽었다. 이렇게 寅午戌 三合이 어떤 현상을 보이느냐에 따라 사주팔자 길흉이 달라진다.

2)巳酉丑

巳酉丑 三合운동은, 巳月에서 시작하여 丑月에 마감하는데 巳午未 申酉戌 亥子丑月의 시공간이다. 金 運動은 火氣에 의해서 열매 맺고 완성하는 흐름이다. 火生金, 火剋金의 문제가 발생하는 공간이며 巳酉丑 三合운동 구간에서 벗어나 寅卯辰月을 지날 때는 金 三合 입장에서 적절하지 않은 시공간을 만난다.

時	日	月	年	男
乙	己	乙	庚	
丑	巳	酉	子	

71	61	51	41	31	21	11	1
癸	壬	辛	庚	己	戊	丁	丙
巳	辰	卯	寅	丑	子	亥	戌

金 三合은 사주에서 물질을 뜻한다. 巳酉丑 三合이 모두 있는데 丑 大運 丑年을 만나면 三合운동을 완성하는 공간을 만난다. 己丑大運 丁丑年 38세에 재물을 크게 잃었다. 삼합운동을 마감하면서 자신의 씨종자 酉金이 時支 丑土에 들어가 가치를 상실했다.

3) 申子辰

申子辰 三合運動은 申月에 三合을 출발하여 申酉戌, 亥子丑, 寅卯辰 月까지 運動하는데 巳酉丑 三合과 申子辰 三合이 겹치니 金生水 구간이며 金을 水로 바꾸어서 木氣를 내놓는 과정이다. 따라서 새로운 생명체를 창조하며 寅午戌에서 확장하고 巳酉丑에서 다시 결실 맺고 申子辰에서 윤회를 시작하여 새로운 생명체를 재탄생시킨다.

時	日	月	年	男
壬	甲	丙	戊	
申	子	辰	戌	

76	66	56	46	36	26	16	6
甲	癸	壬	辛	庚	己	戊	丁
子	亥	戌	酉	申	未	午	巳

申子辰 三合운동은 생명체의 탄생을 의미하지만 또 다른 물상으로는 水氣의 성향대로 어둠속에서 물처럼 흘러 다닌다. 이런 申子辰 三合운동의 특징을 직업으로 활용하여 운전수다.

4) 亥卯未

亥卯未 三合운동을 살펴보자. 亥子丑, 寅卯辰, 巳午未 9개월 동안 성장운동 한다. 申子辰 三合에서 亥卯未 三合과 겹치면서 水氣의 생을 받은 木氣는 未月에 성장을 마감한다.

時	日	月	年	男
辛丑	丁未	乙卯	癸亥	

79	69	59	49	39	29	19	9
丁未	戊申	己酉	庚戌	辛亥	壬子	癸丑	甲寅

사주팔자 원국에 亥卯未 三合이 모두 있다. 亥卯未 삼합의 목적은 木의 성장을 촉진하는 것이다. 亥卯未가 모두 있으니 키우려는 성향이 강한데 己酉大運에 亥卯未 성장욕망과 酉金의 수확욕망이 충돌하면서 1987년 丁卯年에 교통사고로 사망하였다.

제 7 장 12運星

1. 陽干의 12運星
명리이론 중에서 논란의 대상이 바로 12運星이다. 논리에 문제가 있기 때문인데 그 이유를 살펴보고 天干이 地支 공간을 지나는 동안 변화하는 12운성의 의미와 三合운동, 12神煞과의 차이점도 함께 살펴보기로 하자. 12運星, 12神煞, 三合과 方合을 구별하지 않으면 12運星과 12神煞이 동일한 것으로 인식하고 혼란스럽기에 먼저 간단하게 개념을 정리해보자.

2. 12運星의 개념
天干에 十干이 있고 각각의 고유한 에너지를 12地支에 방사하여 영향력을 행사하기에 12개월을 지나는 동안 에너지상황이 수시로 변화한다. 예로 甲은, 가을에 이르러 성장의 기세가 무력해지고 수렴에너지 庚은 봄에 무력해질 수밖에 없다. 이런 변화를 12개월로 나누어서 에너지 상태를 설명한 것이 12運星이다.

3. 三合과 方合의 개념
봄, 여름, 가을, 겨울 4계절을 지나는 동안 물질의 생장쇠멸 과정을 三合운동이라 부른다. 정리하면 아래와 같다.

亥子丑	寅卯辰	巳午未	申酉戌
生	長	衰	滅

亥卯未 三合의 경우 亥에서 시작하여 未에서 마감하는데 亥子丑에서 생하고, 寅卯辰에서 長으로 성장하며, 巳午未에서 기운이 쇠하기 시작하며 申酉戌에서 氣運이 사라진다. 이렇게 三合운동하는 이유는 木氣가 9개월 동안 亥卯未 三合으로 생하고 멸하는 과정을 거치기 때문이며 생명체의 탄생과 성장을 위함이다.

申子辰 三合운동으로 설명하면, 申에서 壬水가 生하고 子月에 이르면 壬水가 癸水로 바뀌고 辰에서 癸水로 마감하는 과정을 거치면서 水氣로 木氣의 성장을 촉진한다. 즉, 巳酉丑 三合으로 얻어진 씨종자를 木으로 바꾸는 과정에 필수적으로 필요한 것이 申子辰 三合운동이다. 亥卯未 三合의 경우는, 亥에서 甲이 生하고 卯에서 甲乙이 전환하며 未 墓地에서 乙이 木을 저장하여 三合을 마감한다. 寅午戌 三合은, 寅의 丙火가 生하여 午月을 지날 때 丙火가 丁火로 바뀌고 戌月에 丁火의 물질을 저장하는데 三合운동하는 이유는 金을 키우고 수확하기 위함이다. 巳酉丑 三合은 巳의 庚이 生하여 酉에서 庚辛이 전환하고 丑에서 辛으로 열매를 저장하는 일련의 과정이다. 이렇게 사계를 지나는 동안 水火의 도움으로 木金의 물질변화 과정을 표현한 것이 三合運動이다.

方合은 각 계절의 生長衰滅 과정이기에 時空間 범위가 三合보다 훨씬 짧다. 寅卯辰은 寅월에 甲이 생겨나고 卯月에 甲乙의 氣와 質이 전환하고 辰월에 乙의 마감하는데 그렇게 하는 이유는 木氣의 성장을 촉진하여 火氣를 확장하기 위함이다. 巳午未는 巳월에 丙火가 생겨나 午月에 丙丁의 氣가 質로 전환하여 未월에 丁火가 質운동을 마감하는데 그렇게 하는 이유는 火氣의 성장을 촉진하여 金을 키우기 위함이다. 申酉戌은 申월에 庚이 생겨나 酉月에 庚辛의 氣와 質이 전환하고 戌월에 辛이 운동을 마감하며 金을 완성하고 水氣를 확장하기 위함이다. 亥子丑은 亥월에 壬水가 생겨나고, 子월에 壬癸의 氣와 質이 전환하여, 丑월에 癸水 質로 운동을 마감한다. 그렇게 하는 이유는 水氣를 활용하여 木을 키우려는 것이다. 이렇게 方合은 時空間이 짧으며 극대화된 氣運의 생장쇠멸 과정이다.

4. 12運星과 三合의 차이점

12運星과 三合운동의 차이점이 무엇인가를 살펴보자. 12運星은 天干과 地支의 관계를 살피는 반면 三合은 오로지 地支에서 이루어지는 물질의 생장쇠멸 과정을 의미한다.

三合에는 12運星처럼 甲과 乙을 나누지 않고 亥卯未 木 三合, 巳酉丑 金 三合으로만 분류한다. 즉, 각각의 天干을 나누어서 地支를 살피는 것이 아니고 子丑寅, 卯辰巳, 午未申, 酉戌亥 공간만 존재하기에 甲 三合, 乙 三合으로 나눌 수 없다. 그렇다면 12神煞은 무엇인가? 간단하게 정리하면 三合운동을 12개월로 나누고 그 명칭을 부여하여 설명한 것이다. 예로, 寅午戌 三合과정은 지살, 장성, 화개로 구성되어 있는데 12개로 나누면 지살, 년살, 월살, 망신, 장성, 반안, 역마, 육해, 화개, 겁살, 재살, 천살로 부르면서 三合運動의 변화과정을 세분하여 설명한다.

결론적으로, 三合과 12神煞은 공간, 물질, 육체, 환경변화를 지칭하고, 12運星은 천간이 지지에서 12개월을 지나는 동안 변화하는 기운의 상태를 세분하여 설명한 것이다. 甲子干支로 설명하면, 子水는 亥水에서 하나 더 진행된 시간흐름으로 甲의 성장과정에 실질적인 움직임이 생겨났기에 욕지라고 부른다. 地支만을 논하는 三合과 12神煞로 子水를 논하면 申子辰 三合의 장성에 해당하고, 亥卯未 三合의 년살에 해당하며, 巳酉丑 三合의 육해요, 寅午戌 三合의 재살이다. 이렇게 12運星과 12神煞과 三合은 상이한 개념이다. 그러나 三合과 12神煞 그리고 12運星이 뒤죽박죽되는 이유는 地藏干의 천간 때문이다. 예로, 亥卯未 三合의 경우, 亥에 甲이 있고, 卯에 甲乙이, 未에 乙이 있으니 甲이 亥月에 長生하고 未月에 墓地에 들어간다고 설명하는데 이렇게 연결해버리면 三合과 天干이 동일한 것처럼 보인다. 三合은 땅의 변화인데 亥의 甲을 따지는 순간 12運星과 연결되는 것이다. 亥卯未 三合을 예로 들어보자.

亥子丑	生
寅卯辰	長
巳午未	衰
申酉戌	滅

申酉戌을 지날 때 木氣는 滅의 단계이지만 실제로는 절대로 멸하지 않는다. 만약 멸한다면 지구 멸망을 의미하기 때문이다.

하늘에서 申酉戌을 지날 때 멸하지 않도록 영향력을 행사한다. 甲이 亥卯未 9개월을 이끌고 乙이 寅午戌 9개월을 이끌어 12개월 동안 木氣가 항상 존재하기 때문이다. 만약 하늘과 땅의 기운이 동일하게 生長衰滅하면서, 甲乙이 동시에 亥卯未 三合운동 한다면 지구는 멸망하였을 것이다. 하지만 木氣가 12개월 어디에도 존재하기에 생명체는 면면히 윤회하며 살아간다. 정리해보면 12運星은 時間과 空間 組合이고 三合과 12神煞은 空間의 변화과정이다. 지금부터는 12運星의 기본 개념을 살펴보자. 生地는 양기가 새롭게 動한 것이다. 새로운 출발점으로 氣運이 막 생겨나 長生이라 부른다. 天干 壬水가 申을 만나면 生地라 부르는데 엄밀하게 따져, 申子辰 三合운동은 壬水를 말하는 것이 아니고 壬癸 水氣를 의미한다. 다만 地藏干에 天干의 기운을 품었기에 각 天干을 나누어 설명할 수 있다. 12運星 陽干의 生地를 살펴보자.

	子	丑	寅	卯	辰	巳	午	未	申	酉	戌	亥
餘氣		壬	癸	戊	甲	乙	戊	丙	丁	戊	庚	辛	戊
中氣			辛	丙		癸	庚	己	乙	壬		丁	甲
正氣	癸	己	甲	乙	戊	丙	丁	己	庚	辛	戊	壬

寅中 丙火, 巳中 庚金, 申中 壬水, 亥中 甲木이 각각 生地를 만난다. 生地는 氣運이 새롭게 動한 것으로 강한 것처럼 설명하지만 거의 존재하지 않는 기운이다. 예로 丙寅과 壬申간지가 생지를 만난 구조인데 丙寅의 경우 丙火의 氣運이 강한 것처럼 느끼고, 壬申도 水氣가 강한 것처럼 판단하지만 寅午戌 三合의 출발점에 丙火가, 申子辰 三合의 출발점에서 壬水가 動했다. 이런 방식은 통근 관점에서 따지지만 강약, 왕쇠, 통근을 따지지 않으면 무의미한 관점이다. 다만 고려할 것은, 寅의 丙火가 절실히 필요한 구조라면 丙火가 강해지기 위해서 상당한 시간이 필요하다. 長生, 沐浴, 冠帶를 지나야 祿地를 만나기 때문이다. 壬申의 경우도 申 속에 있는 壬水를 기다리면 祿地 亥水까지 상당한 시간이 소요된다. 자연으로 살피면, 寅은 뿌리에 해당하니 땅밖으로 나오기 전이기에 丙火가 寅을 비춘다 해도 땅 속까지 들어가지 않기에 영향력이 미약하다.

寅卯辰을 지나 巳月에 丙火가 祿을 세워야만 기세가 뚜렷해지는 이유다. 壬申은 申에서 결실 맺을 준비한다. 午月부터 丁火의 수렴작용으로 申에서 겉이 딱딱해지고 水氣를 담을 수 있는 환경이 마련된다. 이때 申은 水氣를 담을 틀을 간신히 만든 시점으로 申酉戌을 지나 亥月에 가서야 水氣를 가득 채운다. 이런 이유로 壬水도 申에서 강하기는커녕 아직 생겨나기도 전이다. 陽干의 가장 강한 기운은 陽氣가 極에 이르는 午火와 子水이고 干支로는 丙午와 壬子며 氣運이 마감하는 자리는 墓地로 丙戌과 壬辰이다. 衰地를 살펴보자. 旺地에서 가장 강해졌다가 하강하기 시작하는 것이 衰地다. 상품의 수명주기도 살피면 화려한 시절을 만나 가장 많이 팔리다 어느 시점에서 덜 팔리기 시작한다. 따라서 衰地는 화려한 시절을 마감하고 물러설 때가 되었다는 의미다. 衰地를 글자의 느낌처럼 약하다고 생각할 수 있으나 그렇지 않다. 예로 대통령이 되었다가 衰地를 만나면 물러나 쉬지만 대통령까지 올라갔다가 막 내려온 시점이기에 경호원도 차량도 연봉도 받으며 사회활동도 할 수 있고 책도 발간할 수 있기에 대통령 월급보다 훨씬 많은 수입을 올릴 수 있다. 비록 쇠퇴하다는 뜻을 가졌어도 물질적으로는 상당히 좋다. 조금은 이해가 어려운 胎地를 살펴보자. 地藏干을 이해하면 매우 쉬운 개념이다. 胎地는 천간과지지 사이에 기운이 처음으로 연결되었다. 胎地의 앞 단계는 絶地로 천간지지의 기운이 단절되었다가 처음으로 통하는 것이다.

가을에 땅에 떨어진 열매 酉金이 亥子丑을 지나는 동안 木으로 모습을 바꾸기에 甲의 존재가 드러난다. 따라서 酉金을 만나야 甲으로 태어날 여건이 마련되는 것이다. 申은 甲의 절지로 땅에 떨어진 열매가 아니기에 발아할 여건을 마련하지 못하여 절지라고 부른다. 예로, 庚은 巳午未月에 火氣로 성장하는 반면 辛 열매는 亥子丑月에 甲으로 물형을 바꾸는 과정을 거친다. 따라서 亥子丑月을 지나 甲으로 탈바꿈하는 것은 庚이 아니라 辛이다. 따라서 甲이 酉를 만나면 胎地라는 뜻은 亥子丑에서 甲으로 나올 가능성이 처음으로 열렸음을 뜻한다.

丙火의 胎地는 이해가 쉬운데 분산에너지가 亥月에 그 작용을 전혀 하지 못하는 絶地에 이른다. 亥水는 六陰으로 응축하는 에너지뿐이기에 丙火는 자신의 에너지를 전혀 발휘할 수 없다가 子月에 이르면 상황이 달라진다. 壬水가 극에 이르러 陽氣를 발산하는데 그것이 癸水로 발산에너지를 방사하기 시작하기에 丙火가 胎地를 만난다. 즉, 丙火에게 子月은 분산에너지를 활용할 수 있는 환경이 처음으로 마련되었다는 뜻이다. 庚의 胎地는 卯木이다. 庚은 경화작용을 통하여 얻는 열매와 같다. 근본속성은 부드러운 것을 딱딱하게 만드는 과정이요 나무에 달린 열매와 같다. 땅에 떨어지면 辛이니, 庚과 辛은 속성이 상이하다. 庚은 나무에 매달린 열매들이기에 단체의 속성이요 辛은 홀로 떨어져 나왔기에 개인의 속성이다. 庚은 巳午未 과정을 통하여 가을에 열매로 완성되어 땅에 떨어지고, 다시 봄이 오면 木으로 모습을 드러낸다. 즉, 木이 성장하여 모습을 바꾸면 庚이고 땅에 떨어져 몸을 바꾸면 甲이다. 다만 庚은 땅위에 존재하고, 甲은 뿌리로 존재하니 공존할 수 없기에 甲과 庚이 冲하는 이유다. 庚이 卯木을 만나면 金 열매로 물형을 변화시킬 가능성이 열린다. 卯木이 성장하여 申月의 庚으로 물형이 바뀌기 때문이다. 壬水가 午月에 胎地를 만난다고 하는 이유는 丙火가 子月에 胎地를 만난 것과 동일한 이치다.

즉, 壬水는 응축작용을 통하여 자신의 존재가치를 드러낸다. 亥子丑月을 지나는 동안 강력해지다가 巳午未를 지날 때 가장 무력하다. 壬水가 午月을 만나면 무한분산 하는 丙火가 丁火에 의해 수렴작용을 통하여 水氣를 모으고 庚 열매를 단단하게 만들어간다. 따라서 분산을 수렴으로 돌리고 水氣를 모을 여건이 마련되었으니 이런 상태를 壬水의 胎地라 부른다. 이런 방식으로 12운성을 이해하고 어떤 시공간이 적절하고 적절하지 않은가를 살펴야 한다. 三合과 12神殺은 공간, 환경, 물질, 육체, 땅의 변화이니 물질을 의미하며, 12운성은 十干의 地支에서 기운 변화이기에 氣勢를 설명한다. 예로 衰地는 三合, 12神煞로 攀安이기에 물질적으로 충만한 공간이지만 12운성으로는 氣運이 하락하는 시점이다. 12운성을 쉽게 활용하는 방법을 干支로 살펴보자.

庚	天干
子	地支

庚은 子水에서 死地를 만났다. 庚은 火氣의 도움으로 성장하는데 子水를 만났으니 쓰임을 잃은 시공간이다. 辛이 子水에서 木으로 태어날 준비하는 공간으로 庚 열매가 존재할 수 없기 때문이다. 각 天干을 子水에 대입해보자.

甲 - 子에서 浴地로 甲의 수직상하 운동을 시작한다.
乙 - 子에서 胎地로 좌우확산 에너지를 활용할 수 있는 발산에너지 癸水가 움직이기 시작한다.
丙 - 子에서 胎地로 발산에너지 癸水가 움직이기에 분산에너지 丙火의 기운이 움직이기 시작한다.
丁 - 子水에서 死地로 癸水 발산에너지에 의해 수렴에너지 丁火의 상태가 무력해졌다.
戊 - 子水에서 胎地로 木을 키울 여건이 마련되었다.
己 - 子水에서 死地로 무력하다.

이 부분은 이해가 어려울 것인데 己土의 내부로 저장하려는 에너지가 子水에 있는 癸水 발산에너지 때문에 무력해진 것이다.
庚 - 子水에서 死地로 癸水 발산에너지 때문에 딱딱해지는 庚의 상태가 무력하다.
辛 - 子水에서 응축작용이 극에 이르기에 旺地라 부르고 癸水의 발산에너지가 폭발하면서 衰하기 시작한다.
壬 - 子水에서 응축에너지가 극에 이르기에 旺地요 癸水가 동하기 시작하면 응축작용이 풀어지면서 점점 쇠하기 시작한다.
癸 - 子水에서 浴地로 발산에너지가 처음으로 생겨난 상태다.

5. 陰干의 12運星

陰干의 12運星은 음생양사 문제가 있다. 陽干은 生地를 만나 시공간이 순행하지만 陰干은 三合운동 방식은 동일하지만 시간이 역행한다고 주장한다. 음생양사 이론으로 乙을 살피면 午에서 生地를 만나고, 巳에서 浴地, 辰에서 冠帶, 卯에서 祿地, 寅에서 旺地, 丑에서 衰地, 子에서 病地, 亥에서 死地, 戌에서 墓地, 酉에서 絶地, 申에서 胎地를 만나고, 未에서 養地를 만난다고 주장한다. 이렇게 陰干의 12운성은 시간이 역행하면서 거슬러 올라간다. 문제는 陰干이 역행하는 이유를 현재까지 논리적으로 설명하지 못했고 앞으로도 영원히 없을 것이다.

비록 陽干, 陰干의 성질이 다르기에 역행한다고 주장하지만 지구회전 방향이 항상 일정하고 시간이 지구공간을 따라 흐르기에 음생양사의 논리는 불합리하다. 또 다른 문제는 12운성의 근본개념과도 위배된다. 예로 長生은 새로운 氣運이 생겨난 것을 표현한 것이다. 예로 乙이 午火에서 長生하면 새로운 에너지가 동한다는 의미이지만 乙의 좌우확산 운동은 오히려 午火의 지장간 丁火의 수렴작용으로 단단해지기 시작하는 시공간이다. 따라서 乙 에너지가 午에서 장생한다는 설명은 비논리적이다.

甲이 亥에서 장생하여 未에서 墓地에 이르는데 未土 앞 단계 午에서 陽氣 甲이 死地에 이를 때 陰干 乙은 장생한다는 논리를 펼친다. 陽氣가 다했으니 陰氣가 드러난다는 주장이지만 長生이라는 용어를 사용하기에 적절하지 않다. 乙의 좌우확산 운동을 午에서 출발하지 못하는 이유는 丁火의 수렴작용이 시작되고 乙의 움직임을 방해함과 동시에 壬水의 응축작용을 준비하기 때문이다. 확산을 방해하는 곳에서 출발하여 巳月에 더확산하고 辰月에 더 확산하며 卯月에 확산이 가장 활발하며 寅月에 旺地에 이른다는 논리는 옳지 않다. 또 다른 문제는 天干이 어디로부터 온 것인가에 대한 점이다. 天干은 인간이 자연으로부터 느끼는 자연현상을 열개의 글자로 부호화한 것이다.

따라서 十干은 하늘의 순수한 기운이 아니다. 인간이 자연현상을 관찰하여 의미를 부호화한 것이지 陽干은 순행하고, 陰干은 역행한다는 것이 아니다. 天干은 地藏干의 氣運이지 절대로 순수한 氣運이 아니다. 인간이 태양과 달과 별의 氣運을 받아 지구가 반응하는 것을 기록하고, 그것을 地藏干에 담았으며 地支에 숨겨진 하늘의 氣運이 명리에서 사용하는 天干이기에 땅에 동화된 에너지며 물질계와 다른 순수한 기운이 아니다. 마지막으로 陰氣는 陽氣가 동하여 氣運이 極에 이를 때에서야 비로소 생겨나며 절대로 스스로 氣運을 만들지 못한다. 이것은 절대불변의 진리다. 陽氣와 陰氣가 교차되는 곳을 旺地라 부르며 그 곳에서 陰氣가 생겨난다. 12運星은 실전상담에서 쓰임이 없다. 地藏干의 원리로 살피면 12운성을 활용할 필요가 없기 때문이다. 甲乙, 丙丁의 12運星을 자연의 순행원리로 살펴보자. 나머지는 지면관계상 각자 궁구해보길 바란다.

1)甲의 12運星

甲이 亥水에서 生地를 만난 것은 申酉戌月을 지나면서 丁火의 수렴작용으로 酉 열매가 땅에 떨어져 亥에서 물형을 바꾸어 甲으로 드러난 것이다. 즉, 酉金 씨종자가 甲으로 바뀔 수 있는 여건이 마련된 곳이 亥水로 甲의 氣運이 처음으로 동한다. 甲이 子水에서 浴地를 만난 것은, 酉金 씨종자가 딱딱함을 풀어 木氣를 조금씩 키워간다. 콩이 물에서 딱딱함을 풀어서 부드러워지는 과정이다. 콩이 콩나물로 바뀌는 것처럼 木이 조금씩 성장하는 과정으로 浴地라 부른다.

甲이 丑에서 冠帶를 만난 이유는, 木이 丑月에 어머니 배에서 만삭 될 정도로 성장한 상태다. 따라서 배속을 벗어나 寅으로 드러날 때를 기다린다. 이런 상황에서 酉金은 자신의 몸을 절빈은 金, 절빈은 木으로 바꾼 상태다. 甲이 寅에서 祿地를 만난 것은, 甲이 엄마의 배에서 벗어나 독립된 개체로서 己土 땅에 뿌리로 안착한 상태다. 지금껏 엄마 배속에 있을 때는 존재하지 못했으나 寅에서 존재감을 드러내고 뿌리로 정착한다.

이런 상태를 12神煞로는 망신이라 부른다. 즉, 보이지 않던 뿌리가 확실하게 드러난 것이다. 甲木이 卯를 만나면 旺地라 부르는 것은 甲이 가장 강해진 상태며 동시에 氣運이 하강하기 시작하는 시공간에 이르렀다. 가장 높은 곳까지 올라갔으니 하강할 일만 남은 것이다. 卯月에 甲의 氣運은 가장 높은 곳까지 올라가 乙이 드러날 여건이 마련되었다. 旺地이기에 강하여 좋다지만 두려운 것은 재물의 쟁탈 문제다. 甲木이 辰月에 衰地를 만나는데. 甲이 乙로 바뀌면서 좌우로 확장하기에 甲의 상하운동은 쇠퇴하기 시작한다. 다만 즉시 사라지지 않고 천천히 쇠퇴하는 이유는 甲이 辰月을 지나면서 乙을 도와 꽃피고 열매 맺도록 유도하기 때문이다.

辰月에는 乙의 에너지가 강하지 않기에 도와주면서 점진적으로 무력해진다. 甲木이 巳月을 만나 病地라 부르는 것은, 壬水의 생을 통하여 성장하는데 巳火의 시공간은 六陽으로 壬水의 도움을 전혀 받을 수 없다. 이렇게 巳月에 甲이 쓰임을 잃기에 병지라 표현했다. 甲木이 午月에 死地라 부르는 이유는, 丙火가 午에서 극에 이르렀기에 甲이 무력해져 성장의 기세가 마감된다. 甲은 乙을 키우려고 존재하며 乙이 巳月에 꽃피고 午月에 열매 맺는 순간 열매로 바뀌어 乙을 도울 필요가 없다. 甲의 존재가치는 乙의 좌우확산에너지를 만드는데, 午月에 수렴작용이 시작되면 甲이 乙을 도울 필요가 없다. 甲木이 未月에 墓地라 부르는데, 亥卯未 성장운동을 완성하고 무덤으로 들어간다. 가을에 열매를 완성하기에 성장의 기세는 더 이상 필요 없는 시공간이다.

甲木이 申月에 絕地라고 부르는 이유는 庚이 祿을 세우는 곳이기에 甲의 기세는 드러날 수 없다. 庚은 寅月에 경화작용을 전혀 할 수 없기에 庚의 絕地라 부른다. 즉, 甲은 성장하고 庚은 수렴하는데 정반대 시공간을 만났기에 絕地라 부른다. 甲木이 酉月에 胎地라 부르는 이유는 酉金이 땅에 떨어져 씨종자로 완성되고 水氣를 만나 亥月에 甲이 생기로 드러날 여건이 마련되었기 때문이다. 甲木이 戌月에 養地라 부르는데 酉金이 戌土

에 들어가고 丁火가 辛金에 열기를 가하면 亥月에 辛이 甲으로 물형을 바꿀 수 있다. 마치 엄마 배속에서 탄생만을 기다리는 상황과 같다.

2)乙의 12運星

乙木이 寅月을 만나면 生地로, 甲이 丑月을 지나 寅月에 뿌리로 안착하기에 甲에 기대어 살아가는 乙의 입장에서는 새싹으로 나올 여건이 마련되어 生地라 부른다. 乙木이 卯月을 만나면 浴地인데 甲의 상승하는 기운이 땅밖으로 드러난 甲을 乙이라 부르고 좌우확산을 시작한다. 이렇게 乙이 좌우확산 기세를 펼치기 시작하는 상황이 浴地다. 乙木이 辰月을 만나면 冠帶라 부르는데, 甲이 丑月을 만나는 것과 동일한 이치다. 寅卯辰을 지나면서 甲의 뿌리에 의존해 성장하던 乙이 1차로 성장을 마감하고 癸水의 도움으로 巳月에 꽃으로 바뀌려고 기다린다.

寅卯辰을 지나면서 성장했다면 巳午未를 지나면서 꽃피고 열매로 바뀔 준비를 끝낸 상태를 冠帶라 부른다. 乙木이 巳月을 만나면 祿地라 부르는데, 온도가 오르면서 乙이 물형을 꽃으로 바꾸어 좌우확산의 기세를 극도로 펼치기에 祿地라 부른다. 12운성으로 祿地, 12神煞로 망신은 존재감을 확연하게 드러내는 것이다. 乙木이 午月을 만나면 旺地라 부르는데, 乙이 庚化 되는 과정에 열매 맺는 공간을 만났다. 즉, 午月에 乙의 기운이 극에 이르러 열매로 변하는 상태가 乙의 旺地 午火다. 그 이유는 午月에 丙火의 분산에너지가 극에 이르러 丁火로 수렴하기에 乙의 좌우로 펼치는 에너지도 딱딱해지면서 열매로 물형을 바꾼다. 乙木이 未月에 衰地라 부른다. 乙이 좌우확산 운동하기 어려운 상태에 이르는 이유는 午月에 열매 맺었기에 乙木이 더 이상 좌우로 펼칠 필요가 없다.

乙의 존재가치가 시들어 가는 상황이다. 乙木이 申月에 病地라 부르는데, 乙의 물형이 金으로 변한다. 乙庚 합하는 시기요 乙의 에너지는 거의 상실되기에 病地라고 부른다. 木과 金의 에너지 특징이 상반되기 때문이다.

乙木이 酉月에 이르면 死地라 부르는데, 酉月에 땅에 떨어진 열매로 바뀐다. 이 상태를 乙이 死地를 만났다고 설명한다. 즉, 열매로 완성되어 땅에 떨어지는 酉月의 시공간에서 乙은 좌우확산 하는 존재가치를 완전히 상실한다. 乙木이 戌月에 墓地라고 부르는데, 寅午戌 三合을 끝내고 낙엽으로 떨어져 戌土에 저장된 酉金을 덮어 보온역할을 하는 쓸모없는 상황이고, 墓地에 들어가는 이치와 같다.

乙木이 亥月에 이르면 絶地라 부른다. 乙木은 좌우확산 운동하기에 봄과 여름에 癸水의 발산에너지, 丙火의 분산에너지와 조합을 이루는 것을 기뻐한다. 그러나 亥月을 만나면 빛이 전혀 없는 六陰의 시공간을 만나면 乙은 좌우확산 운동을 전혀 못한다. 이런 시공간을 絶地라 부른다. 乙木이 子月에 胎地라 부르는데, 亥月과 子月의 차이점을 살피면 그 이유를 이해한다. 亥月에는 六陰만 존재하지만 子月에 癸水가 六陰을 풀어 一陽을 만들기에 乙 입장에서 陽氣를 만나 성장의 기틀을 마련하였기에 胎地라 부른다. 乙木이 丑月에 이르면 養地라 부르는데, 甲 뿌리가 밖으로 드러날 준비하기에 乙도 甲의 도움으로 보이지 않게 배양되는 공간이다. 寅月에 甲이 뿌리내리고 그 뿌리에 근거한 乙은 卯月에 땅밖으로 드러나 좌우확산을 기다리는 상태가 養地다.

3) 丙의 12運星

12運星을 바르게 살피는 방법은 天干 에너지의 특징을 명확하게 이해하는 것이다. 丙火는 분산에너지로 만물을 확장해주는 역할이며 地支에서 寅午戌 三合운동으로 庚을 키운다. 丙火가 寅月을 만나면 生地라 부르는 이유는 亥子丑을 지나면서 癸水가 발산작용을 해주었기에 寅月에 분산에너지가 생겨날 여건을 마련했다. 丙火가 卯月을 만나면 浴地로, 乙이 땅 밖으로 나온 상태이니 癸水가 乙을 키우고자 발산작용을 극대화하고 이런 이유로 丙火의 분산에너지도 실질적인 움직임을 시작하기에 浴地라 부른다.

丙火가 辰月을 만나면 冠帶로, 巳月에 祿으로 드러날 준비하는 곳이다. 즉, 辰土에서 水氣가 마감되어 응축기운이 마감되고 木氣도 조절되면서 火氣가 강해지는 巳月을 준비한다. 이렇게 丙火가 寅卯辰月을 지나면서 힘을 길러 巳午未月을 맞이하여 3개월 동안 꽃피고 열매 맺음에 적극적으로 관여한다. 따라서 丙火가 巳月을 만나면 祿地라 부르며, 巳月에 庚이 生地를 만나니 丙火가 庚을 키우기 시작한다. 乙이 庚 꽃으로 바뀌고 午月에 열매로 바뀌고 未月에 성장을 완료한다. 丙火가 午月을 만나면 旺地라 부르는데, 丙火의 무한분산이 극에 이르고 氣運이 하강하며 丁火의 수렴작용이 드러난다. 즉, 丙火로 분산하여 열매를 확장하고 丁火의 수렴작용으로 열매를 단단하게 만들기 시작한다. 丙火가 未月을 만나면 衰地라 부르는데, 丙火의 분산기운이 未月부터 하강한다. 乙이 未土에 성장 완료했고 庚이 열매로 바뀌면서 丙火의 분산에너지는 점점 그 가치를 상실하고 丁火의 열매를 단단하게 만드는 수렴 작용이 더욱 필요한 시공간이다. 丙火가 申月을 만나면 病地라 부르는데, 丙火의 분산에너지가 점점 줄어드는 시기다.

丙火는 庚을 키우고자 巳午未月을 지나면서 자신의 에너지를 방사하다가 申月에 열매를 완성해야 하고 酉月에 열매가 땅에 떨어지면 丙火의 쓰임은 끝난다. 丙火가 酉月을 만나면 死地라 부르는 이유는, 열매가 땅에 떨어져 丙火의 분산에너지는 더 이상 쓰임이 없기 때문이다. 丙火의 존재이유는 庚을 다루는 것인데 땅에 떨어져 할 일이 사라져버린 상황을 死地라 부른다. 丙火가 戌月을 만나면 墓地라 부르는 이유는, 丙火가 분산에너지로서의 쓰임을 상실하고 寅午戌 三合을 마감하기 때문이다. 丙火는 亥子丑月을 지나면서 윤회의 기간을 거친다. 申酉戌月을 지나는 동안 丁火는 丙火와 매우 다른 상황이다. 申月에 丙火가 마지막 남은 빛을 방사하는 동안 내실을 다지는 역할을 해주었다면 酉月에 丁火는 수렴작용이 극에 이른다. 그 의미는 열매를 땅에 떨어뜨릴 정도로 수렴한 상태다. 즉, 酉金이 땅에 떨어질 수 있었던 것은 丁火가 수렴작용을 완벽하게 했기 때문이다. 亥子丑月에 이르면 丙火는 기운을 전혀 드러낼 수 없고 壬水가 응축에너지로 甲을 키운다. 亥月에는 六陰 상태이기에 丙火에게 絶地라 부른다. 丙火가 子月에 이르면 胎地로, 子中 癸水가 빅뱅작용을 통하여 발산에너지를 폭발한다. 분산에너지의 근거지가 생겨난 것으로 이런 상태를 胎地라 부르는 것이다. 丙火가 丑月에 養地를 만났다고 한다. 甲이 寅으로 나올 수 있기에 卯木이 나올 수 있고, 卯木이 나오기에 丙火가 힘을 쓰기 시작하니, 丙火는 丑土에서 甲이 뿌리로 드러나기를 기다리고 寅月에 丙火 분산에너지가 처음으로 드러난다. 이런 상황을 養地라 부른다.

4) 丁의 12運星

丁火의 근본작용은 熱氣를 모아 수렴하여 만물을 딱딱하게 만든다. 이런 이치로 가을에 열매를 완성할 수 있으며 地支의 酉金이 정화에 의해 만들어진 결과물이다. 그런데 丁火는 어디에서 온 것인가? 모든 陰氣는 반드시 陽氣로부터 생겨난다. 丙火가 분산을 시작해야 수렴하는 정화가 생겨난다. 丙火가 없다면 熱을 모으지 못한다. 땅속에 저장된 熱氣도 있지만 지상에서 열매를 완성하는 것은 여름의 복사열이고 丁火이며 丙火의 분산에너지를 모아서 열로 바꾼 것이다. 巳午未를 지나는 동안 丙, 丁火가 氣運을 교차하고 丁火의 힘을 키우다가 申酉戌을 지나는 동안 열매를 완성하고 땅에 떨어지면 亥子丑을 지나는 동안 丁壬 合을 통하여 木을 만들어낸다. 이런 이치로 巳火에서 丙火가 祿을 세우고 丁火는 生地를 만난다.

즉, 丙火가 분산작용을 시작하였기에 수렴에너지 丁火가 생겨나며 이것이 丁火의 生地다. 丁火가 午月을 만나면 丙火는 氣運이 극에 이르러 그 반발작용으로 一陰이 만들어지며 그것이 丁火다. 丁火가 巳酉丑 三合운동의 두 번째 시공간을 지나는 상황이고 미력하지만 氣運을 키워가기에 浴地라 부른다. 丁火의 수렴작용이 생겨났기에 午月에 열매가 뭉치기 시작한다. 丁火가 未月에 이르면 丙火의 분산작용은 衰地를 만나 약해져가고 丁火의 수렴에너지는 강해져 간다. 열매는 무럭무럭 익어가고 열매의 크기는 未月에 완성된다. 未月에 열매크기가 완성되기에 乙이 未月에 고지를 만난다. 좌우확산 작용을 방치하지 않겠다는 것이 未土요, 그렇게 하는 이유는 성장을 방해하기 위해서다. 丙火의 분산작용은 줄어들고 丁火 에너지는 점점 강해져 未土에서 冠帶를 만나 申酉戌에서 열매를 완성할 준비한다. 丁火가 申酉戌月에 이르면 丙火의 기운은 더욱 줄어들면서 작용력을 상실하여 墓地에 들고, 丁火는 더욱 강해져 열매를 완성한다. 즉, 丙火는 庚을 키우는데 쓰였다면 丁火는 辛 열매를 완성하여 떨어뜨리는데 쓰인다. 따라서 丁火는 申에서 祿으로 열매를 익힐 힘을 길러 酉에서 旺地로 열매를 떨어뜨리고, 戌에서 열매가 저장되기에 점점 가치를 잃어가기에 衰地라고 부른다.

丁火가 亥子丑月에 이르면 기운이 소멸되어간다. 丁火는 열매가 떨어지고 나면 수렴에너지는 쓰임을 잃고 亥月로 넘어가 六陰으로 응축이 극에 이르니 亥의 壬水가 甲을 키우기 시작하면 수렴작용을 마감해야 반대로 성장이 가능해지면서 丁火의 쓰임은 病地를 만난다. 丁火가 午月부터 수렴작용을 해주었기에 亥水에서 六陰을 이루며, 酉金이 亥水에 들어가 甲으로 물형을 바꾼다. 따라서 甲의 生地는 亥水요, 子月에 癸水가 발산을 시작하면 丁火의 중력에너지는 그 쓰임을 상실하기에 死地라 부른다. 丑月에 이르면 丁火는 巳酉丑 三合운동을 완성하고 墓地에 들어가니 丁火의 기운이 마감된다. 윤회를 거치는 기간이 寅卯辰月로 발산에너지가 확장하는 寅卯辰에서는 丁火의 수렴에너지가 무력할 수밖에 없기에 寅月에 長生하는 丙火에 기생하면서 巳月이 오기만을 기다린다.

卯月에 乙이 밖으로 나와 좌우확산 해주기에 丙火도 浴地를 만나 분산작용을 시작하고 丁火는 胎地를 만난다. 卯月을 胎地라 부르는 이유는 丁火가 辛 열매를 완성하려면 卯木이 나와야 열매의 근거지 乙이 생겨나고 卯木이 성장하여 庚이 되고 丁火는 辛 열매를 얻는다. 庚이 卯月에 胎地를 만난 것과 동일한 이치로 庚이 卯月에 胎地를 만나 열매로 바뀔 氣運

을 드러냈다면 丁火는 卯月에 庚을 열매로 만들 수 있는 시공간을 만난 것이다. 丁火가 寅을 만나면 絶地라 부르는 이유는 寅의 시공간은 땅속으로 아직 庚 열매를 만들 방법이 없다. 寅木이 땅밖으로 나와 卯木으로 바뀌어야 巳月에 庚으로 바뀌고 그 때서야 정화의 수렴작용이 가치를 얻기 시작한다. 丙丁이 열매 맺으려면 卯木이 나와야하는데 寅木의 상태에서는 열매를 만들 수 없기에 絶地라 부르고, 卯木으로 나오면 열매를 만들 근거지가 생겨나기에 胎地라 부른다. 丁火가 辰月에 이르면 養地라 부른다. 丙火의 氣運이 강해져 가고 巳月에 祿地를 세워 午月에 수렴에너지가 생겨나기를 기다린다. 즉, 巳酉丑 三合운동의 출발점 앞 단계 辰土에서 生地를 기다리는 상황을 養地라 부른다. 마지막으로 陰干도 순행한다는 관점으로 干支를 살펴보자. 癸水가 卯月에 生地를 만나 에너지가 생겨났다고 주장하지만 에너지의 특징을 모르는 설명이다.

癸水는 발산에너지로 목기를 키우고자 존재한다. 목기는 亥卯未 三合운동으로 성장하는데 卯木은 성장의 기세가 극에 이르렀기에 旺地라 부른다. 따라서 계수의 발산에너지가 방금 생겨난 상황이 아니며 木의 성장을 촉진할 수 있는 강력한 에너지를 가졌다.

따라서 癸卯干支는 癸水가 발산에너지를 卯木에 방사하여 좌우확산 하도록 적극적으로 관여한다. 丁火가 酉月에 生地를 얻었다고 주장하지만 巳酉丑 三合운동하는 丁火 입장에서 午未申酉月을 지나는 동안 에너지를 상승시켜 旺地 酉에서 丁火의 수렴에너지가 극에 이르고 열매를 완성시켜서 땅으로 떨어뜨린다. 이런 이유로 丁酉干支는 丁火가 酉金에 장생하는 것이 절대로 아니며 자신의 역할을 가장 강력하게 수행할 수 있는 에너지를 가진 시공간이다.

제 8장 十二神煞

1. 神煞의 의미

神煞의 의미를 가장 쉽게 이해하는 방법은 三合운동을 12개월로 나누어 변화과정을 세부적으로 살피는 것이다. 寅午戌 三合운동을 기준으로 寅에서 시작하여 12개월 동안 변화하는 특징을 12개의 상이한 이름으로 그 변화과정을 표현하였다. 다만 三合운동이나 12神煞이 알려주는 주된 의미는 지구에 존재하는 모든 물질은 생장쇠멸을 벗어날 수 없다는 것이다. 물질이 생겨나고 성장하고 쇠퇴하고 사라진다. 따라서 神煞을 이해할 때 寅卯辰, 巳午未, 申酉戌, 亥子丑 12개월을 기준으로 寅卯辰은 生이요, 巳午未는 長이요, 申酉戌은 衰요, 亥子丑은 滅이다.

이런 근본흐름을 살폈으면 12개의 명칭을 살펴보자. 참고로 삼합운동은 평면도가 아니며 반드시 삼각형 형태로 시공간이 흘러간다. 직선처럼 기복이 전혀 없는 상태가 아니라 삼각형처럼 상승과 하강을 반복하는 흐름이다. 삼각형 형태는 自然循環圖를 참조하기 바란다. 三合운동의 출발점 寅을 地煞이라 부르고 새롭게 출발한다. 三合運動을 시작하고자 탄생하여 존재를 드러내기에 과거의 상황을 벗어나 새로운 변화를 맞이한다. 마치 저승에서 이승으로 건너오는 것과 같아서 地煞을 만나면 원래의 시공간에서 벗어나 다른 곳으로 이동하여 새로운 환경에서 새 출발한다. 이런 변화는 학업, 직업, 인연, 물질, 환경 모두를 포함한다.

時	日	月	年	男
庚申	癸巳	庚申	戊寅	

78	68	58	48	38	28	18	8
戊辰	丁卯	丙寅	乙丑	甲子	癸亥	壬戌	辛酉

寅은 寅午戌 三合의 地煞에 해당하고 申은 驛馬다. 이렇게 年月에 地煞, 驛馬로 구성되니 어려서 부모 따라 해외에서 살아간다. 地煞에서 한 단계

더 나간 것을 年煞이라 부르는데, 일명 桃花다. 地煞에서 시작한 三合운 동이 조금 더 확장된 상황으로 새로운 땅에서 안정을 찾고자 사방팔방으로 활동반경을 확장한다. 이런 이유로 年煞의 공간, 환경, 물질, 육체, 심리는 굉장히 불안정하다. 어린애가 무럭무럭 성장하는 과정에 팔다리를 열심히 움직이는 모습을 연상하면 이해가 쉽다. 桃花는 바람, 색정을 의미하는데 地煞에서 기운이 동하고 年煞에서 기운을 확장하고자 육체를 적극적으로 활용하기에 그런 행위를 桃花라 부른다.

다만, 年煞은 직업이나 적성에 육체를 활용하고 도화는 色慾에 활용하는 차이가 있기에 명칭이 다르다. 年煞을 지나 月煞을 맞이하는데 근본 의미는 地煞, 年煞을 지나면서 새로운 땅에서 적응을 끝내고 적극적으로 활동 범위를 넓혀가고자 잠시 쉬면서 미래를 준비하는 상황이다. 뿌리내리고 안정을 찾았으니 세력을 확장하고 넓은 환경으로 나가고자 준비한다. 月煞을 벗어나면 亡身이라 부르는데, 기존의 모습을 버리고 전혀 다른 외형으로 탈바꿈하기 때문이다. 寅卯辰에서는 火氣가 드러나지 않았는데 망신에서 과거의 외형을 벗어던지고 화려한 모습으로 바뀐다.

자연으로 이해하면 寅卯辰에서는 성장하는 나무였는데 巳에서 아름다운 꽃으로 변하기에 亡身이라 부른다. 따라서 망신은 외형의 화려함을 상징한다. 亡身을 지나면 將星을 만나는데, 三合운동 중에서 가장 강한 기운을 일컫는다. 三合운동의 중심이자 삼합을 이끌어가는 주도자다. 寅卯辰에서 자라난 초목이 巳火에서 꽃피고 午火 將星에서 열매 맺는다. 寅午戌 三合은 성장하여 열매 맺는 운동을 주도하기에 삼합의 목적이 달성되는 시공간이다. 丙火의 寅午戌 삼합운동으로 살피면 丙火분산에너지가 극에 이르러 丁火의 수렴에너지로 전환하는 공간을 장성이라 부른다. 將星을 지나 攀鞍에 이른다. 근본 뜻은 將星의 자리를 내려놓고 떠나고자 말이 안장에 오르는 상황이다. 즉, 왕의 자리를 물려주고 퇴직하여 쉬러 가는 것이다.

자연으로 이해하면 寅午戌 三合 중 巳午未月로 가장 화려한 三合공간을 정리하고 떠난다. 旺地 보다 못하지만 여전히 三合의 중심부에 있다.

時	日	月	年	女
壬	戊	辛	辛	
戌	申	丑	丑	

78	68	58	48	38	28	18	8
己	戊	丁	丙	乙	甲	癸	壬
酉	申	未	午	巳	辰	卯	寅

년주 기준 巳酉丑 三合운동으로 戌土를 살피면 攀鞍이다. 戌土안에 씨종자 辛을 품었는데 巳酉丑 삼합운동의 旺地다. 酉金은 십신으로 傷官이니 일탈을 의미하는데 戌土에 담겼기에 동일한 씨종자를 후대까지 전달한다. 조상의 업보들이 자식에게 유전되는 것이다. 攀鞍을 지나면 驛馬를 만난다. 반안에서 새로운 길을 가고자 말에 올라탔고 驛馬는 새로운 길을 떠나는 과정이다. 자연으로 이해해보면 申酉戌을 만나는 것으로 申에서 열매 맺으니 과거의 상황과는 전혀 다르다.

寅卯辰에서는 성장하고, 巳午未에서는 꽃피고 열매 맺고, 申酉戌에서는 열매를 완성하여 결실을 얻는 시작점이 驛馬다. 地煞과 驛馬의 차이점은 地煞은 三合運動의 출발점이기에 새로운 출발이라면 驛馬는 기존의 상황을 정리하고 떠나는 것이다. 地煞은 전혀 준비가 없이 출발하고, 驛馬는 현재까지 활용했던 공간을 버리고 새로운 곳으로 떠난다. 驛馬를 지나면 六害를 만난다. 三合운동을 마감하기 직전의 상황으로 정리해야만 하는 공간이다. 넘겨줄 것은 넘겨주고 버릴 것은 버리면서 자신이 소유했던 것들을 정리한다.

자연으로 이해하면 申酉戌의 酉金으로 申까지는 결실을 완성한 것이 아니지만 酉金에서는 결실물로 완성되어 더 이상 寅午戌 확장운동 할 필요가 없기에 정리하는 것이다. 六害를 지나 華蓋를 만난다. 寅午戌 三合運動을 마감하는 공간에서 화려했던 과거를 정리, 저장한다. 과거를 저장하기에 확장은 불가하며 마감, 정리만 가능하다. 자연으로 살피면, 申酉戌의 戌土로 火氣를 담는다. 戌土에서 완성된 酉金을 저장하여 새로운 모습으로 탈바꿈하고자 윤회를 기다린다. 죽어서 묘지에 들어가 재탄생을 기다리는 것이다. 華蓋를 지나 劫煞을 만난다. 근본 뜻은 三合運動의 범위를 벗어나 새로운 공간에서 적응하는 단계로 寅午戌 火 삼합이 亥水 六陰을 만나니 火氣 입장에서는 적응하기 힘들다.

이런 이유로 내가 원하지 않는 공간에서 살아가는 상황에 처한다. 자연으로 이해하면 寅午戌에서 확장운동 했는데 亥水에서 새로운 생명체로 탄생을 준비한다. 劫煞을 지나면 災煞을 만난다. 劫煞은 三合運動과 전혀 다른 곳에서 출발하였다면 災煞에서는 새로운 땅에 적응해 가는 과정이다. 木으로 태어나고자 亥水를 지나 子水를 만나 木氣가 확산하는 과정이다. 災煞을 수옥 살이라 부르는 이유는 子水는 寅午戌 三合운동의 중심부 將星을 공격하여 확장운동의 중심부를 상하게 하여 문제를 일으키기 때문이다.

국가로 비유하면 왕권에 도전하여 法을 어기고 감방에 가는 행위를 일컫는다. 災煞을 지나면 天煞을 만난다. 天煞의 뜻은 劫煞, 災煞의 땅을 힘들게 지나와 지친 모습으로 地煞을 간절히 바라는 공간이다. 亥子丑에서 생명체가 발아되고 丑土에서 寅으로 탄생하고자 안정을 취해야 하며 함부로 행동할 수 없다. 엄마 배속에서 다 자랐지만 밖으로 나오지 못하니 답답한 상황이다. 이런 방법으로 神煞의 근본개념을 정립한 후 각 神煞의 파생 의미를 연구하여 확장한다.

제9장 天干의 十神조합

1. 十神조합의 이해

十神이라 부르는 이유는 十干의 특징 중에서 생하고 극하는 개념을 활용하고자 상이한 명칭을 부여한 것이다. 比肩 劫財 食神 傷官 偏財 正財 偏官 正官 偏印 正印으로 그렇게 부르는 이유가 무엇인지 살펴보자. 명리서적에 十神의 성향을 분석해 놓은 글들을 보았을 것이다. 十神은 하나의 글자로는 의미가 없지만 2개 이상이 만나 관계를 이루면 비로소 작용의미가 생긴다. 甲 생명체가 생겨났을 때는 甲이라는 명칭으로 존재하지만 甲이 다른 존재를 만나서 관계를 형성하면 十神의 명칭을 부여하는데 아래와 같다.

甲甲 : 甲이 甲을 보았을 때 比肩이라 부르며
甲乙 : 甲이 乙을 보았을 때 劫財라 부르며
甲丙 : 甲이 丙을 보았을 때 食神이라 부르며
甲丁 : 甲이 丁을 보았을 때 傷官이라 부르며
甲戊 : 甲이 戊를 보았을 때 偏財라 부르며
甲己 : 甲이 己를 보았을 때 正財라 부르며
甲庚 : 甲이 庚을 보았을 때 偏官라 부르며
甲辛 : 甲이 辛을 보았을 때 正官이라 부르며
甲壬 : 甲이 壬을 보았을 때 偏印이라 부르며
甲癸 : 甲이 癸를 보았을 때 正印이라 부른다.

즉, 甲甲, 甲乙처럼 관계를 형성할 때에서야 비로소 十神의 명칭에 의미가 생긴다. 구체적으로 의미를 살펴보자. 甲甲이 만나면 함께 성장한다는 의미로 比肩이라 부른다. 한문의 뜻을 직역하면 어깨를 견주는 것으로 가장 핵심적인 것은 경쟁성향이 없다.

동일한 陽干으로 아직 陰氣를 만들기 전이기에 기운을 확산하려는 성향만 있고 경쟁할 필요가 없기 때문이다. 甲乙이 만나면 劫財로 동일 오행인데 陰陽이 다르다. 甲의 氣가 乙의 質로 바뀌는 것으로 문제가 심각하다. 甲은 자신의 존재를 드러낼 안정적인 터전 己土를 원한다. 甲己 合의 작용인데 乙이 甲의 터전 己土를 상하게 한다. 乙은 戊土에서 좌우로 펼치는 에너지를 활용하며 己土와 시공간이 적절하지 않기에 겁재 乙이 甲의 터전 己土를 상하게 만드는 것이다. 甲丙이 만나면 食神으로 甲이 적절한 성장 기회를 마련하고 느긋하게 성장한다. 병화의 특성은 모든 것의 규모, 크기를 확장하기에 인간도 이런 에너지에 영향을 받아서 육체를 살찌운다. 에너지 특징을 살펴보면, 시공간을 넓게 활용하면서 수많은 사람들과 교류한다. 甲丁이 만나면 傷官으로, 성장과정을 지나 자신만의 고유한 성질, 특성, 물형을 결정하는 과정이다. 꽃으로 비유하면 빨강, 노랑, 보라 색 꽃으로 자신만의 색채를 갖는다. 傷官은 기존의 물형이나 틀을 고쳐서 독특한 물형을 만들려고 시도하기에 성격이 거칠거나 절제력이 없어서 위법행위도 저지를 수 있다.

甲戊가 만나면 偏財라 부른다. 甲은 戊土 터전에서 자신의 존재감을 드러내므로 戊土를 다스린다. 偏財를 부하라고 표현하는 이유다. 내가 원하는 것을 얻을 수 있고 가장 안정적인 삶의 터전으로 장소, 시간, 사람 모두를 포함한다. 다만, 재성에는 偏財와 正財가 있고 의미는 다르다. 甲에게 戊土는 필요한 것을 얻으려고 노력하는 터전이지만 나만 소유할 수 있는 터전은 아니다. 내 마음대로 소유하거나 다스릴 수 있는 사람, 사물, 장소임에도 불구하고 甲은 戊에서 안정을 취하기는 어렵다. 그 이유는 戊土에 안정적으로 뿌리내리기 어렵고, 특히 甲이 戊土를 만났는데 水氣가 부족한 구조라면 戊土는 甲에 의해 상한다. 甲己가 만나면 正財라 부른다. 戊土 偏財에서 나만 소유할 수 있는 것을 골라내는데 그것이 바로 正財다. 甲己 合으로 甲이 안정을 취할 수 있는 터전을 얻는다. 이런 이치로 正財를 부인이라 부르고 戊土 偏財는 나만의 것이 아니기에 애인이라 부른다. 正財에는 강한 소유욕과 애착이 있다.

戊土에서 다양한 것들 중에서 가장 가치 있다고 느끼는 하나를 뽑았기 때문에 빼앗기지 않으려는 욕심이 생기기 때문이다. 甲庚은 偏官이다. 자신만의 외형의 틀, 명예, 조직을 의미한다. 일정한 틀에 나만의 물형을 만들어가는 과정이다. 그 과정에 반드시 고통을 수반하고 인내심을 필요로 한다. 편관을 만나기 전까지는 결정된 틀이 없었기에 마음대로 원하는 것을 추구하지만 편관에 이르면 새로운 물형을 얻고자 원래의 물형을 버려야만 한다. 자연으로 비유하면 새싹이 가을에 열매로 바뀌는 과정에 생기발랄한 生氣를 버려야만 열매로 완성되고 고통이 수반되며 이런 과정을 편관이라 부른다.

甲辛은 正官이라 부른다. 고유한 틀, 자신만의 정체성, 삶의 경험을 축적한 상태다. 偏官 과정에 좌충우돌하며 만들어낸 나만의 세상이다. 이런 이유로 正官에서 정해진 틀을 바꾸기 어렵고 내가 반드시 지켜야 할 가치로 집착한다. 내가 경험했기에 무조건 맞는다는 착각에서 벗어나지 못한다. 우주의 극히 작은 지구에서 한 인간이 경험한 것이 무조건 맞는다는 착각에 빠진다. 이런 이유로 正官은 보수적이고, 상대를 이해하려는 노력이 부족하며 異見을 받아들이지 않는다. 자신이 정한 틀에 있으면 맞고, 그렇지 않으면 틀린 것이다. 다만, 十干에 따라서 정관의 물형이 전혀 다르기에 일방적으로 판단하지 못한다. 예로 甲에게 正官은 辛으로 위에서 설명한 속성이 강하지만 戊에게 正官은 乙로 좌우확산 에너지며 원래의 물형조차 바꿔버리려는 성정이기에 辛과 같은 正官의 속성을 찾아보기 힘들다. 정관의 고유한 의미는 인생의 모든 것을 경험하고 축적하여 자신만의 고유한 인생관을 갖추었기에 절대로 바꾸지 못하는 것인데 십간에너지 특징으로 살피면 十神 의미와는 정반대 뜻이 도출되는 것이다. 甲壬은 偏印이라 부른다. 원래 가졌던 물형을 버려야 하고 새로운 탄생을 기다린다. 물질과 육체가 없기에 시공간이 멈춘 것과 같고 새로운 삶을 준비하는 윤회과정이다. 辛金 正官을 풀어냈기에 인생경험의 지혜요, 자신만의 고유한 철학체계다. 다만 아직 확정된 철학은 아니고 여러 생각들이 교차한다. 속도로 비유하면 차가 멈춘 상태와 같으며, 아직 새로운 생명체로 바뀌지 않았기에 偏印이라 부른다. 아직 결정된 것이 아무것도 없기에 의심과 주저함이 있다.

壬水 엄마가 생명체를 품은 상태를 생각해보자. 아기가 양수 속에서 자라기에 몸을 함부로 움직일 수 없어 답답한 상황이요 머리만 활용하는 상태를 偏印이라 부른다. 甲癸는 正印이라 부른다. 새로운 생기를 얻는 첫 걸음이자 새로운 영혼을 얻는다. 속도는 느리고 멈추어진 상태였다가 조금씩 움직여 출발한다. 壬水로부터 딱 하나의 영혼을 골라냈지만 육체는 아직 얻기 전이다. 壬水는 전생의 육체에서 영혼을 분리시키는 과정이고 癸水는 새로운 영혼을 받은 상태로 육체를 얻어 탄생하면 甲이다.

十神을 陰陽으로 살펴보자. 陽은 比肩, 食神, 偏財, 偏官, 偏印은 氣運이 동한 것이요, 劫財, 傷官, 正財, 正官, 正印은 물질로 완성된 것이다. 달리 표현하면 陽은 완성상태가 아니므로 고정된 틀이 없고, 陰은 일정하고 固定된 틀을 완성한 것이므로 물형을 바꾸기 어렵다. 따라서 陰으로 완성되면 변화를 받아들이지 않기에 고집이 세다. 한 가지 고려할 것은, 天干 甲에서 癸까지 글자의미와 十神의미에는 차이가 존재한다. 十神을 만들어 낼 때 글자 고유의 개념을 포함하여 살핀 것이 아니라 단지 생극개념으로 十神명칭을 만들었기 때문이다.

예로 甲의 食神은 丙火인데 庚의 食神은 壬水다. 십신의 명칭은 食神으로 동일해도 丙火와 壬水의 에너지 특징은 정반대다. 따라서 육친관계를 살피는 것이 아니라면 글자성향을 중시하여 살펴야 한다. 丙火는 분산하는 에너지요, 壬水는 최대한 응축하여 감추고 드러내지 않는다. 동일한 食神임에도 에너지 특징은 전혀 다르다. 丙火는 사물을 밝히는 업무에 적합하다면 壬水는 내부에서 보이지 않는 것을 창조하는 역할에 어울린다.

지금부터 다양한 방법으로 十神의 의미를 살펴보자.

가. 十神의 속성

壬癸 : 우주, 지구자연의 근원에너지. 생명체의 존재를 결정하는 에너지로 모친의 작용과 같아서 印星 이라는 명칭으로 부른다.

甲乙 : 지구 자연에 존재하는 생명체로, 존재와 성장을 목적으로 하며 성장 과정에 협력, 경쟁하면서 발전하기에 比肩과 劫財라는 명칭을 부여했다.

丙丁 : 壬癸 인성의 특징은 흑색으로 어둠과 같아서 스스로 빛을 밝혀 사물에 色彩를 입히지 못한다. 지구를 밝혀주고 물질을 만들어낼 수 있는 에너지는 丙丁 뿐이다. 丙火는 빛을 분사하여 만물의 부피를 확장하고, 丁火는 열기를 수렴하여 열매를 단단하게 완성하는 역할이다. 이런 특징을 십신으로 食神과 傷官이라는 명칭을 부여했다.

戊己 : 水火木金 에너지도 지구터전이 존재하지 않으면 에너지를 사용할 공간이 없다. 지구에서 살아가는 모든 생명체의 삶의 터전이 戊己 土로 수화목금 에너지의 바탕이요 모든 현상들이 발현되고 완성되며 소멸하고 다시 드러나기를 반복하기에 만물의 터전과 같은 속성에 財星이라는 명칭을 부여했다.

庚辛 : 지구에 존재하는 물질, 결실, 씨종자로 성장하는 물질의

물형을 열매로 완성하는 과정이다. 활력이 넘치던 생명체 활동을 극도로 제약하는 에너지와 같은 특징을 正, 偏官이라는 명칭을 부여했다. 따라서 활력이나 활동범위가 제한되며 심하면 생기를 잃고 죽을 수도 있다.

나. 十神의 시간개념

比肩에서 正印까지 甲乙丙丁에서 癸까지를 순차적인 시간흐름으로 이해하면 比肩에서 시간이 출발하고 正印에서 끝난다. 따라서 출발은 항상 比肩이고 마지막은 항상 印星이다. 실제 四柱를 분석할 때도 시작과 출발의 개념으로 살핀다. 사주예문을 살펴보자.

時	日	月	年	男
壬	戊	辛	甲	
子	寅	未	辰	

73	63	53	43	33	23	13	3
己	戊	丁	丙	乙	甲	癸	壬
卯	寅	丑	子	亥	戌	酉	申

癸酉大運을 마감하고 甲戌 大運이 오면 새로운 출발점 甲을 맞이한다. 甲은 시간의 출발이며, 십신으로 比肩이다. 존재하지 않다가 처음으로 존재를 드러내기에 과거와는 전혀 다른 시공간을 맞이하여 출발한다. 癸酉 大運 집안몰락으로 힘들게 살면서 학업도 이루지 못했으나, 甲戌 大運에 새로운 전환점을 맞아서 학업에 열중하여 좋은 성적을 올렸고 좋은 직장에 입사하여 사회생활을 시작하였다.

다. 十神의 속도개념

十神의 속도개념은 인간의 일생에 비유하면 쉽게 답을 얻는다. 比肩에서 출발하여 천천히 속도가 증가하다가 偏財, 正財에서 가장 빠르고, 偏官에서 갑자기 속도가 줄기 시작하여 正, 偏印에 다다르면 가장 느려진다. 十神의 출발점 比肩은 육체가 성장하는 단계이기에 比肩, 劫財와 食傷에서는 육체는 활발하고 빠르지만 두뇌는 상대적으로 느리다. 따라서 比肩, 劫이 사주에 많으면 육체를 주로 활용하려는 성향을 보이기에 스포츠, 노동, 예술행위 등 적극적으로 몸을 활용하는 직업에 종사한다. 강한 육체를 색욕으로 사용하면 도화의 성향을 드러낸다. 財星과 官星에 이르면 정신과 육체가 균형을 이루고 正, 偏印에 이르면 몸은 극도로 느려지고 두뇌는 노련해진다. 正, 偏印은 주차장처럼 활동이 극도로 느려진 상태요 두뇌만 활용하기에 주로 철학, 종교, 명리, 교육 방면과 인연이 깊다. 또

印星은 움직임이 둔하고 변화가 작기에 부동산 계약서도 포함된다. 따라서 比劫, 食傷과 正, 偏印을 제외한 正, 偏財와 正, 偏官은 중간에 위치하여 육체와 두뇌가 적절하게 균형을 이룬 十神들이다.

라. 十神의 공간개념
甲乙은 탄생하여 성장하는 과정이요, 丙丁은 꽃피고 열매 맺는 과정이요, 戊己는 무성하게 자라 성장을 완료하고, 庚辛은 결실을 맺는 것이며, 壬癸에서 후대를 준비한다. 좀 더 자세히 설명하면, 甲 생명체가 탄생하고 乙에서 새싹을 좌우로 펼치다가 丙에서 꽃피고, 丁에서 열매 맺으며 戊에서 열매의 부피를 확장하고 己에서 열매의 성장을 완료하며, 庚에서 단단해져, 辛에서 열매로 완성되어 나무에서 떨어지며, 壬에서 윤회를 준비하고 癸에서 새로운 영혼을 얻고 色界로 존재를 드러낸 것이 甲이다.

마. 十神의 陰陽개념
甲이 존재를 드러내고 乙이 그 다음이다. 甲 입장에서는 陽氣이니 스스로 동하여 乙 陰氣를 만들어낸다. 陽干은 스스로 동하여 時間이 흐르면 乙이 만들어진다. 甲은 乙을 통하여 자신이 원했던 결과물을 얻지만 불행하게도 자신이 만든 劫財 乙은 甲의 터전 己土를 공격하여 상하게 한다. 도와주었더니 터전을 빼앗는 이치와 같아서 劫財라 부른다. 이것이 陽干이 陰干을 만날 때의 특성이다. 반대로, 乙이 甲을 보면 명칭은 동일하게 劫財이지만 만나는 상대가 양간이기에 의지 처로 반드시 陽干의 도움을 필요로 한다. 이렇게 십신명칭은 동일해도 陽干과 陰干이 겁재를 만난 상항은 전혀 다르다. 陽干은 스스로 새로운 세상을 열지만 陰干은 陽干의 도움이 있어야 자신의 존재를 얻는다. 여자의 경우, 陽干의 도움으로 물질을 취하는 이치와 같다.

바. 十神의 글자개념

생명체가 탄생하여 죽음까지의 과정을 글자 의미로 살펴보자.

甲: 天干에 처음 출현한 글자로, 독립적이고 경쟁상대가 없다. 갓난아이가 세상에 태어나 물정을 전혀 모르는 상태다. 이런 속성을 심리적으로 표현하면 내성적, 고독, 외로움, 불안정한 상태다.

乙: 甲이 성장하면 乙로 물형을 바꾼다. 甲이 있기에 乙이 생겨난다. 甲이 氣라면 乙은 質이다. 乙은 甲에 의지하여 세상에 나왔고 甲에 기대어 살아간다. 乙은 활동력이 가장 왕성하면서도 甲을 근거로 甲이 소유한 터전을 나누기에 劫財라 부른다. 따라서 劫財는 상대의 눈치를 봐야 하고 원하는 것을 더욱 많이 취하고자 경쟁 심리를 가질 수밖에 없다. 乙의 글자에 겁재의 속성이 숨어있다.

丙: 병화는 분산에너지로 태양에 비유해보자. 태양계 주위에 골고루 빛을 방사하기에 생명체들이 성장할 수 있다. 빛은 사방팔방으로 펼쳐지기에, 생명체도 상하좌우로 펼쳐지고 이런 속성을 食神이라 부른다. 인간의 일생에 비유하면 食神은 16-23세 사이에 일생에서 가장 많이 먹고 성장하는 과정으로 느긋하게, 꾸준하게, 끊임없이 이어지는 행위다. 食神을 福星이라 표현하는 이유다. 사주예문을 살펴보자.

時	日	月	年	男
모름	丙寅	壬辰	丙申	

72	62	52	42	32	22	12	2
庚子	己亥	戊戌	丁酉	丙申	乙未	甲午	癸巳

丙火가 辰月에 태어났다. 굴지의 중견기업 사장이다. 丙火의 특성대로 어두운 것을 싫어한다. 사무실에서 유리창을 가리는 것을 극히 싫어하고 밝은 환경을 좋아한다. 명백한 일처리를 선호한다.

丁: 丙火 빛이 丁火 열로 바뀐다. 丙火의 분산작용을 수렴작용으로 바꾸어 활짝 피었던 꽃을 열매로 바꾼다. 이런 성향을 십신으로 傷官이라 부른다. 즉, 원래의 물형을 독특한 물형으로 바꾼다.

時	日	月	年	男
모름	丙戌	丁未	丁酉	

71	61	51	41	31	21	11	1
己亥	庚子	辛丑	壬寅	癸卯	甲辰	乙巳	丙午

중견기업 상무다. 丙火의 특성대로 모든 것을 명확하게 밝히고 丁火 2개로 수렴하여 고치는 성향이 강하다. 모든 일에 관여하여 잘못된 부분을 지적하고 비평한다. 丙火는 빛을 골고루 비추고 성장을 촉진하지만 丁火는 丙火에 의해 성장한 만물을 정리, 정돈하는 과정에 일부를 교정하여 자신만의 독특한 특징을 갖도록 만든다.

이렇게 마음에 드는 것은 지키고, 그렇지 않으면 고치려는 성정을 보이는 것이 傷官이다. 이런 이유로 傷官은 비판을 잘하며 丁火가 그런 속성이 강하다. 甲을 기준으로 傷官은 일탈이요 성장과정의 사춘기와 같다. 나만의 독특한 생각, 행동을 원하는 시기다. 70년대 윤 복희씨가 명동에서 미니스커트를 입었을 때의 상황과 같다.

戊: 戊土는 偏財로 글자의미는 지구에 존재하는 모든 것을 성장하고 꽃피우고 결실 맺도록 해주는 터전이다. 지구를 벗어나 존재할 수 있는 생명체는 없다. 戊土가 있기에 생명체들이 존재가치를 발현한다. 戊土는 지구의 모든 변화를 담는 터전이다. 사계절을 흐르는 동안 물형이 시시각각 변하기에 불안정하며 다양한 변화로 유동적인 시공간이다. 삶에 필요한 모든 것을 교류하지만 모든 생명체들이 공동으로 사용하기에 私的 소유물이 아니다. 이런 의미들이 戊土 偏財의 속성이다. 偏은 지나치거나 부족하다, 한쪽으로 치우치거나, 불공평하다는 뜻이다.

己: 己土를 正財라 부르는 이유는 나만 소유할 수 있기 때문이다. 변화,

변동을 주재하는 戊土는 저장기능이 없기에 나만의 것이라고 주장하지 못한다. 己土는 가을에 씨종자를 품는 안정적인 터전과 같기에 소유가 가능해진다. 甲의 입장으로 살피면 고유한 물형을 유지해주는 터전 己土를 正財라 부른다. 따라서 편재와 정재의 가장 큰 차이점은 소유할 수 있는가의 여부다. 다만, 正財의 단점은 己土의 소유욕으로 이기적이며 다양성을 배제하기에 偏財와 물질크기를 비교하면 훨씬 작다.

時	日	月	年	男
庚	壬	己	庚	
子	辰	卯	申	

75	65	55	45	35	25	15	5
丁	丙	乙	甲	癸	壬	辛	庚
亥	戌	酉	申	未	午	巳	辰

壬水日干이 己卯 月에 태어났다. 己土는 저장역할을 하는 土인데, 卯木 위에 있으니 卯木이 己土를 뚫고 나가려는 성향 때문에 한곳에 정착하지 못하여 己土의 시기 16-23세 사이에 자주 가출했다.

時	日	月	年	男
戊	己	庚	己	
辰	卯	午	亥	

76	66	56	46	36	26	16	6
壬	癸	甲	乙	丙	丁	戊	己
戌	亥	子	丑	寅	卯	辰	巳

己卯일주로 보험대리점을 운영한다. 허풍이 심하고 말을 거침없이 잘한다. 己卯의 시기 40세 즈음에 부인이 세 번 가출했고, 현재는 이 남자가 집을 나와 별거한다. 壬辰年과 癸巳年 세무조사로 파재하였다.

庚辛: 庚은 계절로 여름이다. 모든 과일, 열매, 곡식들이 성장한 후 가을에 수확한다. 과일, 열매는 동일한 나무에 함께 매달려 있기에 단체의 특성이고 성장에서 수렴으로 전환하는 과정에 통제, 관리하는 특징을 보인다. 이렇게 기존 물형에 변화를 주는 시도가 偏官이며, 정확한 틀로 완성된 결과물이 正官이다. 庚이 일차적으로 틀을 만들면 辛 正官이 틀을 완성한다. 과일의 변화과정으로 살피면 편관에서 과일의 테두리를 딱딱하게 만들고, 과일로 완성되어 땅으로 떨어진 완성품이 正官이다.

正, 偏官의 차이를 살펴보자. 偏官은 강제적이며 정형화된 틀을 만들기에 원래의 물형을 변형시킨다. 즉 운동을 멈추게 하거나 감소시키고, 제어하여 활동, 움직임을 둔하게 만든다. 이 과정을 통하여 얻어진 결과가 正官이며 완벽하게 절제된 모습이다. 偏官은 거칠고 미완성이고 마무리 작업을 위해 움직이지만 正官은 완벽하게 완성되어 그런 과정이 필요 없다. 이런 이유로 正, 偏官이 동일한 오행이지만 의미는 차이가 크다. 甲의 입장에서 庚辛 偏, 正官은 甲이 태어난 목적을 완성시키는 것이다. 편관을 만나기 전까지는 자유롭게 성장하였다면 편관을 만나면 틀에 들어가 열매를 만든다. 틀 내부로 들어가니 피동적이다. 편관을 만나기 전까지는 통제 없이 의지대로 했지만 偏官을 만나 통제된 행위를 하므로 자신의 의지가 제한된다. 예로 남자에게 자식이 생기면 자신이 하고 싶은 행위를 절제하고 자식을 위해 희생하는 이치다.

時	日	月	年	女
甲	戊	丁	庚	
寅	辰	亥	子	

79	69	59	49	39	29	19	9
己	庚	辛	壬	癸	甲	乙	丙
卯	辰	巳	午	未	申	酉	戌

戊辰일주로 사회활동 할 때 굉장히 활동적이나 시주 甲寅으로 偏官이 강하다. 아들에게 부담감을 느낄 수밖에 없다.

壬癸: 壬癸를 偏, 正印이라 부르는데, 壬水는 생명체를 만드는 모체다. 生命의 근원으로 어머니와 같고, 十神으로 正印, 偏印이라 부른다. 엄마의 배속에서 성장하고 탄생하여 활동을 시작한다. 이것이 甲乙 생명체로 正印, 偏印은 生命의 에너지를 간직하고 있다가 생명체를 세상에 드러낸다. 辛에서 얻어진 正官을 壬水에 품어서 잉태하니 안전하게 보호할 막중한 책임을 가졌다. 偏印은 영혼의 세계와 같아서 정반대편 食神의 성장을 방해한다. 무럭무럭 성장해야하는 食神활동을 방해하고 정신적인 에너지만 내부에 축적시킨다. 壬水가 偏印인 이유는 마치 물을 한곳으로 모아 새로운 陽氣가 나올 때까지 기다려 癸水 正印으로 분출하여 生命體를 내놓을 환경을 조성한다. 또, 壬水는 무한 응축되어 생명체가 살 수 없는 환경이요, 癸水는 폭발하는 발산작용으로 생명체를 기를 수 있는 환경을 조성한다.

2. 十神조합의 이해

十神組合의 의미를 이해할 때는 먼저 陽界와 陰界를 살펴서 활용한다. 그렇게 하는 이유는 고대의 주장이 너무 획일적이기 때문이다. 예로, 正印은 무조건 좋고 偏印은 무조건 나쁘다는 터무니없는 논리로 오류를 범한다. 구조에 따라서 좋은 작용할 수도, 흉한 작용 할 수도 있다. 十神은 十干의 범위 중에서 생극 작용만 취했기에 제한적일 수밖에 없다. 十干은 우주, 자연의 모든 것을 표현한 것으로 十神과 비교할 수 없는 광의이기에 十神보다는 十干에 충실해야 한다.

가. 陽界의 十神조합

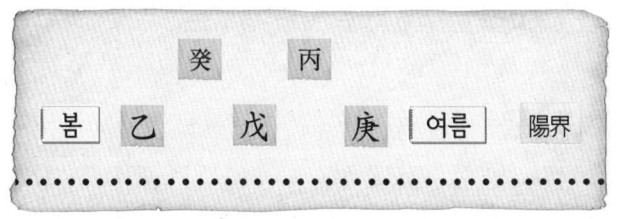

十神을 글자쓰임에 따라 살펴보자. 구별방법은 四季圖처럼 陽界에서 활동하는 조합들을 살피며, 반대편 조힙들은 어울리지 않는 관계라고 가정한다. 그 이유는 天干 글자들은 자연의 순환원리를 근거로 한 것이며 각 시공간에 어울리는 조합이 존재할 수밖에 없기 때문이다. 十神은 획일적으로 陰陽을 구분한 명칭일 뿐, 글자의 고유한 에너지 특징을 살피지 못했다.

1)乙木의 十神조합
乙木의 十神을 陰陽으로 나누면 壬水는 正印이요 癸水는 偏印이지만, 자연의 이치와, 인간의 삶을 살펴보면 乙이 壬水를 보는 것보다 癸水와 조합하는 것이 훨씬 좋은 관계라는 것을 깨닫는다. 그럼에도 불구하고 壬水는 正印이요, 癸水는 偏印 계모로 분류하여 癸水와 흉한 관계라는 착각에 빠지게 만든다. 실로 엄청난 오류다. 乙은 陽界에서 癸水, 丙火, 戊土, 庚과 관계를 형성한다.

乙이 癸水를 만나면 偏印이라 부르지만 癸水는 따뜻한 온기와 윤택함을 제공하는 성장에 필수적인 에너지다. 印星은 아무런 조건 없이 나의 탄생과 성장을 도우기에 癸水는 乙의 존재를 결정한다. 乙이 丙火를 만나면 傷官이지만 丙火를 통하여 존재가치를 확연하게 드러낸다. 乙은 좌우로 펼치는 에너지로 丙火를 활용하여 자신의 활동을 극대화시키기 때문이다. 乙이 戊土를 보면 正財로 존재를 드러낼 삶의 터전이다. 즉, 乙은 戊土에서 자신의 존재가치를 활용한다. 財星이 다치면 수명에 문제가 생긴다고 주장하는 이유이기도 하다. 乙이 庚을 보면 正官으로 乙은 성장하여 庚 틀 속으로 들어가 열매로 완성된다.

즉, 乙이 庚化 되어 완성된 물형을 만들며, 庚이 원하는 모양에 따라 乙의 물형이 결정된다. 庚이 크거나 작은, 찌그러진, 둥근 모양 중 어떤 모양을 원하는가에 따라 乙의 형태가 달라진다. 이것이 官星의 개념이다. 정리해보면, 印星은 성장의 밑거름이요, 무조건적으로 나의 존재를 만들고, 食傷은 존재가치를 드러내고 존재의미를 확장해주며, 財星은 안정적인 삶의 터전이요, 官星은 물형을 결정하고 정체성을 완성하는 과정이다. 이런 식의 이해가 글자 고유의미와 자연의 순환원리 그리고 명리에서 활용하는 十神

의미를 종합적으로 이해하는 옳은 방법이다. 十神의 획일적인 구분 때문에 문제가 많음을 인식하기 바란다.

2) 丙火의 十神조합

丙火가 乙木을 보면 正印으로 乙이 있기에 빛을 비추고 분산에너지를 방사한다. 乙은 丙火를 통해 존재감을 드러내지만 丙火에게 乙은 丙火를 존재하게 해주는 어머니와 같다. 乙丙, 丙乙 관계를 태양 丙火가 초목 乙을 키운다고 생각하는 것은 옳지 않다. 이런 판단은 十干을 물상에 비유한 것으로 에너지와 시공간 개념으로 살피지 않은 오류다. 태양이 있기에 초목이 성장하므로 태양은 병화가 맞지만 丙火가 태양은 아니다. 병화는 분산에너지를 상징하는 부호로 그 존재를 만들어주는 것은 좌우확산 에너지 乙이다. 乙이 좌우로 펼치는 과정에 壬癸의 응축, 발산에너지를 줄이면 상대적으로 丙火가 확장되는 것이다.

이런 시공간 흐름을 生剋 관계로 살피면 木이 火를 생한다고 판단한다. 木生火라고 하면서도 火生木이라 착각하는 이유는 물상과 에너지의 차이를 구별하지 못하기 때문이다. 이런 관점은 시공간 방향을 판단하는데 영향을 미친다. 사주팔자에서 시공간 방향을 확인하면 木生火 인지, 태양이 초목을 키우는지 쉽게 이해할 수 있다. 十干은 물질이 아니기에 반드시 에너지로 살펴야 한다. 丙火가 戊土를 만나면 食神으로 丙火 분산하는 빛을 드러낼 무대를 만난다. 만약 戊土가 없다면 丙火는 존재가치를 드러낼 터전이 없다. 丙火는 빛을 방사하여 戊土에 존재하는 생명체들에게 화려한 色彩와 생동감을 부여한다. 丙火가 庚을 만나면 偏財라 부르고 삶의 터전, 존재의미, 존재가치를 얻는다.

즉, 병화는 乙의 생을 받고자, 戊土 터전에 분산에너지를 방사하고자 존재하는 것이 아니라 庚 열매를 만들기 위해 존재한다. 따라서 丙火가 겉으로는 전혀 다른 삶의 가치를 설명해도 병화의 본 모습은 물질, 재물, 열매 庚을 추구한다. 이것이 火生金의 이치다. 丙火가 癸水를 만나면 正官으로 癸水에 의해 丙火가 완성된다. 癸水의 발산에너지가 공급하는 온기에 따라 丙火의 강도가 결정된다. 癸水가 온도를 많이 올려주면 丙火도 그만큼 빛을 분산하고, 적게 올리면 丙火도 그에 상응하는 빛을 분산한다. 자연에 비교하면 작년 여름에 굉장히 더웠으나 올해는 상대적으로 덥지 않았다. 이 과정에서 온도를 결정하는 것은 癸水이기에 丙火를 만드는 官星이다.

3)戊土의 十神조합

戊土가 丙火와 조합하면 偏印이라 부르기에 나쁜 작용처럼 생각하지만 병화의 화려한 색채를 받아 戊土의 존재감을 뽐낸다. 丙火 빛이 없는 지구표면 戊土는 어둠 속에 잠겨 실체조차 드러내기 어렵다. 戊土는 丙火에 의해 존재가치를 드러내며 분산에너지를 발현하는 터전과 같다. 戊土가 庚을 만나면 食神으로, 열매 庚의 존재를 戊土 터전에 드러낸다. 戊土는 庚의 실체를 통하여 戊土로서의 가치를 드러낼 수 있다. 예로, 땅 위에 수박이 있다면 수박을 키우는 땅이 戊土이고, 아무것도 없다면 땅의 가치가 없다. 이렇게 戊土의 가치는 庚 열매가 무엇이냐에 따라 달라진다.

戊土가 癸水를 만나면 正財라 부른다. 癸水가 있기에 戊土가 癸水의 온기와 윤택함으로 戊土의 가치를 높인다. 만약 癸水가 없다면 戊癸 합하지 못하여 윤택한 환경이 아니기에 丙火에 의존하는 모든 생명체들은 타버리고 생명을 유지하지 못한다. 이런 이유로 戊土의 존재를 결정하는 癸水는 戊土의 財星이요, 양생터전, 존재가치와 같다. 癸水가 없다면 戊土 지구는 생명체를 키우지 못하기에 혹성과 같으며 터전으로서의 가치가 없다. 戊土가 乙을 만나면 正官으로, 乙의 모양에 따라 戊土의 물형이 결정된다. 乙이 무성하면 무성한 땅이고, 乙이 없다면 나무가 없는 불모지와 같다. 이렇게 戊土의 물형은 乙에 의해 결정되기에 正官이라 부르며 戊乙이 조합을 이루면 乙이 戊土를 장식하고, 치장한다.

4)庚金의 十神조합
庚金이 戊土를 만나면 偏印이기에 나쁜 조합이라 판단하지만 庚은 戊土에서 열매가치를 뽐낸다. 四季圖를 기준으로 戊土, 丙火, 庚은 여름에 배속되고 丙火 빛으로 戊土 위에서 庚 열매가 익어가기에 물질가치가 높은 시공간이다. 庚金이 癸水를 만나면 傷官이고 자신을 드러내며, 癸水의 온기와 윤택함의 조절작용으로 庚 열매의 부피를 키운다. 午未申 여름에 庚의 틀에 水氣를 채우는 것은 陰界의 壬水가 아니고 陽界의 癸水다. 申月이 지나서야 비로소 壬水가 드러나 庚 내부에 水氣를 채운다. 庚의 가치가 적절하게 발현되는 시공간은 午未申월이다. 巳月에 癸水의 도움으로 庚의 존재가 드러난다.

즉, 癸水 발산에너지로 火氣가 상승하여 庚 꽃이 활짝 피는 것이다. 庚金이 乙을 만나면 財星으로 삶의 터전, 존재가치다. 庚은 乙이 있기에 乙庚 合하여 열매를 맺는다. 따라서 庚이 존재하는 근본 이유는 乙때문이며 을이 없다면 꽃피지 못하고 열매가 열리지 않는다. 庚이 丙火를 만나면 偏官으로 丙火의 분산작용으로 庚의 물형이 결정된다. 분산작용이 강하면 열매가 커지고, 약하면 상대적으로 작아진다. 빛의 강도에 따라 庚의 물형이 결정되기에 偏官이다.

5)癸水의 十神조합
癸水가 庚을 만나면 正印이다. 庚에게 癸水는 자신을 드러나게 해주며, 癸水가 庚을 만나면 水氣를 담을 그릇이 생겼기에 印星이라 부른다. 즉, 庚이 틀을 제공해주기에 癸水가 안정적인 틀을 갖는다. 癸水가 乙을 보면 食神이라 부른다. 乙을 통해 자신을 드러내는 것이요, 癸水에게 가장 중요한 역할이다. 亥卯未 三合운동하는 癸水는 반드시 乙의 성장을 촉진해서 존재가치를 높인다. 癸水가 丙火를 만나면 正財로 癸水의 존재가치는 丙火의 분산작용과 같다. 달리 표현하면 癸水가 발산에너지로 윤택함과 온기를 공급하는 이유는 丙火 분산작용을 위한 것이다.

이런 관점에서 살피면 癸水와 丙火는 相克처럼 보이지만 실제로는 보완관계다. 丙火에게 癸水는 官星으로 癸水의 발산작용만큼 丙火 분산에너지가 결정된다. 癸水가 戊土를 만나면 正官으로 癸水의 쓰임은 戊土 땅의 범위에 따라 결정된다. 戊土가 넓으면 癸水의 쓰임이 크고, 戊土가 작으면 癸水의 쓰임도 작기에 癸水의 물형은 戊土에 의해서 결정된다.

나. 陰界의 十神조합

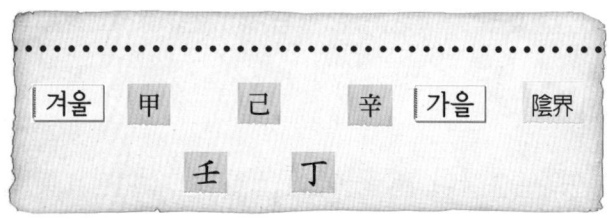

1) 丁火의 十神조합
丁火가 甲을 만나면 正印으로 甲이 있기에 열기를 잃지 않는다. 甲은 壬水를 印星으로 쓰기에 丁火 입장에서 官星인 壬水를 甲이 받아서 丁火의 부담을 덜기 때문으로, 甲이 있기에 丁火의 熱氣를 유지하는 것이다. 丁火가 己土를 만나면 己土에 열기를 전달하는 것이다. 다만 이때의 작용은 己土를 뜨겁게 하는 것은 아니다. 己土는 습토이기에 많은 빛과 열을 필요로 하지 않는다. 다만 己土에 丁火 熱氣가 없다면 모든 생명체들은 겨울을 지나는 동안 생존하기 어렵다. 壬水에 적절한 丁火 열기를 필요로 하기에 己土를 통하여 드러내는 것이다.

丁火가 辛을 보면 偏財라 부른다. 偏財의 개념은 丁火가 존재하는 터전이요, 존재가치로 씨종자에 열기를 가하여 싹을 만들기 위힘이다. 달리 비유하면 丁火는 酉時를 만나야 가장 적절한 쓰임을 얻는다. 만약 丁火가 辛을 만나지 못하면 존재하지만 존재가치가 없는 것과 같다. 丙火가 庚을 만나는 것과 동일한 이치로, 丁火가 辛을 만나야 할 일이 생긴다.

丙丁으로 庚이 성장하여 열매 맺고, 辛 열매로 완성된다. 丁火가 壬水를 만나면, 壬水의 크기에 따라 丁火 熱氣의 기세가 결정되기에 官星이다. 壬水가 너무 많으면 丁火는 역할을 적절하게 할 수 없고, 壬水가 적당하면 丁火의 가치를 적절하게 드러낸다. 주의할 것은, 丁火는 熱氣 본성을 가졌기에 水氣가 많으면 쓰임이나 역할에 충실하지 못하다. 이런 이유로 丁火는 水氣를 좋아할 수 없다. 이런 방식으로 天干 글자가 필요로 하는 것이 무엇이고, 무엇에 의해, 무엇을 위해 존재하는지를 이해할 수 있다.

2) 己土의 十神조합

己土는 습한 土로 辛과 甲을 저장하고 땅위로 올려주는 역할을 하는데 丁火를 만나면 偏印이라 부르지만 丁火를 만나야 土 역할을 성실하게 수행한다. 마치 陽界에서 丙火가 戊土의 印星에 해당하는 것과 동일한 이치다. 己土는 丁火의 熱氣를 품어야 己土로서 쓰임을 얻는다. 만약 없다면 凍土의 땅으로 辛에 熱을 가할 수 없어 씨종자가 발아되지 않기에 甲 뿌리를 내놓지 못한다. 자연의 순환과정에 문제가 발생하는 것이다.

己土가 辛을 만나면 食神으로, 씨종자를 품어야 자신의 역할에 충실하며, 辛을 통하여 甲을 생산해 낼 수 있기에 쓰임을 얻는다. 마치 戊土가 庚을 食神으로 드러내는 이치와 동일하다. 결론적으로 戊己는 열매와 씨종자를 통하여 존재가치를 드러낸다. 己土가 壬水를 만나면 正財라 부른다. 財星은 존재가치를 드러내는 터전이자, 생명의 근원과 같아서 壬水를 만나지 못하면 쓸모없는 땅과 같다. 임수를 반드시 필요로 하는 이유는 己土가 축축해야 종자를 품기 때문이다. 己未의 땅은 水氣가 거의 없으니 쓰임이 없는 땅으로 종자를 품지 못하는 불모지와 같다. 己土가 甲을 만나면 正官이라 부른다. 甲이 뿌리내리는 모양대로 己土 땅의 물형이 결정된다. 뿌리가 굵으면 그 모양을 담은 己土요, 가늘면 가는 甲을 품은 己土의 모양이다. 따라서 甲은 己土의 물형을 결정하고 완성시키는 역할이기에 官星이라 부른다.

時	日	月	年	女
戊	己	甲	丁	
辰	未	辰	巳	

71	61	51	41	31	21	11	1
壬	辛	庚	己	戊	丁	丙	乙
子	亥	戌	酉	申	未	午	巳

이 구조는 水氣가 말라 己土 또한 甲을 안정적으로 품지 못하고 甲도 마른 땅에서 성장이 어렵다. 이런 이유로 甲은 己土의 땅에서 오래 머물지 못한다. 오래 머물면 목숨이 위태롭다는 것을 알기에 己土의 땅에서 벗어날 수밖에 없다. 30代 壬辰年에 한국인과 결혼하였으나 1년 만에 이혼하고 자식도 없다.

지금부터는 陰界의 十神들이 陽界에 있는 十神들과 組合하는 상황을 살펴보자. 己土가 丙火를 만나면 正印이다. 己土가 庚을 만나면 傷官이고, 己土가 癸水를 만나면 偏財요, 乙을 만나면 偏官이다. 己土에게 丙火는 正印이지만 己土는 습해야 하고 땅속과 같아서 丙火가 아무리 분산작용을 해도 己土가 우선적으로 필요한 것은 壬水와 丁火다. 다만, 丙寅 月에 태어나면 좋은 이유는 寅이 丙火 분산작용을 돕는 것이고 己土가 丙火를 원하는 것은 아니다. 즉, 己土가 품은 寅을 밖으로 꺼내고자 丙의 도움이 필요한 것으로 사주구조가 마른 火, 土로 구성되어 寅을 키우기 어려운 己土의 경우는 丙火가 흉한 역할을 한다. 이런 이유로 己土가 丙寅 月을 만나면 무조건 좋은 구조라고 생각하지만 반드시 전체 구조를 살펴서 판단한다. 예문을 살펴보자.

時	日	月	年	女
丙	己	丙	己	
寅	巳	寅	酉	

73	63	53	43	33	23	13	3
甲	癸	壬	辛	庚	己	戊	丁
戌	酉	申	未	午	巳	辰	卯

이 女命은 공직자며 순탄하게 발전해왔다. 다만, 酉가 있다고 해도 생육이 어려운 마른 땅이기에 생명체를 얻기 어려워서 첫 아이를 8개월 만에 잃

었다. 己土가 庚을 만나면 傷官이다. 庚은 완성되지 않은 戊土가 품은 열매로 己土가 품을 수 있는 열매 辛이 아니다. 따라서 己庚 조합은 시공간이 적절하지 않다. 己土는 辛 씨종자를 품어 甲으로 바꿔주는 역할이며 성장하는 庚을 품을 수는 없다.

時	日	月	年	女
戊	己	庚	己	
辰	酉	午	巳	

76	66	56	46	36	26	16	6
戊	丁	丙	乙	甲	癸	壬	辛
寅	丑	子	亥	戌	酉	申	未

己土가 午月에 庚을 품어 傷官으로 드러난 경우는 己土의 습하고 水氣를 축장한 氣運이 없기에 傷官을 적절하게 제어하지 못한다. 매우 수다스럽고 말에 조리가 없다. 己土가 癸水를 만나면 偏財다. 己土는 저장土로서 씨종자를 저장하고 木의 뿌리를 품어야 하므로 壬水를 원한다. 癸水는 발산에너지요, 온기를 올려주므로 戊土에게 적절하고 己土에게 적절한 것은 아니다.

時	日	月	年	男
癸	己	癸	丁	
酉	卯	卯	未	

77	67	57	47	37	27	17	7
丙	丁	戊	己	庚	辛	壬	癸
申	酉	戌	亥	子	丑	寅	卯

癸水가 卯木을 적절하게 키우니 유명대학을 졸업하고 법조계에서 일하지만, 己土에게 癸水는 偏財요, 戊土에게 필요한 것이기에 좋은 역할은 아니다. 즉, 卯 입장에서 癸水가 좋은 역할이지만 己에게 癸水는 어울리는 조합이 아니다. 따라서 일지 卯木이 부담스러워 밖에서 여자를 찾지만 만나는 여인들이 좋은 인연은 아니다. 癸는 결과적으로 戊土를 향하기 때문이다.

己土가 乙을 만나면 偏官이다. 乙은 좌우확산하며 戊土에서 성장한다. 따라서 땅속의 己土를 乙이 좌우로 풀어 헤치는 것은 좋은 모양이 아니다. 안정적이어야 할 땅 己土가 파헤쳐지는 상황이니 불편한 존재다. 乙己 조합을 干支로 표현하면 己卯와 乙未다. 己卯의 물형은 땅 속에 존재하던 卯木이 己土 땅을 뚫고 위로 올라가는 기세다. 이런 이유로 남녀 모두 부부인연이 좋지 않다. 乙未는 乙이 未土에서 활동이 답답해지지만 未土를 파헤치려한다. 乙未일주 남자는 부인을 편하게 해주지 않는다.

時	日	月	年	女
乙	己	癸	乙	
丑	卯	未	巳	

75	65	55	45	35	25	15	5
辛	庚	己	戊	丁	丙	乙	甲
卯	寅	丑	子	亥	戌	酉	申

이 여명은 어려서 왼손을 다쳐 불구요, 부친은 일찍 돌아가시고 모친이 재혼하여 6살 때 다른 집으로 입양되었고 성장 후 가난한 시골로 시집갔다. 十神조합으로 壬丁己는 좋은 조합이 아니라고 판단하지만 시공간이 매우 적절하다. 己丙乙의 경우는 살인상생으로 좋아 보이지만 己土가 마른 땅이라면 乙이 丙火를 키우느라 己土가 골병들 수 있으니 사주구조를 살펴서 판단한다. 己丙乙 조합도 地支에 水氣가 적절하면 乙을 키울 수 있기 때문이다.

3) 辛金의 十神조합

辛은 씨종자로 水氣에 풀어져 甲으로 물형을 바꾸는 과정에 己土, 壬水, 丁火를 필요로 한다. 辛이 己를 만나면 印星으로 辛을 품어 보호한다. 己土가 있기에 辛이 안정적으로 존재하기에 印星에 해당한다. 辛이 壬水를 만나면 傷官으로 정체성을 드러낸다. 궁통보감에서 보세주옥이라 표현하는네, 壬水를 만나야 씨종지를 풀어낼 수 있다. 딱딱한 辛이 부드러운 뿌리로 물형을 바꿀 수 있는 유일한 방법은 壬水를 통해서만 가능하기에 존재감을 드러내는 傷官이다. 다만, 보세주옥이라는 명칭에 辛壬은 좋은 조합이라는 편견을 갖지만 좋고 나쁨을 판단하는 근거가 아니다. 辛이 壬

水에 풀어진다는 의미는 원래의 가치나 정체성을 상실하고 壬水의 개인주의와 결합하면 방탕하기 쉽다.

辛이 甲을 만나면 正財로 辛의 존재의미, 삶의 터전으로 甲이 있기에 존재가치를 느낀다. 달리 표현하면 辛은 甲을 만들고자 존재한다. 따라서 辛이 甲을 보면 자신의 가치를 알려주는 존재와 같기에 애착을 갖는다. 반대로 甲辛이 조합을 이루면, 甲에게 辛은 官星일 뿐만 아니라, 辛의 물형이 변하여 甲으로 나왔기에 과거와 같고 낡은 것이다. 따라서 새로운 출발을 뜻하는 甲이 辛을 보면 과거로의 회귀와 같아서 특별한 구조를 제외하고는 좋은 조합은 아니다. 辛金이 丁火를 만나면 偏官이다. 辛이 壬水에 풀어질 때 반드시 丁火가 있어야 하는 이유는 열기가 있어야 辛이 木으로 물형을 바꾸기 때문이다. 辛 씨종자는 壬水 물과 丁火 熱氣가 적절하게 배합된 환경에서야 甲으로 바뀐다. 따라서 丁火는 辛에게 偏官으로 熱氣의 강도에 따라 辛金의 물형이 결정된다.

4)甲木의 十神조합

甲이 壬水를 만나면 偏印이라는 명칭을 부여했지만 甲이 성장하는 과정에 절실하게 필요한 존재다. 壬水가 있기에 甲은 水氣를 빨아올려 성장할 수 있고 자신의 존재를 드러내기에 印星이라 부른다. 甲이 丁火를 만나면 傷官이다. 丁火가 傷官인 이유를 살펴보자. 辛의 물형이 水氣에 바뀐 모습이 甲이기에 辛은 甲의 정관이다. 즉, 甲의 물형을 결정하는 것은 辛인데 丁火가 辛을 제어하여 甲의 물형에 변화를 주므로 傷官이라 부른다. 傷官은 기존의 틀에서 벗어나는 성향이다. 陰界에 존재하는 辛, 己, 丁, 壬, 甲의 흐름은 辛이 丁壬 合을 통하여 甲으로 태어나기에 丁壬 合할 때 반드시 辛이 필요하다. 甲이 己에 뿌리내리면 壬水가 甲의 성장을 촉진하며 陽氣가 오르면 乙로 드러나기에 甲은 陰界에서 陽界를 지향하며 丙火를 더 좋아한다. 甲丙 조합과 甲丁 조합의 특성을 비교하면 甲丙은 장기간 학업에 열중하여 교육, 공직, 의료 계통에 어울리고 甲丁은 기술직, 전문직에 어울린다. 庚金과 비교해보자. 庚은 陽界에 존재하고 丙에 의해 乙庚 合으로 열매 맺은 후 辛 열매를 완성하기에 陽界에 존재하지만 方向은 陰界를 향한다.

甲이 陰에서 陽을 지향하듯, 庚은 陽에서 陰을 향한다. 庚은 丙火에 의해 경화작용 하지만, 열매를 완성하려면 丁火 열기와 수렴에너지도 필요하다. 乙이 辰月을 지나 巳月에 庚 꽃으로 바뀌고 未月에 성장 완료하여 申月에 열매 맺고 酉月에 완성되어 땅으로 떨어진다. 이 과정에서 丙火가 庚과 짝을 이루는 경우, 꽃 피고 열매를 키우는 과정이고, 열매를 완성하려면 丁火의 수렴작용도 필요하다. 예로 丙庚조합은 물질을 추구하지만 丁庚 조합은 전문가, 공직을 원하기에 삶의 방향에 따라 호불호가 달라진다. 甲이 己土를 만나면 財星으로 삶의 터전이요, 존재가치를 드러내는 근거다. 己土 터전에서 위로 올리기도 하고 내리기도 하므로 만약 己土가 없다면 甲은 존재하지 못한다. 甲이 辛을 만나면 官星으로 辛 모양에 따라 甲의 물형이 결정된다. 또, 辛이 어떤 모양인가는 壬水와 丁火가 辛을 어떤 방식으로 풀어내는가에 따라 다르지만 결과적으로 辛이 甲의 모양을 결정하므로 官星이라 부른다.

5) 壬水의 十神조합

壬水에게 辛은 印星으로 辛이 있기에 壬水가 존재감을 드러낸다. 즉, 金은 水를 담는 그릇이기에 金生水 관계로 水氣를 채울 수 있다. 庚과 다른 점은 庚은 壬水를 담지 못하며 辛이 그 역할에 충실하다. 그 이유는 申月에 壬水가 생지를 만나고 酉月에 응축작용을 시작하기에 壬水가 드러난다. 즉, 丁火가 수렴작용을 주도하고 金氣가 틀을 만들어 水氣를 채우기에 壬水가 드러나 辛은 壬水의 印星이다. 壬水에게 甲은 食神으로 壬水는 저승사자와 같아서 존재를 밖으로 드러낼 수 없고 반드시 木金을 통해서만 가능하다. 이런 이유로 壬水는 甲을 통하여 존재를 드러내기에 食神이라 부른다. 즉, 水氣는 木氣를 통해서만 水氣임을 증명할 수 있고,

木氣는 水氣를 자신의 몸에 빨아올려야 성장이 가능하다. 겨울에 뿌리내리고, 봄에 초목이 성장하는 원리는 모두 木이 水氣를 빨아올리기 때문이다. 壬水가 丁火를 만나면 正財로 壬水의 존재가치를 결정한다. 壬水는 응축에너지이기에 스스로는 아무런 작용이 없기에 丁火 熱氣와 합하여 甲을 만들어내야 한다.

즉, 壬水의 본성은 甲 생명체를 길러야 하는데 만약 丁火가 없으면 辛에게 열기를 가하지 못하여 辛이 甲으로 바뀔 수 없다. 따라서 丁火는 壬水의 존재가치를 결정하는 正財에 해당한다. 壬水가 己土를 만나면 正官이다. 壬水는 水氣를 己土에 공급하여 甲의 성장을 촉진한다. 따라서 壬水의 물형은 己土 땅의 형태에 따라 달라지기에 正官에 해당한다. 궁통에서 己土濁壬을 주장하는데 壬水가 己土에 의해서 탁해지는 것이다. 다만, 자연현상으로 살피면, 壬水가 己土에 탁해지는 것은 당연한 것이고 己土를 만나야 甲을 키울 여건이 마련된다. 따라서 이런 주장은 이론을 위한 이론에 불과하다.

時	日	月	年	男
甲	壬	己	乙	
辰	午	丑	酉	

71	61	51	41	31	21	11	1
辛	壬	癸	甲	乙	丙	丁	戊
巳	午	未	申	酉	戌	亥	子

壬日이 己를 만나 己土濁壬이며 상관견관 구조임에도 국회의원으로 甲申년에 재선되었다.

時	日	月	年	女
乙	壬	己	己	
巳	辰	巳	亥	

79	69	59	49	39	29	19	9
丁	丙	乙	甲	癸	壬	辛	庚
丑	子	亥	戌	酉	申	未	午

己土濁壬 구조지만 법조인과 결혼했고 남편 덕이 많다.

時	日	月	年	女
壬	壬	己	乙	
寅	午	丑	卯	

71	61	51	41	31	21	11	1
丁	丙	乙	甲	癸	壬	辛	庚
酉	申	未	午	巳	辰	卯	寅

甲申年 사법고시에 합격하여 연수받고, 乙酉年 법관이나 판사, 검사 등의 발령을 기다리던 여명이다. 己土濁壬에서 흥미로운 점은 壬水가 己土를 볼 때 乙 傷官을 옆에 두고 있는 구조들은 총명하고 검경, 정치인과 관련이 깊다는 것이다.

제3부

地藏干의 순환

제 1장 - 地藏干 구조이해

1. 三合運動의 이해

지장간 中氣 구조는 필연적으로 삼합운동과 연관된다. 사계를 순환하는 과정에 4개의 三合운동이 회오리치는 바람개비처럼 물고 물리면서 끝없이 회전한다.

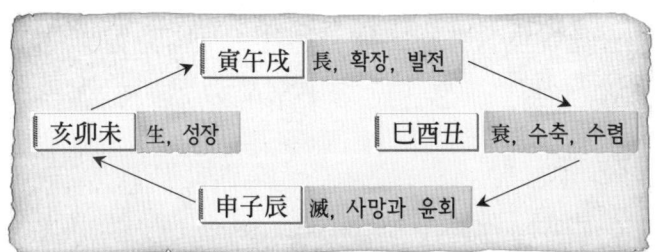

지구에 時間이 흐르면 空間에서 물질에 변화가 생긴다. 그 과정은 申子辰에서 亥卯未를 거쳐 寅午戌 그리고 巳酉丑 삼합을 거치고 다시 申子辰 삼합운동을 순환한다. 끊임없이 순환하는 삼합운동의 시간단위는 9개월이고 4개의 시공간이 겹치면서 상이한 에너지들끼리 충돌하면서 刑沖破害合이라는 현상을 만들어낸다. 에너지가 정반대이면 沖이라 부르고, 조절작용이 필요하면 刑이라 부른다. 三合운동이 어떻게 구성되어 있는지 이해하려면 지장간의 시공간 구조와 흐름을 살펴야 한다.

1) 寅午戌 삼합 - 빛의 분산 교육, 공직, 문화, 예술, 연예

生	旺	墓
寅	午	戌
丙	丙→丁	丁

寅月의 지장간 중기에 丙火가 생기고 午月의 餘氣 병화가 正氣 丁火로 바뀐 후 戌月 중기에 丁火가 저장된다.

2)巳酉丑 삼합 - 열매수렴. 금융, 권력, 의료, 군대, 검경

生	旺	墓
巳	酉	丑
庚	庚->辛	辛

巳月의 地藏干 중기에 庚이 생기고 酉月의 여기에 庚이 정기에 辛으로 바뀐 후 丑月의 중기에 辛이 저장된다.

3)신자진 삼합 - 씨종자 윤회. 어둠, 방탕, 영혼, 윤회.

生	旺	墓
申	子	辰
壬	壬->癸	癸

申月의 地藏干 중기에 壬水가 생기고 子月의 餘氣에 壬水가 정기 癸水로 바뀐 후 辰月의 중기에 癸水가 저장된다.

4)해묘미 삼합 - 성장과정. 육체활용, 외형변화, 반복행위

生	旺	墓
亥	卯	未
甲	甲->乙	乙

亥月의 중기에 甲이 생겨나고, 卯月 지장간 여기에 甲이 정기 乙로 바뀐 후 未月 중기에 乙이 저장된다. 삼합운동의 生旺墓 과정의 특징을 정리해 보자.

生	旺	墓
寅	午	戌
巳	酉	丑
申	子	辰
亥	卯	未

生地에 寅巳申亥 4글자가 있으며 지장간에 새로운 에너지가 생겨난다. 어떤 에너지가 생겨났는지 확인하려면 지장간 中氣를 살피면 된다. 寅月의 중기에 丙火가 장생지로, 巳月의 중기에 庚金이 장생지로, 申月의 중기에 壬水가 장생지로, 亥月의 중기에 甲이 장생지로 생겨난다. 즉, 새로운 양기가 동하는 것이다. 旺地에 午酉子卯 4글자가 있다. 장생지에서 동했던 에너지가 가장 旺해졌음을 표기한 것인데 더 중요한 의미는 양기가 음기로 변하는 시공간이다. 그 의미가 얼마나 중요한지 따로 다루기로 하자. 왕지를 이해하려면 삼각형의 꼭짓점을 생각하면 쉽다.

午月 : 丙火가 丁火로 변한다.
양기가 동한 이유는 지구에서 물질을 만들기 위함이다. 午月의 餘氣 丙火가 丁火로 변하면서 열매를 단단하게 만들기 시작한다.
酉月 : 庚金이 辛金으로 변한다.
가을에 나무에 매달렸던 열매가 익어서 땅으로 떨어진다. 酉月의 여기에 있는 庚이 辛으로 변한 것이다.
子月 : 壬水가 癸水로 변한다.
겨울에 무한응축 했던 에너지가 봄을 향하고자 발산을 시작한다. 子月 여기에 있는 壬水가 癸水로 변한 것이다.
卯月 : 甲木이 乙木으로 변한다.
봄에 땅 속에서 뿌리내리던 甲의 수직상하 에너지가 땅을 뚫고 상승한다. 卯月 여기에 甲이 乙로 변한 것이다.

마지막으로 墓地를 살펴보자. 墓地에 戌丑辰未 4글자가 있다. 각 地藏干 중기 戌속에 丁火가, 丑속에 辛金이, 辰속에 癸水가, 未속에 乙이 있다. 무엇이 느껴지는가? 모두 음기만 존재한다. 墓庫에 대하여 명확하게 설명해주는 책이나 선생이 없으니 오래도록 공부해도 墓地아 庫地이 차이를 구별하지 못한다. 辰戌丑未 土를 墓庫라고 부를 때의 조합은 4개 정도가 있다.

1) 陽氣의 墓地, 陰氣의 庫地
2) 陽氣의 庫地, 陰氣의 墓地
3) 陽氣, 陰氣의 庫地
4) 陽氣, 陰氣의 墓地

墓庫를 구분하지 못하니 4번이라는 설명이 많고 묘지는 죽어서 가는 곳이고 고지는 창고라고 설명한다. 墓庫의 차이점을 살펴보자. 墓地는 양기의 묘지로 더 이상 쓰임이 없다. 庫地는 음기의 고지로 반드시 다시 쓰임을 활용한다. 寅午戌 삼합으로 살펴보자. 寅月에 丙火가 생지로 동하고 午月에 丙火가 丁火를 만들어낸다. 태양빛에 의해 지구에 복사열이 생겨나고 寅午戌 삼합운동의 마지막 戌月에 丙火 분산에너지는 사라지고 丁火 열기가 戌土에 저장되었다. 개가 더위 타는 이유는 丁火를 내부에 축적했기 때문이다. 戌土에서 丙火가 묘지라는 의미는 더 이상 쓸 수 없다는 의미다. 이때 주의할 것은 '태양 丙火를 戌月부터 더 이상 쓰지 말라고? 亥月에도 태양은 뜨는데?' 라고 생각하는 것은 옳지 않다. 戌月에 丙火를 더 이상 쓰지 않는다는 의미는 열매가 완성되어 창고에 저장되었기에 부피를 확장할 필요가 없다는 의미다. 또 戌土에 丁火가 고지인 이유는 戌月에서 亥月로 넘어가는 과정에 丁火 열기가 필요하고 戌土와 亥水의 지장간에서 丁壬 합하여 辛丁壬 조합을 이룬 후 甲으로 변화한다. 이것이 묘지와 고지의 차이다. 다시 정리하면, 丙火는 戌土에서 쓰임이 없기에 묘지, 丁火는 에너지 쓰임을 반드시 활용하기에 고지라고 부른다.

2. 乙辛癸丁己의 墓地

未土가 乙의 墓地 혹은 戌土가 乙의 墓地라고 의견이 상이한 이유는 未土에서 乙의 좌우확산 에너지에 문제가 생기기 때문이지만 甲에 국한한 이야기다. 甲乙이 모두 亥卯未 三合운동 한다는 주장은 심각하다. 甲乙이 동시에 삼합운동을 마감하면 申酉戌 시공간에서 생명체가 모두 사라진다는 의미로 다시는 봄이 오지 않는다는 주장과 같다.

甲이 亥에서 長生하여 未土까지 가는 과정에 寅에서 뿌리가 드러나고 卯에서 땅밖으로 오르기 시작한다. 이것이 乙의 三合운동 출발점으로 甲이 있기에 乙이 존재한다. 寅月에 甲이 祿을 세우니 乙이 寅午戌 三合운동을 출발할 수 있는 것이다. 乙木이 戌월에 이르기까지 시공간 흐름을 살펴보자.

辰土 : 寅卯辰에서 성장마감, 꽃피고자 水氣를 마감한다.
未土 : 巳午未에서 꽃피고 열매 맺어 성장 완료한다.
戌土 : 申에서 乙庚 합하여 열매를 완성하고 저장한다.

乙庚 합한 열매를 戌土에 저장한 후 亥月에 丁壬 합하여 甲으로 물형을 바꾼다. 未土는 乙의 성장이 완성되지만 申月에 乙庚 합하여 酉金 열매를 완성한다. 따라서 乙이 未土에서 활동에 문제가 생기지만 墓地가 아니다. 墓地는 에너지가 소멸되는 것인데 未土는 乙의 성장에 장애가 생기는 정도에 불과하고 戌土에 가서야 乙의 가치가 상실된다. 만약 未月을 墓地로 간주하면 씨 없는 열매가 申月에 열리는 이치와 같다.

辛金도 丑土를 墓地로 볼 것인가, 辰土를 墓地로 볼 것인가의 문제가 있는데 申子辰 三合운동하는 辛을 살펴보자.

戌土 : 火氣를 마감하여 경화작용을 완성한다.
丑土 : 亥月에 木으로 바뀌고 丑土에서 金氣를 마감하여 寅月에 木氣를 드러내는데 이 과정에 반드시 辛이 있어야 한다. 즉, 亥子丑에서 辛이 甲으로 변하지만 완성된 상태는 아니고 寅月에 이르러서야 甲으로 바뀐다.
辰土: 辰月에 辛의 물형이 철저하게 변질되므로 辰土가 辛의 墓地다. 콩을 물에 담그면 싹이 나고 콩나물이 나온다. 콩나물 대가리에 부드러운 껍질이 辰土에서 辛이 부드러운 껍질로 변한 것이다.

丁火 己土는 巳酉丑 三合運動 한다. 동일한 이치로 살펴보자.

未土: 未土에서 亥卯未 三合이 완료되기에 火氣가 조절된다.
戌土: 戌土에서 寅午戌 三合이 마감되어 丁火의 기세도 꺾이는 이유는 水氣를 내놓기 위한 것이다. 丁火가 丁壬 합해야 木氣가 나오기에 丁火는 亥月까지 에너지를 유지한다. 따라서 丁火의 墓地는 戌土가 아니다.
丑土 : 丑土에 이르러 수렴작용을 끝내고 분산하는 丙火가 寅月에 에너지를 드러낸다. 즉, 丁火의 수렴작용이 쓰임을 잃는 子月공간에서 癸水가 발산작용을 시작하기 때문이요, 丑月에 이르면 丁火는 수렴에너지의 가치를 상실하고 墓地를 만난다.

癸水는 亥卯未 三合運動 한다.

丑土: 丑土에서 金을 마감하니 水氣가 조절 당한다. 金이 마감되기에 寅月에 木이 나온다.
辰土: 申子辰 三合운동이 끝나니 水氣를 완성하지만 辰속의 癸水는 발산에너지를 巳月까지 넘겨야 戊癸 합으로 丙火 분산에너지가 활발해진다.
未土: 癸水는 未土에 이르러 발산에너지를 활용하지 못하기에 墓地를 만난 것이다. 그 이유는 午火에서 정화의 수렴에너지가 생겨나기에 癸水의 발산에너지가 더 이상 쓰임이 없기 때문이다.

정리하면, 陽干의 三合운동이 끝나는 곳에서 陰氣로 바뀌지만 반드시 다음 달로 넘겨서 새로운 에너지가 동하도록 해야 하기에 양기는 墓地, 음기는 庫地를 만난 것이다. 즉, 乙이 申月에 乙庚 합하고 丁火, 己土가 亥月에 丁壬 합하여 己土는 터전을 제공하고, 辛은 寅月에 생명체가 나오도록 씨종자를 제공하고, 癸水는 巳月에 戊癸 합으로 丙火가 나오도록 한다. 陰干의 墓地를 정리하면 乙은 戌土요, 丁火 己土는 丑土요, 辛은 辰土요, 癸水는 未土다. 중간에 거치는 木, 金의 土, 예로 乙이 未土

를 만나고, 辛이 丑土를 만나는데 모두 庫地에 해당한다.

3. 地藏干 中期의 이해
지장간 중기구조를 살펴보자. 子月부터 亥月까지 중기에 있는 글자들을 순서대로 표기하면 辛丙癸庚己乙壬丁甲 이다. 연관성이 전혀 없어 보이지만 실상은 그렇지 않다. 中期는 삼합운동이 생겨나고 완성되는 과정의 시공간을 표현한 것이다.

1) 寅午戌
寅에서 丙火 양기가 동하고 午火에서 丙火가 丁火로 바뀌고 戌土에서 丁火 음기로 저장되었다.

2) 巳酉丑
巳에서 庚 양기가 동하고 酉에서 庚이 辛으로 바뀌고 丑土에서 辛 음기로 저장되었다.

3) 申子辰
申에서 壬 양기가 동하고 子에서 壬水가 癸水로 바뀌고 辰土에서 癸水 음기를 저장되었다.

4) 亥卯未
亥에서 甲 양기가 동하고 卯에서 甲이 乙로 바뀌고 未土에서 乙木 음기를 저장되었다.

지장간 중기구조와 글자들이 있는 이유가 명확해졌다. 다만 유일 하게 독특한 글자가 있는데 삼합운동의 生成과는 관계없는 午月의 중기 己土다. 왜 거기에 있을까? 午中 己土가 있는 이유와 子 中에 己土가 없는 이유는 지장간의 순환원리 午月에서 살펴보기 로 하자.

4. 地藏干 餘氣構造 1
餘氣구조는 단순하면서도 독특하다. 순서대로 壬癸戌甲乙戌丙丁戌庚辛戌

그리고 다시 壬癸戊를 반복한다. 餘氣에 戊土가 있는 곳을 살펴보자. 寅巳申亥에는 戊土가 있고 戊土 다음의 글자들은 모두 양기로만 구성되어 있다.

寅 : 戊丙甲
巳 : 戊庚丙
申 : 戊壬庚
亥 : 戊甲壬
寅 : 戊丙甲

地藏干 중기는 삼합운동의 출발과 마감을 표시한 것이고 寅巳申亥 장생지에서 새로운 양기가 동한다. 따라서 寅巳申亥 흐름은 丙->庚->壬->甲->丙으로 흐르기를 반복한다. 인사신해 정기의 글자들은 왜 그곳에 있는지 살펴보자.

寅 : 戊丙甲
巳 : 戊庚丙
申 : 戊壬庚
亥 : 戊甲壬
寅 : 戊丙甲

寅의 중기에 장생지로 동했던 丙火는 寅卯辰 월을 지나면서 木生火로 巳月의 정기에서 에너지를 뚜렷하게 드러낸다. 이런 이치를 신살로 망신이라 부르고, 12운성으로 祿이라 부른다. 다만, 명칭을 외우려 하지 말고 자연의 이치를 이해하면 그만이다. 木生火 과정을 거치고 분산에너지가 극에 이른 시공간이 巳月이라는 식으로 이해하면 충분하다. 巳火의 정기 丙火는 중기 庚을 火生金 으로 키우고자 분산에너지를 펼치기에 庚이 꽃을 활짝 피운다.

여기에서 火生金이냐 火克金이냐를 따지는데 火生金도, 火克金도 맞다. 즉, 火生金의 조건에 문제가 생기면 火克金으로 바뀐다. 단순하고 간단한 논리이기에 갑론을박할 문제가 아니다. 예로 巳月에 丙火가 있어야 꽃이 펼쳐지고 나비와 벌들이 날아와 짝짓기 한다. 또 丙火가 있기에 열매가 확장되고 탐스러운 과일로 바뀌고 인간의 육체도 꽃다운 나이에 장정으로, 성숙한 여인으로 바뀐다. 이런 이치가 火生金이다. 어떤 경우에 火克金이 될까? 丙火가 庚을 열매로 키우는 구조는 火生金이지만 열매를 태워 죽이 면 火克金이다. 丙庚조합을 이루었는데 庚이 상하면 사업하다 부도나거나 심하면 살인도 저지르거나, 조폭에 가담하거나, 뜨거움을 참지 못하여 종교에 귀의한다. 丙庚의 폐단을 극복하는 것은 壬水나 子水와 배합하여 丙庚子 혹은 丙庚壬 삼자조합을 이루는 경우로 검경, 교육, 성악물상이며 水火가 조화를 이루어서 庚의 가치가 높인 것이다.

돌아가서, 巳火의 중기에서 장생지로 동했던 庚은 巳午未月을 지나면서 火生金으로 申月의 정기에 에너지를 뚜렷하게 드러낸다. 申中의 庚은 중기에 생겨난 생지 壬水를 金生水로 보살핀다. 이때부터 공기에 분산되었던 水氣가 庚에 모이기 시작한다. 주의할 것은 壬水의 응축에너지가 극히 더운 여름 申月에 생겨났다는 점이다. 정반대편 시공간을 살펴보자. 寅月에 丙火가 장생하여 봄이라 생각하지만 여전히 겨울이다. 불분명한 이치들은 四季圖에서 명확하게 알려준다. 寅月은 겨울에 배속되었다. 신기하게도 추운겨울에 분산에너지가 생겨나고, 극히 더운 여름 申月에 응축에너지가 생겨난다. 火氣에서 水氣가 생겨나고, 水氣에서 火氣가 생겨나며 木氣에서 金氣가 생겨나고 金氣에서 木氣가 생겨난다. 표를 보자.

寅　戊丙甲
巳　戊庚丙
申　戊壬庚
亥　戊甲壬

寅　戊丙甲
巳　戊庚丙

지장간 흐름에서 보듯, 丙火가 극에 이르면 壬水로 바뀌고 壬水가 극에 이르면 丙火로 바뀐다. 水火의 작용에 木, 金은 어떻게 반응 하는지 살펴보자.

寅　戊丙甲
巳　戊庚丙
申　戊壬庚
亥　戊甲壬
寅　戊丙甲
巳　戊庚丙

甲이 庚으로, 庚이 甲으로 바뀌는 과정이 보인다. 이렇게 木, 金은 시공간 변화에 따라서 물형에 변화를 주기에 甲은 무조건 甲이고, 庚은 무조건 庚이라는 극단적인 생극에서 벗어나야 한다. 甲이 있기에 庚 열매가 열렸고, 씨종자가 있기에 겨울에 뿌리 내리는 것이다. 이것은 자연의 순환원리이자 인간의 윤회원리다.

따라서 甲은 庚의 부모와 같다고 해도 과언이 아니다. 庚이 존재하기 위해서는 반드시 甲이 필요하며, 또 甲이 존재하기 위해서는 반드시 庚이 필요하다. 이 부분은 앞으로 자세히 다룰 것이니 이 정도로 살피고 넘어가자. 자연은 치밀하며 이런 이치를 깨달은 선인들은 색즉시공, 공즉시색이라 표현했다. 산은 물이요, 산이라 했다. 본질은 그대로인데 겉으로 달라 보인다.

5. 地藏干 餘氣構造 2

지장간 표를 보면, 丙火는 寅月에 드러난 후 午月 여기에 마지막으로 보이고 사라졌다가 갑자기 寅月 중기에 모습을 드러내는데 어디서 갑자기 튀어나온 것일까? 午月의 여기에서 사라지고 거의 9개월이 흐른 후 寅月의 地藏干 中氣에 丙火로 드러났는데 그 사이에 어디에 있었던 것일까? 지장간 글자들은 사계를 흐르는 동안 핵심적으로 활용하는 에너지들을 표기한 것이다. 寅月에 丙火는 분산에너지를 만들고 午火에서 극에 이르러 戌土에서 더 이상 활용하지 않는다. 이런 과정을 설명한 것이 四季圖이다.

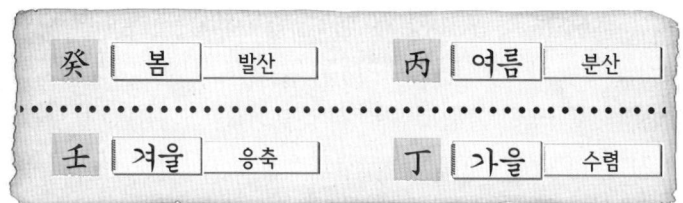

겨울에 응축에너지를 활용하다 봄에 발산에너지로 전환한다. 주의 할 것은 壬水와 癸水가 다른 것이라고 생각하는 것은 옳지 않다. 겨울에 壬水가 갑자기 튀어나오고 봄에 癸水가 갑자기 튀어나오는 것이 아니다. 시간 흐름을 생각해보자. 겨울에서 봄으로 여름으로 순차적으로 흘러간다. 따라서 겨울에 응축에너지가 봄에 발산에너지로 바뀌고 여름에 분산에너지로, 가을에 수렴에너지로 변화하여 결과적으로 겨울에 응축에너지로 바뀌면 1년의 시공간이 순환한 것이다.

다시 정리하면 임수가 에너지 특징을 바꾸면 계수로, 계수가 에너지 특징을 바꾸면 丙火로, 丙火가 에너지 특징을 바꾸면 정화로, 정화가 에너지 특징을 바꾸면 임수로 변하는 것이기에 壬水와 丙火가 전혀 다른 것이 아니다. 이것을 이해하면 색즉시공, 공즉시색의 의미를 정확하게 이해한다. 하나의 에너지가 시공간흐름에 따라 달라 보이는 것이다. 木金의 변화과정도 함께 살펴보자.

甲이 봄에 乙로 변하고, 乙이 여름에 庚으로, 庚이 가을에 辛으로, 辛이 겨울에 甲으로 변한다. 따라서 甲이 庚이고, 辛이 乙이며 甲乙庚辛은 모두 동일한데 외형만 달라보였던 것이다. 이런 이유로 甲庚 沖하면 경이 갑을 공격하여 상하게 한다는 생각만 하지만 경은 甲이 있기에 열매로 바뀔 수 있다. 이런 이치를 이해하고 丙火가 장생하는 寅月의 中氣 상황을 다시 살펴보자. 寅중 丙火가 寅午戌 삼합을 출발하여 午月에 丙火가 丁火로 바뀐 후 戌月의 중기에 丁火를 표기하여 결과적으로 정화로 완성되었음을 표기하였다. 丙火가 寅月 중기에 갑자기 튀어나온 이유를 살펴보자. 丙火는 분산에너지로 癸水의 발산에너지 때문에 생겨난다. 癸에서 丙으로 에너지 특징이 변하기에 癸水의 다른 모습은 丙火다. 즉, 丙火의 모친은 癸水이기에 丙火의 존재를 드러내게 해준 것이다. 地藏干 의미와 가치를 깨우치지 못했던 이유를 정리하면 아래와 같다.

1)지장간은 한순간도 끊어지지 않는 時空間 순환과정이다. 이것을 깨닫지 못한 이유는 격국, 생극이 등장하면서 시공간 부호임을 살피지 못하게 만들었다.
2)지장간 中氣는 三合운동의 생과 성을 표기한 것인데 午월 중기 에 己土를 끼워 넣어서 깨닫기 어렵게 만들었다.
3)丑寅, 未申 흐름에서 삼합운동을 완성하고 새로운 양기가 동하 는 과정에 己土가 戊土로 바뀌는 이치를 살피지 못했다.
4)시공간에 따라서 에너지 특징이 변하는 이치는 생극 논리로는 이해하기 어렵다. 시공간 순환과정에 원래의 에너지가 전혀 달라 보이는 에너지로 변

하는 이유는 時空間 흐름 때문인데 그 변하는 이치를 생극 작용으로는 살피지 못한다. 丙火가 寅月의 중기에 갑자기 나타난 이유를 4번으로 살펴보자.

	子	丑	寅
餘氣	壬	癸	戊
中氣		辛	**丙**
正氣	癸	己	甲

중기 丙火는 寅午戌 삼합운동의 출발점이기에 반드시 양기로 표기된다. 왜 중기에 丙火가 있는지 살펴보자.

	子	丑	寅
餘氣	壬	癸 ↘	戊
中氣		辛	丙
正氣	癸	己	

子月에 癸水가 폭발하여 봄을 향하여 간다. 癸水 발산에너지는 봄을 향하여 갈수록 강해지다 일정시점에 분산에너지로 바뀌어야만 한다. 자연에 비유하면 발산에너지는 새싹을 땅위로 오르게 만들고 좌우로 펼치게 할 수는 있지만 꽃이 만개할 정도로 분산 하지는 못한다. 따라서 癸水는 꽃을 활짝 피게 할 정도의 분산 에너지가 아니다. 이런 문제를 해결하고자 癸水의 발산에너지를 이어받은 丙火가 巳火의 庚金 꽃을 활짝 피게 만든 것이다.

癸	--------> 丙
발산	--------> 분산
卯	--------> 巳(庚)
새싹	--------> 꽃

癸水가 丙火로 바뀌는 이치를 이해하면 寅月의 丙火가 갑자기 나타난 것이 아님을 이해한다. 즉, 丙火는 癸水에 의해 천천히 변해왔던 것이다. 그렇다면 癸水는 어디에서 왔을까? 壬水에서 만들어진 것이다. 壬水는 어디에서 왔을까? 丁火에서 만들어진 것이다. 丁火는 어디에서 왔을까? 丙火가 만들어준 것이다. 丙火 는 어디에서 왔을까? 癸水가 만들어준 것이다. 우리는 동일한 하나를 두고 다른 것이라고 주장하고 있다.

6. 地藏干 餘氣構造 3
餘氣의 戊土가 무슨 의미를 가지고 있는지 정리해보자. 戊土는 새로운 양기를 쏟아내는 역할이다.

寅 : 戊丙甲 = 寅月의 戊土는 丙火와 甲木을,
巳 : 戊庚丙 = 巳月의 戊土는 庚金과 丙火를,
申 : 戊壬庚 = 申月의 戊土는 壬水과 庚金을,
亥 : 戊甲壬 = 亥月의 戊土는 甲木과 壬水를 쏟아낸다.

왜 戊土는 그렇게 할까? 새로운 陽氣가 동해야 자연에 변화가 발생하고 그런 순환작용을 통하여 새로운 물질을 만들 수 있기 때문이다. 이런 행위가 없다면 四季가 순환하지도 않을 것이며 인간은 생명을 유지하지 못하기에 지구에 생명체가 존재할 수 없다. 이런 변화과정은 양음양음을 반복하며 陰氣가 물질을 완성하면 陽氣가 동하여 상응하는 물질을 만들기를 반복한다.

주의할 점은 陽陰陽陰 반복과정에 陽이 갑자기 음으로 변하거나, 음이 갑자기 양으로 변할 수 없기에 반드시 중간에서 양음을 조절해주는 무언가가 필요한데 그것이 土 작용이다. 寅卯辰 방합은 목기의 생왕묘 흐름으로 寅月 甲이 卯월 甲에서 乙로, 辰月에 乙로 완성된다. 즉 양기 甲에서 시작하여 음기 乙로 완성된다. 寅午戌 삼합은 寅月 중기 丙火가 午月에 丁

火로 바뀌고, 戌土에서 丁火로 완성된다. 寅卯辰 방합과 寅午戌 삼합의 공통적인 흐름은 陽이 동하고 陰으로 바뀐 후 陰으로 완성된다. 方合과 三合의 출발에서 마감까지의 과정을 지장간으로 살피면 그 과정이 명확하다.

寅月의 餘氣에 戊土가, 寅卯辰 方合의 辰土 正氣에 戊土가 있다.
巳月의 餘氣에 戊土가, 巳午未 方合의 未土 正氣에 己土가 있다.
申月의 餘氣에 戊土가, 申酉戌 方合의 戌土 正氣에 戊土가 있다.
亥月의 餘氣에 戊土가, 亥子丑 方合의 丑土 正氣에 己土가 있다.

이렇게 모두 戊土에서 출발하여 戊己로 완성된다. 시공간 범위가 훨씬 넓고 긴 三合운동으로 다시 살펴보자.

寅月 여기에 戊土가, 戌土 정기에 戊土가 있다.
巳月 여기에 戊土가, 丑土 정기에 己土가 있다.
申月 여기에 戊土가, 辰土 정기에 戊土가 있다.
亥月 여기에 戊土가, 未土 정기에 己土가 있다.

삼합운동도 모두 戊土에서 시작하여 寅午戌 삼합운동과, 申子辰 삼합운동은 戊土로 끝나고, 亥卯未, 巳酉丑 물질운동은 己土로 끝난다. 水火木金 에너지가 지구에서 토의 보호를 받기 때문이다. 달리 표현하면 지구터전 土의 작용으로 수화목금 에너지를 활용한다. 토가 없다면 물질계는 존재할 수 없고 영혼의 세계, 기의 세계로만 존재할 것이다. 이제부터 다른 각도에서 지장간 餘氣에 있는 戊土의 작용력을 살펴보자. 陽에서 에너지가 동하고, 陽이 陰으로 전환한 후 결과적으로 陰으로 완성되는 과정을 반복하고 있다. 그렇다면 음으로 완성된 후 새로운 양기가 어떤 방법으로 동할 수 있는지 살펴보자. 음에서 양으로 변화하는 시공간으로 丑寅, 辰巳, 未申, 戌亥 시공간이다.

먼저 지장간 속을 들여다보자. 丑辰未戌 지장간에 土를 제외한 글자들이 모두 음기로 구성 되어 있다. 丑土에 癸辛, 辰土에 乙癸, 未土에 丁乙, 戌土에 辛丁이다. 이것이 方合, 三合이 辰未戌丑 에서 음기로 완성되었음을 의미한다. 이런 이유로 辰未戌丑 지장간에는 양기 壬丙, 甲庚이 올 수 없고 음기가 완성되면 양기가 동할 여건이 마련된다. 즉, 양음이 순환하는 이유는 음기가 완성되어야 비로소 새로운 양기가 동할 수 있기 때문이다. 순환방식을 살펴보자.

	丑月	寅月
餘氣	癸	戊
中氣	辛	丙
正氣	己	甲

丑에서 癸辛이 己土에 저장되어 있다가 寅月의 戊土가 丙甲을 쏟아낸다. 丑土에 있던 두 개의 음기가 寅月에 戊土의 도움으로 새로운 양기로 드러나는 변화과정이다. 癸辛 음기들이 己土와 戊土의 도움으로 寅에서 丙甲 양기로 변한 것이다. 丑土 속에 癸水가 있었기에 寅月의 丙火로 에너지 특징이 바뀌고, 丑土 속의 辛金이 있었기에 寅木 속의 甲으로 물형이 변하였다. 다시 강조하면, 癸水가 丙火로, 丙火가 丁火로, 丁火가 壬水로 그리고 壬水가 癸水로 반복적으로 순환한다. 또 辛이 甲으로, 甲이 乙로, 乙이 庚으로 庚이 辛으로 그리고 다시 辛이 甲으로 물형을 바꾸면서 사계절이 순환한다. 이제 丑寅을 연결해서 살펴보자.

	丑月	寅月
餘氣	癸	戊
中氣	辛	丙
正氣	己	甲

丑土 餘氣에 있는 癸水는 발산에너지를 확장해가는 과정이다. 辛은 巳酉丑 삼합운동을 마감한 후 음기를 저장했다. 따라서 癸辛 의 음기를 己土가 저장하였다가 寅月에 양기로 바뀌기 시작한다.

다만, 水火木金은 스스로 능력을 갖지 못했기에 己土와 戊土의 도움을 받을 수밖에 없다. 己土에 저장된 癸辛 에너지가 寅月에 戊土로 전달되고 戊土는 새로운 양기를 쏟아낸다. 그것이 丙火와 甲木이다. 丙火는 장생지로 寅午戌 삼합운동의 출발을 알린다. 甲은 亥月의 중기에서 생지를 만나 亥子丑으로 흐르는 과정에 수직상하운동 에너지를 확장하다가 寅月에 드러나 뿌리 내린다. 나머지 辰巳, 未申, 戌亥의 변화과정도 동일하게 이해하면 된다. 간단하게 정리하면, 지장간 餘氣에 있는 戊土는 辰未戌丑 土에 저장되었던 陰氣를 이어받아 새로운 양기로 바꾸는 역할임이 분명하다.

제2장 - 地藏干의 循環

지금부터는 지장간이 어떤 방식으로 四季를 순환하는지 살펴보자. 간단하게 간지구조를 정리하고 넘어가자.

天干 : 時間부호 - 에너지.
地支 : 空間부호 - 지구 공간, 물질, 육체, 환경.
地藏干 : 空間에 숨겨진 時間, 공간을 움직이는 원동력.

지구에서 발생하는 모든 일은 우주에서 방사된 에너지들에 의해 발현된다. 겉으로는 지구 스스로 변화를 이끌어가는 것처럼 보이지만 지구공간(地支)은 변화를 이끌 능력이 없기에 피동적이다. 따라서 지구에서 변화를 주려면 반드시 地藏干에 있는 에너지들(時間)이 움직일 때에서야 비로소 공간, 환경, 물질, 육체에 변화가 발생한다. 그렇다면 地支와 地藏干은 어떤 방식으로 반응할까? 반드시 순차적인 흐름으로 예측 가능한 시간에 의해서만 반응한다. 지구에 존재하는 12개의 공간이 변화하는 방식과 변화를 주도하는 에너지들이 무엇인지를 명확하게 알려주는 것이 지장간이다. 地支도 천간처럼 하나의 글자로 寅이면 되는데 地藏干에 戊丙甲 세 개의 천간을 품었다. 인목의 地藏干에는 戊丙甲이 왜 반드시 있어야 할까? 농사 지을 당시의 상황을 감안하면 절기를 표시한 것이지만 이 또한 시간의 다른 명칭이다. 즉, 농사에 필요한 시공간을 쉽게 이해하고자 표기한 것이지만 그 실체는 시간을 기록한 것이다. 즉, 1년의 어떤 시공간에 이르면 농사 행위를 어떻게 하는가를 알려주는 시공간부호였다. 표현을 달리하면 지구공간에 하늘의 시간이 도래하여 농사를 위해 어떤 움직임을 보여야 하는가를 기록한 것이다. 천문학을 응용하여 정치에 활용하던 시공간부호, 농사에 사용하던 절기가 천문학 쇠퇴로 인하여 대중들에게 넘어가면서 十干과 地支를 인간의 길흉을 판단하는 수단으로 활용하기 시작했다.

다만, 시간과 공간 개념이 불분명하고 광범위하여 극히 일부를 활용하는 生剋 논리에 치중하면서 地藏干을 格局명칭을 정하는 정도로 인식해버리는 오류를 양산했다. 甲일간이 酉月을 만나면 正官格이요, 천간에 庚이 드러나면 正官格이 偏官格으로 바뀐다는 식으로 설명하지만 이런 논리들은 존재하지도 않는 황당한 논리를 사주팔자 길흉을 판단하고자 만들어 낸 것이다. 간단하게 생각해봐도, 년주를 기준으로 월주가 정해지고, 일주가 정해지며, 시주도 자동적으로 결정되는 것이기에 시간은 年月日時로 순차적으로 순행하는 것임에도 마치 月支의 地藏干이 시간을 거슬러 년주나 월간으로 드러낼 수 있다는 주장을 한다. 일간과 시간도 주어진 시공간 흐름대로 이어받은 간지일 뿐, 월지에 있는 글자가 일간 시간에 드러나고자 존재하는 것이 아니다.

이런 문제는 모두 천문학의 쇠퇴로 국가에서 활용하던 시공간이 대중들이 활용하는 팔자 술로 바뀌는 과정에 時空間개념을 버리고 십신과 생극으로 제한 해버린 결과다. 각도를 달리해서, 地支에 지장간이 있어야하는 이유는 공간 스스로 변화할 능력이 없기에 반드시 시간변화가 이루어져야 변화가 생길 수 있기 때문이다. 時間과 空間, 天干과 地支에는 時差가 존재한다. 천간에서 기운이 동해도 지지에서 절대로 즉각적으로 반응하지 않는다. 토의 속성은 느리다고 표현하는 이유로 辰戌丑未 토들은 하늘의 기운을 받아서 시차를 보이며 반응하기에 느릴 수밖에 없다. 이런 시차를 12운성으로 표현하는데 예로 甲은 寅으로 즉각 반응하지 못하고 亥水에서 長生한다. 하늘에서 甲 에너지가 생겨도 땅에서 亥水로 반응하여 亥子丑寅으로 흐르면 甲의 의지가 그때서야 비로소 명확하게 드러나고 이런 이치를 建祿이라 부른다. 그렇다면 12개의 공간에 숨은 시간(地藏干)이 어떤 방식으로 四季를 순환하는지 읽어낼 수만 있다면 복잡해 보이는 자연순환이치를 이해한다. 시공간 변화를 이해하면 명리에서 주장하는 이론들의 실체가 時空間이 어그러지는 문제임을 깨닫는다.

천간과 지지의 時差로 에너지들이 왜곡되고 물형으로 발현되며 刑沖破害 合이라는 명칭으로 불린다. 명리의 근간을 이해함은 물론이고 道의 정체, 神의 정체를 쉽고 빠르고 정확하게 깨닫는다. 종교, 철학이 의미하는 모든 것들이 명확해지고 지장간에서 보여주는 時間과 空間의 순환원리, 時空間 동작원리를 이해하면 시공간과 함께 흐르는 나를 발견한다. 12지지에 담겨진 地藏干에서 시간이 어떻게 작용하는지 살펴보자. 지구에 존재하는 시간의 종류를 정리하면 아래와 같다.

1) 圓形 - 물질과 상관없이 영원히 이어지는 시간흐름으로 지구 에서는 4계절을 무한 반복하는 시간흐름이다.

2) 삼각형 - 圓形의 시간 내부에 극히 일부로 존재하는 물질계를 흐르는 시간이다. 삼각형의 시간은 인간의 삶 어디에서도 쉽게 찾을 수 있다. 삼합운동, 생왕묘, 입법, 사법, 행정, 피라미드 등으로 물질계의 생장쇠멸을 설명한다.

3) 직선 - 삼각형의 시간 내부에 존재하는 극히 짧은 직선의 時間이다. 생명체가 태어나 성장하고 늙어서 사망하는 유한한 시간 흐름을 상징한다.

1. 地藏干의 순환원리

(1) 子月

	子月
餘氣	壬
中氣	↓
正氣	癸

이 변화과정은 지구에서 발생하는 빅뱅과 동일하다. 빅뱅이전에는 무한응축으로 존재하던 壬水가 어떤 이유로 폭발하여 우주에 時空間과 엄청난

열기가 펼쳐졌고 시간이 흘러서 丁火의 중력 작용으로 물질이 생겨났다. 이런 이치를 동일하게 적용해보자. 추운 겨울에 봄을 향할 수 있는 에너지가 만들어지는 공간이 子月로 壬 무한응축에서 癸水 발산작용이 시작한다. 만약 이런 시공간 변화가 없다면 절대로 봄은 오지 않는다. 地藏干에 壬水와 癸水가 모두 있는 곳은 유일하게 子月뿐으로 천지창조 과정이자 겨울에서 봄을 향하는 첫걸음이다. 壬水와 癸水를 간지로 바꾸면 壬子로 무한응축 壬水가 풀어지면서 인간이 상상 못할 정도의 폭발력이 생겨난다. 壬子는 우주의 모든 것을 담은 壬水가 터지는 출발점 이지만 육체, 물질은 없고 영혼만 존재한다. 그 곳에서는 육체를 얻어 色界로 나오려는 영혼들의 암투가 발생한다. 예로 酉子丑 조합은 酉 씨종자가 영혼의 세계에 들어가 정체성을 상실하는 것으로 밤에 길을 가다가 갑자기 퍽치기 당하는 이치다. 영혼에 존재하는 귀신들이 육체를 얻으려고 암투가 발생하는 것으로 그럴 수밖에 없는 이유는 육체를 얻어야 色界로 나올 수 있기 때문이다.

時	日	月	年	女
丁	己	己	辛	
卯	酉	亥	亥	

76	66	56	46	36	26	16	6
丁	丙	乙	甲	癸	壬	辛	庚
未	午	巳	辰	卯	寅	丑	子

庚子運 15세 乙丑年에 불한당에게 강제로 몸을 더럽히고, 억지 결혼하여 두 아들을 두었으나, 끊임없는 폭행과 학대로 辛丑대운 23세 癸酉年 壬戌月 辛巳日 과도로 남편을 살해했다. 자수하여 세간에 알려지자 여성단체 등 옹호와 동정이 쏟아지는 가운데, 甲戌年 징역 三年의 판결로 옥살이를 하다가, 丙子年 자녀 양육 등 기타 정상을 참작하여 가석방되었다. 庚子, 乙丑년 일지와 酉子丑 조합이 이루어지면서 퍽치기를 당한 해다. 이런 이유로 사주에 壬子가 있으면 물질보다는 종교, 명리, 철학을 추구하는 것이 바른 선택이다.

壬子간지는 정신세계를 추구하라는 하늘의 명령을 받은 것이다. 노자, 공자 등으로 子를 붙인 이유도 우주, 지구자연의 출발점이자 학문의 창시, 창조자를 뜻하기 때문이다. 그렇다면 왜 壬子가 아니고 甲子로 60갑자의 시작을 표현했을까? 壬子는 우주빅뱅, 응축기운이 터지는 순간에 氣로만 존재한 것이다. 甲은 生氣, 생명체를 만들어내는 원동력이지만 빅뱅 당시에는 존재하지 않았다. 빅뱅 후 100억년이 흐르고 지구에 생명체가 생겨나고 지구터전에 존재하기에 壬子라고 하지 못하고 甲子부터 시작한 것이다. 甲 생기와 子水가 만나서 生氣의 출발, 색계의 출발을 시작한다.

다만, 甲子도 또한 생명체가 지구에 존재하지는 않았다. 壬子와 甲子의 차이점은 극명한데 壬子는 에너지, 氣의 세계로 존재하지만 甲子는 적어도 丁火의 중력 작용으로 戊土 지구터전을 가진 상태다. 정리하면, 壬子는 우주의 빅뱅과 같지만 甲子는 지구터전에 처음으로 생기를 만들 여건이 마련된 상태다. 60甲子의 마지막은 癸亥로 壬子와는 전혀 다르다. 壬子는 무한응축 된 시공간이 폭발한 것이고 癸亥는 폭발하는 에너지 癸水가 무한응축 하는 亥水 공간을 만난다. 壬子가 뒤집어져 癸亥가 되었는데 노아의 방주처럼 하늘과 땅 사이에 水氣만 가득한 세계, 혹은 빙하기처럼 만물이 얼어붙은 시공간이다. 다만 癸亥에서 亥水의 地藏干에 생명체의 근원 甲이 숨어서 甲子로 드러나기를 기다린다. 즉, 60갑자 마지막은 辛酉 壬戌 癸亥 甲子로 이어지는데 辛酉의 씨종자들이 戊土로 들어가 저장되고 壬水로 덮여지고 癸亥 망망대해 노아의 방주처럼 해수 속에 존재하는 甲 생명체가 땅이 드러날 때를 기다린다. 이 과정에 대부분은 거대한 파도에 휩쓸려 죽고 일부 생명체만 살아남아 새 길을 출발하는 것이 甲子다.

(2) 丑月

	子月	丑月
餘氣	壬	↗癸
中氣	↓	辛
正氣	癸↗	己

지구에서 시공간은 절대로 끊어지지 않고 이어져 공간에 변화를 이끌고 반복적으로 순환한다. 시간이 이어진다는 의미는 예로, 子月 正氣에 癸水의 시간이 丑月 餘氣 癸水로 이어져 흐른다. 즉, 子月에서 丑月로 봄을 향하는 발산에너지가 이어지는 것이다. 따라서 丑月 餘氣에 癸水가 있는 이유를 쉽게 이해한다. 丑月 중기에 辛이 있는 이유를 살펴보자.

	巳	酉	丑
餘氣	戊	庚	癸
中氣	庚→	→↓→	→辛
正氣	丙	辛	己

丑土의 중기에 辛이 있는 이유를 알려면 巳酉丑 삼합운동을 이해해야 한다. 陽이 동하여 극에 이르면 陰으로 바뀌어 음질을 완성한다. 이런 시공간 흐름이 삼각형으로 이루어지는데 꼭짓점은 12신살로 將星이고 12운성으로 旺地다. 물질을 기준으로 혹은 에너지 파동으로 살폈느냐에 따라서 장성, 왕지 명칭이 다르다. 巳月에 庚 꽃피고 庚이 辛으로 바뀌는 과정에 반드시 酉金 공간을 지나는데 地藏干에 庚과 辛이 바뀌는 이유는 양기가 음기로 전환되기 때문이다. 자연의 이치로 살피면 나무에 매달렸던 庚이 땅에 떨어져 열매로 완성되었다. 丑土에 辛이 巳酉丑 삼합운동을 마감하고 음기를 저장하려면 반드시 酉에서 양기가 음기로 변화해야만 가능하다. 그런데 왜 丑月에 辛으로 삼합운동을 완성할까? 辛의 시간이 酉戌亥, 子丑寅까지 이어져야하기 때문이다. 즉, 金氣는 반드시 亥子丑月을 거쳐서 木氣로 물형을 바꾸어야만 한다. 이런 시공간 흐름을 살피면 墓庫 논리가 명확해진다.

巳酉丑 삼합운동 과정에 무슨 일이 있는지 살펴보자. 巳月의 중기에 庚이 동해서 酉월의 餘氣까지 이어진다. 즉, 巳酉丑 삼합 운동의 양기는 巳月부터 午未申酉월까지 이어지다가 庚이 辛으로 바뀌고 酉戌亥, 子丑寅月을 지나는 과정에 丑月에서 쓰임을 잃고 삼합운동을 끝냈음을 地藏干 중기에 표기했다. 그 이유는 겨울에서 봄으로 가려면 반드시 金氣를 없애야 싹들이 용수철처럼 땅위로 튀어 오르기 때문이다. 이 표를 이해함에 중요한 점은, 지구에 庚辛이 있기에 인간은 굶어죽지 않고 살아갈 수 있고 석기, 청동기, 철기시대로 이어지면서 금속물질을 활용할 수 있었다. 현대에 이르러 50년대에는 전쟁무기로 활용했고 2000년에는 컴퓨터혁명을 이루었고, 2010년에는 스마트 폰이 세상을 지배하였다. 庚辛은 갈수록 가벼워지고 활용범위는 엄청나게 다양해졌다. 석유는 卯戌 합으로 戌土 속의 辛이 화석과 같으며 卯木이 활기를 잃고 戌土 열기 가득한 땅속에서 오랜 세월을 지나면 辛으로 바뀌고 인간이 활용하여 석유라 부른다. 金錢이라 표현하는 경제활동 수단도 모두 庚辛에 해당한다.

그런데 庚辛은 어디에서 왔을까? 甲乙이 있었기에 庚辛으로 물형이 바뀌어 물질을 얻는다. 시공간 흐름에서 물형변화 과정을 읽어야 한다. 巳火에서 酉까지 지장간 대부분 에너지들은 丙, 丁火요 酉에서 丑까지 지장간 대부분의 에너지는 壬癸다. 이 의미는 甲乙, 庚辛은 스스로 물형을 바꾸지 못하고 반드시 水火에 의해서만 물형을 바꾸기에 피동적이다. 巳火에서 酉까지는 火氣가, 酉에서 丑까지는 水氣가 庚辛에게 영향력을 행사한다. 이런 과정을 從革이라 표현하는데 庚은 丙火를 따르기에 從이요, 辛은 壬水로 물형을 혁신하기에 革이다. 따라서 庚은 여름에, 辛은 겨울에 활용하는 에너지다. 庚과 辛 중에서 辛은 水氣에 풀어지기에 기존의 틀을 벗어나는 성향이 강하여 혁신과정에 과거의 틀을 버린다 따라서 辛은 기본적으로 자유로운 성정이다. 그럴 수밖에 없는 이유는 씨종자가 물형을 바꿔 새로운 생명체로 나와야하기 때문이다. 종묘사직을 지키고자 자신을 희생하는 과정이자 생명체의 윤회과정이다.

정리하면 丑土에 癸辛이 있는 이유는, 癸水는 子月에 빅뱅이 발생하고 온도를 올려주는 작용으로 봄을 향하고 이런 癸水의 작용이 축월의 여기까지 이어지고 丑土의 中氣 辛은 巳酉丑 삼합운동의 마감을 표기한 것이다. 丑土의 正氣에 己土가 있는 이유를 살펴보자. 己土가 있는 지장간은 유일하게 丑土와 未土뿐이다. 다만 午火의 지장간에 己土가 하나 더 있는데 글자는 동일하지만 丑, 未의 己土와 다르다. 午火의 己土는 丙火의 분산작용을 수렴하여 집약한 후 丁火 열로 바꾸는 과정에 저장하는 역할이 반드시 필요하다. 태양 빛이 우주공간에서 어떤 작용하는지 모르지만 戊己 지구터전에서 빛을 받아서 열로 저장한다. 이런 작용이 없다면 태양 빛을 활용할 수 없다. 빛을 저장하고자 丁火로 수렴해야만 한다. 丙戊는 陽氣로 분산하기에 저장기능이 없지만 己土는 빛을 열로 바꾸어 丁火의 수렴작용을 저장한다. 달리 표현하면 丙火는 己土를 만나면 자신의 에너지를 극히 좁은 공간에 몰입한다. 丙火가 戊土를 만나면 넓은 공간에 빛을 골고루 방사하지만 己土의 좁은 공간을 만나면 몰두할 수밖에 없다. 이런 과정을 통하여 빛을 열로 집약하며 丙己조합은 "몰입하다"라는 뜻이다. 午火 속의 己土를 제외하고 己土가 있는 곳은 丑土와 未土 뿐이다. 丑未 작용은 극히 중요하다. 토를 이해하는 것이 매우 어렵다고 하는데 작용과 쓰임이 너무도 다양하기 때문이다.

토의 쓰임을 간단하게 정리해보자. 辰戌은 지구표면, 丑未는 지구내면을 기준으로 4개의 토 작용이 상이한 이유는 시공간이 다르기 때문이다. 辰土는 봄으로 모내기하고, 未土는 여름으로 열매가 완성되며, 戌土는 가을로 씨종자를 저장하며, 丑土는 겨울로 땅속에서 뿌리내리기 시작한다. 辰戌 土는 물질을 완성하는 공간이 아니다. 辰土에서 申子辰 수기가 마감되지만 水火는 물질을 만들어내는 원동력이지 물질자체는 아니다. 辰土에서 지하수는 고갈되어 천수답으로 농사짓는 상황이다. 다른 각도에서, 辰土에 癸水가 있는데 壬水 양기는 마감되어 墓地를 만났고 癸水는 辰土에서 庫地를 만났기에 에너지를 활용해야만 한다.

달리 표현하면 壬水가 癸水에게 쓰임을 넘겨주는 것이다. 壬水가 墓地에 들어가면서 癸水에게 뒤를 맡으라고 부탁하는 이유는 辰土 이후에도 계속 성장하고 未土에 가서 성장완료 되기 때문이다. 戌土는 寅午戌 삼합의 결과물로 화기를 마감하기에 이 또한 물질완성은 아니다. 水火는 실체가 없어서 반드시 木金을 통하여 존재를 드러낸다. 태양빛은 땅이 없으면 무의미하고 水氣는 생명체 木이 없으면 존재가치가 없다.

辰戌 土와는 전혀 다르게 丑土와 未土는 물질완성을 상징한다. 巳酉丑 삼합 운동을 완성하는 丑土는 금기를 완성하고 저장한다. 亥卯未 삼합 운동의 未土는 목기를 완성하고 저장한다. 지구에 존재하는 물질은 木과 金뿐으로 亥卯未 성장운동과 巳酉丑 결실운동으로 이루어진다. 태어나고 성장하는 亥卯未, 열매 맺고 완성하는 巳酉丑은 미토와 축토로 갈무리된다. 예로, 辰戌 沖은 물질 변화과정에 좌충우돌하기에 조절, 타협하고, 丑未 沖은 물질 沖이기에 물질이 직접적으로 상한다. 丑土 속 己土의 역할을 정리해보자.

1. 완성
巳酉丑 삼합운동을 완성하고 열매를 만드는 작용을 더 이상 하지 못한다. 가을에 열매를 완성하고 활용했으니 딱딱하게 만드는 행위를 하지 않아야 木氣가 탄생하고 성장한다. 만약 木이 성장하는데 金의 숙살기운이 목의 성장을 방해하면 봄이 오지 않는다.

2. 토의 쓰임을 마감한다.
"토의 쓰임을 완성했다"는 의미를 확장하면 땅으로서의 가치가 없기에 그 땅에서 벗어나야만 한다. 이런 이유로 丑土는 버려야만 하는 땅이다, 예로 丑月에 태어나면 부모와 함께 살기는 어렵다. 부모와 사이가 나쁜 것이 아니라 함께 살기 어렵기 때문인데 근본원인은 丑土에서 巳酉丑 삼합운동을 마감하여 땅으로서의 가치가 없다. 이런 의미를 간지로 바꾸면 癸丑,

辛丑, 己丑이고 암시하는 의미는 원래의 공간을 벗어나야 한다.

3. 己土의 핵심의미

상기 내용도 중요하지만, 丑土 속의 己土가 갖는 중요한 의미는 己土에 癸水와 辛金을 품었다는 점이다. 丑土와 未土 지장간을 살피면 전혀 다른데 丑土가 癸水와 辛金을 품었고 丁火와 乙木을 未土가 품었다. 己土는 동일해도 품은 에너지는 전혀 다르다. "己土에 癸와 辛을 품었다."의 의미는 수렴한 물질을 저장하는 己土에 癸와 辛을 품었는데 그렇게 하는 이유는 辛金의 딱딱한 속성을 癸水의 발산작용으로 부드럽게 만들기 위함이다. 이런 작용이 酉子 破다. 또 丑土를 탕화라고 하는데 癸水의 폭발력과 己土의 저장하려는 특징이 조화를 이루지 못하기 때문이다.

다만, 탕화작용이 발생하려면 자극제가 필요하고 반드시 午火, 丁火가 丑土에 저장된 癸水 가스를 자극할 때 비로소 탕화기질을 갖는다. 이런 이유로 午丑이 조합하면 탕화, 가스폭발 물상이다. 가스통 물상이 壬子 + 丁丑, 癸丑 + 壬午 조합이다. 가스배달, 가스폭발, 유전폭발, 화재사고, 연탄가스 중독, 사망 물상도 유사한 물상 들이다.

(3) 寅月

己土 속에 癸水와 辛을 품고 寅月로 넘어가는데 寅月의 시공간 특징을 이해하는 것은 쉽지 않다.

	子	丑	寅
餘氣	壬	癸	↗戊
中氣		辛	丙
正氣	癸	己↗	甲

지장간 餘氣는 항상 지나온 달의 기운이 이어진다. 子丑은 癸水가 이어졌고 寅卯는 甲木이, 卯辰은 乙木이, 辰巳는 戊土가, 巳午는 丙火가, 午未는 丁火가, 申酉는 庚金이, 酉戌은 辛金이, 戌亥는 戊土가, 亥子는 壬水

가 이어진다. 다만, 항상 고려할 점은 동일한 글자라도 에너지 특징이 다르다. 각 달의 공간특징이 다르기 때문이다. 예로 寅卯 月에 甲이 이어져도 공간자체는 전혀 다르다. 甲은 동일하지만 寅月의 공간, 卯月의 공간에서 甲의 상황은 다를 수밖에 없다. 寅月의 甲은 여전히 하강, 뿌리내림을 위주로 하고 卯月의 甲은 땅위를 뚫고 상승하여 乙로 바뀐다. 문제는 正氣와 餘氣 중에서 유일하게 서로 다른 글자로 표기된 공간이 丑寅과 未申 月로 丑月 己土 正氣와 寅月 戊土 餘氣, 未월 己土 正氣와 申月 戊土 餘氣다. 지장간을 작성하던 당시에 고민한 흔적을 느낄 수 있는 이유는 己戊, 己己戊, 己戊己로 다양하게 표기했기 때문이다.

의견이 분분했던 이유는 물질을 완성한 후 양기의 출발과 정을 어떻게 표현하는 것이 맞는지 고민했기 때문이다. 丑月은 巳酉丑 삼합의 마감, 寅月은 寅午戌 삼합의 출발점으로 공간속성이 다르다. 丑土는 巳酉丑 삼합을 마감하고 寅木은 寅午戌 삼합의 양기를 출발한다. 이 과정에 음기와 양기가 급속하게 변화한다. 화산폭발, 지진, 해일처럼 丑寅년과 未申년 사이에 큰 변화가 발생하고 그 여진이 丑寅卯, 未申酉까지 이어진다.

이렇게 丑寅과 未申으로 이어지는 공간에 급격한 변화가 발생할 수밖에 없는 근본원인은 己土가 戊土로 바뀌기 때문이다. 정리하면, 음기에서 양기로 급속한 변화가 발생하는 丑寅과 未申을 어떻게 표기하는 것이 맞는가를 고민했던 것이지만 새로운 陽氣가 동하는 공간이기에 戊로 표기하는 것이 맞다. 즉, 丑土의 己土가 寅의 戊土로 변화한다. 丑에서 癸辛이 己土에 있다가 寅月의 戊土가 丙甲을 쏟아낸다. 음기 두 개가 戊土의 도움으로 새로운 양기로 변한다. 丑土에 癸水가 있었기에 寅月의 丙火로 바뀌고, 辛이 있었기에 寅木 속의 甲으로 변한다. 丙火는 중기에서 생지를 만나 寅午戌 삼합운동의 출발을 알린다. 甲은 亥月의 중기에서 생지를 만나 亥子丑으로 시간이 흐르는 과정에 에너지를 확장하다 寅月에 특징을 뚜렷하게 드러내고 땅에 뿌리를 깊게 내린다. 여기에서 지장간에 얽히고설켜 이어진 시공간들의 관계를 살펴보자. 명리 이론에서는 암합이라 일컫는다.

	子	丑	寅	合
餘氣	壬	癸→	戊	癸戊
中氣		辛→	丙	辛丙
正氣	癸	己→	甲	己甲

시공간은 끊임없이 이어져있기에 지장간도 다양한 방식으로 연결되어있다. 지장간이 거미줄처럼 연결되어 물질, 환경, 육체, 공간에 영향력을 행사하지만 暗合 속성대로 천간으로는 드러나지 않기에 타인들이 잘 모르거나 확인하기 어려운 행위나 사건, 감정 등을 일컫는다. 따라서 암시하는 바는 비밀, 사적 행위를 뜻한다. 만약 暗合 궁위가 日과 時라면 비밀스러운 합이다. 地藏干 중에서 天干 합이 모두 발생하는 丑土와 寅木의 暗合을 살펴보자. 戊癸 합하는 이유는 寅月부터 양기 발산하여 봄을 향하기 위함이다. 丙辛 합하는 이유는 여명이 밝아오는 이치와 같다.

즉, 빛을 사라지게 하고 물형을 최대한 작게 만드는 辛을 丙火가 합하여 분산작용이 강해지도록 유도한다. 마지막으로 甲己 합은 己土에 있던 씨 종자가 甲으로 바뀌고 뿌리내리는 과정에 己土가 터전역할하며 생명체와 땅이 조우한다. 참고로 暗合작용은 어느 시공간에서 이루어지냐에 따라서 의미가 다르다. 예로 辰巳에서도 戊癸 합하지만 丑寅과 상이하다. 丑寅은 땅속에서 이루어지지만 辰巳는 땅밖에서 이루어기에 발현되는 물형이 다를 수밖에 없다. 丑寅은 겨울, 밤에 이루어지고 辰巳는 봄, 오전에 이루어진다. 四季圖로 살펴보면 의미가 명확하다.

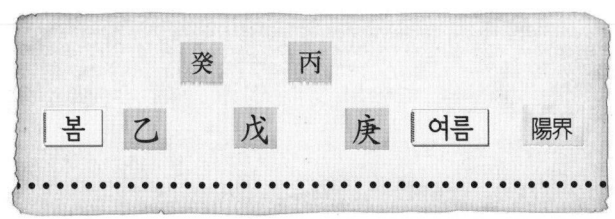

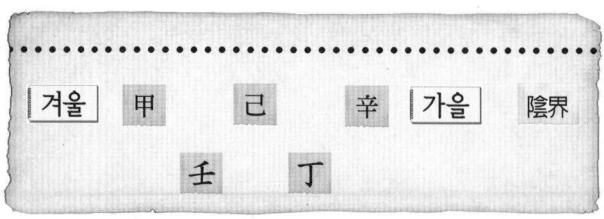

이렇게 결정된 시공간속성은 절대로 바뀌지 않는다. 따라서 丑寅 合은 어두운 곳에서 부정적으로 이루어지기 쉽다. 辰巳는 봄에서 여름으로, 성충에서 나비로 화려한 色界로 나가는 과정이기에 긍정적이다. 丑寅 暗合의 또 다른 특징은 天干 合이 세 개나 이루어져 합의 강도가 강하기에 벗어나기 힘들다. 사주팔자 예문을 살펴보자.

時	日	月	年	女
庚	己	丙	甲	
午	丑	子	寅	

72	62	52	42	32	22	12	2
戊	己	庚	辛	壬	癸	甲	乙
辰	巳	午	未	申	酉	戌	亥

癸酉대운 2004년 31세 甲申년 말 상황으로 대운과 월일에서 酉子丑 조합이 이루어지는 해에 유부남과 사랑에 빠져 헤어나지 못하고 있다. 己土가 甲과 合하기에 나이 많은 남자와 인연이 생기는데 그 방식은 년지 寅과 일지 丑土가 암합하여 이루어진다. 子丑 合은 시공간이 극히 좁아서 사고방식이 편협하고 몰두하면 벗어나기 어렵다. 寅丑 暗合의 또 다른 물상은 酉金 물질을 丑土가 담아서 酉子 破작용으로 부풀리는 욕망이 강하다. 불법사채, 고리대금처럼 酉金 종자돈을 丑土의 어둠속에서 도둑, 강도처럼 불법을 저질러서라도 큰돈을 벌어들이려는 성향이다. 寅木은 酉金을 강탈하여 밝은 세계로 탈출하지만 불법, 비리를 암시하는 丑土 속의 癸水의 도움을 받기에 酉子寅으로 조합을 이루면 불법을 저지르면서 남의 재산을 강탈한다. 불법을 저질러 물질을 저장한 丑土에서 酉金을 寅속의 丙火가 丙辛 合하여 빼앗기에 야반도주의 뜻으로 은행을 강탈하거나 상대가 있는 여자나 남자를 겁탈, 강간 물상도 포함한다.

時	日	月	年	女
庚寅	辛丑	己丑	乙未	

71	61	51	41	31	21	11	1
丁酉	丙申	乙未	甲午	癸巳	壬辰	辛卯	庚寅

辛 일간이 시주 庚寅과 丑寅으로 暗合하기에 유부남과 인연이 강하다. 특히 辛은 甲寅과 조합하는 것을 좋아하는데 하필 庚이 깔고 앉았기에 시기, 질투가 생기고 남이 가지고 있는 寅을 탐할 수밖에 없다. 丑土는 寅木을 내놓기에 丑土가 바라보는 寅은 자식을 보는 것과 같아서 집착할 수밖에 없다. 甲申년에 유부남과의 사랑이 들통 났다.

時	日	月	年	女
辛卯	丙寅	丁丑	甲子	

乙亥대운 己丑년 신부수업 중에 친구의 간계에 빠져 몸을 망치고 자살했다. 구조가 어두우며 丙火로 어둠을 밝혀 밝은 세상으로 이끌려는 구조이기에 종교에 귀의하여 암흑을 구원하려 했다. 乙亥대운, 己丑年 시공간이 굉장히 어둡다. 유일한 빛 丙火는 어둠이 깊어질수록 빛을 강하게 방사하면서 빛의 본성을 잃고 존재가치를 상실한다. 丙火 빛이 己丑 어둠에 묻히고 본연의 가치를 망각하고 어둠 속으로 사라졌다. 丁丑과 丙寅이 寅丑으로 연결되어 있는데 丁丑은 어둠속 제한된 공간에서 손전등을 비추는 도둑과 같아서 간계에 벗어나지 못했다.

時	日	月	年	男
癸巳	辛丑	甲寅	癸巳	

己酉대운 이혼하고 己卯年 불법으로 총을 제조하다 감방에 갔다. 寅은 法이요 金은 총칼이다. 총을 불법으로 제조하는 이유는 寅丑 暗合으로 어둠속에서 불법을 행하고 寅巳 刑으로 폭발력을 갖는다. 또 寅巳 刑으로 寅木 法이 상해서 바른 법집행이 어렵다. 己酉대운 巳酉丑 삼합으로 고립무원의 寅을 자극하여 싸움이 발생한다. 호랑이는 때를 기다리고 己卯年에 寅卯로 공권력이 살아나는 시기에 범죄와 전쟁을 선포하여 감방에 들어간 것이다. 寅月의 중기에 丙火가 갑자기 나타난 이유를 위에서 살폈는데 간단히 정리하고 넘어가자.

	子	丑	寅
餘氣	壬	癸 ↘	戊
中氣		辛	↘丙
正氣	癸	己	

癸水는 봄을 향할수록 강해지다 巳月에 분산에너지로 바뀌어야만 한다. 발산에너지는 새싹을 좌우로 펼치지만 꽃이 만개할 정도로 분산하지 못한다. 따라서 이런 문제를 해결하고자 癸水의 발산에너지를 이어받은 丙火가 巳月에 庚 꽃을 활짝 피도록 寅月부터 준비하는 것이다. 자연은 치밀하게도 寅月의 丙火를 만들고자 子에서 폭발하는 순간부터 준비하였다. 寅月의 正氣에 甲이 있는 이유를 살펴보자.

	子	丑	寅
餘氣	壬	癸	戊
中氣		辛 ↘	丙
正氣	癸	己	↘甲

甲이 드러난 이유를 이해하려면 먼저 申酉戌亥月의 흐름을 살펴야 한다. 가을이기에 대부분 金氣로 이루어져 있는데 갑자기 亥水에서 木氣 甲이 생겨난 이유는 金氣가 水氣에 풀어지면서 甲이 생겨나기 때문이다. 즉, 金이 甲으로 변화한 것이다.

金氣만 있던 亥水에 甲이 장생지로 드러났고 寅월에 祿으로 드러난 이유는 木, 金의 변화 때문이고 그 이치는 아래와 같다. 水火는 四季를 순환하는 과정에 壬癸丙丁壬으로 변하고 木金은 甲乙庚辛甲으로 순환한다. 가을에 씨종자를 얻었기에 생명체가 탄생하고 亥水 속에서 甲이 자라 丑土의 땅을 기반으로 甲己 合으로 생명체가 드러난다.

(4) 卯月

	丑	寅	卯
餘氣	癸	戊	甲
中氣	辛	丙	
正氣	己	甲	乙

卯月의 지장간을 살펴보자. 卯月의 변화는 간단한데 甲이 여기로 이어지고 乙이 있는 이유는 甲이 乙로 바뀌는 과정을 표기한 것이다. 卯月에 乙이 드러나는 순간 주위의 모든 에너지들 사이에 큰 변화가 발생한다. 甲을 위해 존재했던 壬水, 己土는 쓰임을 잃고 癸水, 戊土가 바빠지기 시작한다. 癸水로 새싹들이 산과 들에 펼쳐지고 지하수가 줄어들고 날씨는 따뜻해지면서 巳月에 꽃이 활짝 피고 빛이 강해져 열매로 변화 하려고 준비한다. 봄에 새싹들이 우후죽순처럼 성장하는 이유는 丙火가 아니라 癸水의 발산에너지 때문이다. 丙火는 천천히 만물을 확장시키기에 싹이 산과 들에 한순간 펼치도록 만들지는 못한다.

四季圖로 癸水가 丙火로 바뀌는 이치를 살펴보자. 봄에는 丙火가 존재하지도 않는다. 丙火가 卯에서 욕지라고 하면서 丙火가 乙을 키운다는 착각을 버리지 못한다. 욕지는 기운이 새롭게 동한 것이기에 싹을 적절하게 키울 수 없다. 다른 관점으로, 卯月에 자연에서 급격한 변화가 발생하는데 땅속에서 뿌리내림을 위주로 하다가 새싹이 땅밖으로 오르면서 상황이 크게 변한다. 이런 갈림길을 주도하는 시공간이 卯月인데 그 특징을 살펴보자.

1. 旺地
旺地는 에너지가 극에 이르는 상태를 12운성으로 살핀 것이다. 즉, 木氣가 가장 강한 곳이 卯月인데 신살로 장성이라 부르고 십신으로 양인이라 부른다. 이 용어들의 공통점은 에너지의 강약, 왕쇠 만을 강조한 것이다.

2. 시공간변화
旺地를 시공간변화로 살펴보자. 卯月에 엄청난 변화가 발생하는데 甲에서 乙로 바뀌고 환경이 땅속에서 땅밖으로 바뀐다. 이런 이유로 子卯午酉는 양기가 음기로 바뀌면서 급속한 환경변화가 발생한다. 이런 변화를 거친 후 癸水와 戊土의 도움으로 乙이 乙癸戊 조합을 이루어 성장하다가 辰月에 이른다.

(5) 辰月

	寅	卯	辰
餘氣	戊	甲	↗乙
中氣	丙		癸
正氣	甲	乙↗	戊

卯月에 甲이 乙로 바뀌고 땅을 뚫고 올라온 乙은 산과 들에 엄청난 속도로 새싹을 펼친다. 乙이 좌우확산 할 수 있는 것은 오로지 癸水 에너지 때문이다. 이 부분은 四季圖를 이해함에 극히 중요한 관점이다. 봄을 상징하는 간지는 癸卯로 만물이 내부에서 외부로 튀어나가 성장을 주도한다. 辰月 餘氣는 卯月 乙이 辰月로 넘어온 것이다. 새싹들을 사방팔방에 펼치는 과정으로 가능한 많은 싹들 을 펼쳐야 가을에 씨종자를 많이 수확할 수 있기 때문이다. 辰月 에서 巳月로 이어지면서 물형에 변화가 발생한다. 辰巳의 지장간 에 乙庚 합으로 싹이 꽃으로 바뀌고 未월에 2차변화로 지장간 중기 乙이 申月의 庚과 합하여 명실상부한 열매로 바뀐다. 시공간 흐름에 따라서 물형이 새싹에서 꽃으로, 열매로 단계적으로 변하는 것이다.

따라서 진월 餘氣에 乙이 존재하는 이유는 申월 庚과 합하여 乙을 저장하기 위함이다. 이런 작용이 없다면 겨울이 지나고 봄이 와도 새싹은 땅위로 오르지 않는다. 따라서 乙庚합은 庚의 틀에 乙 생기를 저장했다가 새로운 봄에 생기를 내놓기를 반복한다. 이런 乙庚 합의 이치를 물형으로 바꾸면 庚 방앗간 기계에서 떡 乙이 나오거나 플라스틱 공장기계에서 길고 가느다란 乙이 나오는 물상이다. 辰土는 四季圖에서 봄의 시공간인데 乙癸戊 시간들이 반응함을 표기했다. 즉, 봄에는 乙癸戊 에너지들이 적극적으로 활동한다. 양기를 받아주는 戊土에서 癸水 발산작용으로 乙을 키우는 것이 자연의 의지다. 만약 辰月에 태어났는데 酉金이 있으면 辰月의 시공간을 적절하게 활용할 수 없다.

時	日	月	年	男
癸	己	甲	丁	
酉	未	辰	酉	

甲이 정관이니 공직에서 근무한다는 식의 통변은 무의미하다. 辰月에 水氣가 있어야 농사짓는데 말라버린 공간에서는 농사지을 방법이 없다. 또 辰月에는 乙癸戊 삼자가 조합하여 적극적으로 새싹을 퍼트려야 하니 己土는 할일이 없다. 즉, 부모로부터 받은 시공간에서 존재감을 찾기 힘들다. 부모덕이 없고 종교, 명리, 철학에 인연되었다. 이제 辰土 속의 중기에 癸水가 있는 이유를 살펴보자.

	申	酉	戌	亥	子	丑	寅	卯	辰
餘氣	戊				壬	癸			乙
中氣	壬	→	→	→	→	→	→	→	癸
正氣	庚				癸				戊

지구에서 이루어지는 시공간 흐름은 삼각형으로 물질의 생장쇠멸 과정을 표현한다.

피라미드도 삼각형인데 그 속에 물질을 넣어두 면 오래도록 신선도를 유지하는 이유는 삼각형이 물질을 상하지 않도록 유지해주기 때문일 것이다. 壬水와 癸水의 변화과정에서 삼각형의 시간흐름을 살필 수 있다. 申亥子丑辰月은 壬水와 癸水 申子辰 삼합운동과 직접적인 연관성을 가지고 있다. 壬水가 亥水 에서 祿으로 강력해지고, 子水에서 壬水가 극에 이르면 癸水로 바뀌는 旺地에 이른다. 癸水의 발산에너지가 동하면서 卯辰 月에 乙木 싹들이 성장하는데 자라기만 하면 열매 맺을 수가 없기에 성장을 억제하고자 水氣를 조절하고 火勢를 증가시켜서 물형을 꽃으로 바꾼다. 申에서 壬水가 동하고 子月에 癸水로 바뀌고 辰에서 삼합운동을 마감하기를 반복한다. 이렇게 辰月에는 열기가 오르면서 甲의 성장에 문제가 생기고 乙의 좌우로 펼치는 에너지는 강해져간다. 辰土 正氣에 戊土가 있는 이유를 살펴보자.

	寅	卯	辰
餘氣	戊	甲	乙↓
中氣	丙		癸↓
正氣	甲	乙	戊

寅月 餘氣에 戊土가 있고 辰月의 正氣에 戊土가 있는가를 따지는 것은 무의미하다. 인간은 지구에서 살아가니까 모든 에너지들의 출발점이 戊土에서 시작되어 戊土나 己土에서 마감되기 때문이다. 戊土가 있는 지장간은 餘氣와 正氣로 寅巳申亥 장생지는 새로운 에너지를 만들어내는 터전이고 辰戌丑未의 戊己 土는 에너지와 물질을 변환, 전환, 저장한다. 지장간을 살펴보자.

	子	丑	寅	卯	辰	巳	午	未	申	酉	戌	亥
餘氣	壬	癸	戊	甲	乙	戊	丙	丁	戊	庚	辛	戊
中氣		辛	丙		癸	庚		乙	壬		丁	甲
正氣	癸	己	甲	乙	戊	丙	丁	己	庚	辛	戊	壬

戊와 己가 산만하게 흩어져 있는 듯해도 그렇지 않다. 未月에서 申月월로 넘어오는 과정에 亥卯未 삼합을 마감하고 申子辰 삼합운동을 시작하면서 음기가 양기로 바뀌기에 己土가 戊土로 변하고 戊土에 담겨진 에너지를 새로운 陽氣 壬庚으로 쏟아낸다. 즉, 未月 己土에 저장했던 丁乙을 申月에 壬庚으로 바꿔준 것이다. 정리하면 아래와 같다.

未 → 申	丑 → 寅
丁 → 壬	癸 → 丙
乙 → 庚	辛 → 甲

이런 방식으로 수화목금이 四季흐름에 따라 변하기에 己土와 戊土로 표기한 것이다. 이것이 寅巳申亥, 辰戌丑未에 표기된 토들의 특징이다. 戊土가 있는 곳은 여기와 정기로 餘氣는 무조건 戊土인 이유는 陽氣가 動하는 시공간이기에 己土를 표기할 수 없기 때문이다. 正氣에 戊와 己가 달리 표기되는 이유는 4개의 삼합운동 결과가 상이하기 때문이다. 寅午戌과 申子辰 삼합은 물질을 만드는 에너지로 물질자체가 아니다. 亥卯未와 巳酉丑 삼합은 물질의 마감이니 반드시 己土로 표기한다. 또, 餘氣 戊土는 寅巳申亥 생지에서 자신이 저장한 에너지를 쏟아내는 역할이다. 正氣 戊己는 에너지를 전환, 완성, 저장 역할이기에 정기 戊土와 여기 戊土가 동일하다고 판단하면 안된다. 예로,

	寅	卯	辰	巳
餘氣	戊	甲	乙↓	↗戊
中氣	丙		癸↓	庚↓
正氣	甲	乙	戊↗	丙↓

辰月의 戊土는 乙癸 두 에너지를 품은 땅이고, 巳月의 戊土는 庚金과 丙火를 쏟아내는 戊土이기에 동일한 글자이지만 辰月의 戊土와 巳月의 戊土는 상이한 것이다.

(6) 巳月

巳月의 지장간 中氣를 살펴보자.

	卯	辰	巳
餘氣	甲	乙	戊
中氣		癸	庚
正氣	乙	戊	丙

辰月의 戊土는 乙과 癸를 저장하고 巳月의 戊土로 넘어간다. 시간은 끊어지지 않고 辰月 戊土가 巳月 戊土로 흐르는 과정에 乙, 癸가 庚, 丙으로 변할 수 있는 이유는 辰土의 작용 때문이다. 辰土에서 壬水 응축작용이 마감되고 癸水도 약해져간다. 癸水가 衰地를 만나 물러가야하기 때문이다. 따라서 水氣는 줄어들고 火氣는 증가하고 戊癸 合도 이루어지면서 巳月에 꽃이 핀다. 巳火의 지장간 庚이 꽃이기에 庚을 숙살지기로만 생각하면 꽃이라는 것을 이해하지 못한다. 그렇다면 庚은 갑자기 어디에서 온 것인가? 乙의 물형이 庚으로 바뀐 것이다. 巳月의 庚은 숙살 기운은 전혀 없고 극히 화려한 시공간이다. 辰巳의 지장간 내부에서 乙이 庚으로 바뀌고 乙庚 合으로 연결된다. 合하는 이유는 열매 맺기 위한 것이기에 극히 물질적인 속성이다. 辰巳의 乙庚 合은 열매가 열린 상태가 아니기에 물질을 추구해도 풍부하지 않다.

乙庚 合으로 짝짓기를 통하여 열매 맺고자 다양한 인연들이 생기는 과정이다. 단체, 조직, 인맥을 형성하고 활용해서 재물을 만들기 위한 행위로 未月과 申月에 乙庚 合으로 그 목적을 완성한다. 기억할 것은 巳火 속의 庚은 열매가 아니고 꽃이다. 巳에서 巳酉丑 삼합운동이 시작되며 수렴하여 열매 맺는 과정이다. 삼합의 출발점 巳火와 巳酉丑 삼합의 속성은 상이하다. 삼합운동의 본질과 정반대로 巳火에서 육양으로 펼쳐주기에 수렴하여 열매를 만들 수 있는 것이다. 巳月의 지장간 정기를 살펴보자.

	寅	卯	辰	巳
餘氣	戊	甲	乙	戊
中氣	丙		癸	庚
正氣	甲	乙	戊	丙

寅月 중기 丙火가 동하여 寅午戌 삼합을 출발한다. 장생지이기에 무력하지만 9개월의 삼합운동을 알린다. 丙火가 장생하니 강하다, 약하다 강약을 따지지만 生地는 거의 존재하지도 않는 기운이다. 그 이치를 살펴보자.

```
壬-----丙-----壬-----丙
  ↘ ↗ ↘ ↗ ↘ ↗
    寅-----申----寅
```

寅속의 丙火가 무력한 이유는 상기 흐름을 살피면 쉽게 이해한다. 자연의 본질은 壬水요, 세상에 드러날 수 있는 것은 丙火때문이고 壬, 丙의 순환작용으로 이루어진 세계다. 지구에서 壬, 丙이 교차 하는 곳이 두 공간으로 寅과 申이다. 壬水의 기운이 강한 寅에서 丙火가 장생하고, 丙火의 기운이 강한 申에서 壬水가 장생하는 이치는 壬水가 丙火요, 丙火가 壬水라는 의미다. 마치 色卽是空, 空卽是色과 동일한 의미다. 시간이 공간이요 공간이 시간으로 바뀌기를 반복한다. 象이 物이요 物이 象이다. 파동이 입자요, 입자가 파동으로 달라 보일 뿐 동일한 것이다. 수화작용이 있기에 물질계는 아래와 같이 순환한다.

```
甲-----庚-----甲-----庚
  ↘ ↗ ↘ ↗ ↘ ↗
    巳----亥----巳
```

사계가 순환하는 이치는 복잡하지 않다. 甲이 巳月에 乙庚 합으로 자신의 에너지를 전달하여 庚을 만들고 庚이 亥月에 辛을 풀어서 甲을 만든다. 따라서 巳에서 庚이 장생하는 이유는 甲때문이고 亥에서 甲이 장생하는 이유는 庚 때문이다.

이런 이유로 물질계의 순환과정은 甲이 庚으로, 庚이 甲으로 물형을 변화하면서 이루어진다. 十神과 生剋은 시공간 변화와 흐름을 살피려는 노력조차도 차단해버렸다. 辰巳지망과 戌亥천문의 시공간이 어떤 방식으로 이어졌는지 살펴보자. 시공간 흐름을 이해하면 천라지망이라는 명칭을 왜 부여했는지 이해하고 천라지망이 자연의 이치라는 것이 명확해진다. 戌亥는 戌土 속의 丁火 중력에너지와 辛 씨종자이자 죽은 육체가 亥水에 들어가 사라진다. 色界에서 살다가 하늘로 올라가는데 戌土는 寅午戌三合 화려한 色界를 경험했다. 戌亥에서 육체를 버렸기에 辰巳에서 色界로 나오는데 그 이치를 地라는 글자로 표현하였다. 亥子丑 영혼세계를 지나 寅에서 재탄생 하는데 왜 辰巳에서 지망이라고 부를까? 丑寅의 시공간을 지망이라 불러야할 것 같은데도 辰巳를 지망이라 부르는 이유를 살펴보자. 色界와 空界는 크게 둘로 나뉘는데 寅午戌의 色界와 申子辰의 空界로 사람이 귀신으로, 귀신이 사람으로 윤회를 반복한다. 따라서 육체의 형태만 다를 뿐 새롭게 얻은 육체에 전생의 업보를 담고 있다.

色界와 空界는 무 자르듯 잘라지는 것이 아니며 육체와 영혼이 겹치는 부분이 亥卯未와 巳酉丑이다. 더욱 명확하게는 申酉戌과 寅卯辰이다. 申子辰이 있기에 亥卯未 삼합운동이 가능하고 寅午戌로 화려하게 살다가 巳酉丑으로 수렴하여 다시 申子辰 영혼의 세계로 돌아간다. 따라서 색계에서 공계로 넘어갈 준비하는 곳이 申酉戌이고, 공계에서 색계로 넘어갈 준비하는 곳이 寅卯辰으로 그 이유는 전생의 영혼 壬癸가 여전히 남아있기 때문이다. 반드시 壬水를 철저하게 버려야만 空界를 벗어난다. 辰土에서 壬水를 마감하고 壬水의 영혼을 대행하는 癸水가 色界에 머물며 전생의 업보를 심판받는다. 이런 이유로 寅卯辰에는 전생과 이생이 섞인다. 巳火에 이르러 전생의 기억을 철저하게 잊고 이생에서 새롭게 출발한다. 丙火의 화려한 색계 寅에서 육체를 얻고 巳火에서 전생의 기억을 완벽하게 벗어던지고 새로운 인생을 만들어간다. 이런 이유로 戌亥와 辰巳는 철학적으로 매우 중요한 의미가 있다.

만약 癸水도 辰土에서 삼합운동을 마감했다면 전생과 이생이 이어질 수 없지만 癸水는 亥卯未 삼합운동하며 반드시 巳에게 전생의 업보를 전달한다. 이것이 亥卯未 삼합운동의 역마다. 따라서 역마의 기본개념은 해외로 간다는 의미가 아니라 저승과 이승을 이어주는 전달자 역할이다.

(7) 午月

지장간 午火를 시작하기 전에 子卯午酉 旺地 개념을 정리해보자.

	子	卯	午	酉
餘氣	壬	甲	丙	庚
中氣			己	
正氣	癸	乙	丁	辛

子卯午酉 지장간은 위와 같다. 子月에 壬水가 癸水로 바뀌면서 응축기운이 발산에너지 癸로 바뀐다. 卯月에 땅 속에서 뿌리내리던 甲이 乙로 좌우로 펼치기 시작한다. 午月에 분산하던 丙火가 丁火로 바뀌면서 시공간이 급속도로 답답해진다. 酉月에 나무에 매달렸던 열매 庚이 낙하하여 완성된 열매 辛으로 떨어진다. 卯月에는 땅속에서 땅 밖으로 공간이 바뀌듯 酉月에는 땅위 공간에서 땅 표면으로 변화한다. 이런 갑작스런 변화과정을 四季圖로 살피면 아래와 같다.

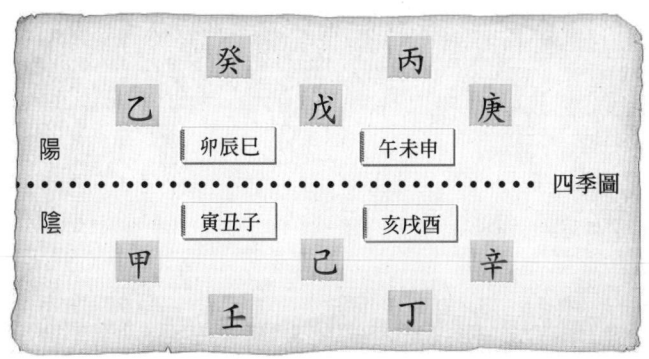

子水의 특징은 응축이 폭발하고, 卯木의 특징은 땅 속에서 밖으로 공간이 바뀌고, 午火는 넓은 시공간이 갑작스럽게 좁아지고, 酉金은 땅위에서 땅 아래로 낙하하는 것이다. 巳月에서 午月로 시간이 흐르는 동안 변화하는 공간상황을 살펴보자.

	卯	辰	巳	午
餘氣	甲	乙	戊	丙
中氣		癸	庚	己
正氣	乙	戊	丙	丁

巳火와 午火는 동일한 火氣임에도 글자 특징은 상이하다. 巳火는 巳酉丑 삼합운동으로 열매를 완성하는데 午火는 寅午戌 삼합운동으로 분산을 주도한다. 또 巳火는 육양으로 무한분산 속성이니 펼치는 것을 위주로 하지만 午火는 丁火의 수렴작용으로 열매를 맺는다. 즉, 巳火는 홍보, 광고, 홈쇼핑, 빛 분산 등의 물상을 활용하지만 午火는 열매 맺으니 물질을 추구한다. 정리하면, 巳火가 巳酉丑 삼합운동과 연결되면 결실운동 하지만 巳火 스스로는 홍보, 광고, 홈쇼핑, 영화 등의 물상을 활용한다. 午火는 寅午戌과 조합하면 빛을 분산하지만 午火 스스로는 물질을 취하는 욕망이 강하다. 午月의 餘氣에 丙火가 있는 이유는 巳月의 正氣 丙火가 午月의 餘氣로 이어진 후 丙火가 丁火로 바뀐다. 午月의 中氣에 己土가 있는 이유를 살펴보자.

	巳	午	亥	子
餘氣	戊	丙	戊	壬
中氣	庚	己	甲	
正氣	丙	丁	壬	癸

六陽에서 一陰五陽//六陰에서 一陽五陰

午火에 己土가 있듯 子水에도 己土가 있어야 맞는다는 주장이 있는데 에너지 변화과정을 감안하면 맞는지 틀리는지를 쉽게 이해한다. 巳火의 분산 기세가 午月에 이르면 一陰이 동하고 亥水 응축기세가 子月로 넘어가면

一陽이 동한다. 즉, 하나는 수렴작용으로, 하나는 발산작용으로 전환한다. 다른 표현으로는 午火의 중력 작용이 강해지면서 물형이 단단해지고, 子水의 척력작용이 강해지면서 물형이 부드럽게 바뀌어간다. 이런 작용으로 여름에 열매가 열리고, 겨울에 딱딱한 씨종자가 풀어지면서 뿌리로 변한다. 또, 己土가 午火에서 행하는 중요한 일은 丙火를 丁火로 바꾸는 과정에 관여하는 것이다. 즉, 丙火를 丁火의 수렴에너지로 집약하는데 己土는 병화의 분산에너지를 저장하는 역할이다.

이런 물상은 태양광과 같다. 丙-己-丁 三字조합은 무언가를 바꾸는 행위나 장치를 뜻한다. 태양광, 돋보기, 변압기, 전압기 등은 빛을 열로 바꾸는 물질의 특성이며 통역, 번역, 변호사, 전화교환수 같은 물상은 중간에서 쌍방의 요구를 조정, 타협하는 물상이다. 다만 子月은 빅뱅작용으로 발산하기에 무언가를 저장할 필요가 없다. 따라서 午月에 己土가 있으니 子月에도 己土가 있어야 한다는 주장은 합리적이지 않다. 午中 己土가 오묘한 이유는 辰戌 丑未 正氣의 戊己와 寅巳申亥 餘氣에만 있는 戊土를 제외하고 지장간을 통틀어 유일하게 中氣에 己土가 있기 때문이다.

餘氣도, 正氣도 아닌 中氣에 己土가 왜 있는가? 辰戌丑未는 삼합운동을 마감한 시공간이니 음기를 저장하고자 戊己가 있고 寅巳申亥는 辰戌丑未에 저장된 음기를 새로운 양기로 바꿔주기에 戊土가 있지만 삼합운동의 마감도 아니고 생지가 동하는 공간도 아닌 곳에 己土가 있는 이유를 이해하기 어려웠던 것이다. 마지막으로 午火의 정기에 丁火가 있는 이유는 丙火 분산작용이 극에 이르러 수렴작용으로 전환되었음을 표기한 것이다. 빛이 열로 바뀌었고 꽃이 열매로 바뀌기 시작했다. 겉이 화려한 色界에서 물질을 추구하는 시공간으로 변화하는 첫 단계다. 丁火의 수렴작용은 未月로 이어진다.

(8) 未月

	午	未	申
餘氣	丙	丁	戊
中氣	己	乙	壬
正氣	丁	己	庚

丁火가 사물을 딱딱하게 만드는 에너지를 방사하면 열매가 맺히는데 그 작용이 중요한 이유는 자연의 이치를 명리에 활용할 수 있기 때문이다. 예로 "열매 맺다."의 상황을 十神으로 설명할 방법이 없다. 십신으로 傷官이지만 얼마나 억지스러운 명칭인가? 十宮圖를 이해하면 열매 맺는 것은 丁火, 傷官 때문임을 쉽게 이해한다. 傷官의 의미는 관을 상하는데 열매를 맺는다고 하니 이해가 어렵다. 생극 명칭으로는 인간의 특징은 살필 수 있으나 자연현상은 설명할 수 없다. 午月에서 未月로 넘어가는 과정에 어떤 일들이 벌어져야 하는지 지장간에 표기되어 있다. 午月과 未月의 지장간에는 丙己丁 뿐이고 다른 글자는 유일하게 乙뿐이다.

그 이유를 알아보자. 午月에 丙에서 丁으로 바뀌는 이유는 丙火의 분산을 丁火 수렴으로 전환하기 위함인데 丙火 분산작용을 감당할 수 없어서 己土를 개입시켜 丁火로 빛을 열로 집약시켜 저장해줄 창고역할을 담당하도록 한 것이다. 이 상황을 좀 더 살펴보자. 丙火는 분산하고 丁火와 己土는 빛을 열로 저장하는 과정에 필연적으로 넓은 시공간에서 좁은 시공간으로 전환하기에 집약되고 물형은 단단해진다. 이런 자연현상을 사주팔자에 그대로 활용해보자. 丁과 己를 간지로 바꾸면 丁未로 밖에 있는 것을 내부로 당기려는 욕망이 매우 강하다. 또 당겨온 것을 저장하고 내 것이라는 집착을 갖기에 이런 에너지 특징을 좋게 활용하면 집념이고 나쁘게 활용히면 집착이다. 예로 집에 쓰레기들을 주어다 신더미처럼 쌓아두는 행위들은 모두 午未, 丁未와 같은 특성이다. 이런 에너지들 사이에 乙이 끼어있는 이유는 무엇일까? 미토 지장간 중기에 乙이 있는 이유는 亥卯未 삼합운동 과정에 얻어진 乙을 표기한 것이다.

출발점은 亥水에 있던 甲이고 卯月에 甲이 乙로 바뀌고 未月의 중기에 乙을 표기함으로써 亥卯未 삼합운동을 마감했음을 알렸다. 그렇다면 亥卯未 삼합운동을 완성했다는 의미를 이해해야 자연에서 원하는 이치를 깨닫는다.

申子辰 삼합운동은 윤회를 주도하고 亥卯未 삼합운동은 성장운동을 주도하며 寅午戌 삼합운동은 물질, 육체의 확장, 번성을 주도하며, 巳酉丑 삼합운동은 물질수렴과 씨종자 완성을 주도한 후 다시 申子辰 삼합운동으로 순환한다. 이 과정에 亥卯未 삼합운동을 마감하는 未土에 이른 乙木은 더 이상의 성장은 불가능하다. 乙의 고유한 에너지 특징은 좌우로 펼치는 활동력, 다양한 인맥을 형성하는 에너지다.

마치 지치지 않고 일하는 개미와 같은데 未土에서는 이런 乙의 활동을 멈추어야만 한다. 이 개념을 이해한 후 간지에 응용하여 뜻을 추론한다. 미토를 가진 간지는 乙未, 丁未, 己未, 辛未, 癸未다. 乙未는 乙이 未土 공간에 있으니 미토 속의 丁己 때문에 활동이 답답해졌다. 丁火는 乙의 에너지를 통제하고, 己土의 내부로 저장하는 속성과 乙의 속성은 어울리지 않는다. 乙은 戊土의 넓은 터전을 원하기 때문이다. 己未는 己土가 未土 공간을 만났다. 己土에 적절한 수분이 있어야 甲을 품거나 辛을 품는데 未土는 땅이 말라서 甲을 품을 수도, 辛 열매를 품을 수도 없는 상황이기에 乙이 답답하다. 未土 속 중기에 乙이 있는 이유를 살펴보자.

	午	未	申
餘氣	丙	丁	戊
中氣	己	乙	壬
正氣	丁	己	庚

未土 속 乙은 丁火의 수렴작용과 己土에 의해서 좌우확산운동을 적극적으로 못하기에 육체에 장애가 생긴다.

따라서 장애문제는 未土 때문이 아니라 활동이 답답해진 乙 때문이다. 이런 조건에서 어떻게 해야 乙의 활력이 살아날까? 이런 논리를 설명한 책이 時空論으로 자연의 변화이치를 명확하게 설명해준다. 자연은 未月의 乙에게 더 이상 좌우확산하지 말라고 명령한다.

이런 상황을 12운성, 삼합, 신살, 통근 등으로 이해하려고 노력하지만 자연에서 요구하는 것은 더 이상 활력을 퍼트리지 말라는 것이다. 예로, 癸未月 未土의 메마른 땅에 癸水는 갑자기 쏟아지는 소낙비와 같다. 마른 땅에 후두두둑 비가 떨어지면서 요란한 소리를 낸다. 만약 소낙비가 내리면 未土 공간에서 활력을 잃고 지쳐가던 乙이 癸水의 도움으로 활력을 되찾을까? 未月에 성장완료 된 乙이기에 소낙비가 내린다고 다시 성장할 수는 없다. 성장이 불가하니 곰팡이만 피어난다. 甲 참나무가 옆에 있으면 곰팡이가 참나무에서 자라나는 이치다. 甲 + 癸未 조합은 곰팡이, 세균, 치즈, 버섯 등의 물상이다. 未土에 있는 乙이 丁과 己의 수렴, 저장에너지 때문에 활동이 극도로 위축되는 상황을 살펴보았는데 그렇게 하는 이유는 자연의 의지 때문이다. 丁乙己로 조합하니까 그런 것이 아니고 자연의 의지가 그렇기에 문자로 표현하면 丁乙己다.

이제 보이지 않는 시공간을 살펴보자. 예로 午月과 未月을 지날 때 자연에서 집중적으로 사용하는 에너지가 丁火와 己土로 수렴하고 내부에 저장한다. 이런 에너지가 강해지면 상대적으로 불편한 에너지는 亥卯未 삼합운동을 주도하는 癸와 甲이다. 성장을 위주로 하는데 성장하지 못하기에 불편하다. 특히 癸는 丁火의 수렴작용이 강해지는 午未 月에 문제가 심각하다. 癸水는 육체에서 뇌수와 같고 인간의 정신을 지배한다. 癸水가 午未月의 시공간을 만나면 火氣에 상하면서 정신이 어지럽다. 이런 이유로 정신병, 종교, 명리, 철학 물상과 인연하지만 심할 경우 사이비 종교에도 빠지거나 정신병에 걸린다. 甲도 생기, 활력이기에 午未에서 육체가 무력해진다. 丙午, 丁未의 시공간을 지날 때는 정신적, 육체적으로 극히 불안정해지기에 문제를 해결할 방도가 필요하다. 예로 종교, 명리, 철학에 심취하는 것이다. 未土와 丑土의 공간특징은 매우 중요하다. 未土는 亥卯未 삼합, 丑土는 巳酉丑 삼합 물질운동이니 중요할 수밖에 없다.

寅午戌과 申子辰 삼합은 水火로 물질의 생장쇠멸에 관여한다. 물질과 에너지의 가장 큰 차이점은 완성의 차이다. 즉, 亥卯未와 巳酉丑은 물질을 완성하는 삼합이지만 寅午戌과 申子辰은 물질을 완성하지 못한다. 물질을 완성하고 난 후의 未土와 丑土는 타향, 외국으로 떠날 가능성이 많다. 未土는 더 이상의 성장, 발전이 어렵고, 丑土는 더 이상 물질을 얻지 못하기에 떠나는 것이다. 申月로 넘어가보자.

(9) 申月

	午	未	申
餘氣	丙	丁	↗戊
中氣	己	乙	壬
正氣	丁	己↗	庚

未月 丁火와 亥卯未 성장운동을 끝낸 乙木을 己土에 저장한 후 申月의 戊土에 넘기면 새로운 양기가 동하는데 바로 壬水다. 陽氣가 動하기에 申月 餘氣에 己土가 올 수 없고 반드시 戊土여야 한다. 己에서 己戊를 거쳐 戊土로 변화하기에 內部에서 外部로 작용하는 공간이 달라진다. 중요한 것은, 己土가 戊土로 바뀌는 과정에 己土에 담겨져 있던 에너지가 戊土로 옮겨져 밖으로 드러난다. 未土 속 己土에 어떤 에너지가 있는지를 알려면 지장간을 살피면 된다. 바로 丁乙로 己土에 저장되어 있다가 申月의 戊土로 전달된다. 이때 무조건 전달되는 것은 아니고 반드시 시공간 변화가 생겨야만 가능하다. 즉, 시간이 흘러야만 변화한다. 새로운 陽氣가 농하기에 申 속에 있는 戊土는 陽氣를 토해내는 터진과 같다. 未土 속의 丁乙이 己土에 저장되어 있다가 戊土로 전달되면 새로운 에너지를 쏟아낸다.

바로 壬庚이다. 그런데 壬水는 갑자기 어디에서 드러난 것일까? 子月에 壬水가 癸水로 바뀐 후 근 8개월 동안 보이지 않다가 申 속의 壬水로 드러나는지 그 이유를 살펴보자.

	午	未	申
餘氣	丙	丁 ↘	戊
中氣	己	乙 ↘	↘ 壬
正氣	丁	己	↘ 庚

未土 속에 있던 丁火가 壬水로 바뀌는 이유는 丁火의 수렴작용에 의해서 壬水의 응축에너지가 생겨나기 때문이다. 또 未土 속의 乙이 庚으로 바뀌는 이유는 성장을 끝낸 乙은 더 이상 좌우로 펼칠 필요가 없고 새싹과 같은 물형을 庚金 열매로 바꿔주어야 한다. 戊土는 丁乙의 물형을 壬庚으로 바꿔주는 터전과 같다. 壬水가 드러나는 과정을 세부적으로 살펴보자. 巳酉丑삼합은 수렴운동으로 빛을 열로 바꾸어 물형을 딱딱하게 함으로써 열매 맺도록 하는 시공간 흐름이다.

이런 삼합과정에 巳火에서 육양으로 빛을 방사하다가 午火에서 丁으로 수렴하고 최종 결과물이 亥月의 壬水로 극도로 응축된 기운이며 중간에 申月 속 壬水가 長生地로 동한다. 자연은 미리미리 정반대편 계절을 준비하기에 午未申 여름에 壬水가 생겨나고, 子丑寅 겨울에 丙火가 생겨나고, 卯辰巳 봄에 庚金이 생겨나고, 酉戌亥 가을에 甲木이 생겨난다. 따라서 壬水를 만들어낸 것은 丁火로 우주의 모든 것을 없애는 블랙홀과 같은 壬水를 만들어낸 것이다. 모든 물질과 생명체는 어둠, 無로 돌아갔다가 빅뱅으로 다시 생겨나기를 반복한다.

	巳	午	未	申
餘氣	戊	丙	丁	戊
中氣	庚	己	乙 ↘	壬
正氣	丙	丁	己	↘ 庚

申月의 지장간 戊土와 壬水가 어디로부터 온 것인지를 살폈다. 특히 壬水는 丁火의 도움으로 그 에너지가 장생지로 드러났다. 지금부터 정기의 庚金이 어디에서 왔는지 살펴보자. 巳火 속에 庚이 장생지로 동하고 시간이 흘러 申月에 庚이 정기에 드러나서 존재감을 알린다. 12운성으로 祿이고, 神煞로 망신이다. 巳의 지장간 庚金과, 申의 지장간 庚金이 동일하다고 판단하는 것은 옳지 않다. 시간이 巳에서 午未를 지나 申月까지 흘렀기에 글자가 동일해도 존재가치와 물성은 전혀 다르다. 巳月의 庚金은 꽃이고, 申月의 庚金은 열매. 글자가 동일하면 동일하게 판단하는 十神 生剋 논리는 巳중 庚金이 천간에 드러나든, 申중 庚金이 드러나든 그 명칭이 동일한 이유는 시공간 개념이 없기 때문이다.

巳火에서 장생하고, 申에서 祿을 만났다고 하면서도 그 이유가 시간흐름 때문임을 이해하지 못한다. 물상으로 비유하면 巳火의 庚金은 辰土 속의 乙이 최대한 펼쳐진 꽃과 같고, 申속의 庚金은 未土 속의 乙이 딱딱한 열매로 바뀐 것이다. 즉, 巳火는 펼치는 庚이고 申金은 오므리는 庚이다. 이 과정을 巳申 合으로 水氣라고 주장하지만 巳月과 申月에는 丙火와 丁火 때문에 水氣가 강할 수 없는 시공간이다. 申月 壬水는 申子辰 삼합의 생지를 만났지만 여름이기에 丙火의 지배를 받는다. 巳申 刑의 변화는 巳月에서 申月로 향하는 시간흐름이며 간지로 丙申이다. 여름에 丙火 분산작용으로 申 열매를 익히는 과정이며 물질을 추구하는 특성이다. 따라서 巳申 刑은 열매가 튼실해지는 과정에 丙火, 巳火는 에너지를 적극적으로 방사하다가 무력해지고 酉月에 丙辛 合당하여 어둠 속으로 사라진다.

申月을 정리하면, 申月의 중기 壬水는 午月부터 발생한 수렴에너지 丁火 때문에 생겨났고, 申月의 정기 庚은 巳月의 중기에 장생하던 庚이 巳申 合으로 에너지를 폭발시켜서 만들어낸 것이며 申月 물형변화의 핵심은 木이 金으로 바뀌는 것이다. 辰巳에서 乙庚 合, 未申에서 乙庚 合으로 두 번의 변화과정을 통하여 木이 金으로 완성된다. 왜 未申 월에는 반드시

乙庚 合할까? 다음 해 봄에 이르면 반드시 새싹을 내놓아야만 하는 자연의 의지 때문에 乙木 生氣를 庚金 내부에 보호하기 위함이다. 巳月에서 申月로 변화하는 과정에 어떤 에너지들이 움직였는가를 지장간에서 명확하게 설명해준다. 巳月에서 申月에 이르는 과정에 거의 모든 에너지들은 丙丁 火로, 꽃이 열매로 바뀌는 과정에 丙火가 주된 역할을 하고 丁火가 보조하는 것이다.

	巳	午	未	申
餘氣	戊	丙	丁	戊
中氣	**庚**	己	乙	壬
正氣	丙	丁	己	**庚**

굵은 글씨의 변화를 정리해보자. 巳화 속의 丙火는 午月에 丁火로 바뀐다. 이 변화 때문에 巳火속 庚은 申月의 庚으로 꽃이 열매로 바뀐다. 따라서 겉으로는 巳에서 申까지 庚이 바뀐 것이지만 그 본질은 木에서 金으로 물형이 달라진다. 甲이 乙로 바뀌고, 乙이 庚으로 두 차례에 걸쳐 물형을 바꾸는데, 辰巳에서 乙庚 合은 성장하는 공간이기에 殺氣가 전혀 없지만 未申에서 乙庚 合은 튼실한 열매를 맺는 과정에 숙살기운을 갖는다. 乙庚 合의 본질은 무엇인지 時空圖와 四季圖로 살펴보자.

1. 時空圖

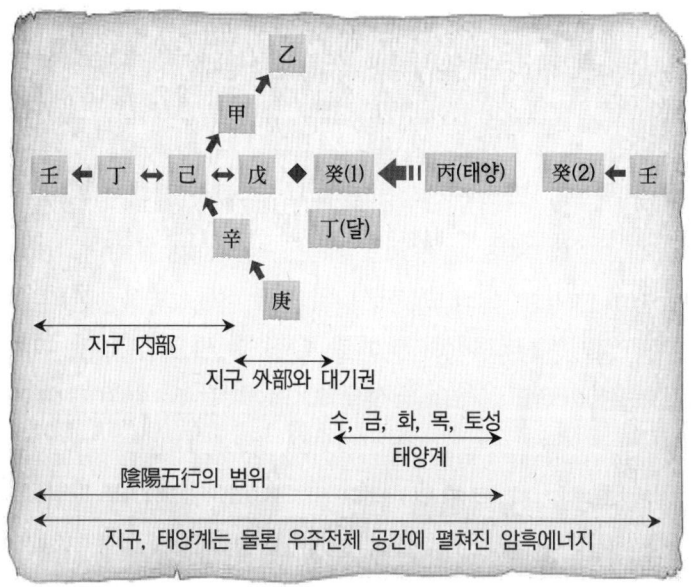

乙庚 合은 戊土 위에서 丙火 빛에 의해서 부피를 확장하고 丁火 열기로 열매 맺기에 극히 현실적이며 물질을 추구하는 合이 분명하다.

2. 四季圖

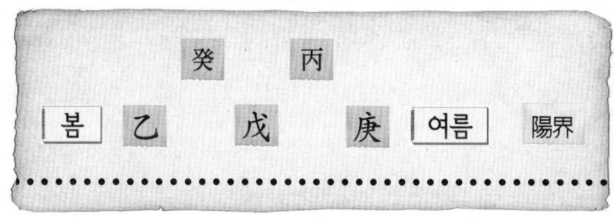

四季圖로 살피면 봄에서 여름까지 변화과정은 화려한 시공간으로 乙庚 合을 이루어 丙火로 열매를 확장한다. 酉月의 지장간으로 넘어가보자.

(10) 酉月

	申	酉	戌
餘氣	戊	庚	辛
中氣	壬	↓	丁
正氣	庚	辛	戊

酉月에 庚이 辛으로 바뀌는데 딱딱해진 열매가 나무에서 떨어져 땅으로 낙하하는 과정이다. 庚과 辛의 극명한 차이를 보여주는 시공간이다. 庚은 丙火가 필요하지만 辛은 더 이상 필요로 하지 않는다. 丙火는 만물의 부피를 확장하는데 완성된 열매는 더 이상 부피를 확장할 필요가 없기 때문이다. 乙庚 合으로 물형을 이루고 乙의 속성을 내부에 감춘 씨종자가 辛이다. 따라서 辛金 속에는 乙木 生氣가 숨어있기에 봄에 새싹이 땅을 뚫고 오른다. 酉月에 가장 두드러진 특징은, 丙火는 쓰임이 없고 壬水가 응축작용으로 겨울로 전환한다. 이런 흐름을 만들고자 申月 중기에 壬水가 장생하는데 흥미로운 것은 丙火가 壬水를 만들어주었다는 점이다.

壬寅은 壬水가 丙火를 만들었음을 알려주고 丙申은 丙火가 壬水를 만들었음을 알려주는 간지다. 酉月에 庚이 辛으로 바뀌는 것은 천지개벽과 같은 것이다. 봄에는 卯에서 시공간이 땅 밖으로 바뀌고, 酉戌亥 가을에는 땅 아래로 바뀌면서 급격한 변화가 발생한다. 卯木은 色界로 나가는 출발점이요, 酉金은 어둠의 세계로 돌아가는 출발점이다. 酉月에 庚이 辛으로 바뀌면서 나머지 오행들이 어떻게 반응하는지 살펴보자. 庚까지는 乙癸戊丙이 열매를 익히지만 辛으로 바뀌는 순간 乙癸戊丙은 쓰임을 상실하고 무력했던 甲壬己丁이 적극적으로 활동하기 시작한다. 지구에서 큰 변화는 子卯午酉에서 발생하는데 子午 축을 기준으로 氣의 변화를 주도하고, 卯酉 숙을 기순으로 質의 변화를 주도한다. 卯木은 물질계로 나가는 출발점이지만 酉金은 죽음을 향하는 첫걸음으로 영혼의 세계를 향하기에 인간이 사용하기는 불편하다. 이런 이유로 辛酉를 죽음, 씨종자라 표현했다.

(11) 戌月

	申	酉	戌
餘氣	戊	庚	辛
中氣	壬		丁
正氣	庚	辛	戊

戌土 餘氣에 辛이 있는 이유는 酉月의 辛이 戌月의 餘氣까지 이어져왔음을 표기한 것이다. 즉, 씨종자를 얻는 과정이 하루에 이루어지는 것이 아니고 酉月과 戌月에 순차적으로 이루어진다. 가을에 고추를 수확한 후 길에 펼쳐서 건조시키는 과정과 유사하다. 辛酉는 죽음, 씨종자, 고독을 암시하기에 戌土의 시공간은 불교와 인연이 깊다. 사주예문을 살펴보자.

時	日	月	年	男
癸	己	己	壬	
酉	酉	酉	子	

77	67	57	47	37	27	17	7
丁	丙	乙	甲	癸	壬	辛	庚
巳	辰	卯	寅	丑	子	亥	戌

주색과 노름이 심하다. 씨종자 酉金은 壬子에서 발아하는데 사주팔자에 빛이 없는 어둠과 같고 酉金이 子水에 풀어지면서 방탕하면서 주색을 밝히고 酉子 破 작용으로 한탕을 벌려는 욕망 때문이다. 酉金 씨종자를 운회하는 과정이 적절하지 않기에 문제가 발생한 것이다.

戌土에 이르면 화려한 色界 寅午戌 삼합운동을 마감하고 영혼의 세계로 떠나야한다. 戌月까지 이르는 과정은, 午에서 丙火가 丁火 로 바뀐 후 酉月에 이르러 辛을 낙하시키면 丁火의 수렴작용은 쓰임을 다하였기에 무력해지기 시작한다. 丁火는 戌月 이후에 더 이상 물질을 만들어내지 못하기에 소유한 재물을 지키거나 활용할 뿐이다. 예로 사채놀이처럼 종자돈을 활용하는 것은 가능하지만 돈을 벌어들이는 능력은 약하다. 酉戌조합의 경우, 酉金이 戌土에 들어가기 싫은 이유다.

이와 유사한 이치로 卯木도 辰土에 들어가기 싫어한다. 酉金이 戌土에 들어가기 싫은 이유는 酉金의 존재가치를 戌土가 없애기 때문이고 卯木이 辰土에 들어가기 싫은 이유는 좌우로 펼치는 에너지를 辰土가 답답하게 만들기 때문이다. 卯戌 合하면 卯木은 더욱 답답해진다. 물질을 만들 수 없는 戌土의 시공간에서 卯木이 잡혀서 꼼짝 못한다. 살아 움직여야만 하는 卯木이 戌土 묘지에 들어가는 상황으로 처녀가 홀아비가 거처하는 공간으로 들어간 것이다. 다른 각도에서 살피면, 酉月에 辛 씨종자가 戌土에 떨어지면 辛戌조합으로 戌土에 씨종자의 존재를 드러낸다. 戌土에 낙엽이 쌓이고 辛을 덮어서 보호하고 열기를 축적한다. 즉, 卯木이 酉金을 戌土에서 보호하는 역할로 이런 모양이 戌土의 땅이다.

	申	酉	戌
餘氣	戊	庚	辛
中氣	壬		丁
正氣	庚	辛	戊

戌土 속 中氣 丁火의 의미를 살펴보자. 丁火는 이승과 저승을 결정하는 에너지다. 戌土에서 丁火의 쓰임이 사라지기에 인간이 활용하기에는 무서운 공간이다. 丁火는 중력에너지로 육체를 만들어 내는데 戌土에서 무력해지기에 육체의 용도가 사라지는 것이다. 지장간 글자들은 각각 중요한 의미를 가지고 있는데 왜 戌土 중기에는 丁火가 있어야 할까?

寅午戌 삼합운동이 마감되었음을 표기하는 것도 매우 중요하지만 丁火는 생명체의 生氣와 水氣를 말려 딱딱하게 만들었던 것이다. 이런 행위와 유사한 이치가 가을에 씨종자를 처마 끝에 걸어두고 말리는 것으로 辛에게 열기를 주어야만 亥月에 丁辛壬 조합을 이루어 윤회하기 때문이다. 이렇게 열기는 생명체의 삶과 죽음에 극히 중요한 역할을 담당한다. 戌土의 정기 戊土를 살펴보자. 辰土와 戌土의 정기에 戊土가 있는데 글자는 동일해도 특징은 전혀 다르다. 辰月는 모내기해서 키우고, 戌月는 수확하고 저장한다.

辰 - 乙癸戊
戌 - 辛丁戊

지장간 특징을 살피려면 시간 특징을 이해해야 한다. 辰土에 있는 시간들은 乙癸戊로 성장, 발산하는 시간들이다. 인간은 반복경험으로 이런 시간 특징을 깨달았고 그 시간에 적절한 행위를 하고자 노력한다. 봄에는 씨를 뿌리고 키우는 것이지 수확할 수는 없다. 戌土의 시간들은 辛丁戊로 辛은 가을의 씨종자요, 丁火가 만물을 수렴하는 곳에 戊土가 있다. 따라서 戊土는 陽氣를 받아주는 터전이 아니라 물형이 점점 쪼그라들어 己土로 바뀌는 공간이다. 戌土의 또 다른 의미는 寅午戌 삼합운동을 마감하고, 申酉戌 方合을 마감하여 에너지들을 모았다. 이런 작용으로 辛丁이 亥月로 넘어가 새로운 양기로 동한다. 지금부터는 亥月의 지장간을 살펴보자.

(12) 亥月

	酉	戌	亥
餘氣	庚	辛	戊
中氣		丁	甲
正氣	辛	戊	壬

시공간이 돌고 돌아 윤회가 이루어지는 亥月에 이르렀다. 戌月의 戊土에서 亥月의 戊土로 이어지는 시간흐름이 무엇을 의미하는지 이제는 쉽게 이해할 수 있다. 戌土의 戊土에 辛丁의 시간이 亥水의 戊土로 넘어와서 甲壬으로 바뀐 에너지들을 쏟아낸다. 戌土와 亥水의 공간에서 이런 시간들이 흐르면서 辛이 甲으로, 丁이 壬으로 변한다. 亥月 중기 甲이 있는 이유를 살펴보자. 卯月에 甲이 乙로 바뀐 이후 辰巳, 午未申, 酉戌을 지나는 동안 어디에도 없다가 갑자기 亥月 甲으로 나타나기에 지장간이 시공간 순환과정이라는 것을 이해하기 어려웠다.

겨울	봄	여름	가을	겨울
壬---	癸---	丙---	丁---	壬
甲---	乙---	庚---	辛---	甲

자세하게 설명했던 水火와 木金의 순환과정인데 壬水는 자연의 본질과 같고 나머지는 변화과정이다. 甲이 갑자기 어디서 나왔을까? 표를 보면 쉽게 이해할 수 있다. 가을을 지나는 동안 씨종자 辛이 亥月에 甲으로 물형을 바꾸기 시작한다. 亥속의 甲은 갑자기 튀어나온 것이 아니라 金氣가 亥에서 木을 내놓고 반대로 木은 巳에서 金을 내놓는다. 壬辛이 申子辰 응축운동을 하는데 壬水와 辛이 亥水에서 綠地를 만난 이유는 응축이 강한 시공간에 다다랐기 때문이다. 겨울에 씨종자를 차갑게 해야 상하지 않고 봄에 총알처럼 땅을 뚫고 오를 수 있다. 위에서 살펴보았던 물질계의 흐름 중에서 陽氣의 변화과정을 살펴보자.

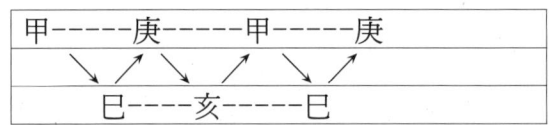

가을에 수확한 씨종자가 亥子丑 수기를 만나면 발아하기 시작하는데 출발점이 亥月이고, 巳酉丑 열매 맺는 기운이 동하는 곳이 巳月이다. 글자 속성을 살피면 亥에는 성장기세가 전혀 없고, 巳에는 수렴기세가 전혀 없다. 그렇다면 어떤 에너지가 있는 것인가? 亥에 甲이 장생하기에 강한 木氣가 있는 것이 아니다. 亥에는 金氣가 가득하고, 巳에는 木氣가 가득하다. 다만, 金이 있기에 木氣가 생겨나고, 木이 있기에 金氣가 생겨난다. 庚이 甲으로 바뀌는 과정에 亥에서 에너지를 소통한다. 庚이 甲을 沖 한다는 관점으로만 보면 위대한 자연의 순환원리를 느끼지 못한다. 木金 陰氣의 순환과정도 함께 살펴보자.

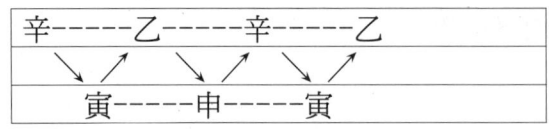

辛과 乙도 에너지를 교환하는데 시공간은 위와 같다. 辛이 寅月 까지 씨종자의 기운을 전달해주었기에 乙이 좌우확산 할 수 있다. 이런 이유로 寅은 乙의 長生地다. 딱딱한 콩이 亥子丑에 풀어지면 콩 속에 숨어있던 乙이 콩나물로 바뀌기 시작한다. 다만 亥子丑 에서는 콩 속에서만 움직이고 밖에서는 물형변화가 없다가 콩 껍질을 뚫고 나온 공간이 寅이다. 이런 흐름 후에서야 乙이 寅을 근거로 장생하면서 寅午戌 삼합운동을 시작한다. 乙이 계속 좌우확산 하다가 申月에 乙庚 합으로 딱딱한 껍질 속에 들어간다. 사과 속 씨앗처럼 乙庚 합한 상태에서 丙丁 火氣를 가하면 水氣가 마르고 辛으로 완성된다. 삶과 죽음의 갈림길은 壬癸를 木氣에 주입했는지 丙丁으로 壬癸 水氣를 없애서 生氣가 사라졌는지에 달려있다. 丙丁으로 수기를 없앤 것이 辛이며 죽음을 상징한다.

亥月 중기에 甲이 있는 이유를 깨달으면 시공간 특징을 이해한다. 亥月을 흐르는 시간은 戊, 甲, 壬으로 주된 역할을 하는 시간의 특징을 표기했다. 이때 주의할 것은 시간의 종류가 戊에서 甲으로, 甲이 壬으로 바뀐다고 판단하면 안된다. 시간을 뒤로 돌려서 살피면 戊甲壬은 辛丁戊가 변화한 것에 불과하고 조금 더 뒤로 돌려보면 庚辛이 변화한 것에 불과하다. 시간을 미래로 돌리면 戊甲壬는 壬癸, 癸辛己로 변화한다. 정리하면, 세 개의 시간이 무 자르듯 戊의 시간, 甲의 시간, 壬의 시간으로 정확하게 나뉜다는 판단은 옳지 않다. 戊甲壬은 단지 辛丁戊 에너지가 새롭게 변화한 것에 불과하다. 申酉戌을 지나면서 숙살에너지가 亥水에 담겨있고, 壬水의 응축작용까지 강해진 살기가득한 시공간에서 새로운 생명체를 만들어내는 자연의 이치는 참으로 오묘하다. 정기 壬水로 넘어가서 살펴보자.

	酉	戌	亥
餘氣	庚	辛	戊
中氣		丁	甲
正氣	辛	戊	壬

申月에 壬水가 장생지로 동하고 丁火의 수렴작용으로 응축기운을 축적하다 亥月에 에너지가 뚜렷해졌다. 육음으로 응축하는 자연의 의지가 발현된다. 따라서 壬水를 만들어낸 정체는 丁火가 분명하다. 다만, 丁이 만들어낸 결과물 辛이 없다면 壬水의 응축작용은 만들어지지 않는다. 시간을 뒤로 돌리면, 丁辛은 壬水로 돌아가기 위해서 육체와 물질을 버려야만 한다. 丁辛의 시간을 뒤로 돌리면, 丙庚의 화려한 시공간을 지나왔고 육체가 굳어서 딱딱해졌다. 丙庚의 시간을 뒤로 돌리면 癸乙의 파릇파릇한 시절이 있었고 뒷동산을 뛰놀던 어린 시절이 있었다. 癸乙의 시계를 뒤로 돌리면 壬甲의 어머니 배속에서 윤회를 기다리던 시공간이었고 육체를 얻고 이 땅에 태어났다. 다시 壬甲의 시계를 뒤로 돌리면 丁辛의 시간이 있었으니 色界에서의 업보가 담겼으며 壬甲에서 새로운 육체를 얻을 때 그 업보를 이어받는다. 즉, 전생의 나와 부모가 만들어준 나, 그리고 현생의 자아가 섞여 내 안에 공존한다. 명리를 공부하는 이유는 내 안에 존재하는 수많은 나를 하나씩 버리고 본성을 찾기 위함이며 마지막에 조우하는 것이 바로 우주의 神이다. 그렇다. 결과적으로 내가 神이자 우주다. 소강절은 천지는 내가 만든 것이라고 노래했다.

(13) 子月의 새로운 출발

	戌	亥	子
餘氣	辛	戊	壬
中氣	丁	甲	↓
正氣	戊	壬	癸

돌고 돌아 윤회의 시작점에 다시 섰다. 壬辛으로 응축작용이 극에 이르는 공간이 亥水이지만 인간이 필요로 하는 戊土와 甲이 있다. 六陰의 亥水가 좋다고 느끼는 이유는 金氣가 甲을 만들어 낼 근거지에 戊土까지 있으니 물질로는 子水보다 훨씬 좋다고 생각한다. 亥月에 壬水가 子月에 폭발하면서 辛壬 응축이 癸 발산에너지로 바뀐다. 子月은 인간의 삶에도 매우 중요한 의의를 갖는 공간이다.

폭발적인 에너지를 가진 子月 때문에 12월 22일 동지 즈음만 되면 동지세수와 입춘세수로 다툰다. 한 해의 시작을 동지로 볼 것인가 입춘으로 볼 것인가의 문제인데 인간이 마음대로 만들면 그만이다. 이집트처럼 홍수기를 일 년의 시작으로 봐도 문제가 없고, 중국처럼 나라별로 한해의 기준점을 바꿔도 문제가 없으며, 로마는 마음대로 날짜를 없애버리기도 했다. 동지, 입춘 세수 기준으로 사주팔자가 달라진다는 논리인데, 동지란 陰이 가장 강한 시공간이고 陽이 시작된다. 따라서 양기가 시작되는 동지를 한 해의 시작점으로 잡아야 한다는 논리다. 입춘세수설의 논지는 한 해의 시작점을 봄에 시작하는 것으로 보는 것이다. 생명체로 비유하면 亥水 絶地를 지나, 子水 남자의 정액을 받는 胎地에서 생명체가 존재한다고 볼 것인가 아니면 丑土 양지를 지나 엄마 배속에서 나온 생명체 寅(寅月)을 생명체로 볼 것인가의 문제다. 명백하지 않은가? 어떻게 판단할 것인가는 인간 스스로에 달린 것이지 맞고 틀리고의 문제가 아니다.

	戌	亥	子
餘氣	辛	戊	**壬**
中氣	丁	甲	↓
正氣	戊	壬	**癸**

子月에 壬水가 癸水로 바뀌었다. 빅뱅이 발생하여 윤회가 시작되었다. 子月의 의미를 확장해보자. 子水에 천간을 붙이고 의미를 추론해보자. 壬子는 壬水의 출발이다. 육체와 물질을 없애버린 후 윤회를 시작하는 출발이기에 영혼을 바꾸는 출발점이다. 영혼의 세계 壬子가 사주팔자에 있으면 정신세계와 인연이 깊다. 예로 종교, 명리, 철학이다.

時	日	月	年	男
丙	壬	乙	壬	
午	子	巳	子	

귀신이 보인다고 한다. 壬子가 두 개가 있으니 독특한 정신세계를 가질 수 밖에 없다.

甲子는 生氣, 생명체, 존재의 시작이다. 인간의 출현이 甲子다. 인간은 생명체를 기준으로 표현하기에 60甲子가 생명체의 출발점이다. 丙子는 분산에너지의 출발이다. 丙子에서 넓은 시공간을 찾아 떠간다. 戊子는 안정적인 터전의 출발점이기에 새로운 터전 을 찾아 떠난다. 庚子는 물질의 시작점이기에 물질을 찾아 떠나는 것이다.

2. 方合, 三合, 六合, 暗合의 이해

1) 方合

	亥	子	丑
餘氣	戊	壬	癸
中氣	甲		辛
正氣	壬	癸	己

地藏干의 원리에 입각하여 方合 亥子丑을 정리해보자. 亥月에 戊土가 전달해준 辛丁을 壬甲으로 쏟아낸다. 子月에 壬水가 癸水로 바뀌며 丑에서 癸辛을 저장하여 寅月의 戊土에 전달하여 새로운 에너지가 동한다. 방합은 3개월 단위의 시공간이며 三合은 9개월이기에 3배 이상 크고 넓은데다만, 三合과 方合의 운동특징은 유사하다. 기운이 동하고, 양기가 음기로 바뀐 후 마감하고 새로운 에너지로 전환할 준비한다. 또 하나 감안할 것은 方合도 三合 특징을 가지고 있다. 亥子丑으로 살피면 亥水는 수기의 장생, 子水는 수기의 극점, 丑土는 수기의 마감점이지만 삼합으로 살피면 亥는 亥卯未 삼합운동의 출발점이고 子는 申子辰 응축에너지의 왕지고, 丑은 巳酉丑 수렴운동의 묘다. 土의 가장 중요한 역할은 오행운동을 마감하고 오행을 조절하며 새로운 에너지가 동하게 하는 것이다.

丑土로 변화과정을 살펴보자. 축토가 하는 일은 주로 3가지로 金氣를 마감하고 水氣를 조절하며 木氣를 증가시킨다.

(1) 金氣 마감
子月에 폭발하고 丑月에 寅月을 준비한다. 丑에서 寅으로 변화하려면 子丑寅의 흐름을 거쳐야한다. 하지만 천간에서는 癸에서 甲으로 바뀌기에 천간과 지지에 차이가 발생한다. 천간은 에너지로 토가 없지만 地支는 반드시 토가 있어야하기 때문이다. 丑土에서 金氣를 마감하는 방법은 매우 간단하다. 丑土의 지장간 중기에 辛金이 있는 이유는 巳酉丑 삼합운동의 첫 단계 巳火에서 庚이 장생하고 丑土에서 삼합운동을 완성하고 음기 辛을 저장하였다. 따라서 庚은 丑土에서 墓地요 辛은 庫地다. 금기를 마감하는 이유는 庚의 경화작용을 없애야 寅月에 木氣가 나오기 때문이다.

(2) 水氣 조절
庚이 丑에서 巳酉丑 삼합운동을 끝내는 墓地에 이르렀기에 딱딱 하게 만드는 에너지를 활용하지 못하면서 발산기세가 확장된다. 生剋으로 살피면 庚이 丑에서 墓地를 만나 무력해지면서 金生水 작용이 줄고 木火기세가 증가하여 癸水의 발산작용이 확장된다. 庚이 子에서 死地를 만났다고 하는 이유는 子에서 발산이 시작 되기에 딱딱하게 만드는 庚金은 무력해진다. 따라서 수렴, 중력, 응축에 활용하던 에너지들 丁己庚辛壬은 발산에너지가 폭발하는 순간부터 무력해지고 반대로 癸乙戊丙의 기운이 동하여 움직이기 시작한다.

(3) 木氣 증가
庚이 墓地에 들고 壬水가 약해지기에 癸水의 발산작용이 증가하지만 丑寅月은 뿌리내림에 치중하기에 목기가 겉으로 드러나지 못한다. 목기가 증가하면 생기가 확장된다. 亥卯未 삼합운동으로 살펴보자.

亥卯未는 성장과정으로 亥에서 기운이 생겨나 子丑 月에 기운을 확대하다 寅月에 생명체로 드러난다. 모체에서 양수가 터지고 아이가 탄생한다. 이렇게 土의 작용력은 복잡하다. 寅巳申亥처럼 에너지가 출발하거나 子卯午酉처럼 양기가 음기로 바뀌는 시공간이 아니라 에너지를 마감, 조절 증가시킨다. 정리하면, 丑土의 시공간에서는 庚이 쓰임을 잃고, 壬水가 줄고, 甲의 에너지는 증가한다. 12개의 공간에서 동질오행이 모인 곳을 方合이라 부른다. 亥子丑 水氣, 寅卯辰 木氣, 巳午未 火氣, 申酉戌 金氣로 적천수 설명을 간단하게 살펴보자.

방국(方局) - (임철초 주)
12地支 중에서 寅卯辰은 동방이고 巳午未는 남방이고 申酉戌은 서방이고 亥子丑은 북방이니, 세 글자가 전부 갖추면 方을 이룬다. 삼합의 작용이 많고 방국의 작용은 좁다.

時	日	月	年	男
己	戊	丁	甲	
未	辰	卯	寅	

未가 섞여 混局 이지만 未가 없다면 일주가 극도로 허약해지며, 천간에 甲이 투출했으므로 殺이니 반드시 未를 만나야만 일주의 기가 관통하여 身과 殺이 둘 다 머물기에 名利가 모두 빛난다. 정갑(鼎甲)출신으로 벼슬이 극품에 이르렀으니, 방이 국을 혼합해도 해가 없음을 알 수 있다. 未土를 설명하면서 신약을 신강으로 바꿀 수 있다는 논리로, 왕쇠로 사주를 분석한다. 甲의 殺을 논하고 싶다면 甲己 合으로 己土가 편관 甲을 합살 했다고 주장하는 것이 더 나을 듯하다. 년과 월의 조합이 좋고, 시공간 흐름도 좋기에 발전한 것이지 강약의 문제가 아니다.

時	日	月	年	男
丁	乙	庚	丙	
亥	卯	寅	辰	

동방이고 화가 밝고 목이 빼어나며 丙火가 庚의 탁기를 가까이서 극한다. 초봄에는 목이 연약하므로 반드시 亥時의 생조를 만나야 품성이 우아하고 학문이 깊다. 과거급제하고, 巳운에는 한림원에 이름이 높았으며, 午운에는 높은 관직에 올랐지만 酉운에 잘못을 범하여 관직에서 물러났다.

寅卯辰 목기들이 산만하게 성장하기에 庚이 적절하게 조절해 주어야 한다. 만약 庚이 없다면 어떤 느낌일까? 寅卯辰으로 산만하게 성장할 뿐이다. 寅月에는 성장하기 위해서 水氣를 반드시 필요로 한다. 시지 亥水가 寅月의 시공간을 맞춘다. 또 乙庚 합하고 丙火로 열매를 확장하기에 乙丙庚 三字조합으로 발전했다.

時	日	月	年	男
癸	乙	乙	甲	
未	卯	亥	寅	

亥卯未에 寅이 섞이고 金이 없어 강한 기세를 따르니 과거급제 하였지만 庚辰, 辛巳 운에는 형상(刑喪)과 기복(起伏)을 면치 못하고 벼슬길도 평탄하지 못했다. 육순 이후에 壬午, 癸未로 행하자 황당을 거쳐 관찰사로 승진하였다. 목기가 성한데 상기와 다른 점은 庚이 없기에 목기들의 성장세를 조절하지 못한다. 팔자에 없는 글자가 운에서 드러나면 원국과 충돌을 일으키면서 불안정해진다. 정리하면, 적천수 方局설명은 왕쇠와 생극, 혼잡 논리에 치중한다. 통변에 활용할 수 있는 실질적인 方합의 특징을 정리하면 아래와 같다.

1. 동질오행이지만 그 특징은 상이하다.

亥子丑 水局은 겨울의 시공간으로 어둡고 협소하며 빛이 없다. 친인척, 혈연위주의 인간관계로 활동반경이 좁다. 寅卯辰 木局은 성장에너지로 시공간이 넓어졌지만 활동범위가 여전히 제한적이다. 형제들과의 인연에서 벗어나기 힘들다. 특히 월지가 寅卯辰의 경우는 형제들이 함께 모여서 살아간다. 丑土가 조합하면 더욱 확실하다. 巳午未 火局은 분산에너지로 시공간을 넓게 활용한다. 巳午未는 물질을 추구하고자 타향이나 해외로 나간다. 따라서 혈연, 부모, 형제와 함께 살기 어렵다. 申酉戌 金局은 수렴에너지로 수확, 결실에 집중하며 물질위주의 삶이다.

2. 時空間이 협소하다.

方局의 시공간은 협소하다. 특히 亥子丑 공간은 굉장히 어둡고 협소하다. 시공간이 협소하다는 의미를 일상생활에 활용하면 표현 그대로 활동반경이 좁은 것이다.

時	日	月	年	男
모름	癸巳	庚申	戊寅	

이런 구조는 方合이 없기에 활동공간이 넓고 해외와 국내를 자주 이동하며 살아간다.

時	日	月	年	女
壬戌	戊申	辛丑	辛丑	

년과 월에 丑丑으로 활동반경이 극히 제한적이기에 발전이 어렵다. 일주에 이르면 戊申으로 亥子丑 방국을 벗어나고 申酉戌로 년, 월과 다른 환경에서 살아간다.

3. 여성적이다.

시공간이 좁기에 여성적, 가정적이다. 여성이 쓰면 문제가 없으나 남성이 사용한다면 발전에 제한이 따른다.

時	日	月	年	男
辛	庚	辛	甲	
巳	午	未	寅	

壬申, 癸酉 대운까지는 총명했고 승승장구하여 학생회장까지 했다. 壬辰년 당시 상황은 직장을 구하지 못하여 저녁에 부업으로 박스를 나르러 다닌다. 법무사 사무장으로 등기, 사건을 접수하러 다녔고 성격은 유순하나 작은 이익에 집착하여 큰 그림을 그리지 못한다. 巳午未 方合으로 활동공간이 좁다.

時	日	月	年	女
辛	壬	庚	乙	
丑	子	辰	未	

75	65	55	45	35	25	15	5
戊	丁	丙	乙	甲	癸	壬	辛
子	亥	戌	酉	申	未	午	巳

결혼하여 아들 낳고 직장생활 한다. 남편이 경제, 육체적으로 무능하여 불행하다. 34세 戊辰年에 연상 남자와 인연하였다.(1987년 초판, 김 상연 저). 일지 子水 남편 자리가 亥子丑으로 활동공간이 협소하여 남편이 경제적, 육체적으로 무능했다.

時	日	月	年	女
丙	戊	庚	庚	
辰	寅	辰	申	

80	70	60	50	40	30	20	10
壬	癸	甲	乙	丙	丁	戊	己
申	酉	戌	亥	子	丑	寅	卯

37세 2016년 丙申年 상황으로 남편이 3년 째 일자리가 없다. 일 하려는 마음이 전혀 없고 가족에 대한 관심이 없어 이혼을 선언 했지만 미래가 두렵다. 일지를 기준으로 寅卯辰 方合으로 시공간 범위가 좁기에 남편의 활동반경이 좁다.

2) 三合운동

명리이론 중에서 天干 合과 三合운동은 가장 중요한데 그 이유는 사계순환의 원동력이기 때문이다. 원형의 순환과정은 天干 合으로 이루어지고 物質界는 삼합운동으로 이루어진다. 원은 영원을 상징하고 삼각형은 생명체의 생장쇠멸 과정을 뜻한다. 지구에는 4개의 삼합운동이 일정한 방향으로 순환하기를 반복한다.

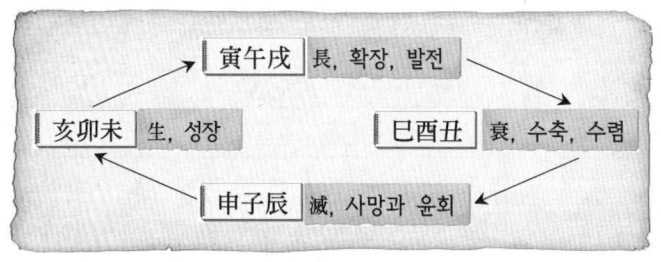

申子辰에서 출발하여 亥卯未로, 寅午戌, 巳酉丑을 지나 다시 申子辰으로 순환하는데 기준점에 따라서 다르다. 예로 申子辰에서 출발하면 생명체가 없던 상태에서 빅뱅을 통하여 암흑에너지가 펼쳐지고 생명체가 생겨난 것이 亥卯未다. 생명체가 최대로 팽창하고 발전하는 단계가 寅午戌이요, 결과물을 수확하는 단계가 巳酉丑이다.

인간이 살아가는 지구에서의 삶은 寅午戌 삼합운동을 기준으로하며 모든 명리이론의 기준점이다.

```
         午
   寅          戌
```

세 글자를 선으로 연결하면 삼각형 모양이다. 寅에서 에너지가 동하고 午 火에서 극점에 이르러 양기가 음기로 전환하며 戌土는 묘지로 삼합운동을 통하여 얻은 결과물을 저장한다. 이런 과정을 生旺墓라 부르며 가장 날카로운 곳은 삼각형 꼭짓점 午火다.

	申	酉	戌	亥	子	丑	寅	卯	辰
餘氣	戊				壬	癸			乙
中氣	壬	→	→	→	→	→	→	→	癸
正氣	庚				癸				戊

지장간으로 삼합운동을 살펴보자. 申月에 壬水가 中氣에서 에너지가 동하고 子月에 壬水가 癸水로 바뀌고 辰土에서 수기의 흐름이 멈춘다. 三合운동이기에 그 형태는 삼각형이다. 旺地가 꼭짓점이라는 개념은 중요하다. 丙子 日에 상담하러 온 여자는 왕지의 특성 때문에 子水에 있는 壬水와 癸水 사이에서 갈등한다. 즉, 丙火가 상대하던 壬水 남자에서 癸水 남자로 바뀌는 과정이다. 어느 남자를 택할 것인가 갈림길에 선 것이다.

꼭짓점에서 어느 쪽으로 기우느냐에 따라 선택이 달라진다. 丙火는 癸水를 원하지만 반드시 취하는 것은 아니다. 운로가 子亥戌로 갈 수도 있기 때문이다. 子亥戌로 가면 壬水가, 子丑寅으로 가면 癸水가 세력을 잡는다. 다른 예로 乙酉 일주 여명이 중년에 庚에서 辛으로 변하는 남편을 상대한다. 결혼할 때는 乙庚 合으로 다정했는데 점점 변하여 乙辛 沖으로 힘들다. 삼합의 시공간은 方合과 비교가 불가할 정도로 넓고 길다.

다만 三合운동을 무조건 사회관련 합이라고 규정하는 것은 옳지 않다. 예로 일지를 기준으로 삼합을 이루면 이혼, 사별, 별거와 같은 물상이 발현되는데 나를 중심으로 사건이 발생한다.

時	日	月	年	男
庚	辛	丁	庚	
寅	未	亥	辰	

74	64	54	44	34	24	14	4
乙	甲	癸	壬	辛	庚	己	戊
未	午	巳	辰	卯	寅	丑	子

戊子, 己丑대운 힘들게 살다가 庚寅운부터 전기기술로 생계가 안정되었으나 辛卯운에 부인에게 남자가 생겼다. 丁巳年(38세) 재혼하였으나 마찬가지로 다른 남자와 정을 통했다. 辛卯운에 일지를 기준으로 亥卯未 삼합하기에 두 부인이 외도하고 이혼과 재혼을 반복했다.

時	日	月	年	男
辛	乙	丁	丁	
巳	酉	未	酉	

76	66	56	46	36	26	16	6
己	庚	辛	壬	癸	甲	乙	丙
亥	子	丑	寅	卯	辰	巳	午

자수성가하여 의식이 풍족하다. 辛丑운에 가세가 기울었다. 이 구조도 辛丑운에 일지와 시지에서 巳酉丑 삼합을 이루니 가세가 기울었다.

方合과 三合을 정리하면 方合은 동질오행의 生旺墓 과정으로 3개월의 시공간이며 陽氣가 陰氣로 변하며 여성적, 가정적, 좁은 시공간이고 三合은 9개월에 걸쳐 이루어지기에 시공간이 넓고 길며 陽氣가 동한 후 陰氣로 바뀌고 물질을 완성하는 시공간 흐름이며 남성적, 사회적, 시공간이 광범위하다.

3) 六合
가. 육합의 이해

申子辰 三합하면 무조건 水氣가 생겨난다는 논리에서 벗어나야 한다. 申子辰 삼합운동의 목적은 水氣를 만들기 위함이 아니라 응축에너지의 시간 흐름이다. 이런 이유로 열기 가득한 申에서 壬水가 장생하고 亥子 月에 응축작용이 극에 이르러 癸水의 발산작용이 시작되고 辰土에서 열기가 오른다. 따라서 申子辰 삼합과정에서 응축기운이 강한 곳은 유일하게 子水 밖에 없고 辰土에 수기가 많다는 논리는 맞지 않다.

申	子	辰
여름	겨울	봄

申은 丙丁에 의해 열기 가득한 철판처럼 뜨겁고 辰土는 壬水를 증발하여 癸水로 발산하느라 열기 가득하기에 癸水는 아지랑이 물상과 같다. 이런 이유로 子水가 없다면 申子辰 삼합은 水氣라는 논리에 문제가 생긴다. 동일한 申子辰이라도 辰月에 申子辰, 申月에 申子辰, 子月에 申子辰 시공간은 전혀 다르기에 무조건 水局이라 말하기 힘들다. 사주구조에 따라서 申子辰의 흐름이 순차적으로 이어지는지, 辰子申으로 거스르는지, 子申辰으로 구조에 따라 다르기에 세 글자만 보이면 무조건 水氣라고 판단하는 것은 옳지 않다. 명확한 사실은 시간은 순차적으로만 흐르기에 申子辰의 방향으로만 흘러간다.

마찬가지로 卯戌이 合하면 화기로 바뀌었다는 생각도 합리적이지 않다. 시공간 순환과정으로 살피면 卯木이 戌土로 갈수도 있고, 戌土가 卯木으로 갈 수도 있기 때문이다. 卯木이 戌土로 가면 꽃이 고목이 되고, 戌土가 卯木으로 나오면 고목에서 꽃이 핀다. 육합으로 합한 두 글자는 원래 가지고 있던 고유한 작용력이 답답해진다. 이 논리는 형충파해의 모든 작용에 동일하게 적용한다. 예로 卯辰, 酉戌도 동일한 이치다. 卯木과 酉金은 독립적으로는 제 역할에 충실하지만 辰土와 戌土에 붙으면 고유한 에너지를 적절하게 활용하지 못하기에 답답해진다. 예로 寅巳 刑의 경우, 인목에 사화와 붙으면 원래의 에너지가 변질되기에 刑이라 부른다.

반드시 살펴야할 것은 육합의 방향이다. 시간의 방향은 매우 중요하다. 寅亥 合이 있을 경우를 예로 살펴보자.

時	日	月	年
0	0	0	0
0	亥	寅	0

일지 亥水가 寅木을 향하여 가며, 寅木이 亥水를 향하지 않는다. 만약 아래와 같은 구조라면,

時	日	月	年
0	0	0	0
0	寅	亥	0

월지 亥水가 일지 寅을 향하여 합한다. 모두 시간의 방향 때문에 발생하는 현상이다. 亥月이 寅으로 가지만 寅月이 亥로 역행할 수는 없다. 의미를 확장해서 살펴보자.

時	日	月	年
0	0	0	0
0	寅	0	0

時	日	月	年
0	0	0	0
0	0	寅	0

만약 亥年이 오면 두 구조 중에서 어느 것이 물질적으로 더 좋은가? 당연

히 寅日이다. 물론 寅日 주위에 水氣가 너무 많은 경우는 좋지 않다. 예로

時	日	月	年
壬	○	○	○
子	寅	亥	○

만약 亥年이 오면 寅중 丙火가 중요한 역할을 하다가 亥에 의해서 빛을 잃기에 삶도 어두워진다. 또 반드시 고려할 것은 시공간 범위다. 子丑과 午未 合은 시공간이 좁으니 인력강도가 다른 六合과 다르다. 다만, 삶의 활동범위가 좁아지고 六合의 인력에서 벗어나기 힘들다. 답답한 시공간에서 활동하면서 답답한 인생을 살 가능성이 높기에 가능한 멀리 떠나야 발전한다.

時	日	月	年
乙	甲	庚	庚
丑	子	辰	子

엄마와 오빠가 돈을 뜯어가지만 안쓰러운 마음에 거절도 못한다. 六合작용 때문이라고만 판단하면 안된다. 甲은 丑에서 안정을 찾고 子辰의 땅에 뿌리 내려야 하는데 乙과 庚이 땅을 차지했고 乙庚 合하니 땅을 사용하는 대가를 지불해야 하므로 엄마, 오빠에게 돈을 뜯긴다. 만약 六合을 십신으로 따지고 싶을 경우에는 가장 나중에 참조 한다. 十神은 사주분석 방법 중에서 가장 덜 중요하기 때문이다.

地藏干으로 六合작용을 살펴보자. 六合에 대한 논리는 다양하다.
점성학을 명리에 활용했다는 주장도 있고 지구의 자전을 의미한다는 주장도 있으며, 오행대의에서는 해와 달이 운행하다 머물러 회합하는 곳이라

고 설명한다. 六合은 地支에서 이루어지기에 물질 육체, 공간, 환경의 합이며 질량은 무거워 움직이기 어렵기에 六合으로 묶이면 정해진 시공간을 벗어나기 힘들다. 六合의 구조는 아래와 같다.

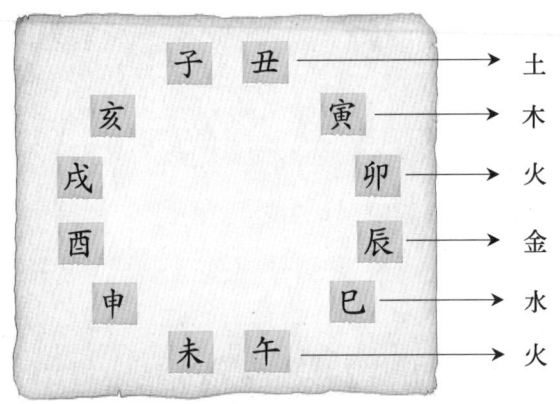

六合의 시공간은 상이하다. 午未 合과 辰酉 合을 살펴보자.

	巳	午	未
餘氣	戊	丙	丁
中氣	庚	己	乙
正氣	丙	丁	己

	辰	巳	午	未	申	酉	戌	亥	子
餘氣	乙	戊	丙	丁	戊	庚	辛	戊	壬
中氣	癸	庚	己	乙	壬		丁	甲	
正氣	戊	丙	丁	己	庚	辛	戊	壬	癸

午未 合은 子丑 合과 더불어 시공간이 가장 좁다. 辰酉 合은 6개월의 시공간이다. 작용력을 살피면, 열두 달을 子午와 丑未를 기준으로 지구를 6등분하여 수평으로 나눈 뒤 짝을 이루며 회전하는 정반대편 위도선에 있는 두 글자가 서로를 향한다. 문제는 지구가 회전하기에 결론적으로 합하지 못하고 위치만 바뀌면서 卯木이 있던 자리는 戌土로, 戌土가 있던 자리는 卯木으로 변한다.

六合의 뚜렷한 특징은 六合의 공간이 상이하다는 것이다. 근거리, 원거리로 합의 거리에 따라 강도가 달라진다. 子丑 合과 午未 合은 매우 가깝고, 亥寅 合과 巳申 合은 그 다음, 卯戌 合과 辰酉 合은 가장 먼 거리의 합이니 합의 강도에 차이가 있다. 六合의 특징을 정리해보자.

1. 합의 강도가 다르다.

子丑 合과 午未 合은 거리가 가까워 당기는 힘이 강하다. 간지로 바꾸면 癸丑과 丁未로 중력이 강하다. 午未는 물질에 대한 욕망이 강하고, 子丑은 육친에 대한 집착이 강하다. 子丑 合이 午未 合 보다 강한 이유는 子丑 合은 겨울로 양기를 발산하기 어렵기 때문이다. 寅亥 合과 巳申 合이 두 번째로 강하며, 卯戌 合과 辰酉 合의 인력이 가장 약하다.

時	日	月	年	女
己	己	癸	丁	
巳	亥	丑	未	

子丑과 午未가 모두 있다. 또 亥子丑 기운도 강하다. 년과 월의 시공간이 협소하기에 부친은 부잣집 한량으로 노름과 술로 세월을 보냈지만 모친이 재산을 지켜냈다. 이 여명은 교육행정 공무원으로 남편이 사업한다고 재산을 탕진하지만 사업자금을 대준다. 부친과 남편이 공통적으로 능력이 떨어지는 이유는 활동하는 시공간이 협소하여 발전이 어렵기 때문이다.

2. 육합은 天干 合과는 다르다.

天干 合하는 목적은 한쪽의 기운을 줄이기 위함이지만 육합은 두개의 기운이 일정한 거리를 두고 쫓고 쫓기는 관계로 동일한 위치를 교환하기에 인력의 힘이 강하고 집착한다. 계절을 반대로 돌려놓는 합이지만, 子丑 合

과 午未 合은 정반대 계절이 합하는 것도 아니다.

時	日	月	年	女
戊	辛	辛	己	
戌	卯	未	酉	

77	67	57	47	37	27	17	7
己	戊	丁	丙	乙	甲	癸	壬
卯	寅	丑	子	亥	戌	酉	申

미혼으로 종교수행에 많은 시간을 할애하면서도 사업을 병행한다. 癸未년 말부터 사업이 어려워져 甲申년에 부도나고 재판에 계류 중이다. 卯戌 合과 卯未 合한다. 卯戌 合은 육합으로 卯未 合보다 인력이 더 강하다. 일간 辛은 마른 땅 未土를 좋아할 수 없고 戌土를 더 원한다. 문제는 일지에서 卯未와 卯戌 合을 동시에 하므로 한쪽에 집중하기 어렵다.

戌土의 당기는 힘이 강하니 戌土에 상응하는 물상인 종교수행을 하면서 未土 직업 궁과 卯未로 합하니 사업한다. 이런 이유로 卯戌 合은 정신추구와 종교수행 으로 사용하고, 卯未 合은 사업으로 활용하는 이중적인 성향을 드러낸다. 결혼하지 못하는 이유는 일지 卯木은 卯未 合과 卯戌 合 사이를 왔다 갔다 하므로 결혼해도 남편이 외도하기 쉽다. 또 辛이 좋아하는 水氣가 전혀 없는 상태에서 火氣를 받아들이지 못하니 결혼이 힘들다.

時	日	月	年	女
甲	己	庚	丁	
戌	卯	戌	酉	

72	62	52	42	32	22	12	2
戊	丁	丙	乙	甲	癸	壬	辛
午	巳	辰	卯	寅	丑	子	亥

卯酉戌 조합으로 약사요, 독신녀다. 천간에서 甲己 合하니 남자, 명예를 추구하지만 월간 庚이 甲을 沖하여 합이 상하니 남자와 인연 맺기 힘들고 통제, 간섭을 싫어하는 성격이다.

일지 卯木이 卯戌, 卯戌로 두 번 합하니 결혼 불미는 피하기 힘들며 결혼해도 남편은 반드시 외도하는데 일지가 주위 글자들과 합이 많으면 외도를 뜻하기 때문이다.

3. 六合 인력은 강하다.

합하는 목적이 상이하고 인력강도가 모두 다르지만 子丑과 午未 육합의 당기는 강도는 다른 4개의 육합보다 훨씬 강하다. 인력에 이끌려 친분관계를 유지하고 속박하고 집착한다. 육합을 결혼관에 활용하여 살펴보자. 관성이나 재성, 일지와 관련하여 합으로 묶여 있으면 충해야 풀어지고, 사주팔자에 沖이 있다면 세운에서 합해야 沖작용이 일시적으로 변화가 온다. 원국에 충합이 없다면 운에서 합해주면 결혼이 가능하다. 따라서 결혼하는 시기는 三合, 天干 合, 六合 시기를 살펴야 한다.

時	日	月	年	女
癸	甲	庚	己	
酉	子	午	酉	

년지에 酉金이 있는데 월간 庚이 있고 時支에도 酉金이 있기에 時空間 순위를 살펴야 한다. 년지 酉金 위에 己土가 일간 甲과 슴하기에 일간과 관계가 발생한다. 戊辰년 일지 子水와 子辰 합하고 辰酉 합하니 결혼했다. 辰酉 합은 남자와 합하고 子辰 합은 일지 남편 궁위와 인연이 동한 것이다. 시공간을 감안하면 년에 酉金이고 월간 庚이니 관살혼잡이라 설명한다.

각도를 달리해서 "접촉하다"의 개념으로 살피면 년, 월에 남편을 상징하는 관살이 섞이니 남자와 일찍 접촉하여 연애하기에 19세에 결혼했다. 오행 에너지 특징으로 살피면 월지 午火에 자극받은 庚金과 酉金은 뜨거워져 일지 子水를 향하여 돌진한다. 뜨거움을 해소해 달라고 달려드는 金氣를 甲이 거절하지 못하는 이유는 일지에 子水가 있기 때문이며 20세 전에 결혼한 이유다.

나. 六合의 종류
ㄱ) 寅亥 合
寅亥합을 단순하게 亥중 壬水가 寅중 丙火를 헸하는 구조라고 이해하면 곤란하다. 시공간으로 살피면 겨울에 땅 속에서 뿌리 내리는 과정이기에 내면에 충실하다. 기초공사, 장기교육에 어울린다. 亥水에서 寅을 향하기에 사주팔자에 寅이 있을 때 亥水가 오면 자연스럽게 寅을 향하여 간다. 따라서 寅중 丙火의 문제가 아니라 亥水가 寅으로 들어가 존재감을 상실할 수도 있다. 또 하나 고려할 것은, 亥水와 寅의 세력다툼이다. 寅이 강할 때 亥水가 오면 무력해지고, 亥水가 너무 강하여 寅 속의 丙火가 빛을 상실하면 어두워진다. 따라서 寅亥 합은 亥水가 많은 목기에 빨려 고갈되는지, 많은 亥水에 丙火가 빛을 잃는지 아니면 壬甲丙 삼자가 적절하게 조합하여 의료, 교육, 공직에 어울리는지에 따라서 달라진다. 즉, 사주팔자 구조에 따라서 동일한 寅亥 합도 물성치가 전혀 다르다.

時	日	月	年	男
庚午	己亥	丙寅	甲辰	

일지 재성과 부인 궁위가 동일하다. 寅亥 합하지만 亥水의 시공간 방향은 일지에서 월지를 향하여 간다. 년월에 水氣가 부족하니 학업에 흥미가 없고 일찍 사회에 진출하여 장사한다. 일지 亥水는 수많은 木火에 수기를 공급하기에 벅차다. 따라서 일지 부인궁위의 역할이 매우 좋고 중요하지만 부인은 그런 역할을 감당하기 힘들어 도망가거나 이혼, 사별할 가능성이 높다.

時	日	月	年	女
甲	戊	壬	丁	
寅	寅	寅	亥	

남편은 경찰에 근무하다 뇌물에 연루되어 퇴직했다. 남편에게 이혼소송 당하여 2008년에 이혼했으며 재산권을 주장할 수 없어 위자료도 받지 못하고 쫓겨났으며 기초수급자 혜택을 받아 왔는데 그마저도 박탈당할 처지다. 자식은 삼남매로 모두 대학졸업하고 좋은 직장에 다니며 결혼했음에도 여명을 돌봐줄 자식은 없다. 寅亥 합을 세 번 하는데 운로를 감안하여 살펴보면 중년 이후 계속 乙巳, 丙午, 丁未, 戊申, 己酉, 庚戌로 亥水가 마르면서 甲寅은 戊土를 뚫는다. 이런 이유로 남편과 자식 복이 없다. 寅亥 합이 좋은 구조를 살펴보자. 寅이 亥의 生을 받아 오래도록 땅 속에서 뿌리내리면 학업에 집중한 후 丙火로 재능을 발휘하여 사회에 두각을 나타낸다. 교육, 공직, 의료, 사회봉사에 어울리는 물상이다.

時	日	月	年	男
丙	甲	丙	己	
寅	辰	寅	亥	

의학박사로 성공하였다. 오랫동안 공부한 이유는 寅이 亥水를 품고 대운이 亥子丑으로 흐르기에 내부에서 공부하는 과정이 장기에 걸쳐 이루어지기에 丙火의 분산작용으로 두각을 나타내려면 시간이 필요하다. 水氣가 없고 火氣만 강하면 학업에 집중하지 않고 일찍 사회에 진출하기에 학력이 낮다.

ㄴ) 卯戌 合

卯戌 합하면 火氣를 만들 수 있다고 주장하는 이유를 자연 현상으로 살펴보자.

(1)火氣
火氣는 인간의 삶의 질을 높이고 혜택을 제공한다. 문명의 이기 중에서 가장 중요한 것은 "불을 사용한 것"이라고 하는데 불 덕분에 엄청난 문명의 발전을 이룩했다. 卯戌 合은 마치 卯木 여자가 寅午戌 火氣를 담은 戌土 아궁이 앞에 앉은 모습이다. 卯戌 合은 물질, 음질, 육체, 여성의 성질이 강하기에 늙은 남자와 연애하는 젊은 여인을 암시한다.

(2)낙엽과 토끼 굴
가을에 酉金 씨종자가 떨어지면 戌土가 먼저 품은 후 그 위에 낙엽이 쌓이면 열기가 축적된다. 이 조합이 卯酉戌 이다. 卯木은 卯戌 合으로 열기를 만들어준다. 酉戌 조합은 쓸쓸한 가을이기에 卯木이 있어야 따뜻한 아궁이 역할을 해준다. 이런 이유로 卯木에게는 좋지 않은 공간이지만 酉戌에게는 반드시 필요하다. 卯酉戌 조합을 판단하기를 주로 한의, 의료행위에 국한하지만 卯木이 강한 살기에 상하면서 문제가 생기기에 조폭, 자학, 종교, 명리, 철학과도 인연이 깊다.

(3) 화석연료 - 석유와 석탄
卯木이 빛에 성장하고 가을에 낙엽으로 떨어져 땅에 묻히고 오랜 세월이 지나면 화석연료 석유, 석탄으로 바뀌어 인간에게 편의를 제공한다. 따라서 卯戌 合은 공공을 위해 희생하는 의미다. 다만 卯戌 合을 사적으로 활용하면 연애, 사통으로 卯木의 입장에서는 생기를 잃고 戌土 묘지로 들어가 희생당하고, 사망한다. 戌土는 卯木 생기를 끌어와야 화석연료를 만들지만 卯木은 자신의 활력을 상실하기 때문이다. 사주예문을 살펴보자.

時	日	月	年	男
癸	辛	壬	癸	
巳	卯	戌	未	

77	67	57	47	37	27	17	7
甲	乙	丙	丁	戊	己	庚	辛
寅	卯	辰	巳	午	未	申	酉

1823년생 프랑스 육군 장교이며 시체 간음자이다. 2년 동안 공동묘지에서 매장된 젊은 여자들의 시체를 도굴하여 훼손한 죄로 1849년에 체포되었다. 파괴하는 것을 좋아했고 동물을 학대하는 것으로 스릴을 느꼈다. 1847년 17세 소녀가 묻힌 무덤을 파서 시체를 훔쳤으며, 1847년 11월에 시체와 성교하고 열정적인 남자가 애인에게 하는 모든 짓을 다하였다. 그의 케이스는 의과대학 정신건강의학과 학생들에게 풀리지 않는 모델케이스로 연구대상이 되었다.

이 사주는 몇 가지 요인이 섞여서 특이한 현상을 보인다. 대운이 辛酉, 庚申으로 살기가 강하여 生氣를 없애려는 욕망이 강하다. 물질은 乙과 辛이지만 두 속성은 정반대다. 辛은 죽음이고 乙은 활력이다. 봄에는 乙의 生氣를 확장하고 가을에 생기를 죽여 열매를 만든다. 이런 자연의 순환과정에서 주는 이치를 사주팔자에 그대로 활용한다. 辛酉, 庚申 대운은 무슨 작용 하는지 살펴보자. 일지에 卯木이고 戌月이다. 戌月에 卯木이 낙엽처럼 쓰임을 잃고 戌土에 들어가 열기를 공급한다. 마치 戌土 묘지로 끌려 들어가는 것과 같다. 未土에서 활동이 제약되고 장애가 생기고 戌土 묘지에 들어가 삶을 마감한다. 즉, 未土의 乙과 卯木 속의 甲乙은 戌月의 시공간을 만나 생기를 상실하는데 대운이 辛酉, 庚申으로 殺氣만 더욱 강해진다. 일간도 辛이니 일지 卯木을 자르는 욕망이 강하다. 辛卯간지는 젊은 여자 卯木과 놀기 좋아한다.

또, 辛에게 辛酉와 庚申은 육체가 강해지고 색욕이 강한 에너지들이다. 구조를 살피면, 천간에 수많은 수기인데 地支는 정반대로 수많은 화기다. 겉은 굉장히 냉정해 보이지만 심리는 굉장히 다혈질이고 조급하다. 천간과 지지가 정확하게 상반되어 겉과 속이 전혀 다른 성정이다. 地支 火氣는 무슨 역할을 할까? 辛은 특별한 구조가 아니고는 火氣를 좋아할 수 없는데 화기들이 일간을 자극하고 辛金은 뜨거워져서 水氣를 향할 수밖에 없고 木氣를 자를 수밖에 없다. 강한 색욕이 동하고 방탕의 성정을 드러낸다. 다른 요인을 찾아보자. 壬戌간지를 바꾸면 戌亥로 天門이라 부르며 사람이 죽어야 가는 곳이다. 辛이 戌土에 저장되고 亥水에 들어가 육체는 버리고 새로운 탄생을 기다린다. 이런 이유로 壬戌은 생명체들에게 잔인한 에너지로 종교, 명리, 철학과 인연이 깊다. 이 사주구조에서 壬戌간지가 하는 일을 살펴보자. 卯木을 六合으로 당겨와 戌土에 넣지만 문제는 년지 未土와 戌未 刑으로 未土에 활동이 묶인 乙을 刑하여 戌土 속 卯木이 튕겨나간다. 따라서 월지 戌土가 원하는 것은 모든 생기를 戌에 넣고 戌未 刑작용으로 戌土를 파헤치고 열기가 오르면 壬癸가 쉽게 동하면서 색욕이 강해진다. 마치 뜨거운 물에 壬癸水가 끓는 이치와 같아서 순식간에 욱하고 급하며 예측 불가능한 성정을 드러낸다. 壬戌의 살기와 辛酉, 庚申 운로로 살기가 더욱 강해진다. 육군 장교로 지냈던 이유도 이런 살성을 상쇄하기 적합한 직업이기 때문이다.

時	日	月	年	女
乙	癸	庚	壬	
卯	巳	戌	辰	

71	61	51	41	31	21	11	1
壬	癸	甲	乙	丙	丁	戊	己
寅	卯	辰	巳	午	未	申	酉

戊申대운 壬子년 망상, 불면증, 울고 웃는 정신병에 걸렸다. 卯木 은 월지 戌土를 향하여 卯戌 합한다. 癸水가 乙卯 생기를 키우지만 월주 庚戌은 생기를 거둔다. 따라서 월주의 시공간에 이르면 癸水는 삶의 목적을 상실하기에 戊申대운 壬子년 불면증, 망상, 정신병에 걸렸다. 乙卯가 상하는 시기는 자세히 살펴야 한다.

時	日	月	年	女
丁	乙	壬	戊	
亥	卯	戌	午	

73	63	53	43	33	23	13	3
甲	乙	丙	丁	戊	己	庚	辛
寅	卯	辰	巳	午	未	申	酉

유부남들과만 연애한다. 왜 하필 유부남들과만 연애하는가? 戌土는 양기

를 잃은 늙은 남자다. 戌土 남자들은 부인과 육체관계가 어렵기에 밖에서 외도한다. 이 여자는 乙卯로 젊음을 상징하는데 나이 많고 유부남들과 인연하는 이유도 모두 卯戌 六合의 인력을 벗어나지 못하기 때문이다.

ㄷ) 辰酉 合

	辰	巳	午	未	申	酉	戌	亥	子
餘氣	乙	戊	丙	丁	戊	庚	辛	戊	壬
中氣	癸	庚	己	乙	壬		丁	甲	
正氣	戊	丙	丁	己	庚	辛	戊	壬	癸

지구는 회전하기에 六合을 한쪽 방향으로만 살피는 것은 옳지 않다. 辰酉合의 경우도 辰土가 일방적으로 酉金을 향하거나, 酉金이 辰土를 향하는 것이 아니다. 辰土가 酉金을 향할 수도, 酉金이 辰土를 향할 수도 있다. 누가 누구를 향하는지 시공간을 보고 판단한다. 辰酉가 합하니 金으로 된다는 논리는 편협적인 판단이다. 酉金이 辰月을 향하는지, 酉月에 辰土가 와서 합하는지 살펴서 판단한다. 만약 酉金이 辰土를 향하면 딱딱한 물성을 잃고 부드러워진다. 콩이 콩나물로 바뀌어 부드러워지는 이치다.

이런 현상을 물상에 대입하면 치아가 갑자기 빠지는 것이다. 반대로 辰土가 酉金을 합하러 가면 乙이 상한다. 그 이유는 辰月에 모내기 한 것을 酉月에 수확하기 때문이다. 문제는 자연과 인간의 욕망이 상이하다는 점이다. 인간은 생명체이기에 반드시 움직여야 하며 절대로 생기를 포기하지 못한다. 따라서 가을에 수확한다는 의미는 인간의 육체가 상한다는 뜻이다. 육합도 반드시 시공간 방향을 살펴서 판단해야 한다.

時	日	月	年
甲	庚	癸	甲
申	辰	酉	辰

男

중국 사주예문이다. 辰酉 合으로, 申辰 合으로 묶이니 사회활동 범위가 좁다. 酉月이니 辰土가 酉金과 합하면서 乙이 상하지만 酉金 입장에서 乙을 쉽게 취하려 한다. 일간 庚은 乙庚 합하고 싶은데 辰酉 합하여 酉金이 乙을 먼저 취해버린다. 따라서 일간이 갖고 싶은 것을 상대가 먼저 차지해버리니 庚은 마음이 불안정하고 급해지면서 경쟁적으로 乙을 취하려는 욕망이 생긴다. 그러나 庚이 乙을 취하려면 반드시 酉金을 불러와야만 하는 이유는 酉金이 辰土와 합하기 때문이다. 이런 구조적 문제 때문에 도박, 투기, 강탈, 한탕주의 심리상태가 만들어진다. 丙子대운에 여러 번 감방에 들어갔다. 辰酉 合의 기타 물상을 정리해보자.

時	日	月	年	女
辛	戊	乙	癸	
酉	辰	丑	巳	

48세 시작한 庚午대운 辛卯년 자궁에 물혹이 생겨 수술했다. 辰酉 합으로 生氣가 상했다.

時	日	月	年	女
戊	庚	丁	丙	
寅	午	酉	辰	

32세부터 시작하는 癸巳대운 34세 庚寅년에 자궁수술 했다. 이 구조도 강한 火氣에 酉金이 자극받아서 寅木과 辰중 乙木 생기가 상한다.

時	日	月	年	男
辛	戊	己	壬	
酉	辰	酉	子	

庚戌대운의 戌運에 사망했다. 일지 辰土 속 乙이 강한 酉金들에 상하여 사망했다.

時	日	月	年	男
乙	丁	己	壬	
巳	未	酉	子	

78	68	58	48	38	28	18	8
丁	丙	乙	甲	癸	壬	辛	庚
巳	辰	卯	寅	丑	子	亥	戌

2000년 29세, 辛亥대운 庚辰년 4월 23일 교통사고로 부인도 같이 사망하고 뒷좌석에 있던 두 아이는 다행하게 부상만 입고 살았다. 천간 乙木 생기가 상하고 辰酉 합으로 辰土 속의 乙이 상하였다. 酉亥辰 삼자조합은 생기에 문제가 생기기 쉽고 辰酉 합은 교통사고 물상이다.

時	日	月	年	男
戊	己	辛	丙	
辰	酉	丑	子	

74	64	54	44	34	24	14	4
己	戊	丁	丙	乙	甲	癸	壬
酉	申	未	午	巳	辰	卯	寅

프랑스 목사로 1992년 57세, 丁未대운 壬申년 2월 28일 22시 경에 강도들에게 피살당하였다. 8달러 때문이었다. 酉丑辰 三字조합과 酉辰으로 乙木 생기가 상한다. 퍽치기를 의미 하는 酉子丑 三字 조합도 영향을 미쳤다.

時	日	月	年	男
辛	癸	辛	丙	
酉	亥	卯	辰	

77	67	57	47	37	27	17	7
己	戊	丁	丙	乙	甲	癸	壬
亥	戌	酉	申	未	午	巳	辰

1989년 14세, 壬辰대운 己巳년 11월 18일 집에서 추락하여 장롱 모서리에 부딪쳐 사망하였다. 酉亥辰 三字조합이 있으며 卯木 활기가 많이 상한 구조다.

時	日	月	年	女
乙	庚	庚	庚	
酉	寅	辰	子	

丙子대운 39세부터 변비, 설사, 현기증, 위장장애에 걸리고 庚辰년 대장암 수술하였으나 사망하였다. 辰酉 合, 寅酉조합으로 生氣가 상하며 수많은 金氣에 乙도 상한다.

時	日	月	年	女
辛	壬	丁	辛	
亥	辰	酉	未	

71	61	51	41	31	21	11	1
乙	甲	癸	壬	辛	庚	己	戊
巳	辰	卯	寅	丑	子	亥	戌

좋은 집에서 태어나 부모덕으로 좋은 학교도 나와 27세 무술년에 경오생과 결혼했으나 자주 다투고 재미없게 살다가 임인대운 병진년 46세에 남편이 사망했다. 이 구조도 酉亥辰 三字조합으로 辰土 속 乙생기가 상하였다.

時	日	月	年	男
辛	丁	壬	辛	
亥	巳	辰	酉	

71	61	51	41	31	21	11	1
甲	乙	丙	丁	戊	己	庚	辛
申	酉	戌	亥	子	丑	寅	卯

19세, 1999년 4월 20일 무차별 총격을 가하여 약 2천명의 학생들을 혼란에 빠지게 하고, 15명을 죽이고 많은 사람들에게 부상을 입혔으며 자살하였다. 辰土 속 乙木 생기가 수많은 금기에 상하고 酉亥辰 三字조합으로 살성이 강하다.

ㄹ) 巳申 合

공부과정에 개념잡기 힘든 구조들이 있는데 예로 丙戌의 경우 丙火가 墓

地를 만나 戌에 근을 둔 것인가, 강한지 약한지를 따지는 문제다. 이런 개념들의 의미를 살펴보자.

(1) 墓地개념
丙火가 戌土를 만나면 분산작용으로서의 쓰임을 마감하고, 丁火가 戌土를 만나면 庫地로 亥月에 火氣를 水氣로 바꿔주는 역할을 한다.

(2) 통근개념
왕쇠를 살피는 관법으로는 통근의 이해는 필수적이다. 戌土 속 丁火가 있는데 통근으로 살피면 명확한 구별이 불가능하다. 또 묘지라는 명칭 때문에 판단이 애매해진다. 壬辰도 壬水가 辰土에 응축작용을 마감했는데 통근개념으로 살피면 辰土 속 癸水가 묘지에 있는 겁재라는 느낌 때문에 애매하다. 丙戌은 빛을 상실하고 어둠 속으로 사라지고, 壬辰은 영혼의 세계에서 물질의 세계를 향한다.

(3) 時空間개념
시공간으로 살피면 전혀 다른 의미다. 丙火가 戌土의 공간을 지배하고 있는 것은 명확하다. 戌土 속의 丁火가 丙火보다 훨씬 좋은 시절을 만났지만 천간 丙火가 戌土의 공간을 지배하는 것이 명백하다. 이런 이유로 천간 丙火가 戌土의 주도권을 가졌다. 다만, 丙火는 丁火를 만들어내기에 무조건 戌土 속의 丁火에게 자신의 에너지를 전달할 수밖에 없고 주도권을 정화에게 넘기는 것이다. 예로 丙火가 부도나서 직원이나 다른 사람에게 회사를 넘겨주는 행위다.

만약 기득권을 넘겨주기 싫다면 명목적인 사장으로 남고 실속은 丁火가 차지한다. 따라서 겉으로 드러난 丙火가 여전히 지도자 역할을 하는 것이기에 기득권을 넘겨주기 싫으면 실권만 丁火에게 넘겨주면 된다. 丙戌간지의 논쟁은 살피는 각도에 따라 달라짐에도 생극, 왕쇠 통근상황만 살피는 단조로움이 문제다. 사주팔자를 분석할 때 통근을 따질 것이 아니라 시공간 변화를 살펴야 한다. 巳申 合은 合, 刑이라 표현한다. 寅亥 合도 刑, 破라고 하는 이유는 살피는 각도에 따라서 의미가 달라지기 때문이다. 즉, 巳申을 六合으로 살피면 합이 되고, 三刑으로 살피면 刑이다. 巳申 合, 刑의 개념을 이해하기 위해서 지장간 구조를 살펴보자.

巳 - 戊庚丙
申 - 戊壬庚

巳火가 시간이 흐르면 申으로 바뀌는데 그 변화과정이 지장간에 고스란히 담겨있다. 戊土는 辰巳로 연결되고 未申으로 연결되는 과정에 前月의 에너지를 전달하는 역할이다. 또 巳月의 庚이 申월 庚 열매로 변화한다. 庚의 물형이 변한 것은 丙火와 丁火의 작용 때문으로 午月에 열매가 열리고 申月에 열매가 뚜렷해진다. 다만 申月에 丙火는 보이지 않고 갑자기 壬水가 생겨나는데 이런 작용이 巳申 合과 刑에 숨겨진 의미다.

연해자평에 丙申이 壬水를 보면 삶을 이어가기 힘들다고 표현했다. 丙申 간지로 살피면 이해가 쉽다. "丙火가 申에게 자신의 에너지를 빼앗긴다." 그 이유는 丙火가 申을 만들고자 자신의 에너지를 방사하기 때문에 丙火를 무력하게 만드는 것은 申이다. 다만, 申이 단단해져가는 과정에 壬水 응축에너지가 생겨나고 결론적으로 丙火가 분산 에너지를 상실한다. 生剋으로 판단하기에 丙火가 申을 克한다고 살피지만 실제로는 丙火가 庚을 만들었기에 庚의 모친과 같다. 이런 문제 때문에 火克金이냐, 火生金이냐의 문제가 생긴다. 사주 예문을 살펴보자.

時	日	月	年
辛	庚	己	丁
巳	寅	酉	未

男

丙申년에 불법 총기소지로 관재에 시달리다 무죄판결을 받았다. 寅酉 조합의 殺性과 寅巳 刑 물상을 수렵사냥으로 활용한다. 사주팔자에 폭발력을 가지고 있기에 총을 쏘는데 불꽃이 튀는 寅巳 刑 때문이다. 이런 작용은 寅 속의 丙火를 巳속의 丙火가 刑작용을 통하여 일순간 폭발하는 것으로 빛이나 섬광과 같다. 그 이유는 아직 딱딱한 庚이 없기 때문이다. 만약 寅巳 刑을 이루지 못하고 巳火로만 쓸 경우에는 순간의 총성, 閃光 물상이 나올 수 없는 이유는 巳에는 폭발력이 없기 때문이다. 巳火 스스로는 아름다운 꽃처럼, 화려한 빛처럼 방송, 동영상, 홈쇼핑, 통신과 같은 물상을 활용한다. 巳가 申을 만나도 폭발이 발생한다. 巳의 속성에 申이 가미되면서 巳申 合과, 巳申 刑의 특징이 가미되기 때문이다. 따라서 빛, 화려함에 딱딱해진 물체가 추가되는데 촬영 장비에 매달린 카메라 빛과 폭발력이 가미된다.

時	日	月	年	男
甲	戊	辛	庚	
寅	申	巳	寅	

78	68	58	48	38	28	18	8
己	戊	丁	丙	乙	甲	癸	壬
丑	子	亥	戌	酉	申	未	午

한국은행 전산실에서 오랫동안 근무했고 2008년 당시에 가족이 모두 미국에서 거주하였으며 사업을 원했다. 巳申을 은행전산실 물상으로 활용하였다. 하기는 인터넷 예문들로 巳申 合의 육친 관계를 설명한다.

時	日	月	年	女
丙	壬	乙	壬	
午	子	巳	申	

10대 甲辰운 상황으로 공부는 뒷전인 중학생으로 모친의 걱정이 그다. 초년에 巳申 合으로 재성과 인성 합이다. 재성이 인성을 묶으니 공부는 뒷전이고 재성도 묶이니 엄마의 간섭으로 마음 놓고 놀 수도 없다고 설명한

다. 六親, 十神, 巳申 合을 위주로 풀이했다. 각도를 달리해서 살피면 乙巳월에 甲辰운이니 수기가 매우 부족하다. 巳月에 壬申이니 강한 목화 때문에 공부하기 어렵다. 어려서 방탕 하는 이유는 巳申 合의 문제가 아니라 壬乙 조합으로 바다에 떠있는 풀처럼 방황하며 안정하기 어렵다.

時	日	月	年	男
己	乙	辛	庚	
卯	巳	巳	申	

72	62	52	42	32	22	12	2
己	戊	丁	丙	乙	甲	癸	壬
丑	子	亥	戌	酉	申	未	午

외고를 졸업하고 고려대 법대 졸업, 외무고시를 준비 중이었다. 乙巳는 꽃이 활짝 피어서 화려할 뿐 열매가 없으니 실속이 없는데 년, 월에 할 일이 명확하다. 巳火로 庚申 열매를 키우는데 국가에 있고 일간과 乙庚합하여 乙丙庚 조합을 이룬다. 따라서 물질에 대한 욕망도 강하면서 명예를 추구한다. 대운이 壬癸 흐름으로 날카로운 辛을 수기에 풀어내니 매우 총명하다. 다만 단점은 庚辛으로 혼잡하여 진로가 산만해진다.

時	日	月	年	男
乙	辛	丙	辛	
未	巳	申	亥	

75	65	55	45	35	25	15	5
戊	己	庚	辛	壬	癸	甲	乙
子	丑	寅	卯	辰	巳	午	未

법학을 전공하고 법 계통에 종사했지만 직장변동이 잦다. 癸巳운 甲申년 큰 재물손실이 있었고 자영업을 했으나 손실만 커서 직장을 구하는 중이었다. 丙辛 합으로 법률계통의 일을 했지만 辛乙 조합으로 물질욕망이 강하기에 자영업도 했다. 또 양쪽에서 辛이 丙火를 합하기에 잦은 직장변동이 발생한다. 丙火는 일간과 합하면서도 申을 향하는 마음이 더욱 강하기에 직장(丙)은 나보다(辛) 경쟁자(申)를 더 좋아하여 경쟁에서 밀릴 수밖에 없다. 아래는 巳申 合刑 물상들 중에서 무릎, 하반신에 문제가 생기는 예문들이다.

時	日	月	年	男
壬	丙	壬	甲	
辰	戌	申	寅	

78	68	58	48	38	28	18	8
庚	己	戊	丁	丙	乙	甲	癸
辰	卯	寅	丑	子	亥	戌	酉

丙子운 40세 癸巳년 2013년 11월 11일 辛巳日 교통사고를 당하여 갈비뼈를 심하게 다치고 무릎 뼈 돌출골절 등 중상을 당하고 차는 폐차할 지경이었다. 의식을 차려보니 병원에 실려와 있었다.

時	日	月	年	女
壬	戊	辛	辛	
戌	申	丑	丑	

丙申년 癸巳월 이유도 없이 미끄러져 무릎이 2번 이상 상했다.

時	日	月	年	男
甲	己	乙	壬	
戌	亥	巳	申	

병신년 癸巳월 오토바이가 미끄러져 머리와 무릎이 파열되어서 수술하였다.

時	日	月	年	男
庚	癸	庚	戊	
申	巳	申	寅	

丙申년 여름에 오토바이가 미끄러져 무릎을 크게 다쳤다.

ㅁ) 午未, 子丑 合

午未가 합하여 火, 子丑이 합하여 水로 변한다는 생각은 버리는 것이 현명하다. 旺衰를 따지고자 子丑 合土가 중요하다고 생각하며 토가 강해졌나, 약해졌나를 판단하지만 별 의미가 없다, 시공간 변화과정으로 그 이치를 살펴보자.

(1) 地藏干

	巳	午	未	申	酉	戌	亥	子	丑
餘氣	戊	丙	丁	戊	庚	辛	戊	壬	癸
中氣	庚	己	乙	壬		丁	甲		辛
正氣	丙	丁	己	庚	辛	戊	壬	癸	己

午未와 子丑은 육합 중에서 시공간이 가장 좁다. 따라서 사고방식이 답답하고 협소하며, 활동범위가 좁다. 정해진 틀을 벗어날 생각을 못하고 고지식하다. 시공간이 좁으니 사고방식도 좁은 것이다. 또 식구들 위주의 행동반경이기에 가정적, 여성적이다.

時	日	月	年
甲戌	甲子	辛丑	辛丑

男

보수적이고 고지식하고 착하고 성실하다. 하지만 子丑 合에 묶여 삶의 범위가 매우 좁다. 부인이 해외여행을 가자고 해도 고향을 벗어나지 않는다.

(2) 지구모양

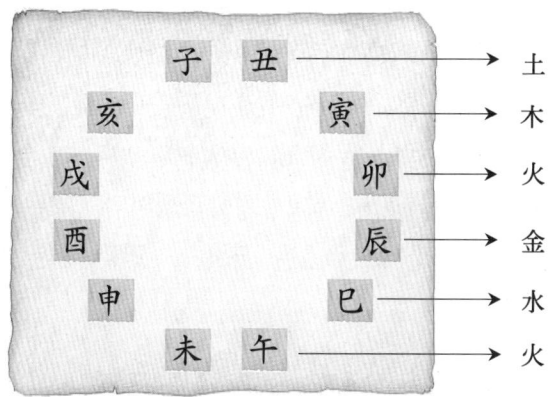

지구모양으로 살피면 남극과 북극에 子丑 합과 午未 합이 있으며 지구의 중심을 잡아주는 기준점이기에 움직이기 힘들다.

(3) 地藏干 에너지 특징

午未 합은 丁火의 중력에너지가 강하여 물질, 육체를 내 쪽으로 끌어오려는 욕망이 강하다. 子丑 합은 폭발력이 강하지만 어둡고 습하며 춥고 답답하다.

(4) 季節의미

계절 의미를 살펴보자. 午未 합은 여름에 이루는 합으로 午월에 丙火가 丁火로 바뀌는 시점부터 亥卯未 三合이 끝나는 未土까지의 합이다. 亥卯未 삼합은 성장운동이며 물형이 수시로 변하지만 未土는 성장이 멈추었다. 또, 丙에서 丁으로 열매를 익혀가는 과정의 합이기에 물질에 지대한 흥미를 갖는다.

時	日	月	年	女
甲	戊	丁	壬	
寅	午	未	子	

남편은 사용한 페트병을 모으고, 자신은 포장박스를 모은다. 午未 合의 단점은 집착을 벗어나지 못하는 것 외에 火氣를 집약하는 과정에 水氣가 견디지 못한다. 인체의 뇌수와 같으며 정신인데 발산 에너지가 고갈되어 정신에 문제가 생긴다. 사이비 종교에 빠지거나 집을 나가 행방불명되어 돌아오지 않는다. 접신, 빙의 등의 문제도 발생한다. 午未 合으로 水氣가 마르면 가장 타격받는 것은 亥卯未 삼합 성장과정이다. 甲은 未土에서 墓地를 만나 甲己 合으로 사라지고, 乙은 庫地를 만나 좌우확산 못한다. 子丑 合을 살펴보자.

	巳	午	未	申	酉	戌	亥	子	丑
餘氣	戊	丙	丁	戊	庚	辛	戊	壬	癸
中氣	庚	己	乙	壬		丁	甲		辛
正氣	丙	丁	己	庚	辛	戊	壬	癸	己

추운 겨울이다. 비록 子月에 폭발력을 가졌지만 외부에서 활용할 수 없다. 짐승들은 겨울잠을 자고, 씨종자들은 땅 속에서 딱딱한 표면이 조금씩 부드러워지면서 껍질을 깨고 나올 날을 기다린다. 시공간은 어둡고, 답답하고, 드러내지 못하고, 물질은 박하고, 집착하고, 벗어나지 못하고, 비밀스럽고, 음탕하고, 불법적이다. 지장간을 살피면, 壬癸辛己 응축, 수렴에너지들이 뭉쳐진 곳에서 癸水가 발산하려고 노력한다.

時	日	月	年	男
丙	戊	癸	壬	
辰	申	丑	子	

77	67	57	47	37	27	17	7
辛	庚	己	戊	丁	丙	乙	甲
酉	申	未	午	巳	辰	卯	寅

庚午년 18세 3월에 절도죄로 체포되어 10월 재판에서 징역 5년을 선고받았다. 丙辰운 辛巳년 29세에 다시 범죄를 저질러 감방에 갔나. 년, 월이 壬子, 癸丑으로 어둡고 답답하고, 음흉하다.

時	日	月	年	男
辛	丙	癸	壬	
卯	午	丑	子	

78	68	58	48	38	28	18	8
辛	庚	己	戊	丁	丙	乙	甲
酉	申	未	午	巳	辰	卯	寅

乙卯운 丙子년 24세에 사기죄로 감방에 갔다. 丙辰운에 안정된 직업에 종사하지 못하고 사방을 떠돌며 오입과 도박으로 가치 없는 삶이다.

子丑 合의 시간방향을 살펴보자. 인간은 매우 안정적인 시간에서 살아간다. 지구가 일정한 방향으로만 회전하기에 가능한 일이다.

時	日	月	年	女
乙	甲	庚	庚	
丑	子	辰	子	

글자의 쓰임과 시간 방향으로 구조를 살펴보자. 엄마와 오빠가 계속 돈을 뜯어가지만 안쓰러워 돈을 준다. 甲이 뿌리 내리고 안정을 취할 곳은 丑土다. 그러나 甲이 丑土에 갔는데 乙이 그 땅을 소유하여 남의 땅이다. 하지만 甲은 丑土가 반드시 필요하여 탐할 수밖에 없다. 甲이 子水에 통근하는 것이 중요한 것이 아니라 이런 구조를 이해할 때에서야 이 사람의 삶을 이해한다.

특히 子丑 合의 인력에 묶여서 시공간이 극히 좁고 답답하기에 엄마와 오빠의 그늘에서 벗어나지 못한다. 甲은 丑土에 뿌리내리는 대가로 乙에게 땅 사용료를 내는 것이다. 문제는 乙의 상태가 나쁘다. 乙은 좌우확산 하려면 辰土 가까이에 있어야 하는데 멀리 있고 子丑 어둡고 차가운 땅에서 좌우로 펼치는 작용을 적절하게 하지 못한다. 궁위로 살펴보면 엄마와 오빠는 월지로 辰土의 마른 땅이기에 반드시 水氣가 필요하고 일지 子水는 丑土와 합하여 시지를 향하고, 子辰으로 월지 辰土를 향하여 수기를 공급해야만 한다. 따라서 내가 소유한 것들이 모두 丑土와 辰土로 나가 버린다. 시공간 방향, 사주팔자 구조 때문에 엄마와 오빠에게 자신이 가진 것을 내놔야만 하는 운명이다. 여기에서 육합의 논쟁 사항 몇 가지를 정리해보자.

가)가까이 붙어야 合이 가능하고 떨어지면 합하지 못한다.

時	日	月	年
○	○	○	○
○	○	子	丑

예로, 이렇게 가까이 있어야 合을 이룬다고 주장하는데 合化, 合而不化처럼 합리적이지 않다. 현실에 비유해 보자. 예로 부모와 자식이 함께 살 때는 합하고, 떨어져 살면 합하지 못할까? 시공간에 상관없이 부모, 자식 관계는 변함이 없다. 단지 합의 강도에 차이가 있을 뿐, 합의 속성에는 변함이 없는 것이다.

나)合이 되면 각 글자는 고유한 속성을 잃는다.

時	日	月	年
○	○	○	辛
○	○	子	丑

고유한 속성을 잃는다는 의미는 合의 작용력에 휩쓸려 고유한 역할하기 어렵다는 뜻이다. 예로 子丑 合의 시공간에 묶이면 좁고 어둡다. 子水는 폭발력으로 시공간을 넓게 활용하기에 甲子나 丙子 간지는 해외로 나가는 경향이 강하지만 丑土와 합하면 子水의 폭발력이 묶이고 그 특징을 드러내기 어렵다. 이런 관점을 시공간 흐름으로 살피면 丑土를 지날 때는

丑土의 속성을, 子水를 지날 때는 子水의 특징을 보이며 대운과 세운에 따라 일시적으로 합할 수는 있다. 따라서 고유한 속성을 잃는 것이 아니지만 合의 작용에 묶여 활동하는 범위가 좁아지는 것은 피하기 어렵다.

다) 沖과 合이 섞이면 沖, 合이 성립되지 않는다?

時	日	月	年
0	0	0	丁
0	午	子	丑

예로 이런 구조의 경우는 子午 沖은 성립되지 않으므로 丁火는 地支 午火에 뿌리 내린다고 주장한다. 이런 주장은 時空間 변화과정을 감안하지 않은 것이다. 子丑 合하고 싶은데 子午 沖 하기에 子丑 合도 子午 沖도 하지 못한다는 논리이지만 시공간의 흐름으로 살피면 합하고 沖하는 이치가 극히 명확하다.

時	日	月	年	女
0	0	0	0	
0	0	子	丑	

태어날 때 받은 시공간부호 즉, 사주팔자는 평생 바꾸지 못한다. 정해진 지지 구조는 丑子로 합하고, 子午로 충하고 午丑으로 조합을 이룬다. 이런 구조는 팔자에 정해졌기에 절대로 바꾸지 못하며 시공간변화에 따라 반드시 발생한다. 태어나 丑土의 시기에 이르면 子水를 당겨와 子丑 합한다. 이때의 時空間 기준은 丑土다. 子水의 시기에 丑土를 향하고 子午 沖한다. 이때의 時空間 기준은 子水다. 午火 시기에 子水와 沖하고, 午丑 조합을 이루는데 時空間 기준은 午火다. 이렇게 살피면 子午 沖과 子丑 합이 동시에 발생하여 합과 沖이 교차하기에 합도 沖도 발생하지 못한다

는 설명은 비논리적이다. 時間은 일생을 살아가는 과정에 모든 사건들이 동시다발적으로 발생하지 않으며 순차적으로만 발생하게 해주는 수단이다. 예로, 밥을 먹으면서 여행가거나, 잠을 자면서 공부하는 일은 절대로 발생하지 않는다. 시간은 순차적으로 흐르고 사건도 순차적으로 발생한다. 이런 이유로 子丑 合과 子午 沖과 午丑이 동시에 발생할 수 있다는 생각은 마치 시공간이 양자물리학의 세계처럼 동시다발적으로 반응한다는 논리다. 실제 삶에서는 子丑 合하는 시공간에서는 오로지 子丑 合만 이루어진다. 子丑 合하는 시공간에서 일순간 午火가 오면 子丑 合, 子午 沖, 午丑 조합이 발생하지만 그 또한 시간의 순서대로만 발생하면서 시공간이 휘어지고 비틀어진다.

따라서 沖과 合이 교차하면 沖이나 合이 성립되지 않는다는 설명은 '충은 충대로 합은 합대로 반응하면서 시공간이 뒤틀어진다.'로 표현해야 정확하다. 생각해보자. 세 글자가 동시에 만나려면 반년이 지나야만 한다. 子月과 丑月에는 子丑 合하지만 午火가 없으니 午月에 가서야 子午 沖이 발생하기 때문이다.

또 子丑 合하면 子午 沖을 못하고 子午 沖하면 子丑 合을 못한다는 주장은 맞지 않다. 子丑 合할 때는 子丑 合하고 子午 沖할 때는 子午 沖하다가 다른 글자가 오면 합도, 충도 동시에 발생하지만 그 시간이 지나면 그 현상은 사라진다. 달리 표현하면 子丑 合할 때는 시공간이 극히 좁지만 午火가 와서 子午 沖으로 뒤틀어지면 사건이 발생한다. 다만 그 시간이 지나면 원래의 상황으로 다시 돌아간다. 子午 沖 하면 子丑 合이 이루어지지 않는다는 논리는 시공간이 휘어진다는 개념을 이해하지 못한 것이다. 에너지 파동으로 이루어지는 세상에서 다양한 에너지들이 칼로 무 자르듯 잘라진다는 생각은 옳지 않다.

라) 合이 겹치면 合으로 간주하지 않는다.

時	日	月	年
O	O	O	O
O	丑	子	丑

이 구조를 설명하기를 합이 합을 해소하여 地支가 온전한 상황이라고 주장하는데 시공간 흐름으로 살피면 명확하다. 丑土의 시기에 子丑 합하고, 子水의 시기에 양쪽에서 子丑 합하고 일지 丑土의 시기에 子水가 년지 丑土와 합하다가 일지 丑土와 합하러 온다. 따라서 합이 합을 해소한다는 논리는 모두 시공간 개념이 없기 때문에 생겨난 잘못된 논리다.

4) 暗合 – 地支에서 이루어지는 天干 合

天干 합이 地支 내부에서 이루어지는 합을 암합이라 부른다. 天干 합은 자연의 운행규율과 같아서 명리에서 매우 중요한 의미를 갖는다. 天干 합은 지구회전 과정에 필연적으로 발생하는 에너지의 변화과정이다. 天干 합은 천간에서 발생하지만 지장간에도 천간이 있기에 합이 이루어진다. 이렇게 공간에서 이루어지는 天干 합을 暗합이라 표현하는 이유는 천간에 명확하게 드러나지 않은 상태로 이루어지기 때문이다. 이런 이유로 暗合의 특징은 비밀스럽게 이루어지는 합이라 부른다. 예로 애인, 혼외자식, 재산, 직업을 숨겨두고 드러내지 못하는 것, 도둑, 강도, 살인 같은 범죄행위가 은밀하게 이루어진다. 暗合은 드러나지 못하며 쉽게 동할 수도 없으며 시간이 도래하는 상황에서만 비로소 그 모습을 드러낸다. 지장간을 살피면 暗合이 발생하지 않는 시공간은 거의 없다.

子寅에 戊癸합, 丑卯에 甲己합, 丑寅에 戊癸, 丙辛, 甲己합, 丑辰에 戊癸합. 寅辰에 戊癸합, 辰巳에 戊癸합, 乙庚합, 巳未에 乙庚합, 未申에 乙庚합 丁壬합, 未酉에 乙庚합, 申戌에 丁壬합, 戌亥에 丁壬합, 亥子에 戊癸합이 이루어진다. 다시 간격을 넓혀서 살피면 엄청나게 많은 합이 이루어진다.

子辰에 戊癸합, 子巳에 戊癸합, 子申에 戊癸합, 子戌에 戊癸합, 卯申에 乙庚합, 卯酉에 乙庚합, 午亥에 丁壬합, 酉寅에 丙辛합, 戌寅에 丙辛합 이다. 暗合이 왜 이렇게 많을까? 그만큼 시공간이 얽히고설키기 때문이다. 달리 표현하면 모든 시공간은 연결되고 절대로 끊어지지 않는다. 시공간은 절대로 독단적으로 존재할 수 없고 반드시 상호반응하면서 새로운 에너지로 순환한다. 나름 중요한 의미를 갖는 暗合을 정리하면 두 가지 정도다.

(1) 土에 저장된 기운을 새로운 생지로 動하게 한다.
이 개념은 매우 중요하다. 만약 이런 작용이 없다면 새로운 기운이 동하지 않는다. 丑寅, 辰巳, 未申, 戌亥는 토와 생지가 만나는 조합으로 삼합운동을 마감하고 새로운 양기가 動하여 자연이 순환한다. 未申에서 乙庚합, 戌亥에서 丁壬합, 丑寅에서 甲己합, 丙辛합, 戊癸합, 辰巳에서 戊癸합이 이루어진다. 未申에서 乙이 庚으로 바뀌고, 戌亥에서 丁이 壬으로 바뀌면서 甲이 뿌리내리도록 유도하고, 丑寅에서 甲己 합으로 목을 위로 올리고, 丙辛 합으로 辛의 응축하려는 에너지를 없애서 빛이 생겨나며, 戊癸 합으로 온기를 끌어올리면서 발산작용을 촉진한다. 辰巳에서 戊癸 합하여 온기를 더욱 올려주면 庚金 꽃이 巳月에 활짝 핀다.

(2) 旺地의 소멸을 위한 暗合
상반된 에너지를 없애는 작용력의 암합이다. 예로 子巳는 子水가 巳火와 戊癸 합하여 申子辰 삼합의 왕지가 무력해진다. 卯申은 卯木이 申과 乙庚 합하여 亥卯未 삼합의 왕지가 무력해진다. 午亥는 午火가 亥水와 丁壬 합하여 寅午戌 삼합의 왕지가 무력해진다. 酉寅은 酉金이 寅木과 丙辛 합아서 巳酉丑 삼합의 왕지가 무력해진다. 가장 복잡한 丑寅은 癸戊, 辛丙, 己甲가 합한다. 정반대편 未申에서는 丁壬, 乙庚 합한다. 丑寅은 영혼에서 육체를 얻는 과정이기에 힘든 합의 과정을 거치면서 변화한다. 육체가 없다가 얻는 과정이기에 수많은 합을 통하여 탄생하기 때문이다. 未申은 生氣에서 殺氣로 바뀌는 과정이다. 활발하게 활동하다가 생기를 잃어가는 전환점으로 45세 이전까지는 활발하게 살다가 46세 이후에는 몸이 점점 굳기 시작하는데 이 과정이 바로 乙庚 合이다.

十宮圖로 살펴보자.

甲	壬	庚 46세	戊	丙	甲
	癸	辛	己	丁	乙

庚의 시기 46세에 庚은 甲을 극해서 生氣가 더 이상 생겨나지 못하게 만든 후 乙庚 合하는 과정이 未申 공간에서 이루어진다. 동일한 乙庚 合이지만 卯申 공간에서 이루어지는 暗合을 살펴보자.

卯	申
甲	戊
	壬
乙	庚

未申에서 이루어지는 乙庚과 어떤 차이가 있을까? 시공간이 전혀 다르다. 卯木은 초봄이고 未土는 여름이다. 초봄의 싹이 申과 합하고, 여름의 열매가 합하기에 卯申의 시공간이 훨씬 넓고 未申의 시공간은 좁지만 모두 乙庚 合하기에 물질욕망이 강하다. 또 다른 문제는, 卯木은 새싹과 같은데 申과 합하면서 성장에 문제가 생기고, 未土는 성장 완료한 열매가 申과 합하여 열매를 완성한다.

卯木이 상하기에 생기가 상하는 문제를 묘신귀문이라 부른다. 이렇게 暗合도 시공간이 전혀 다르다. 또 다른 예로, 丑寅도 甲己 합하고 寅未도 甲己 합하지만 시공간은 전혀 다르다. 丑寅은 갑의 상승작용을, 寅未는 甲의 하강작용을 유도한다. 寅未는 귀문이라 하면서 寅丑은 귀문이리 하지 않는 이유는 생기의 상황 때문이다. 즉, 생기에 문제가 생기면 귀문이고 문제가 없으면 귀문이라 부르지 않는다. 그 외의 暗合구조들을 살펴보자.

午	亥
丙	戊
己	甲
丁	壬

午亥에서는 甲己 合과 丁壬 合한다. 亥中 甲이 午中 己土와 합할 경우, 丁壬 合하는 과정에 어떻게 길흉을 판단할까? 합의 개념을 이해했다면 합하여 길흉을 판단하는 기준을 잡아야한다. 甲己 合의 경우, 무조건 甲이 상하거나 무조건 己土가 상한다고 판단할 수 없다. 동일한 甲己 合도 정반대일 수밖에 없는 이유는 월지 시공간이 상이하기 때문이다. 예로 未月이면 뿌리가 성장을 멈추어 하강하고, 丑月이면 땅을 뚫고 오르고자 상승한다. 丁火는 수렴작용으로 午月에 이르면 수렴하기 시작한다. 따라서 未土에서 甲은 하강하기 시작한다. 정리하면, 壬水에서 하강하고 癸水에서 상승하며, 丙火에서 상승이 극에 이르고 丁火에서 하강을 시작한다.

寅	未
무	丁
丙	乙
甲	己

甲己 合하는데 대부분 寅이 상한다. 극히 드물게는 未土가 너무 박할 경우 상할 수 있다.

巳	酉
戊	庚
庚	
丙	辛

巳申을 하나 더 나간 단계가 巳酉로 丙辛이 暗合한다. 丙火가 庚金에 에너지를 방사하여 무력해지면 辛이 合으로 丙火의 분산작용을 사라지게 만든다. 十宮圖로 살펴보자.

壬	丙	庚	甲	戊	壬
	辛	乙	己	癸	丁

丙火가 庚에 빛을 가하면 부풀어지다가 丁火에 의해서 딱딱해지고 결론적으로 辛 씨종자로 낙하하고 丙火 분산에너지는 쓰임을 잃고 어둠 속으로 사라진다. 아래는 인터넷 暗合자료인데 산만한 내용은 정리하고 가치 있는 내용만 정리하고 반론을 제기했다.

時	日	月	年	男
丁	丙	己	庚	
酉	午	卯	申	

壬午대운 乙酉년 상반기에 어머니가 교통사고로 사망했고 아버님도 우울증으로 아파트에서 투신자살했다. 부모님을 한 달 사이에 모두 잃었다. 印星이 상당히 고초를 겪고 있다는 관점은 십신으로 분석한 것이다. 丙火에게 卯木은 정인이니 卯木이 상당히 고초를 겪는다고 판단한 것이다. 비교 사주를 살펴보자.

時	日	月	年	男
庚	壬	己	庚	
子	辰	卯	申	

卯木이 상기 사주보다 편해 보인다. 다만, 卯木은 印星이 아니라 傷官이다. 따라서 인성이기에 모친이 사망한다는 논리는 맞지 않는다. 癸未년에 모친을 잃고, 甲申년 1월에 부친을 잃었다. 동일한 점은 짧은 기간에 부모를 동시에 잃었다. 따라서 "부모를 동시에 잃다"는 물상이 있는 것이 분명하지만 이런 현상이 십신 때문에 발생하는 것이 아님은 명확하다. 마지막으로 暗合의 사주예문을 살펴보자.

時	日	月	年	女
丁	庚	庚	戊	
亥	午	申	午	

79	69	59	49	39	29	19	9
壬	癸	甲	乙	丙	丁	戊	己
子	丑	寅	卯	辰	巳	午	未

18세에 가출하여 유부남 애를 낳아 고아원에 주었다. 평생 주인 있는 남자와 인연이다. 乙酉년 4천만 원 빚을 물어주고 나왔다. 庚庚 복음으로 부친과 인연이 박하다. 午午丁과 대운의 火氣 흐름으로 庚申이 뜨거워지면 해소하고자 時支 亥水를 향하는데 丁亥로 私的이며 일지와 午亥 暗合한다. 문제는 암합하는 궁위가 여러 곳에서 동시다발로 합하기에 접대부 직업이다.

時	日	月	年	女
戊	乙	癸	甲	
寅	丑	酉	辰	

71	61	51	41	31	21	11	1
乙	丙	丁	戊	己	庚	辛	壬
丑	寅	卯	辰	巳	午	未	申

己巳운 1999년 36세 己卯년 庚午월부터 애인을 사귀어 2001년 38세 辛巳년까지 이어지고 있다. 애인이 생긴 이유를 여러 각도에서 살펴보자. 己巳 대운에 巳酉丑 삼합하기에 일지가 삼합에 묶여 적절하게 작용하지 못하니 대부분 이혼, 사별하는 운이다. 己巳대운 己土는 일지 丑土가 천간에 드러나 甲과 합하러 간다. 따라서 남편이 일지에서 가까이 있었는데 년으로 떠나기에 남편과 함께하는 시공간이 넓어진다. 이런 이유로 애인을 만들려는 욕망이 생긴다. 己卯년에 甲己 합하고 庚午월에 巳酉丑 삼합이 반응하면서 남자가 丑土로 들어온다. 남편은 나가고 다른 남자가 들어오는 것이다. 寅丑 暗合하기에 丑土가 戊寅의 甲과 甲己 합하고 乙은 戊土에서 뛰어놀 안정적인 터전을 만난다. 따라서 戊乙 조합으로 일간과 시간에서 발생하는 사적인 애정사가 비밀스럽게 진행된다.

제 4 부

地藏干 原理와 명리이론

지금까지 우리는 다양한 각도에서 지장간의미를 살펴보았다. 地藏干은 우주와 지구자연의 時空間 순환과정과 원리를 명확하게 규정해줄 뿐만 아니라 모든 명리이론의 근원적 원리를 설명해준다. 지장간의 원리를 벗어날 수 있는 명리이론은 존재하지 않는다. 지장간 정체는 시간과 공간의 조우 그리고 시공간 순환과정이며 절대로 끊어지지 않고 이어진다. 이런 시공간 변화 속에서 인간은 자연으로부터 한 치도 벗어나지 못하며 자연이 보여주는 위대함에 순응할 뿐이다.

모든 명리원리는 반드시 자연의 위대함을 근거로 하며 인간이 만든 인위적인 이론을 근거로 할 수는 없는 것이다. 자연이 우리에게 선사하는 지혜를 체득하고 명리에 그대로를 활용해야 하며 인간이 거만하게 자연을 거스르는 이론을 만드는 행위는 어리석다. 자연의 순환원리를 이해하고 사주팔자에 그대로 활용하여 시공간 부호가 가진 의미들을 읽어내는 것이다. 절대로 인간이 만든 잣대로 판단하거나 재단할 수 있는 성질의 것이 아니다.

時空學은 지장간의 원리에 근거하여 자연의 순환원리를 도표로 설명하였다. 宇宙自然 本性圖, 時空圖, 四季圖, 十宮圖 1과 十宮圖 2, 自然循環圖, 命統圖 그리고 지장간 표다. 대부분 기존 에 출판했던 책에 공개하였기에 여기에서는 요약하여 살펴보자.

1장 宇宙自然 本性圖 丁-壬-癸

빅뱅 과정에서 엄청나게 뜨거운 열기가 우주에 펼쳐졌다고 한다. 丁火의 수렴에너지가 극에 이르러 壬水 무한응축 상태를 유지하다가 균형이 깨지면서 빅뱅으로 바뀐다. 우주 전역은 거의 수소와 헬륨으로 이루어졌으며 가볍기에 폭발할 수 있고 현재도 팽창을 지속하고 있다. 壬水를 폭발했던 에너지를 癸水라 부르며 발산, 폭발, 팽창의 특징을 갖는다.

우주가 생기고 은하계, 지구도 생겨났으며 생명체가 존재하게 되었기에 癸水는 생명체를 만들어 내는 근원이다. 상기의 흐름은 우주의 생성과 발전 과정으로 시공간 단위로는 수십 조년이며 우주에 生氣를 내놓고 거두기를 반복한다. 이런 순환과정이 우주의 근본구조로 丁-壬-癸 삼자 회오리작용으로 이루어진다. 빅뱅이전의 상태를 만드는 에너지 丁火, 빅뱅직전의 상태 壬水, 빅뱅 癸水다. 이 세 개의 에너지는 우주의 핵심에너지요, 물리학의 골격이며 명리의 골수다. 물질과 반물질, 기와 질, 입자와 에너지, 시간과 공간, 중력과 척력으로 표현한다.

丁火의 수렴에너지는 물질을 뭉칠 수 있는 에너지요, 癸水 발산에너지는 척력으로 공간을 밀어내고 확장한다. 이 세 개의 에너지를 이해하는 것은 물리학과 명리학을 이해하는 근본이다. 壬水 무한응축은 수렴에너지 丁火와 발산에너지 癸水 모두를 가졌고 밀어내고 당기는 작용력으로 끊임없이 회오리치다 폭발하면서 癸水의 발산에너지로 변화하여 우주에 공간이 생겨났다. 癸水의 속성은 壬水로부터 받은 것이기에 壬水의 본성이 그대로 전달되어 회오리치고, 척력을 기본으로 중력의 특징까지도 가지고 있는 오묘한 에너지다. 癸水 속에 숨은 丁火 중력을 활용하여 우주공간에 물질을 만들어 낼 수 있었다. 만약 丁火에너지가 우주에 없다면 우주공간에 물형을 가진 존재들은 없었을 것이고 인간 역시도 지구에 존재하지 못했다. 물리학에서는 물질과 반물질의 균형이 약간의 오차로 물질이 만들어졌다고 설명한다. 이렇게 丁火는 色界의 근본이요 물질 형태를 갖추게 한다. 또 時空間 변화에 따라 丁火가 극에 이르면 회오리치는 壬水로 회귀한다. 癸水는 우주에 물질을 만들어내는 주재자다. 도덕경에서 道라 표현하였고 종교에서의 하느님과도 같다. 도를 닦는 사람들이 깨닫고자 하는 절대적 대상이며, 수련을 통하여 얻고자 하는 에너지요, 하늘의 주인이라 불러도 어색하지 않다. 우주에 생기를 퍼트리려는 것이 癸水의 뜻이다. 癸水 속에는 척력과 중력이 공존한다.

이것을 이해하면 발산에너지로 물질과 생명체를 만들어낼 수 있었던 이유를 이해한다. 정리하면, 壬水는 중력과 척력이 공존하며 밀고 당기는 작용으로 진공이 생기고 회오리치는 속성이다. 壬水에서 癸水로 에너지가 변화된 과정을 빅뱅이라 부르고, 癸水와 丁火의 변화를 통해 우주에 행성, 은하, 별, 지구, 인간 등 물질의 형태를 갖추었고 변화하는 일련의 과정을 설명한 것이 천체 물리학과 양자물리학의 골격이다. 丁火로 물질을 갖춘 세계를 불교에서 色界라 부른다. 인간의 육체도 속성이 이중적이다. 발산에너지 癸水는 인간의 뇌로 들어와 영혼을 지배하고, 중력에너지 丁火는 심장으로 들어와 몸통의 중심을 지배한다. 인간도 선과 악, 기와 질, 정신과 육체, 학문과 물질을 동시에 갖는 이중적 존재다.

20세기에 들어서 전자기학과 입자와 파동에 대한 이해가 깊어지면서 양자물리학은 큰 발전을 이루었다. 기존 뉴턴 물리학으로 대변되던 거시세계와 더불어 양자물리학을 통해 파악된 미시세계도 인간의 이해영역 안으로 들어오게 되었다. 양자의 세계와 우주의 세계는 동일구조요, 변화의 핵심은 중력과 척력의 개념을 벗어나지 못한다. 즉, 우주는 밀고 당기는 작용력으로 존재한다. 양자물리학의 표현은 확률게임이지만 척력과 중력의 작용력을 다른 표현으로 바꾸면 양과 음이다. 우주와 미시세계도 陽陰, 陽陰, 陽陰을 회전하면서 윤회하는 것이다. 바로 丁-壬-癸의 균형이다. 壬水의 원자핵을 중심으로 전혀 다른 특징을 가진 두 개의 전자(척력과 중력)가 긴

장감을 유지하는 것이다. 이런 구조일 때에서야 비로소 원자와 전자 사이에 일정 공간이 진공상태가 될 수 있고, 밀고 당기는 작용력이 균형을 이루기에 회전하는 힘을 만들어낸다.

양자물리학에서 설명하는 내용들을 정리하면 동일한 결론을 내릴 수밖에 없다. 丁-壬-癸의 긴장감으로 회전운동을 만들고 수시로 움직이는 丁火와 癸水의 변화로 중력이 강해지기도 하고 척력이 강해지기도 하면서 육체와 물질을 만들고 없앤다. 시간이 공간으로 변하고 공간이 시간으로 변화하기를 반복하는 것이요, 불교에서 의미하는 空卽是色, 色卽是空의 세계다. 인간도 정-임-계 과정에서 벗어나지 않는다. 정화 중력에너지로 육체를 만들고 생기를 유지하다가 壬水 영혼의 세계로 들어가 癸水의 새로운 영혼을 얻은 후 癸水에 숨겨졌던 중력에너지 丁火를 활용하여 새로운 육체를 얻어 탄생한다. 에너지와 물질의 변화과정으로 살피면 아래와 같다.

丁---壬---癸
辛---甲---乙

丁壬癸의 움직임으로 辛甲乙이 변화하며 영혼의 세계에서 육체의 세계로 윤회하는 과정이다. 우리는 丁癸의 균형으로 이루어진 시공간에서 살고, 壬水는 丁癸를 만드는 근원에너지이지만 우리는 壬水를 볼 수 없다. 壬水는 이생에서 살았던 모든 기록들을 보이지 않는 곳으로 감춰버리고 時空間을 없애버린 후, 새로운 시공간을 창출하는데 바로 癸水다.

영혼에서 생명체로 탄생하는 과정을 양자 얽힘으로 설명할 수 있는데 거리가 무한대로 떨어져 있어도 하나의 스핀이 확정되면 다른 한쪽의 스핀도 동시에 확정되기 때문이다. 氣가 결정되는 순간 반대편 스핀이 質로 확정되고, 質이 결정되는 순간 반대편 스핀이 氣로 확정된다. 영혼의 세계는 인간의 능력으로 볼 수 없지만 적어도 壬에서 癸로 時空間이 열리는 순간,

반드시 丁火가 확정된다. 癸에서 새로운 영혼이 결정되면 전혀 다른 시공간으로 드러날 丁火도 동시에 결정되는 것이다. 그 방식은 시공간의 합으로 이루어진다. 만약 癸亥에서 스핀이 동하면 空界와 色界를 뛰어넘어 戊寅으로 발현될 것이라고 癸亥의 시공간에서 결정해버린다.

노자는 도덕경 6章에서 우주순환과정을 綿綿若存, 用之不勤이라 표현했다. 이어지고 이어져 마치 존재하는 것과 같으며 그 작용력은 끝이 없다고 한다. 우주는 丁-壬-癸 과정을 영원히 순환하기에 명백하게 존재하는데 그 정체를 확인할 길이 없으니 존재한다고 할 수도, 존재하지 않는다 할 수도 없다. 또 丁-壬-癸는 命理학의 生死문제, 時間과 空間의 문제, 時間方向의 문제, 色界와 空界의 경계를 결정하는 기준점이다. 時空學 카페에 丁-壬-癸 삼자조합의 다양한 의미들을 올려놓았으니 참조하면 많은 도움이 될 것이다. 우주자연의 본질과 에너지의 구조를 이해하였으니 현존하는 우주와 지구의 구조를 時空圖로 살펴보도록 하자.

2장 時空圖

丁-壬-癸 에너지들의 작용으로 만들어진 우주구조를 時空圖라는 명칭으로 살펴보고 십간 의미들도 함께 살펴보자. 먼저 時空圖의 구조는 아래와 같다.

時空圖의 構造

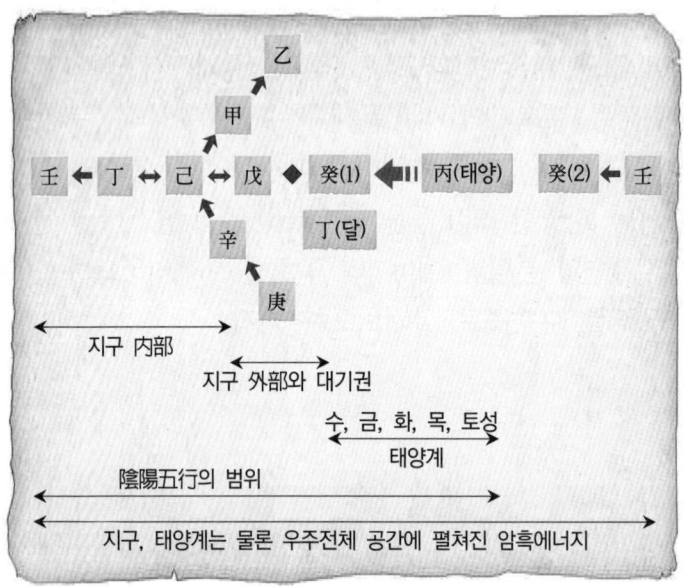

음양오행의 범위를 陰陽인 태양과 달 그리고 五行星인 수성, 금성, 화성, 목성, 토성으로 규정하고 그것을 명리이론에 접목한 것이 음양오행설이지만 천동설과 지동설의 다툼도 존재하지 않았던 시절에 만들어진 체계로 현대물리학으로 밝혀진 사실과 비교하면 제한적인 시공간을 논한 것에 불과하다는 것이 밝혀졌다. 태양계의 극히 일부인 지구를 기준으로 태양과 달, 오행성의 범주에 국한하고 있기 때문이다. 물리학의 발전에 따라 태양계는 우주 변방의 시공간이며 지구는 태양계에서 조차노 극이 작은 시공간을 차지하고 있다.

따라서 우주는 결코 지구와 인간을 위해 존재하는 것이 아니다. 특히 우주 전역에 펼쳐져 있는 에너지는 우주 전체를 하나의 영역으로 통제한다. 인간의 협소한 안목으로 이런 위대한 조물주를 神, 道, 時間과 空間, 기운과 물질 등 서로 다른 명칭으로 부르지만 그 본질은 하나며 甲乙丙丁으로 표현하면 壬水요, 壬水를 대행해서 에너지를 행사하는 것이 癸水다.

1. 壬水 – 우주의 본성

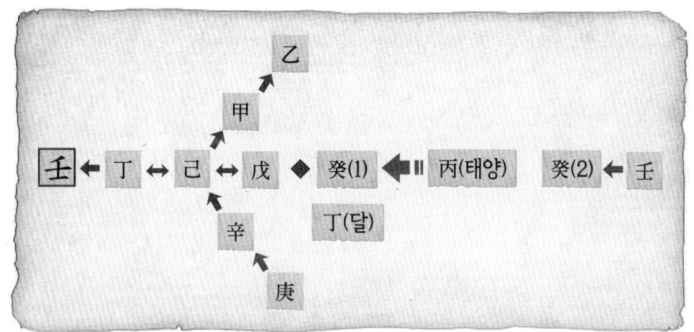

時空圖의 범위는 지구 내부와 외부 그리고 태양계의 범위를 훌쩍 벗어나 우주전역에 펼쳐진 에너지를 모두 표현한 것이다. 현대 물리학에서는 암흑에너지라 부르며, 도덕경을 쓴 老子는 조물주보다 먼저 일지도 모른다고 표현했다. 그 본질은 시간과 공간으로, 우주에 물질을 만들고 거두기를 반복하는 에너지다. 즉, 인간은 물질만 존재한다고 믿지만 물리학에서는 에너지로 가득 차 있다고 설명한다. 그들의 주장을 정리하면 아래와 같다.

- 허공의 일 입방에 존재하는 에너지의 힘은 어마무시 하다.
- 허공 속에 무언가 있는데 암흑에너지로 중력이다.
- 허공 속엔 정체 모를 장(필드)으로 가득 차 있다.
- 허공 속의 에너지에 의해 만물이 생겨난다. 道
  양지세계와 우주전세에서 이루어지는 현상들은 동일하다.

이런 이치를 노자는 도덕경에서 道空이나 道無라는 표현이 아닌 道沖이라 표현했다. 있다가 없어져 비어 있는 혹은 없는 것이 아니라 언제 어디에나 존재하며 충으로 원형의 시간을 영원히 순환한다고 주장한다. 인간의 눈으로 텅 빈 공간처럼 보이지만 에너지가 끊임없이 움직이면서 서로를 향하여 돌진하여 변화를 이끌어내며 그 작용력은 무궁무진하다. 따라서 壬은 우주의 근본이요, 癸는 임수를 대행하고 활용하는 에너지다.

2. 丁 - 중력에너지

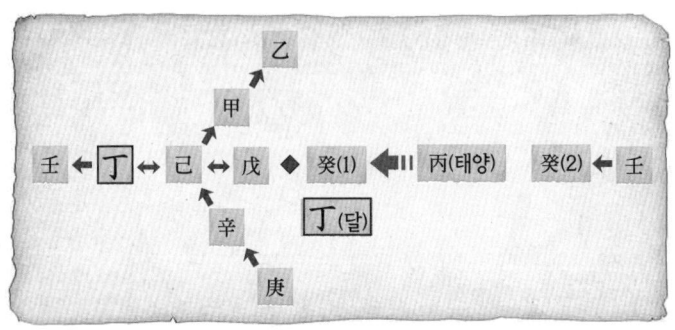

丁火는 지구내부에 중력에너지로 존재한다. 만약 丁火의 작용이 없다면 지구는 물체를 만들지도 못하며, 壬水의 회오리작용이 없다면 팽이처럼 돌아가지 못한다. 丁火는 우주공간이 계속 팽창하여도 지구는 팽창하지 않고 일정한 물형을 유지하도록 해준다. 또한 熱氣를 유지하여 지구가 얼지 않도록 함과 동시에 때에 따라서 熱氣가 폭발하면 바다 속의 지형을 바꾸고 결과적으로 땅 밖의 지형도 바뀌는데 해일, 지진 등과 같은 현상이다. 물질과 생명체의 육체를 조절하고 통제하며, 壯丁이라는 단어처럼 몸을 가장 건강하고 왕성하게 만든다. 지구 밖에서는 달로 표현하며 밀물과 썰물, 육체의 탄생과 질병에 영향을 미친다.

3. 癸 - 척력에너지

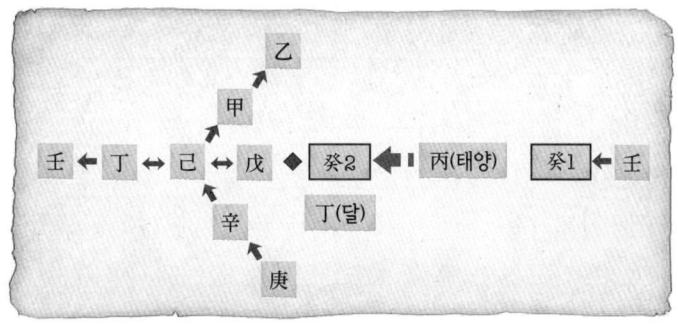

癸水의 작용은 참으로 오묘하다. 癸水는 우주에 존재하는 모든 것을 팽창시킨다. 인간의 육체와 정신에도 동일하게 적용된다. 인간의 뇌에도 癸水가 인간의 생각을 끊임없이 팽창하게 만든다. 심장에는 丁火가 있어 정신과 육체를 담당하는 에너지가 동시에 작용하면서 이중성향을 갖는다. 따라서 인간본성은 일방적으로 性惡, 性善 한쪽의 작용이 아니라 성선과 성악을 동시에 갖는다. 일상생활에 비유하면 흑색의 癸水는 밤에 활동하여 끊임없이 생각을 확장하며, 낮에는 丁火를 적극적으로 활동하여 물질과 육체에 적극적으로 반응한다. 밤에 수많은 생각을 했지만 아침에 일어나면 언제 그런 생각을 했는지 까마득히 잊어버리고 일상에 적응하는 이유다.

노자는 道德經 14章에서 道의 본질이자 우주의 근원에 대해 언급했는데 甲乙丙丁으로 표현하면 壬水를 道로, 道의 대행자를 癸水로 살피고 있다. 癸水는 지구 대기권에 국한된 癸水가 아니고 우주 전역에 펼쳐진 에너지다. 이렇게 실체도 없고, 알 수도 없는 癸水가 色界에 개입하여 丁火의 중력에너지로 바꾸어 물형을 갖게 해준다. 표에서 癸(2)는 지구의 외부에 형성된 대기권으로 생명체를 만드는데 극히 중요한 역할을 한다. 癸(1)은 우주 전역에 펼쳐진 암흑에너지로 우주의 지배자를 뜻하며 그 어미는 壬水다. 지면관계상 時空圖의 자세한 내용은 時空間부호 60간지 상권과 하권을 참조하기 바란다.

3 장 - 四季圖

지구자연의 순환원리는 복잡하지 않다. 일정한 규율로 생장쇠멸 과정을 순환, 반복하기에 인간은 위대한 자연에서 그 일부로 태어나 성장하고 代를 이룬 후 자연으로 돌아간다. 이런 자연의 순환과정을 설명한 것이 四季圖다. 생장쇠멸 과정을 쉽게 이해함은 물론이요, 天干 合과 沖, 剋의 원리를 정확하게 알 수 있다. 세상은 陽界와 陰界로 살필 수 있는데, 陽界는 태양이 드러나고 만물이 성장하여 결실을 맺는 時空間이고, 陰界는 태양이 지고 만물을 수확, 저장한 후 후대를 준비하는 時空間이다. 陽界와 陰界의 차이점을 살펴보자.

1. 壬, 丙

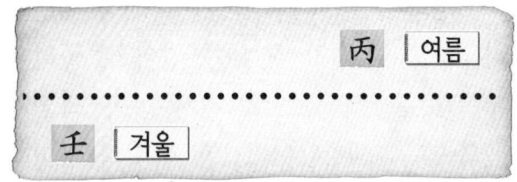

자연에 존재하는 두 가지 핵심운동 응축과 분산작용을 표현한 것이다. 응축작용은 만물을 움츠리게 만들고 계절로 겨울이며 십간 중에서 壬水에너지다. 정반대 시공간에서는 丙火 분산에너지가 사물의 부피를 확장하며 계절로 여름이다. 자연은 상반된 에너지가 응축과 분산을 반복하면서 계절이 순환하고 물형에 변화를 일으킨다. 丙火가 주도하는 시공간에서는 낙관적인 태도로 살지만, 壬水가 주도하는 시공간에서는 모든 것이 응축하여 비관적으로만 바라본다. 壬水와 丙火는 너무도 상이하여 壬水가 丙火로, 丙火가 壬水로 바뀌지 못한다. 따라서 반드시 기운을 조절해주는 대행자가 필요한데 壬水를 陽氣로 돌려주는 역할은 癸水가, 丙火의 분산에너지를 陰氣로 전환하는 역할은 丁火가 맡는다.

달리 설명하면, 壬水의 응축작용을 완성하기까지 丁火의 수렴작용이 필요하며, 극에 이르면 발산을 유도하는 癸水의 도움으로 丙火의 분산작용이 완성된다. 이 과정을 표로 설명하면 아래와 같다.

2. 水火의 순환과정

각 계절에는 계절을 주도하는 기운이 존재하는데, 겨울에 壬水가 움츠리게 하고, 봄에는 癸水가 만물의 성장을 촉진하며, 여름에는 丙火가 열매의 부피를 확장하며, 가을에는 丁火가 수렴작용으로 열매를 완성한다. 壬水와 癸水의 분기점은 子水로, 지장간에 壬水와 癸水가 있어서 癸水가 폭발한다.

丙火와 丁火가 갈라지는 분기점은 午火로, 지장간에 丙火와 丁火가 있어 一陰이 동하여 수렴에너지가 陰氣로 전환한다. 따라서 壬, 丙의 전환점은 子水와 午火다. 정리하면, 子에서 一陽으로 陽氣가 동하여 壬의 응축작용을 풀어내고, 午에서 一陰으로 陰氣가 동하여 丙의 분산작용을 수렴하면서 순환한다. 丙火, 壬水, 癸水와 丁火 그리고 지지에서 子水와 午火는 水火로 사계의 순환을 주도하는 에너지로 物質을 상징하는 木, 金에 영향을 미친다.

3. 木金의 순환과정

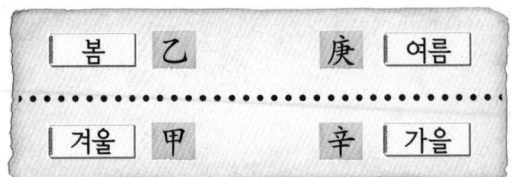

水火작용으로 응축, 분산작용을 반복하는 동안 木, 金의 변화과정을 표현한 것이다. 모든 생명체를 甲이라 부르며 壬水로 뿌리내리고, 땅 밖으로 존재를 드러내면 乙이요, 계절로 봄이다. 또 새싹이 꽃피고 열매 맺으면 庚이요, 계절로 여름이다. 열매가 완성되면 辛이요, 계절로 가을이다.

부연설명 하면, 甲의 뿌리가 땅 밖으로 나오면 乙이고, 자라서 열매로 바뀌면 庚이요, 완성되어 땅에 떨어지면 辛이다. 따라서 甲이 乙로 물형을 바꾸는 時空間은 卯로 卯의 地藏干에 甲과 乙이 있어 전환하기 때문이다. 또, 庚열매가 辛열매로 완성하는 時空間은 酉로 地藏干에 庚이 辛으로 물형이 바뀌기 때문이다. 따라서 甲乙이 갈라져 싹이 땅위로 올라오면 卯木이고, 庚辛이 갈라져 열매가 땅 아래로 떨어지면 酉金이다.

4. 水火木金 순환과정

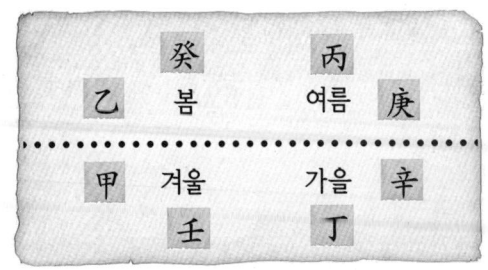

위에 설명한 표를 모으면 위와 같다. 癸와 乙이 짝을 이루어 봄을 주도하

고, 丙과 庚이 짝을 이루어 여름을 주도하며, 辛과 丁이 짝을 이루어 가을을 주도하며, 壬과 甲이 짝을 이루어 겨울을 주도한다. 봄에는 癸水가 발산작용으로 乙의 성장을 촉진하고, 여름에는 丙火가 분산작용으로 庚 열매부피를 확장하며 가을에 丁火가 수렴작용으로 열매를 수확하고, 겨울에는 壬水가 응축작용으로 甲이 뿌리내리도록 유도한다. 이 모든 것은 지구에서 발현되며 戊土와 己土라 부른다.

5. 陽界와 陰界

지금부터는 陽界와 陰界로 구분하여 살펴보자.

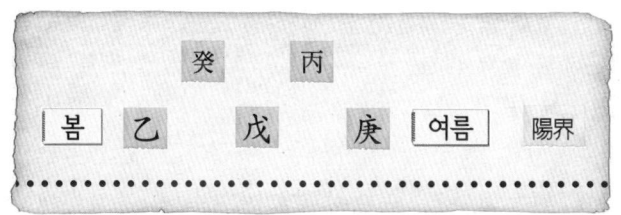

陽界는 乙이 癸水의 따뜻한 공기와 丙火의 분산으로 戊土 위에서 성장, 확장하는 과정이다. 봄에 성장하고, 여름에 꽃피고 열매 맺고, 가을에 열매 辛으로 완성한다. 정리하면 생명체가 탄생하여 戊土 터전에서 봄과 여름에 성장하고 열매 맺는 과정이다.

그 과정에 戊土와 癸水와 丙火가 반드시 필요한데 戊土는 乙의 성장을 촉진하는 터전이요, 庚 열매를 드러내는 공간이다. 또 癸水는 乙이 卯辰 巳 月을 지날 때 따뜻한 공기와 습윤을 제공하며, 丙火는 午未申月에 열매를 확장한다. 乙이 성장하고, 열매 맺을 戊土터전이 없다면 삶의 터전이 없고, 乙만 있고 癸水나 丙火가 없다면 성장하지 못한다.

陰界를 이해해보자.

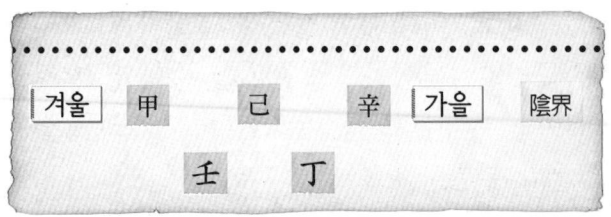

庚 열매가 익어서 辛 결실로 완성된다. 庚은 乙庚 합으로 乙 生氣를 담지만 辛에 이르면 乙이 辛으로 변형되어 결실로 완성된다. 辛은 윤회과정을 거치는데, 己土 땅속에서 丁火 열기작용과 壬水의 응축작용으로 딱딱한 결정체를 부드럽게 만들고자 酉戌亥, 子丑寅 가을과 겨울을 지나며 물형을 바꾸어 甲으로 변화한다. 또 甲이 乙로 세상 밖으로 나오면 陰界에서 陽界로 드러난다. 즉, 陽界는 乙이 庚으로 변화하는 과정이고 陰界는 辛이 甲으로 변화하는 과정인데 필수적으로 필요한 것이 己土와 丁火 그리고 壬水다. 丁壬 합은 辛이 丁火 熱과 壬水의 水氣가 합하여 甲을 내놓는 과정이다. 陰界는 죽음을 맞이한 생명체가 水氣를 통하여 재탄생하는 과정이다. 봄, 여름에는 드러난 터전 戊土에서, 가을 겨울에는 보이지 않는 터전 己土에서 순환과정을 반복한다.

水氣가 木을 내놓고 火氣가 金으로 물형을 변화시키고 다시 金이 水氣에 새로운 木으로 태어나는 과정을 반복하는 것이다. 木, 金은 火와 水에 의해 물형을 바꾸기에 다른 물형이라 느끼지만, 木이 金이요, 金이 木이며 水와 火가 관여하는데 地藏干 흐름을 살피면 쉽게 이해할 수 있다. 벌레들도 암수가 하는 짓이 다르다. 현미경으로 보아야 간신히 보이는 벌레도 수컷은 먹이를 가져와 암컷을 유혹한다. 物質로 陰을 유혹하고, 陰은 物質을 받고서 성행위를 허락한다. 사람이나 짐승이나 벌레도 陰陽 합하는 이유는 종족번식 때문으로 생장쇠멸 과정의 하나이다.

6. 天干 合의 의미

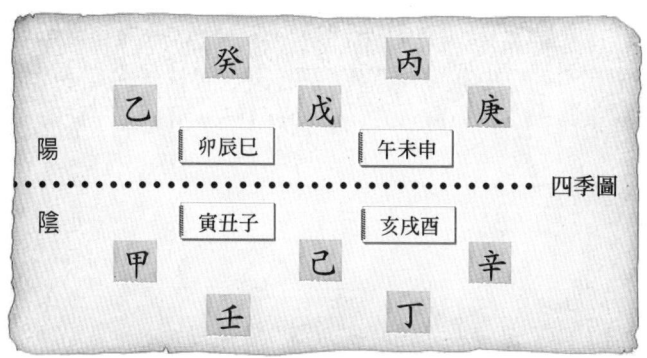

위 표에 5개의 天干 合이 있는데 간단하게 정리해보자. 戊癸 合은 봄의 시공간으로 癸水에너지로 乙의 성장을 촉진한다. 즉, 戊癸 合은 戊土 터전에서 癸水가 온도를 높이면서 乙 생명체의 성장을 촉진한다. 이런 이유로 戊癸 合火라 부르며 合하는 근본이유는 乙의 성장을 촉진하기 위한 것이다. 乙庚 合은 봄과 여름의 시공간에서 乙이 庚으로 물형을 바꾸는 과정이다. 새싹이 자라서 열매로 바뀌기에 乙의 부드러움과 庚의 딱딱함이 만난다. 乙庚 合하는 이유는 물질을 완성하기 위함이다. 陰界에서 丁壬 合하는 이유는 壬水와 丁火가 만나서 辛 열매의 물형을 甲으로 바꾸기 위함이다. 辛은 반드시 丁火 열기와 壬水 응축에너지가 만나야 辛의 물형을 甲으로 바꿀 수 있다.

이런 변화과정이 없다면 봄은 오지 않으며 생명체가 지구에 드러나지 않으며 인간은 아이를 낳지 못한다. 甲己 合은 辛이 甲으로 물형을 바꾸는 과정에 己土를 터전으로 뿌리내린다. 甲己 合하는 이유는 己土를 기반으로 甲을 위로 올리거나 아래로 내리기 위함이다. 즉, 위로 올리면 지구에 생명체가 탄생하고 아래로 내리면 수명을 다하고 흙으로 돌아간다. 天干 合중에서 가장 독특하고 조화를 이루지 못하는 것이 丙辛 合이다.

丙火가 辛과 합하면 분산작용을 못하기에 빛을 잃고 어둠으로 바뀌면서 응축작용을 유도하며, 반대로 분산작용 하는 시공간에 이르면 丙火가 辛을 합하여 응축행위를 막아서 분산에너지가 극대화되도록 유도한다. 따라서 丙辛 합은 특징이 상반되기에 합해도 동일한 시공간에서 공존하지 못하기에 만남과 이별을 반복한다. 열 개의 천간에 인간이 살아가는 空間을 함께 표현해보자.

7. 時空의 만남

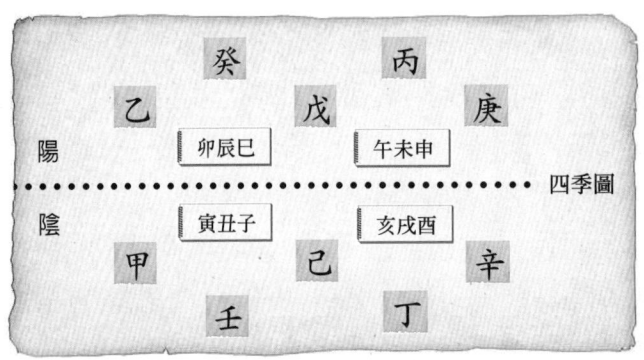

天干과 地支가 사계절을 순환하는 과정을 설명해준다. 乙癸는 봄에 성장하며, 丙庚은 여름에 열매를 확장하며, 辛丁은 가을에 열매를 완성하고, 壬甲은 겨울에 뿌리내린다. 사계의 변화과정을 세분하여 살펴보자.

8. 水火운동

壬	丙
午未申酉戌亥(성장)	子丑寅卯辰巳(성장)
子丑寅卯辰巳(쇠퇴)	午未申酉戌亥(쇠퇴)

壬水와 丙火의 시공간을 살펴보자. 壬水는 午月에 一陰이 생겨나 수렴하여 亥月에 응축작용이 완성되고, 子月에 癸水가 발산하기 시작하여 丙火

로 변한다. 丙火는 子月에 발산하기 시작하여 巳月에 분산작용이 극에 이르고, 午月에 수렴하여 亥水에서 분산에너지를 전혀 활용하지 못한다.

9. 水火의 변화과정

壬	癸	丙	丁	壬
子丑寅	卯辰巳	午未申	酉戌亥	子丑寅

壬, 丙이 癸, 丁에 의해 氣運이 변화하는 과정이다. 壬水가 亥水에서 六陰으로 응축작용이 극에 이르고 子月에 壬水가 癸水로 전환되어 발산하면서 온도가 올라가 巳月에 분산작용이 강력해진다. 午月에 丁火의 수렴작용이 시작되며 극에 이르는 亥月에 응축작용이 극에 이른다. 이렇게 水火가 변화하는 과정에 木, 金은 아래와 같이 변화해간다.

甲	乙	庚	辛	甲
子丑寅	卯辰巳	午未申	酉戌亥	子丑寅

壬水가 癸水로, 癸水가 丙火로, 丙火가 丁火로, 丁火가 다시 壬水로 순환하는 과정에 木과 金의 변화과정이다. 壬水가 子丑寅月을 지나며 甲을 키우고, 癸水가 卯辰巳月을 지나며 乙을 키우고, 丙火가 午未申月을 지나며 庚을 키우고, 丁火가 酉戌亥 月을 지나며 辛열매를 완성하고, 壬水가 다시 子丑寅月에 甲을 키우기를 반복한다. 이것을 각 계절별로 세분하여 살펴보자.

10. 봄의 時空間

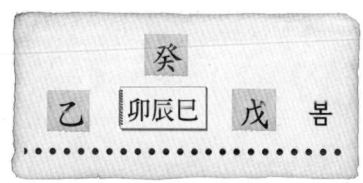

癸水로 卯辰巳月에 乙이 戊土 위에서 성장하고 꽃피기까지 과정이다. 天干 三字조합으로 乙癸戊이며 시공간이 적절하기에 상호작용으로 발전한다. 乙戊, 戊癸, 乙癸 양자 조합은 사주에서 특별한 경우를 제외하고는 좋은 조합이다. 組合의미를 간단히 살펴보자. 戊癸는 戊土에 온도가 상승하니 乙이 좌우로 확산하고, 乙癸는 戊土에서 癸水가 乙의 성장을 촉진한다. 또 乙戊은 乙이 戊土에서 좌우로 에너지를 펼친다. 계절로 봄이며 행위로는 乙을 키우니 성장을 주도하는 시공간이다.

11. 여름의 時空間

여름의 시공간으로, 庚이 익어가는 과정이다. 봄에 戊癸 合하여 乙이 성장하고, 午未申月 여름에 戊土 위에서 丙火 분산에너지로 庚 열매의 부피를 확장한다. 이 과정에 乙庚이 合하고 庚으로 물형을 바꾸는데 丙火 에너지가 반드시 필요하다. 삼자조합을 살펴보면, 戊庚 의미는 戊土 터전에 庚열매가 드러나니 戊土의 존재가치가 높아진다.

戊丙은 戊土에 丙火 빛이 비추니 환하게 드러나며 庚을 키울 여건이 마련되었다. 丙庚은 丙火가 庚을 키우는데 만약 丙庚이 직접 만나면 구조에 따라서 얼매가 상할 수도 있다. 이렇게 봄, 여름에 戊土 역할은 乙을 庚으로 바꾸는 과정에 참여하여, 봄에는 戊癸 合으로 乙을 키우고, 丙火의 빛으로 庚을 기우는 터전 역할을 수행한다. 운동방향으로 살피면, 乙癸戊는 상승작용이요, 분기점은 卯月이며, 戊丙庚은 상승에서 하강단계로 분기점은 午月이다.

12. 가을의 時空間

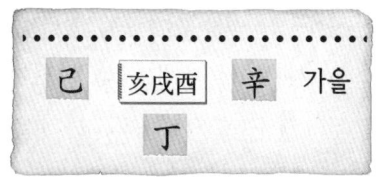

가을에 이루어지는 시공간이다. 辛열매가 경화작용을 완성하고 땅에 떨어져 甲으로 물형을 바꾸려고 준비한다. 성장위주의 戊土터전은 쓰임을 잃고, 열매를 저장할 땅 己土가 필요한 시공간에 이른다. 辛은 땅에 떨어지고 낙엽이 쌓여 戊土가 己土로 바뀌어 내부에서 열기를 품었기에 亥月에 丁壬 合으로 甲을 내놓을 수 있다. 글자조합을 살펴보자. 己辛丁조합은 조화로운 시공간에서 만났다. 丁火가 辛에게 열기를 가하는 이유는 수렴작용을 완성하여 열매를 땅에 떨어지게 만들어 亥月에 辛金이 甲으로 물형을 바꾸기 위해서 필요한 열기를 제공한다. 만약 丁壬 합할 때 열기가 없다면 辛은 甲으로 바뀌지 않는다. 丁火가 己土를 만나면, 열기를 전달하여 가을과 겨울을 지나도록 한다. 丙火가 戊土에게 분산에너지를 전달하는 것과 동일한 이치다. 己土는 辛을 만나면 열매를 己土 내부에 품는다. 마치 戊土가 庚을 드러낸 것과 동일한 이치다. 干支로 바꾸면 戊申과 己酉, 庚戌과 辛未로, 戊申 己酉는 열매를 내부에 감추었고, 庚戌과 辛未는 열매를 땅 밖으로 드러냈다. 따라서 庚戌, 辛未가 戊申, 己酉보다 존재감을 드러내기 쉽다.

13. 겨울의 時空間

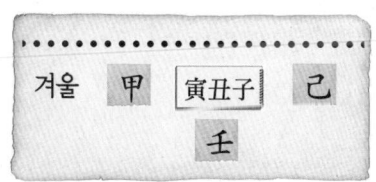

계절로 겨울이며, 亥에서 잉태된 종자가 땅속에서 성장하는 과정이요, 己土 터전에 甲이 뿌리를 안착하는 과정이다. 金이 水를 통하여 木으로 바뀌는 과정에 壬水가 丁火 열기를 당겨와 丁壬 슴하고 己土 위에서 子丑寅月을 지나면서 甲이 성장한다. 壬甲己 조합은 새로운 생명체를 내놓는 일련의 과정으로 새로운 세계를 건설한다. 운동방향으로, 丁己辛 組合은 하강을 시작하고 분기점은 酉月이며 하강은 극에 이른다. 壬甲己 組合은 하강에서 상승으로 전환하며 분기점은 子月이다.

운동방향을 정리하면, 乙癸戊는 상승세를 확장하고, 丙戊庚은 상승세가 꺾이며, 丁己辛은 하강세가 극에 이르고, 壬甲己는 하강세가 상승세로 전환하는데 그 전환점은 子午와 卯酉다. 마지막으로, 戊己의 차이점을 설명하면 乙부터 庚까지의 변화과정을 담은 곳, 드러난 곳, 노출된 곳, 공개된 곳, 변화하는 시공간은 戊土요, 辛에서 甲까지 변화과정의 터전, 숨겨진 곳, 은밀한 곳, 저장된 곳, 변화가 없는 곳은 己土다. 상기 외에 四季圖에 대한 내용은 기 출판한 四季圖 講解를 참조하기 바란다.

14. 十干의 기본개념

甲 : 생명의 근원.
乙 : 甲을 근거로 만들어진 생명체.
丙 : 분산에너지, 확장주도, 庚 열매를 키운다.
丁 : 수렴에너지, 壬水와 합하여 생명체를 만든다.
戊 : 癸水와 丙火를 통하여 乙을 庚으로 바꾸는 무대.
己 : 辛을 저장하고, 丁壬 슴으로 甲을 내놓는 터전.
庚 : 乙을 단단하게 하여 틀을 만들고 열매 맺는다.
辛 : 庚이 만들어낸 씨종자, 丁壬을 통해 甲으로 바뀐다.
壬 : 양수와 같으며 丁火와 합하여 辛을 甲으로 변화시킨다.
癸 : 戊土 위에서 乙이 성장하는 과정에 온기를 제공한다.

15. 天干 合의 개념.

十干은 合, 沖 작용으로 생장쇠멸을 반복한다.
戊癸 合 : 乙의 성장을 촉진한다.
乙庚 合 : 결실을 완성하는 과정이다.
丁壬 合 : 생명체를 잉태하고자 합한다.
甲己 合 : 존재를 드러내고 사라지기를 반복한다.
丙辛 合 : 밝음과 어둠을 순환하는 合이다.

16. 天干 沖의 개념.

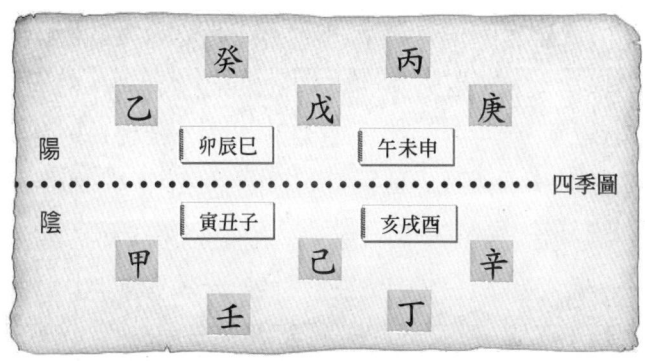

沖은 대립하는 에너지들이 타협할 수 없기에 충돌하는 것이다. 甲은 오르고 庚은 내리기에 甲庚 沖이요, 乙은 좌우로 확산하고 辛은 물형을 최대로 축소시키니 乙辛 沖이요, 丙은 분산하고 壬水는 응축하니 丙壬 沖이요, 丁은 수렴하고 癸水는 발산하니 丁癸 沖이다. 戊土와 己土는 오행을 받는 터전과 같아서 沖 하지 못한다.

4장 十宮圖 1 - 천지창조 과정

지장간의 순환원리를 깨우치고 그 이치를 천지창조 과정에 응용하면 十宮圖 1과 같은 표가 된다. 이 표는 천지창조 과정은 물론이고 육친 생극원리, 윤회원리, 육친관계를 명확하게 설명해준다. 시공간부호 갑을병정은 물론이고 기 출판한 책들에 그 원리를 자세히 설명했기에 여기에서는 원론만 살피고 넘어가기로 하자. 중요한 점은 지장간의 순환원리를 깨우치고 난 후에 얻은 표라는 점이며 독자 여러분도 깊은 깨우침을 얻기를 빌어본다. 사주팔자이기에 8궁도가 맞는다고 생각할 수도 있지만 천간에서 열 개의 에너지가 지구공간을 지배하기에 10궁도가 맞다.

12地支를 기준으로 할 수 없는 이유는 만약 10개의 에너지가 없다면 지구는 혹성처럼 생명체가 살 수 없는 땅이기 때문이다. 즉, 天干은 주도적 에너미며 地支는 피동적 공간에 불과하기에 자발적인 의지를 가지고 시공간에 변화를 주지 못한다. 이런 이유로 모든 명리이론은 천간을 위주로 살펴야 하는 것이다. 十宮圖 1을 통하여 터득할 수 있는 것은 天干 合의 원리다. 기존의 명리이론은 생극을 위주로 했기에 가장 중요한 핵심 이론 두 가지를 생각하지 못했다. 바로 天干 합과 三合운동의 원리로 命理의 모든 것이라 해도 과언이 아니다. 지구가 회전하는 과정은 天干 合으로 순환하고, 三合운동으로 물질이 순환하기 때문이다. 지금부터 천지창조 과정을 十宮圖로 살펴보자.

		戊	壬 ⇨	癸(1)
		癸(2)	丁	⏎

빅뱅이전 무한응축 상태가 壬水이고, 빅뱅으로 넓은 우주 공간에 끝없이 펼쳐나가는 척력에너지가 癸水다.

癸水는 중력에너지로부터 생성된 것이기에 척력에너지를 근본으로 하면서도 그 속에 중력을 품은 오묘한 에너지다. 이런 이유로 일부의 丁火는 가스와 먼지들을 회오리치게 하여 근 100억년을 회전한 후 팽이처럼 회전하는 지구를 만들어낸다. 물리학에서는 미미한 불균형이라 표현하지만 척력 속에 중력에너지를 가졌기에 우주에 물질이 생겨난다. 별이 형성될 때 가스구름이 더 많은 입자들을 끌어들일수록 구름 안의 중력도 강해진다. 어느 시점에 가스 구름의 질량은 임계점을 지난다. 그 시점부터 중력은 고삐가 풀린 듯이 모든 가스를 끌어들이고 끌려온 가스들은 한 중심점으로 응축된다.

중력은 원소들의 핵을 끌어들여서 융합하고, 이 통합을 통해 원자핵은 새로운 융합을 이룬다. 이런 중력에너지가 丁火로 회오리치는 작용이다. 영겁의 세월동안 중력에너지는 회오리쳐 결과적으로 생명체가 살아갈 수 있는 터전을 만들어냈다. 생명체의 터전 戊土가 생성된 것은 빅뱅 후 근 90억년이 지난 후였다. 지구표면이 딱딱하게 굳어진 것은 39억 년 전의 일이었다. 상기 표에서 丁火가 戊土의 과정은 지구행성이 생겨나는 과정이다. 행성이 생겨나기 전까지는 가스층과 먼지구름이었는데 회오리를 통하여 영역이 결정되었다.

戊土의 수많은 의미들 중에서 "영역을 결정하다"의 개념 하나로 명리 이론에 존재하는 수많은 논쟁거리를 명확하게 해결할 수 있다. 戊는 외부와의 경계, 영역을 명확하게 구별하고, 己는 내부의 영역을 결정하는 차이가 있다. 만약 적이 침입했다면 戊는 외부에서 방어하고, 己는 내부에서 저장된 것을 지키는 속성이다. 만약 땅이 없다면 물질이 생겨날 터전이 없다. 하지만 토의 영역이 존재하면 상황이 달라진다. 반드시 소유욕이 발동한다. 이렇게 토는 경제, 물질, 육체의 집착이 강한 곳이다. 물질의 특성, 경제개념, 영역이 결정되어 소유욕이 강해지며 상대빙이 나보다 더 많이 가졌다면 그것을 빼앗고자 전쟁, 싸움, 쟁탈의 문제가 필연적으로 발생한다.

이렇게 "영역을 결정하다"는 개념에는 잔인함이 숨어있다. 전쟁, 살인, 조폭들의 영역 싸움, 구타, 의심, 상대방이 가진 것을 빼앗으려는 속임수나 사기 등을 뜻하기 때문이다. 지금부터는 생명체가 없던 지구에 대기권이 형성되는 과정을 살펴보자.

			戊	壬 ⇨	癸(1)
			癸(2)	丁	↵

癸水에는 두 종류가 있는데 (1)은 물리학자들이 설명하는 우주에 펼쳐져 있는 암흑에너지다. 물리학자들이 존재를 파악하고자 연구하고 있지만 아직까지 실체를 드러내지 않고 있다. (2)는 지구가 회전하면서 중력으로 당겨온 대기권이다. 대기 특징에 따라 생명체의 존재여부가 결정된다. 수소와 헬륨으로 구성되면 생명체를 만들어내고, 이산화탄소로 구성되면 생명체가 존재할 수 없다. 지구에서 생명체가 살 수 있는 이유는 바로 이 아지랑이 덕분이다. 대기는 소중한 열기를 잡아주는 담요역할을 할 뿐 아니라 밤과 낮의 기온차가 극단적으로 벌어지지 않게 막아준다.

대기는 지구를 감싸고 있는 산소가 풍부한 담요가 아니라 태양 에너지를 받아 끊임없이 움직이는 공기층이다. 지구는 태양이 보낸 에너지를 재빨리 우주로 돌려보낸다. (마커스 초운 만물과학 p224-244). 대기가 없으면 태양이 아무리 어둡더라도 태양에서 오는 자외선 때문에 분자들의 결합이 끊어져 버린다(빌 브라이슨 거의 모든 것의 역사 p 313). 지구에 대기권이 있어야 비로소 생명체가 존재할 수 있다는 의미다. 이런 이유로 癸는 우주의 어미, 지구의 어미, 모친이며 지구에 살아가는 모든 생명체의 생명을 주관한다. 이 의미는 모든 명리 이론에 그대로 활용한다. 癸水 어미는 지구에 甲 생명체를 만들어낸다.

| | | 甲(단세포) | 戊(행성) | 壬⇨癸(빅뱅) |
| | | | 癸(대기) | 丁 ↵ (중력) |

생명의 출현은 단 한번만 일어났다. 우리 모두는 거의 40억 년 전에 시작되었던 단 한 번의 유전적 마술이 세대를 통해서 끊임없이 이어진 결과다. 미국의 스텐리 타일러는 1950년 중반에 20억년 정도 된 석탄에서 단세포 동물을 발견했다. 과학자들은 38억 년 전에 단세포 생물이 존재했다고 분석한다. 시공간 흐름을 명리로 살피면 水生木 과정이다. 戊土 행성이 만들어지고 癸水가 대기와 조화를 이루고 대략 7억년이 흐른 후에서야 지구에 생명체가 생겨난다.

산소를 사용하지 않고 오로지 빛으로만 에너지를 만들어내는 단세포 생물이었다. 지구 역사상 처음으로 등장한 생명체로 甲의 존재가 드러난 것이다. 생물은 살아있으며 몸이 상하면 목숨을 잃고 죽는다. 따라서 사주 팔자에서 甲과 寅이 상하면 몸이 상하고 심하면 목숨을 잃는다. 모든 생명체의 목숨과 관련된 글자이니 甲乙과 寅卯는 사주를 분석할 때 주의하여 살펴야한다. 갑 단세포는 자신의 몸통 己土와 결합하기 시작했다.

| | | 甲(단세포) | 戊(행성) | 壬⇨癸(빅뱅) |
| | | 己(다세포) | 癸(대기) | 丁 ↵ (중력) |

6억 년 전 화석에는 많은 세포로 이루어진 몸을 가진 최초의 생물들이 발견되었다. 단세포 생물이 생겨난 후 근 20억년의 시간이 흐른 후에서야 비로소 다세포 생물이 드러난 것이다. 단세포로 존재하던 甲에 내장이 생겨난 것이다. 戊土는 지구 表面으로 오로지 존재하거나 존재하지 않거나 둘 중 하나를 결정한다. 단세포 생물은 생명체를 유지하기 위해서 표면을 뚫고 땅속으로 들어가야 뿌리내리고 종자를 보존할 수 있다.

이렇게 지구 표면에서 내부에 뿌리내리기까지 근 20억년이 걸린 것이다. 땅속으로 들어가야 종자를 보존할 터전이 생기고 己土라 부르며 인체로는 內臟이다. 이제 뼈대와 척추를 갖출 시기에 이르렀다.

	경(뼈,척추)	甲(단세포)	戊(행성)	壬⇨癸(빅뱅)
		己(다세포)	癸(대기)	丁 ↵ (중력)

단세포에서 다세포로 변화하고 수억 년이 흐르는 동안 甲의 표면은 점점 단단해지고 뼈대나 부드러운 척추가 생긴다. 생명체는 스스로를 보호하려는 본능 때문에 딱딱하게 하여 자신을 보호한다. 水生木으로 단세포 생물이 생겨나고 土生金으로 6억년 즈음에 세 번째 동물계가 출현한다. 庚은 부드러운 상태에서 단단한 상태로 변화하는 과정으로 봄에 새싹들은 여름을 지나는 동안 열매 맺고 점점 단단해진다. 庚은 오로지 丙에너지에 의해서 단단해진다. 빛 에너지가 없다면 틀을 만들지 못한다. 이 관점은 생물의 진화론은 물론이고 命理로도 매우 중요한 의미를 갖는다. 뼈대가 굵거나 단단한 짐승이 출현한 것은 분명 빛과 관련이 있다. 사주팔자에서 庚은 있는데 丙火가 없다면 지도자가 없는 것과 같다. 庚의 시대를 지나서 손발을 활용하는 乙의 시간이 도래한다.

	庚(뼈, 척추)	甲(단세포)	戊(행성)	壬⇨癸(빅뱅)
	乙(손발활용)	己(다세포)	癸(대기)	丁 ↵ (중력)

과학자들의 연구를 보면, 지구에 동물이 많은 것 같아도 설계도는 38가지 뿐으로, 서로 다른 내부 구조를 탄생시킨 중요한 진화 사건이 46억년의 지구 역사에서 단 38번 밖에 없었다고 한다. 38가지 동물 문 가운데 35가지는 5억 4800년 전부터 단 500만년 동안 새로운 겉모습을 선보였다. 그 이전 조상에게서는 보이지 않던 딱딱한 껍질을 가진 동물 화석들이 갑

자기 나타났다. 지구 역사의 80퍼센트에 이르는 오랜 시간 동안 아무 일도 없다가 단 500만년 만에 그렇게 된 것이다. 고생대 초입 캄브리아기다. 이제 손발을 가진 생명체가 생겨날 시기에 이른다. 甲이 戊土를 자극하여 己土를 얻은 이치와 동일하게 庚은 甲을 자극하여 활용도를 높인다.

甲이 갈라지고 쪼개지면서 활용 가능한 부위가 생겨나기 시작한다. 팔과 다리가 생기고 각 부위를 연결해주어 움직임이 자유로워지게 만드는 뼈마디가 출현한다. 이런 기능을 가진 에너지를 乙이라 부른다. 머리와 몸통을 연결하고 몸통과 꼬리를 연결하며 손과 발, 발목, 손목 등 자유롭게 활용 가능한 부위는 모두 乙에 속한다. 따라서 乙은 "活用하다"를 상징하는 글자다. 지구에 존재하는 사물 중에서 원래의 형태를 活用하는 것은 모두 乙에너지다.

乙의 또 다른 의미는 생명체가 급속도로 번식하는 것을 뜻한다. 겨울을 지나 봄에 이르면 산이나 들판에 새싹이 돋아나는데 순차적으로 생겨나는 것이 아니라 한순간에 폭발하듯 동시 다발적으로 드러난다. 봄에 生氣를 퍼트리는 전류는 다른 계절과 달라서 폭발적인 에너지를 가지고 생명체를 사방팔방에 퍼트리기 때문이다. 따라서 乙의 시기에 지구상에 생명체가 급속도로 증가하였음을 암시한다. 이제 눈이 달린 동물이 지구상에 드러날 시간이다.

丙(빛, 눈)	庚(뼈, 척추)	甲(단세포)	戊(행성)	壬⇨癸(빅뱅)
	乙(손발활용)	己(다세포)	癸(대기)	丁 ⏎ (중력)

오랜 암흑시대가 지나고 5억여 년 전, 폭발하듯 생명이 번성했다. 알 수 없는 그 원인에 다윈도 혼란스러웠고, 그 수수께끼를 풀려는 시도는 모두 실패했다. 5억 5000만 년 전 지구에는 장님들만 살았다. 그러던 중 뭔가 심상치 않은 일이 벌어지고 그 후 500만년 사이에 진화의 과정이 갑자기

고속으로 추진된다. 동물들은 딱딱한 외피를 진화시키고, 포식자와 피식자는 무기와 방패를 만들어낸다. 지질학적으로 눈 깜짝할 사이에 동물문의 수는 3개에서 38개로 불어나고 오늘날까지 그대로 유지되고 있다. 이 엄청난 사건이 캄브리아기 폭발이다. 이 사건이 무엇이며 언제 일어났는지는 꽤 오래전부터 알려져 있지만 왜 그때 일어났는지를 모른다.

5억 4400만 년 전에서 5억 4300만 년 전의 100만년 사이에 지구 역사상 처음으로 동물 하나가 눈을 떴다. 눈이 달린 최초의 삼엽충이 출현한 것이다. 눈이 달리자 빛은 모든 것을 바꾸었고 동물들은 빛에 적응해야 했다.

동물들은 갑옷을 두르고 경고 색을 과시하고 위장 색을 띠거나 추적하는 적을 따돌릴 수영실력도 갖추어야 했다. 처음으로 생겨난 눈 때문에 빛을 통한 시야가 생겨나고 생존을 위해서 단단한 껍질을 가진 동물들이 등장하였고 단단한 주둥이가 생겨나게 된다. (마틴 브레이 다윈의 잃어버린 세계 해제 p6-15)

빛과 눈에 대한 내용들에는 매우 중요한 관점들이 숨어있다. 생명체에 눈이 달리면 눈을 통하여 빛을 받아들이고 사물을 인식하고 분별이 생겨난다. 나와 너의 경계가 정해지고 자신을 보호할 무기가 필요했다. 대부분 동물의 문들이 자신의 외형을 바꿀 필요가 생겼으며 생존을 위해 단단한 껍질을 갖추고 싸움에 필요한 날카로운 주둥이와 치아가 생겨났다. 그렇다고 마음대로 생겨날 수는 없다. 반드시 자신에게 적절한 무기를 갖추도록 해주는 외부인자가 있어야 한다.

정리해보면 눈을 통하여 빛을 받아들여 몸의 부피나 외형을 부풀리고 일부 골격을 딱딱하게 할 수 있게 되었다. 이렇게 丙火에너지는 진화과정에 지대한 영향을 미쳤다. 乙 생명체들은 빛의 활용으로 외형을 바꿀 수 있고, 종자들을 번식하며, 庚 뼈를 단단하게 만들어 척추나 치아 같은 신체 부위를 갖게 되었다. 과연 빛은 지구를 살아가는 생명체들에게 축복일까 저주일까? 빛과 생명체의 죽음은 벗어나지 못하는 악연임이 분명하다.

丙(빛,눈)	庚(뼈, 척추)	甲(단세포)	戊(행성)	壬⇨癸(빅뱅)
辛(죽음)	乙(손발활용)	己(다세포)	癸(대기)	丁 ↵ (중력)

빛은 생명체에 분별력을 주었고 육체를 확장하게 해줌과 동시에 몸의 외부를 딱딱하게 만들어 자신을 보호할 수 있도록 해주었다. 이 과정은 甲庚丙 시간 흐름이다. 甲은 손톱이나 발톱처럼 甲옷으로 몸을 보호하는 역할로 火氣에 딱딱해진 상태는 아니다. 甲이 진화를 거쳐 몸의 일부가 더욱 딱딱해지는 상태를 庚이라 부르고, 丙火가 없다면 庚은 딱딱해지거나 生氣를 잃지 않는다. 그러나 빛이 강해지면 庚의 상태는 달라진다. 丙火 빛이 한쪽에 모이면 丁火로 물질을 만드는 중력에너지다. 丁火는 생명체를 만들기도 하고, 딱딱하게 굳게 만들어 죽이기도 한다. 辛酉에 이르는 길은 丙 ⇨ 庚 ⇨ 丁 ⇨ 辛의 시간흐름이다. 죽음을 맞이한 생명체는 끊임없는 윤회의 길에 올랐다. 윤회의 과정은 아래와 같다.

壬 (1)	丙	庚	甲	戊	壬-->癸
	辛	乙	己	癸	丁

丙 ⇨ 庚 ⇨ 丁 ⇨ 辛의 시공간 흐름에서 우리에게 제공하는 의미를 정리해보자. 丙火 빛은 色界를 상징한다. 丙火가 만들어낸 물질은 庚이요, 열매의 성숙과정이다. 庚이 딱딱해지면 辛으로 변하며 씨종자로 분리된다. 丙庚의 화려한 色界를 지내다가 죽음을 상징하는 辛의 세계로 떠나서 윤회의 길로 나서는데 辛 ⇨壬 과정이나. 씨송자가 水氣를 통해 새로운 생명을 얻는데 그 과정을 윤회(輪廻)라 한다.

辛 ⇨ 壬 ⇨ 癸 ⇨ 甲의 과정을 거치며 만약 辛 ⇨ 癸 ⇨ 甲으로 壬水를 빼면 정신병, 접신, 알코올 중독, 마약, 도박, 투기의 증세를 보일 수도 있거나 종교, 명리, 철학에 심취한다. 그럼 辛은 왜 반드시 壬水를 거쳐야 할까? 辛은 壬水를 통해 전생의 업보를 풀어낸 후에서야 비로소 癸水에서 새로운 영혼을 얻기 때문이다. 地支로 酉戌亥子의 과정이다. 戌亥를 천문이라 부르는데 酉에서 사망하고 戌에 들어가 윤회를 준비하고, 亥에서 전생의 업보를 풀어 子에서 새로운 영혼을 얻고, 寅에서 새로운 육체를 얻는 과정을 거치기 때문이다.

따라서 辛이 정상적으로 윤회하는지 壬水를 빼고 윤회하는지 살펴야 하는데 癸酉干支는 비정상적 윤회과정이다. 월주의 癸酉간지는 부모의 직업이 敎育, 공직일 가질 가능성이 매우 높은 반면 년주, 일주, 시주에 癸酉가 있다면 유전인자에 문제가 있을 가능성도 있다.

十宮圖 1의 과정을 간략하게 정리해보자.
• 辛酉 - 사망과 윤회의 시작점.
• 壬癸 - 윤회과정.
• 甲乙 - 새로운 생명체. 생기와 활력.
• 丙火 - 빛. 物質, 육체를 부풀린다.
• 乙丙 - 생명의 성장, 번영.
• 辛壬 - 빛을 잃은 영혼. 윤회과정.
• 辛癸 - 바르지 않은 윤회과정.
• 辛乙 - 삶과 죽음이 다투니 혼란스럽다.

위에서 언급한 것처럼 十宮圖1의 활용방법은 다양하다. 생극 작용의 근원적인 원리를 이해할 수 있고, 육친관계의 형성과정은 물론이고 천간 합의 근원을 이해하게 된다. 자세한 내용은 기 출판한 서적들을 참조하기 바란다.

5장 十宮圖 2 - 생명체의 일생

十宮圖 1은 우주, 지구자연의 순환과정을 살핀다면 十宮圖 2는 인간의 일생을 살피는 표다. 자세한 이치는 시공간부호 갑을병정에 설명했기에 여기에서는 내용을 요약하여 살펴보자. 인간의 삶은 탄생에서 죽음까지 영원의 시간에서 삼각형 물질의 생장쇠멸 속에서 유한적으로 탄생하여 어느 일정시점에서 사망한다. 따라서 그 시간은 반드시 과거에서 현재 그리고 미래를 향하여 한쪽 방향으로만 흐른다. 유한적이고 시작과 끝이 있으며 과거와 미래를 바꾸지 못한다. 인간이 태어나고 성장하여 사망에 이르는 일생의 흐름을 직선의 시간으로 살펴보자.

재탄생	윤회	시주	일주	월주	년주
甲(1)	壬(9)	庚(7)	戊(5)	丙(3)	甲(1)
乙	癸(10)	辛(8)	己(6)	丁(4)	乙(2)

직선의 시간흐름 ◀···

1) 甲의 時間 - 탄생, 0-7세, 年干 궁위

甲은 모체로부터 분리되어 탄생한 아이가 대략 7세까지 성장하는 시간을 상징한다. 나이를 나누는 기준은 다양하지만 명확하게 바뀌는 육체변화과정을 근거로 한다. 모 생물학자는 인간은 7년마다 완벽하게 새로운 세포로 바뀌며 마치 다른 사람처럼 변한다고 주장했다. 1961년 미국의 생물학자 Leonard Hayflick은 세포의 재생기간은 나이에 따라 조금씩 차이를 보이지만 신경세포는 7년, 뇌세포(brain cell)는 60년에 한번 재생한다고 주장했다. 甲은 지구에 처음으로 등장했던 단세포 생물이다. 甲은 生氣를 가지며, 乙 생명체를 만들어내는 모친이다. 甲의 시간에는 몇 가지 중요한 특성이 있는데 처음으로 태어났으니 존재가 드러난 것이다. 이 의미를 확장하면 존재의식, 자아의식, 자존심, 순수함, 단순함이다. 세상에 존재를 드러냈으나 전혀 경험해보지 않은 세상에 태어났으니 순진무구한 영혼의 상태다.

甲은 풍부한 상상력을 가졌고 전생의 기억과 현생의 출발 사이에 혼란스러운 상태에 머물고 있다. 풍부한 상상력으로 뛰어난 기획능력을 갖는다. 甲은 癸水 모친으로부터 생기를 부여받았다. 따라서 甲은 전생에서 받은 癸水 영혼을 이어받았다. 정리하면 甲은 탄생으로부터 7세 즈음까지의 성장과정이요, 육체를 얻고 전생과 현생사이에서 혼란스러운 시공간이다. 사회활동 전이니 경쟁심은 없고 성장하기 위해서 甲은 반드시 水氣가 필요하며 윗사람들의 도움을 받아서 배우고 익히기에 교육업과 관련이 깊다. 壬甲丙, 癸甲丙 조합이요, 장기적으로 학문에 전념한 후 교육에 종사한다.

2) 乙의 時間 - 인간관계 형성기, 8 - 15세, 年支 궁위
乙의 시간에 이르면 가족 품에서 벗어나 학교에 입학하고 사회생활을 경험한다. 이 시기에 맺어진 인맥은 삶에서 중요한 역할을 하며 사회생활 하더라도 동창으로 인맥을 유지한다. 甲은 가족과의 관계만 형성된 시기로 사회성이 약하고 친화력이 떨어지기에 독립적으로 소수의 인원과 내부에서 기획하는 일에 어울리며 인맥형성에 소극적이다. 반면 乙은 가족을 벗어나 인맥을 형성하는 시기로 사회성이 강하며 활동적이다. 이것이 甲과 乙의 가장 큰 차이점이다. 乙의 태도를 "좌우확산"이라 표현한다. 인맥, 활동능력, 공간 확장 등 모든 것을 좌우로 펼치는 에너지다.

다만 乙의 단점은 집중력이 떨어진다. 좌우로 펼치는 속성을 가졌기에 水氣가 부족하면 공부와 인연이 없고 활동위주요 인간관계를 맺고 인맥을 활용한다. 乙은 인맥형성 과정에 경쟁심을 배운다. 학업, 운동, 인간관계에서 경쟁하지 않으면 원하는 것을 얻을 수 없음을 배우기에 시기, 질투, 경쟁심을 습득한다. 경쟁방법을 터득하면서 실력을 배양하고 타협하고 공존하는 방법을 배운다. 乙은 경쟁의 쓴맛을 보면 두려워하지만 乙의 인맥으로 이득을 얻으면 고마운 존재로 여긴다. 乙은 육체적으로 가장 활발하게 성장하는 시기로 몸을 활용하는 직업에 어울린다. 예로, 색욕, 노동, 운동, 싸움과 같은 물상이다.

3) 丙의 時間 - 육체성장, 화려함. 16-23세, 月干 궁위

16~23세에 丙의 시간을 만난다. 지구터전 戊土에 색채를 입혀주는 빛이 丙이다. 인간의 일생 중에서 16-23세로 가장 활발하고 생기 넘치고 육체는 쑥쑥 자라며 피부가 가장 탱탱하며 꽃처럼 화려한 시간이요 자연에서 요구하는 짝짓기에 적합한 시공간이다. 丙의 시간에 물질, 육체, 공간이 팽창한다. 타향이나 해외 등 넓은 공간을 활용하는 시기다. 대학에 진학하고 고향을 떠나 더 큰 도시로 이동하고 수많은 인맥들과 교류한다. 丙火의 특징은 느긋하며 다양한 일들에 관여한다. 丙火는 공직과 인연이 강하며 공명정대를 상징한다. 甲이 丙, 丁과 조합을 이룰 때 전혀 다른 성정을 보이는데 甲丙은 성정이 느긋하고 교육관련 직업에 어울리는 반면 甲丁은 성정이 급하고 기술직에 어울린다.

4) 丁의 時間 - 인생방향 결정, 24 - 30세, 月支궁위

꽃다운 丙의 시기가 지나면 24세 즈음에 자신의 고유한 특징을 갖추려고 노력하는 시간을 만난다. 丙의 시간을 지나면서 성장하고 인맥을 형성하고 경험을 축적한 후 丁의 시간을 만난다. 중력에너지요 집중력을 상징하며 넓은 공간에서 좁은 공간으로 바뀐다. 이 시기에 가장 시급한 일은 남들과 차별되는 기술, 재능, 독특한 능력, 특징을 살려 사회에 진출하여 활용할 준비해야 한다. 궁위에서 독특한 특징을 갖는 곳이 丁火와 庚이다. 丁은 24세-30세 즈음이고, 庚은 46세-53세 즈음이다. 이 두 궁위는 인생에서 지대한 영향을 미친다.

丁은 丙 陽氣가 丁 陰氣로 변한 것이니 남성에서 여성으로, 넓은 공간에서 좁은 공간으로, 정신추구에서 물질추구로 크게 변화한다. 또 丁은 중력에너지요 달의 특징과 같아 물질, 육체와 깊은 관련이 있으며 밀물과 썰물을 주관하고 여자의 생리주기를 결정한다. 따라서 丁은 물질적, 현실적, 여성적이며, 남성적인 양기의 특성은 크게 줄어든다. 남자의 경우 군대, 휴학, 공부와 취직갈등, 진로변경 문제, 해외유학을 결정하는 시공간이다.

이렇게 丁의 시간에서 육체는 壯丁처럼 완성되고 삶의 방향을 결정하는 시공간이며 결정이 잘못될 경우 20여년의 세월을 낭비할 수도 있다. 대략 20년이 흐른 후 46세 즈음에 庚의 시간을 만나는데 직업에 큰 변화를 겪는다. 직장을 그만두거나 사업을 접고 취직하거나 제 2의 인생을 설계한다.

5) 戊의 時間 - 다양한 경험, 31 - 37세, 日干궁위
命理에서 주장하는 논리는 현실생활과 일치해야 당위성을 갖는다. 甲乙丙丁의 시간을 年干, 年支, 月干, 月支로 세분하여 살펴보았다. 연령으로는 30세 즈음까지다. 31세에 이르면 戊의 時間을 만나고 그 때까지 학습한 것들을 활용하기 시작한다. 31세에 이르면 인생에서 가장 활발한 사회활동과 사회경험이 펼쳐진다. 이 시기에는 丁에서 습득한 자신만의 특징을 戊에서 좌충우돌하면서 활용, 응용한다. 사회에서 수많은 사람들과 교류하는 무대와 같으며 광범위하고 불특정 다수를 상대하며 유동적이다. 사주팔자에 戊의 시간이 있으면 활동 범위가 매우 넓다. 戊의 시간이 요구하는 것은 다양한 사람들과 넓은 터전에서 다양한 경험을 하라는 의미다. 그 경험을 통하여 중년 이후의 삶을 결정하고 후대를 준비해야하기 때문이다.

6) 己의 時間 - 경험축적, 저장, 38-45세, 日支궁위
己의 시간에 이르면 인생의 중년기로 활발하게 활동하던 시공간을 지나면서 38세 즈음까지 얻어진 경험이 개인의 사유물로 저장된다. 사업, 기술자, 직장생활, 정치인 등 자신만의 고유한 사회활동 형태를 갖추는 시기로 개인의 특징이 결정된다. 戊의 시간에는 다양하고 광범위한 활동범위 때문에 정체성을 갖지 못하다가 38세에서 45세 사이에 자신만의 고유한 정체성을 갖춘다. 인생에서 가장 중요한 물질성취, 결혼생활의 안정여부 등 인생의 전반적 성패를 결정하는 시기이다. 이 시기가 안정적이면 부담이 없으나 반대일 경우는 46세 이후의 삶에 지대한 영향을 미친다. 또한 결혼생활의 지속여부를 결정하는 시간이다.

이혼하거나 외정이 생기며, 문제가 없는 부부라면 해로할 가능성이 높다. 己에 이르면 나만이 소유하는 물질, 독특한 성정, 가정생활, 부인 혹은 남편, 나만의 은밀하고 비밀스러움 등을 상징한다. 일지는 나만의 안식처, 공간, 복부처럼 활동범위는 좁고 고정적이며 변화가 없거나 변화를 싫어한다. 戊의 시간을 지나왔기에 축적한 것은 값지고 알차며 결정된 가치관이나 성정으로 스스로 버리기 어렵다.

7) 庚의 時間-제 2의 인생, 46-53세, 時干궁위

인간의 삶에서 丁火의 시간만큼 중요한 것이 바로 庚의 시간이다. 진화과정에서 庚이란 생명체의 골격이나 척추로 생명을 보호할 필요가 있는 부위를 딱딱하게 만들어낸 것이다. 그 이유는 적으로부터 생명을 보호하고 적을 공격하기 위한 것이다. 이런 진화과정의 의미를 庚의 시간특성에 대입하여 살펴보자. 甲에서 己에 이르는 시간에는 육체나 정신을 무장해야할 필요성을 느끼지 못하기에 자신이 원하는 대로 통제 없이 살아간다. 그러나 45세 이후에는 庚의 특성대로 방어하다, 지키다, 보수적이다, 피동적이다 등의 특징으로 몸과 마음이 경직되고 스스로 만든 틀 속에 갇힌다.

의미를 확장하면, 고소당하고, 군대소집, 재산압류, 세금을 내야하고, 은행채무 독촉에 시달리며, 육체노동을 하고, 교통사고를 당해 병원에 입원하고, 지진으로 집이 붕괴되는 등의 일들로 모두 庚의 시간특징이며 모두 자연, 국가, 사회로부터 주어지는 불가항력적인 문제들이다. 己에 배우자가 생기면 후대를 고려하기 시작한다. 자식이 생겨나고 책임감을 느끼고 통제받기 시작한다. 일지에 저장했던 나만의 것들을 자식에게 넘겨주려고 시도한다. 월주는 사회생활 준비과정이요, 일주는 사회에서 다양한 경험을 통하여 나만의 것으로 소화하여 저장하는 과정이며, 시주는 개인적으로 성취하고픈 욕망이기에 그것을 취하고자 반드시 변화를 주어야만 한다. 그 과정에 반드시 고통을 겪고 인내심이 요구된다. 환골탈태의 시간이다.

8) 辛의 時間 - 삶의 완성, 죽음. 53세 이후 時支궁위

우리 몸은 죽어서 무용지물의 상태가 아니라 자연 생태계를 지탱하는 세균으로 돌아간다. 동물이 죽으면 균류를 통해 사체는 풀이나 나무의 거름이 되고 섬유는 잘게 부서져 종이가 되고 책이 되고 이런 식으로 영원히 윤회한다. 즉, 우리는 죽어도 죽는 것이 아니다. 辛酉는 종자와 같으며 윤회를 이끌어내는 인자다. 甲에서 庚을 거치는 동안 얻어진 일생의 경험은 辛에 축적, 저장되며 새로운 육체를 얻기 위한 종자가 된다. 따라서 辛의 시간은 내가 지나온 삶 동안의 결과물이다. 의미를 확장하면 辛은 오로지 맞다, 틀리다만 존재하는 시간 속성이다. 고지식하고 융통성도 없으며 무조건 나만 맞으니 따르거나 포기하라는 식이다. 辛의 시간이 지나면 육체는 늙고 죽음을 맞는다.

9.10) 壬, 癸의 時間 - 윤회, 空界.

재탄생	윤회	시주	일주	월주	년주
甲(1)	壬(9)	庚(7)	戊(5)	丙(3)	甲(1)
	癸(10)	辛(8)	己(6)	丁(4)	乙(2)

직선의 시간흐름 ◀··

인간은 확인할 수 없는 윤회의 시간에 대해 살펴보자. 인간의 몸은 소우주와 동일하다고 주장하면서도 사주팔자는 8개의 글자만을 가지고 있다. 10개의 기운 중 두개가 부족한 8개의 기운만을 팔자에 담았다는 것은 인간의 삶은 소우주가 아니라고 스스로 반증하는 것이다. 그러나 인간이 살아가는 세상은 열 개의 시간이 존재한다. 따라서 열 개의 시간으로 표현되어야 맞으며 열 개의 시간이 모두 존재하기에 인간을 소우주라 부를 수 있다. 인간은 죽으면서 일생을 통해 얻은 물질은 버리지만 정신은 사라지지 않고 씨종자로 남아 윤회한다. 윤회에 존재하는 壬癸는 辛酉 종자를 품어 금기에 기록된 모든 것을 풀어내고 새로운 영혼에 전달하여 木氣로 생명체를 내놓는 과정이다.

따라서 壬癸는 영혼과 같지만 존재하지 않는 것이 아니라 새롭게 태어나는 甲에게 전달된다. 임계의 시공간에서는 물질과 인연이 박하기에 교육, 종교, 명리, 철학을 통해서 물질을 추구한다. 壬水와 癸水의 시간속성은 동일하지 않다. 壬水는 새로운 영혼을 얻은 상태가 아니며 癸水는 새로운 영혼으로 바뀐 것이다.

따라서 辛壬과 辛癸의 속성은 명확하게 다르다. 辛壬은 전생의 업보를 풀기 시작하는 단계이기에 시간의 흐름이 바르지만 辛癸는 辛이 癸水를 직접 만나면 정신에 혼동이 온다. 즉, 전생의 기억을 아직 풀어내지 못했는데 갑자기 새로운 영혼을 얻은 것처럼 문제가 발생한다. 辛癸를 干支로 바꾸면 癸酉요, 地支로 바꾸면 子酉 破다. 정신에 문제가 생기거나, 귀신을 보거나, 술주정, 도박, 마약 등을 하거나 몸의 일부가 부자연스럽거나 배우자와 사별한다. 이런 기운에서 벗어나려면 종교, 명리, 철학, 교육에 종사하여 업보를 풀어내야한다.

6장 自然循環圖

기존의 명리이론에는 生死, 時間과 空間, 時間方向, 에너지 파동 값이 없다. 이 모든 것은 원과 삼각형 그리고 직선의 시간흐름을 이해할 때서야 비로소 보이는 관점들이다. 각각의 관점을 간단하게 정리해보자.

1. 生死의 문제

현재까지도 十神명칭, 그리고 生剋 작용으로 사주팔자를 분석하지만 十神 중에서 어떤 십신이 생기를 표현하고, 어떤 십신이 죽음을 표현한 것인지 모른다. 즉, 편관이 죽음인지 식신이 생기인지를 구별할 수 없다. 또 생이 삶이고 극은 죽음인지 구별할 수 없다. 모든 철학의 화두는 존재와 존재가치 그리고 삶과 죽음에 대한 것임에도 사주팔자 술에는 생사구분이 없어 안타까울 따름이다.

생과 사를 구별하려면 시간과 공간흐름을 이해할 때에서야 비로소 가능해진다. 예로 탄생이 무엇이고 죽음이 무엇인지 모른다면 생사를 구별하지 못한다. 十干 중에서 탄생은 甲이고 죽음은 辛이다. 또 辛 육체가 사라지고 영혼만 남은 상태가 壬癸로 윤회과정이다. 시공간으로 살피면 생사구분이 극히 쉽고 당연한 이치임을 깨닫는다.

2. 時間과 空間

시간이 흐르기에 삼차원의 공간에서 물형변화가 발생한다. 시간이 흐르기에 아무 것도 없던 지구에 새싹이 드러나고 열매가 열리고 땅으로 떨어지기를 반복한다. 이런 이치를 인간의 삶에 그대로 응용해보자. 시간이 흐르기에 육체, 심리상태, 삶의 환경과 공간, 재물 변화 등이 순차적으로 발생한다. 즉, 인간의 삶을 결정하는 것은 지구 위를 흐르는 시간과 삼차원의 지구 공간 때문이다. 따라서 사주팔자 운세를 읽으려면 반드시 時間과 空間의 정체를 이해해야만 한다.

위에서 언급했지만 時間의 종류는 영원을 상징하는 원과, 물질계의 순환과 정을 표현한 삼각형, 인간의 생사를 구분하는 탄생과 죽음까지의 직선의 시간이 있다. 인간의 삶에는 오로지 삼각형과 직선의 시간만 존재한다.

3. 時間의 方向
자연에서 시간방향은 오로지 한쪽으로만 흘러가는데 그 이유는 지구가 일정한 방향으로만 회전하기 때문이다. 하지만 사주팔자에서 운로를 살피는 방법이 다양하며 유일하게 大運은 사주팔자 월주를 기준으로 개인적인 운로를 살피기에 시간이 순행하기도 역행하기도 한다.

따라서 시간은 역으로도 흘러갈 수 있지만 이것은 자연에서 공적으로 이루어지는 시간방향이 아니라 사주팔자에서 개인적인 시간흐름에 불과하다. 다만, 시간의 방향에 따라 삶의 성질에 변화가 발생한다. 예로 寅卯辰에서는 성장을 주도하고 申酉戌에서는 결실을 주도한다.

4. 삼각형과 직선의 시간에서 에너지 값은 상이하다.
十神의 또 다른 문제는 十神의 에너지 값이 동일하다고 생각하는 것이다. 예로 比肩에서 正印까지 모두 동일한 에너지 값을 갖는다고 판단한다. 그 이유는 生剋에는 에너지파동이 없기 때문이다. 예로 自然循環圖는 직선이 아니라 삼각형이며 평면이 아니라 입체다. 만약 직선으로 살피면 일직선상에서 에너지의 기복이 전혀 없다고 판단한다. 또 평면이기에 시공간에 변화가 전혀 없다고 느낄 것이다. 하지만 실제 삶은 전혀 다르다. 인간은 물질과 육체가 존재하는 지구에 살아가는데 물형의 변화방식은 에너지 값이 상이하다.

예로 삼각형 밑변을 출발할 때는 전혀 힘들지 않지만 꼭짓점에 이르면 가장 힘들다가 하강을 시작하면 편해진다. 이 과정에 에너지 값이 상이하며 차이점을 12운성, 삼합과 12神煞로 표현 했음에도 생극에 사로잡혀 직선으로만 외우고 있는 우를 범한다. 즉, 지살과 역마가 동일한 에너지 값이라 생각하고 그 의미를 외우는데 집중하는 것이다. 신살도 시공간 흐름으로 살피면 지살은 육체와 물질이 전혀 없는 상태에서 처음으로 출발하지만 역마는 물질이 풍부해진 상태에서 정반대편 공간으로 이동하는 것이다.

따라서 에너지파동과 물질 값은 전혀 다르다. 명리 학에 입체감을 불어넣을 수 있는 유일한 방법은 시간과 공간 개념을 그대로 활용하는 것이다. 격국과 왕쇠 십신, 용신에는 時空間이 없다. 삼각형 모양의 자연순환도에서 보여주는 지혜는 이런 것이다.

비록 인간의 육체와 물질은 일직선의 시간흐름 선상에서 모든 사건이 순차적으로 발생하지만 그 물형은 반드시 삼각형 모양으로만 반응한다는 점이다. 즉, 에너지로만 존재하고 물형이 전혀 없다가 어느새 물형이 생겨나고 성장하고 단단해지고 더 이상 활용하지 못하는 시공간에 이르면 사라지기를 반복한다. 사주팔자로 살펴보자.

時	日	月	年	男
癸	壬	丁	辛	
卯	子	酉	亥	

각각의 글자를 동일한 에너지 값으로 살피면 에너지의 증감을 전혀 깨우치지 못한다. 辛酉는 화기가 없다면 매우 무거워지고 움직임이 느리다. 하지만 정화가 辛酉를 뜨겁게 자극하면 달구어지고 총알처럼 水氣를 향하거나 木氣를 향하여 간다. 따라서 火氣가 없는 辛酉의 에너지 값이 1이라면 이 사주처럼 丁火가 있는 辛酉의 에너지 값은 100으로 변한다. 어떤 사람은 한순간 100억을 벌었다고 하는데 나는 평생 일했어도 3억 밖에 모으지 못했다. 이런 차이점은 모두 에너지 파동 값이 틀리기 때문이다.

自然循環圖(시공간 순환도)

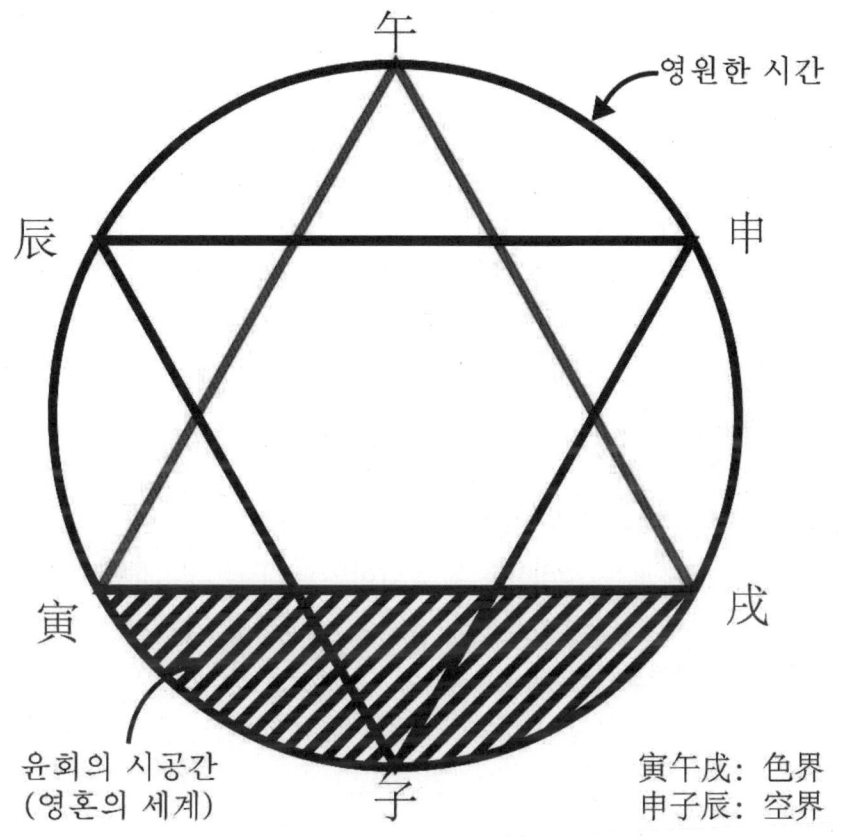

자연순환도는 삼각형 두 개로 구성되며 色界를 상징하는 寅午戌 삼합과 空界를 상징하는 申子辰 삼합이다. 인간은 육체를 가졌기에 물질의 세상 寅午戌 삼합 과정을 살아간다. 즉, 寅에서 탄생하고 午에서 육체가 壯丁처럼 변하고 戌에서 묘지에 들어간다. 인오술 삼합이 아닌 구간이 亥子丑으로 인간이 죽어야만 갈 수 있는 영혼의 세계다. 亥子丑은 종교, 명리, 철학과 인연이 깊다. 自然循環圖의 자세한 내용은 다른 책에서 다루기로 하자.

7장 命統圖

지금까지 살펴보았던 모든 이론들을 간략하게 정리해보자. 사실, 모든 명리이론은 十干과 十二地支 그리고 十干과 十二地支를 조합한 60干支와 地藏干의 구조와 의미를 확장한 것에 불과하다. 예로 十干을 합과 충으로 살피면 天干 합과 天干 沖 이론이다. 또 十二地支가 서로 만나서 관계를 이루는 과정에 발생하는 시공간의 휘어짐을 刑沖破害 이론이라 부른다. 三合운동은 十二地支에서 발생하는 물질의 생장쇠멸 과정이며, 12神煞은 三合운동을 12개로 세분하여 공간, 환경, 물질, 육체, 심리변화를 살핀 것이고 12운성은 天干에너지가 地支에서 일으키는 에너지파동의 굴곡을 설명한 이론이다.

모든 명리이론은 사주팔자를 세분하여 살피기 위해 다양한 각도에서 분석하려는 시도이지만 모든 명리이론을 통합하면 十干과 十二地支와 地藏干만 남으며 그 정체는 인간이 시간과 공간을 이해하기 위해 만들었던 부호였다. 지금까지 살펴보았던 내용들을 간략하게 정리하고 十宮圖 2에 정리하면 명리학의 모든 논리들이 명확하게 드러난다.

1. 十干 – 시간에너지

十干의 글자를 에너지로 이해하고 자연이치 그대로의 의미를 사주팔자에 활용해야 한다. 즉, 4계를 지날 때마다 변화하는 시간특징을 살피고 이해하여 사주팔자에 적용하는 것이다. 주의할 점은, 에너지는 끊임없이 변화하기에 甲은 전봇대라는 식으로 암기하는 것은 옳지 않다. 반드시 활발하게 움직이는 에너지 의미를 추론해서 활용해야 한다. 예로 乙은 좌우확산에너지다. 十干이 순환하는 방식은 天干 합으로 이루어지며 쌍방향이다. 예로 갑기 합하고 시간이 지나면 기갑 합으로 쌍방향의 시공간을 살펴야 한다.

2. 三合운동

물질의 생장쇠멸과정이다. 陽이 動하여 극에 이르면 양에서 음으로 변하고 결과적으로 음을 완성한 후 새로운 陽氣를 내놓는다. 三合운동이 중요한 이유는 순환운동의 기본이기 때문이다. 삶에 필요한 물질을 만드는 과정이요, 사주팔자에서는 재물변화는 물론이고 삶의 환경, 육체변화, 심리변화를 일으키는 주요원인이기 때문이며 또 12神煞의 기준이요 형충파해의 원인이다.

3. 12神煞

삼합운동을 기준으로 12개의 공간특징을 세부적으로 규정한 것이다. 고서처럼 지살, 역마는 해외에 간다는 식의 설명은 극히 일부분에 불과하다. 12神煞은 공간특징을 규정하고 물질, 환경, 성정의 변화를 이끄는 원인이며 시공간의 변화로 발현된다.

4. 十神

十神은 세상을 生剋 관점에서 살피는 것이다. 예로 甲 일간을 기준으로 생하고, 설하고 극하여 오행이 강해지는지 약해지는지를 살피는 방법이며 특징에 상응하는 명칭을 부여했다. 예로 傷官, 偏官 등이다. 문제는 일간 기준으로 생과 극을 나눈 것이며 십간, 삼합, 12신살, 12운성처럼 시공간의 변화를 살피는 것이 아니다. 따라서 십신은 유일하게 시공간 변화를 살피지 않은 현실과는 동떨어진 이론이며 수많은 문제를 양산했다.

5. 12운성

삼합과 12신살은 땅의 변화 즉, 공간, 환경 변화를 살피는데 반해 12운성은 열 개의 에너지가 12개의 지지공간을 지나는 동안 어떤 파동을 보여주는가를 설정하고 명칭을 부여한 것이다. 예로 衰는 에너지의 쓰임이 약해지기 시작했다는 뜻이며 胎는 무력한 상황이지만 처음으로 에너지가 휠발해질 수 있는 환경을 만난 것이다.

다만, 지장간 흐름을 이해하면 12운성을 외울 필요가 없으며 12운성의 고질적인 병폐인 음생양사 이론을 활용할 필요가 없다. 상기의 모든 이론은 모두 十宮圖로 통합, 정리할 수 있으며 동일한 세상을 다른 각도에서 다양하게 살피고 있음을 깨우친다. 즉, 동일한 하나의 세상을 여러 개로 쪼개어 살피면서 다른 세상이라고 착각하는 것이다. 十宮圖 2로 각 이론을 간단, 정리해보자.

壬亥 -윤회, 암흑 -申子辰 흐름 -劫煞 -편견 -絕地 -壬丁합	庚申 -딱딱해지다. -巳酉丑 열매 -驛馬 -물형변화 -病地 -庚乙합	戊辰 -양기 터전 -寅午戌확장 -月煞 -다양한경험 -冠帶 -戊癸합 ---------- 戊戌 -양기 수렴 -寅午戌확장 -華蓋 -다양한경험 - 墓 -戊癸합	丙巳 -분산, 빛 -寅午戌 확장 -亡身 -세상과 조우 -建綠 -丙辛합	甲寅 -生氣 -亥卯未 성장 -地煞 -존재가치 -長生 -甲己합
癸子 -빅뱅, 발산 -亥卯未성장 -災煞 -어머니 -胎地 -癸戊합	辛酉 -씨종자 -申子辰 응축 -六害 -명예,조언자 -死地 -辛丙합	己未 -음질 터전 -巳酉丑저장 -攀鞍 -나만의소유물 -衰地 -己甲합 ---------- 己丑 -음질 터전 -巳酉丑방출 -天煞 -나만의소유물 -養地 -己甲합	丁午 -수렴, 열기 -巳酉丑,수렴 -將星 -나만의 특징 -帝王 -丁壬합	乙卯 -좌우확산 -寅午戌 확장 -年煞 -성장의 경쟁 -沐浴 -乙庚합
윤회	시주- 46세	일주-45세	월주-30세	년주-15세

8장 時節을 만나다.

지장간의 순환원리를 살피면 각 계절마다 에너지 쓰임이 전혀 다름을 이해한다. 이런 자연의 이치를 명리에 그대로 활용해보자. 그 명칭을 "시절을 만나다"로 정했으며 天干의 고유한 에너지가 12地支 공간을 만났을 때 時空間 조합이 적절한가를 살펴서 사주팔자에 그대로 활용하는 것이다.

1. 時節을 만나는 개념

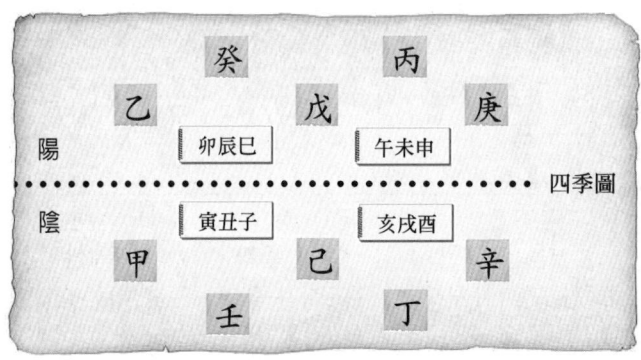

에너지와 같은 天干이 地支 空間과 조우하는 상황을 살펴보자. 열 개의 天干은 역할과 쓰임이 전혀 다르다. 乙은 성장을 주관하는 생명력이기에 좌우확산하면서 성장하는 것을 기뻐한다. 일주는 물론 八字에 있는 모든 乙은 동일한 속성으로, 고유한 에너지 특징을 버리지 못한다. 시공간 변화에 따라, 계절변화에 따라 乙의 에너지 상황이 달라져 봄에 적극적으로 움직이고, 가을에 움직임이 극히 약해지지만 그것은 시공간이 변한 것일 뿐 乙의 고유한 특징이 변한 것은 아니다.

이런 이유로, 각 계절마다 乙이 활동하기 좋은 時空間과 불편한 時空間으로 나뉘는데 이것을 이해해야 사주분석이 쉬워진다. 乙의 에너지특징에 적합한 時空間은 卯辰巳, 午未申 6개월이다. 乙은 좌우확산하기에 丙火와 조합하여 자신의 에너지를 확장하기를 원한다. 丙火가 에너지를 적극적으로 활용하는 巳午未月에는 乙의 활동이 가장 적극적이다. 卯辰巳月에는 성장하고, 申月에 이르면 乙이 辛으로 물형을 바꿀 준비한다. 酉戌亥, 子丑寅月에 乙이 시절을 잃고 에너지를 적극적으로 활용하지 못하는 이유는 좌우확산이 어려운 시절을 만났기 때문이다. 乙이 酉戌亥, 子丑寅 공간을 만나면 卯辰巳, 午未申 보다 훨씬 많은 노력을 해야 하고, 발전을 원한다면 태어난 곳을 떠나는 것이 좋다. 다만 각 궁위에 따라서 의미가 달라진다.

時	日	月	年	男
己	乙	己	壬	
卯	丑	酉	寅	

74	64	54	44	34	24	14	4
丁	丙	乙	甲	癸	壬	辛	庚
巳	辰	卯	寅	丑	子	亥	戌

乙이 酉月을 만나 시절을 잃었다. 己土와 丑土가 酉金의 살기를 더욱 강하게 하기에 乙의 좌우확산 에너지가 무기력하다. 따라서 적절하지 않은 시공간에 태어나 초년에 힘들게 살았고, 辛亥大運 乙丑年 화약이 터져 실명하였다.

時	日	月	年	男
壬	庚	乙	庚	
午	子	酉	午	

72	62	52	42	32	22	12	2
癸	壬	辛	庚	己	戊	丁	丙
巳	辰	卯	寅	丑	子	亥	戌

이 구조에서 乙은 酉月에 태어난 것은 동일하지만 일간이 아니라 월간의 궁위에 있으며 乙酉로 간지를 이루어서 가을에 수확하는 대상이고 庚 일간에게는 쉽고 빠르게 수확할 수 있는 재물을 의미한다. 따라서 상상도 못할 재물을 축적했다. 戊土의 경우는 癸水와 丙火로 乙을 키우고 庚열매를 맺기에 戊土가 만나야할 시절은 卯辰巳, 午未申이다. 만약 酉戌亥, 子丑寅을 만나면 戊土는 적절하지 않은 時節을 만나서 쓰임이 나쁘다.

時	日	月	年	女
丙辰	戊寅	乙卯	癸未	

75	65	55	45	35	25	15	5
癸亥	壬戌	辛酉	庚申	己未	戊午	丁巳	丙辰

戊日이 卯月에 태어나고 丙火도 가졌으며 癸水로 乙卯를 적절하게 성장시키니 모든 에너지들의 시공간이 극히 적절하다. 丁巳大運 공무원으로 사회에 나가 계속 승진하여 고위공무원에 이르렀다.

時	日	月	年	女
癸丑	戊午	辛亥	壬寅	

72	62	52	42	32	22	12	2
癸卯	甲辰	乙巳	丙午	丁未	戊申	己酉	庚戌

戊日이 辛亥 月에 태어나 時節을 잃었고, 金水의 기세가 강하다. 초년부터 어렵게 살았고, 이혼하고 재혼한 후에도 여전히 가난하게 살아간다.

時	日	月	年	男
己巳	甲子	乙卯	癸未	

76	66	56	46	36	26	16	6
丁未	戊申	己酉	庚戌	辛亥	壬子	癸丑	甲寅

甲이 卯月에 적절하지 않은 시절이고, 乙에게 氣勢를 빼앗기는데 大運이 水氣로 흐르니 乙卯 경쟁자를 물리치고 권력을 장악했다.

時	日	月	年	女
乙丑	甲寅	戊辰	己酉	

79	69	59	49	39	29	19	9
丙子	乙亥	甲戌	癸酉	壬申	辛未	庚午	己巳

이 구조는 甲이 辰에서 時節을 잃었는데 乙이 성장을 주도하기 때문이다.

이 경우는 水氣로 乙의 성장을 제어해주어야 甲이 乙을 적절하게 활용한다. 즉, 주도권을 甲이 쥐면서 乙을 활용하는 것이다. 다른 예를 들어보자.

時	日	月	年	女
丙	己	戊	戊	
寅	巳	午	戌	

74	64	54	44	34	24	14	4
庚	辛	壬	癸	甲	乙	丙	丁
戌	亥	子	丑	寅	卯	辰	巳

時	日	月	年	男
丙	己	丙	丁	
寅	未	午	未	

75	65	55	45	35	25	15	5
戊	己	庚	辛	壬	癸	甲	乙
戌	亥	子	丑	寅	卯	辰	巳

두 사주는 모두 午月에 태어난 己土로 寅을 키우거나 酉金 결실을 저장하는 운동을 하는데 午月에 火氣가 탱천하여 땅이 마르니 寅을 키울 수도 없고 酉金을 저장할 수도 없는 시절이다. 위 여명은 비록 午月에 태어나 戌에게 時節을 잃었으나 戌土 와 巳火로 金을 저장할 수 있는 구조요, 大運이 甲寅 癸丑 壬子로 흐르니 戌土를 활용하여 고위공직에 올랐다. 아래 사주는 未土까지 있으니 己土의 가장 중점적인 에너지 특징인 저장기능이 더욱 약하고 두 丙火에 의해 더욱 건조한 땅으로 변하니 대학을 졸업하고도 직장이 없어서 사주상담 직업으로 살아간다.

이렇게 時節을 만나는 개념을 이해하고 사주를 분석할 때 상황을 파악하면 구조를 읽는 것이 쉬워진다. 여기에 삼합운동을 가미해서 살피는데 巳酉丑 삼합운동 하는 己日이 巳酉丑이 있다면 己土에 어울리는 삶의 방향성을 가진 것이고 寅午戌 三合이라면 戌土가 추구하는 삶을 己土가 대신 살아야 한다. 이 경우도 時節을 잃어버린 것과 동일하다.

時	日	月	年	男
丙	己	丙	壬	
寅	卯	午	寅	

79	69	59	49	39	29	19	9
甲	癸	壬	辛	庚	己	戊	丁
寅	丑	子	亥	戌	酉	申	未

己日로 물질운동을 하기에 巳酉丑 삼합운동과 조화를 이루는 것이 좋지만 寅午戌 삼합운동이 주도하는 구조다. 따라서 戊土가 할 일을 己土가 대신 해주는 구조다. 비록 寅午戌 삼합으로 가장 화려한 세상에 나와서 살아가지만 己가 추구하는 결실을 품는 역할은 하지 못하고 戊의 역할을 대신 해주면서 살기에 시절을 잃은 개념과 유사하다.

時	日	月	年	男
辛	戊	丁	乙	
酉	辰	亥	卯	

73	63	53	43	33	23	13	3
己	庚	辛	壬	癸	甲	乙	丙
卯	辰	巳	午	未	申	酉	戌

戊가 亥月에 태어나 寅午戌 三合운동을 못하고, 亥卯未 三合運動이 주된 역할 하는 구조이기에 己土가 할 일을 戊土가 대신해주는 것이다. 이렇게 시절을 만나는 개념을 이해하고, 三合運動의 方向을 살펴서 판단한다. 다만, 사주팔자 원국에서 시절을 만난 구조와 원국에서는 시절을 잃었으나 大運, 歲運에서 만나는 것으로, 만약 원국에서 원하는 시절을 만나고, 大運까지 그렇게 흐르면 좋은 흐름이고 원국에서 시절을 만나지는 못했으나 運에서 부족함을 채워주면 해당 시기에 발전한다. 다만, 원국에서 시절을 만난 구조가 더 좋은 것은 명백하다. 지금부터는 시절이 적절한 경우와 적절하지 못한 경우에 발현되는 현상들을 정신, 물질, 공간으로 세분하여 정리해보자.

2. 정신

적절한 시절을 만나지 못한 당사자가 느끼는 두드러진 특징은 정신적으로 안정감이 결여된다. 존재감을 드러내기 어려운 시공간 상황이기에 어울리지 않는 옷을 입고 어색한 느낌으로 살아가는 이치와 같다. 마치 20대 모임에 50대가 혼자 끼어서 그들의 대화에 전혀 어울리지 못하는 이질감을 느끼는 상황이다. 따라서 사주 당사자는 자신의 상황이 불안하게 느껴지며 해소하고자 이것저것 노력하고 공부하지만 노력의 대가를 받지 못하거나 준비했던 자격증들을 전혀 활용하지 못한다. 외면은 화려하지만 마음은 항상 공허하거나 현실에 만족스럽지 못하거나, 남들이 볼 때는 훌륭한 직업을 가졌음에도 자신에게 어울리지 않는 직업이라 느낀다. 내가 있을 곳이 아니라는 생각을 자주하고 떠날 기회를 노린다.

기존의 이론들로는 알아낼 수 없는 오묘한 인간의 심리상태와 정신적인 부분을 읽어낼 수 있다. 좋은 직장을 다니면서도 만족하지 못하고 그만두려 하거나 철학공부 하거나 정신적으로 방황하는 이유는 화려한 곳에서 살아가도록 태어났지만 적절하지 않은 시공간에서 살기에 이질감을 느끼는 것이다. 이렇게 시절을 만나지 못하면 직업에 만족하지 못하며 싫은 일을 억지로 하면서 살아간다. 적절한 시공간을 맞을 때까지 기다리거나 자기 옷에 맞는 것을 찾을 때까지 계속 공부한다.

예로, 壬水가 乙을 만나면 시절을 잃었고 乙도 壬水를 만나 상호 적절하지 않은 시공간이 조합하였다. 壬水가 乙과 어울리지 않은 시공을 만나서 자신의 행위가 만족스럽지 못하거나 적절하지 않은 행동을 한다. 불법, 비리를 저지르거나 사람들이 인식하는 행위자체가 독특하거나 이상하다고 느낀다. 壬水가 甲을 만나면 적절한 시공간을 만났기에 행위에 만족한다. 사회에서 성공, 실패와 상관없이 하고픈 일을 적극적으로 하면서 정신적으로 만족한다. 예로 천간에 壬乙戊 조합을 이루면 임일이 을을 만나 적설하지 않은 시간과 조우한 것인데 乙은 戊를 만나 적절한 시절을 얻었다.

따라서 壬水에게 적절한 일은 아니지만 戊土의 터전에서 본인과 어울리지 않는 乙행위를 하므로 남을 위해 봉사하는 행위에 어울린다.

時	日	月	年	女
甲寅	癸丑	丁巳	戊戌	

80	70	60	50	40	30	20	10
己酉	庚戌	辛亥	壬子	癸丑	甲寅	乙卯	丙辰

시주에 甲寅이 강하기에 미술을 전공하고 결혼 전에 대한항공 비서직에 근무했다. 월지 巳火 화려한 시공간을 만났기에 대기업에서 직장생활 하였다. 다만 癸水는 乙을 통하여 존재가치를 드러내지만 乙이 없기에 어울리지 않은 甲寅을 戊土에 드러내고 癸甲戊 三字조합으로 봉사하는 직업에 종사했다.

時	日	月	年	女
壬子	戊辰	甲戌	己未	

戊土가 甲을 바로 만나니 적절하지 않은데 己土가 갑과 합하고 壬水가 甲을 키우기에 戊土는 甲을 위해 봉사하는 구조다. 회장실에서 비서직을 수행하였다.

時	日	月	年	女
癸丑	戊子	辛未	己未	

戊土가 드러내는 행위는 月干 辛으로 戊土와 辛金은 적절하지 않은 시공간 조합이기에 남을 위한 행위다. 다만 미월 戊土가 癸丑子로 水氣는 넉넉하기에 대기업전무 실에서 비서직으로 근무했다.

3. 물질
시절을 만나지 못하면 사회활동이 적절하지 않다. 자신이 하고 싶은 일을 찾기 어렵기 때문이다. 하고 싶지 않은 일을 할 수밖에 없고, 자신에게 어울리는 직업을 얻고자 경쟁자보다 훨씬 많은 노력을 해야만 한다. 따라서 일에 만족감을 느끼지 못하여 직업을 자주 바꾸거나 원하는 직업을 갖고자 다양한 공부를 하게 된다.

4. 공간
사주구조가 시절을 잃었다면 무의식적으로 그 공간을 벗어나기 원한다. 고향을 떠나거나 해외로 가는 행위도 시절을 맞추기 위한 노력이다. 지살, 역마로 고향을 떠나거나 해외에서 살아갈 수도 있지만 시공간이 자신에게 적절하지 않으면 무의식적으로 현재의 공간을 회피하여 타향이나 해외로 떠난다. 時空間부호 地藏干을 마치면서 마지막으로 강조하고 싶은 것은 모든 時空命理의 이론들은 자연의 순환원리를 근거로 새롭게 정립한 이론이며 그 모든 논리의 근거는 행운처럼 지장간의 시공간 순환원리로부터 얻은 것이다.

時空間부호 - 地藏干 끝.

종교관점에서 時空間은 변화하지 않는 本性을 찾게 해주지만, 命理에서 時空間은 物形변화의 원인을 찾게 해준다. 時空間은 우주, 지구자연의 전부다. - 紫雲

時空間 부호 地藏干

편저자 ■ 자운 김 광용
http://cafe.daum.net/sajuforbetterlife
http://blog.naver.com/fluorsparr
Tel : 010 8234 7519, 070 4233 2131
Youtube : 시공명리학
Website : www.xigong.co.kr

펴낸이 ■ 자운
펴낸곳 ■ 시공명리출판사
표   지 ■ 시공학
초판 발행 ■ 2020. 02. 25.
ISBN 979-11-969596-0-9(13150)
정   가 ■ 29,000원

잘못 만들어진 책은 구입하신 서점에서 교환해 드립니다.
저자의 동의하에 인지는 붙이지 않았습니다.

본서의 무단전제 또는 복제행위는 저작권법 제98조에 의거 민·형사상의 처벌을 받을 수 있습니다.